고려대학교 민족문화연구원 만주학 총서 ❶

譯註『淸語老乞大新釋』

최동권 외 지음

박문사

〈고려대학교 민족문화연구원 **만주학총서**〉 발간사

최근 만주어(滿洲語)와 만문 사료에 대한 국내외 학계의 관심이 높아지고 있다. 일찍이 일본에서는 만주어와 만주사에 대한 다양한 사료를 중심으로 깊이 있는 연구가 진행되었고, 유럽에서도 러시아나 독일 등지에서 적극적으로 만주학을 연구한 바 있으며, 미국에서는 근년에 만주족 역사로서의 신청사(新淸史) 연구가 붐을 일으켜 학계의 주목을 받았다. 21세기에 들어오면서 중국에서는 방대한 규모의 만문당안(滿文檔案)이 국가적 차원에서 정리되고 번역 사업이 추진되고 있어 명실공히 만주학 연구의 중심적 역할을 자임하고 있는 실정이다.

만주족은 근세에 청나라를 건국하여 약 300년 가까이 세계사의 주역으로 활동했던 동북아시아 주요 민족의 하나다. 만주어는 1636년 이전까지 우리나라에는 여진어로 알려졌으나 그 후 1911년까지 청나라의 공식 언어가 되었으며, 만주족은 청나라 건국이후 근세 동아시아 역사의 중요한 내용을 만주문자로 기록하였다. 이들 자료 중에는 약 200 만건에 달하는 만문 당안을 비롯하여 기존의 한문 자료에서는 얻을 수 없는 수많은 만주어 자료들이 포함되어 있다. 우리는 이들 자료를 바탕으로 중국과 아시아 및 한국의 역사와 문화를 새로운 시각에서 이해할 수 있다고 믿는다.

만주족은 그 조상인 숙신(肅愼), 읍루(挹婁), 말갈(靺鞨), 여진(女眞)의 시기부터 한민족의 선조인 고조선, 고구려, 발해, 고려 및 조선시대의 우리 겨레와 밀접한 관계를 맺어왔다. 이 과정에서 만주족과 우리 민족은 다양한 방식으로 문화의 일부를 공유하게 되었고, 언어적으로도 적지 않은 유사성을 지니게 되었다. 조선 후기에는 사역원(司譯院)에서 만주어 역관을 양성하였고, 그 학습의 전통은 당시 만주어의 형태를 알 수 있는 청학사서(淸學四書)로 남아 전해오고 있다. 오늘날 만주어는 중국에서도 거의 사용되지 않고 있지만 한국에서 만주어 자료를 해득하는 것은 어학적

입장에서 중국어(漢語) 사용자에 비해 오히려 유리한 측면도 있을 것이다.

고려대학교 민족문화연구원에서는 이러한 점에 주목하여 지난 수년 간 만주학과 관련된 국내외 학술 자료를 적극 수집하는 한편, 특수 언어로서 만주어 강좌를 개설하고 만주학 연구실을 운영하는 등 한국학의 외연을 넓히기 위해 부단히 노력해 왔다. 향후 본 연구원은 만주학 연구센터로 확대 개편하여 국내외 전문가와 긴밀한 네트워크를 형성하고 분야별 전문 연구와 학제간 종합 연구를 면밀히 진행하여 명실공히 만주학 연구의 세계적인 허브를 구축할 생각이다.

이에 본 연구원은 그 동안의 연구 성과를 〈만주학총서〉에 담아 순차적으로 출간하고자 한다. 이 총서에는 만주족의 역사와 문화, 언어와 문학, 민속과 종교 등에 대한 다양한 연구 성과들이 균형적으로 수록될 것이다. 앞으로 이 〈만주학총서〉는 한국의 만주학 연구에 선구적 역할을 하게 될 것이며, 나아가 한국학의 발전과 동아시아학의 정립에 핵심적 위상으로 자리매김하게 될 것이다. 학계의 애정 어린 관심과 아낌없는 성원을 기대하는 바이다.

2012년 봄에
민족문화연구원 원장 최용철

譯註『淸語老乞大新釋』 서문

조선시대 외국어 교재로 가장 널리 쓰인 교재 중의 하나로『老乞大』가 있다. 이 책은 처음 중국어 교재로 쓰였으나 이후 몽골어, 만주어, 일본어 등의 외국어로 번역 출판되어 이들 외국어 학습을 위한 기본 서적이 되었다.『노걸대』는 원본의 작자 및 연대가 알려져 있지 않다. 세종 5년(1423년)의 기록에『노걸대』에 관하여 '판본이 없어 배우는 자가 전사하여 익히니 주자소에서 인출하게 하였다'라는 기록이 있는 것으로 볼 때『노걸대』는 조선시대 초 또는 그보다 이른 고려 시대에 제작되었음을 알 수 있다.

이처럼 제작자와 제작 연대 등이 알려지지 않은 상태에서도『노걸대』는 조선시대 전 기간 을 통하여 가장 광범위하게 사용된 어학교재였다. 漢語本『노걸대』가 여러 판본이 있고 언해본 등도 다양하게 출판되어 중국어 교재로 사용되었다. 그리고 만주어, 몽고어, 일본어 교육을 위하 여『청어노걸대』,『몽어노걸대』,『왜어노걸대』가 번역 간행되었다. 이처럼『노걸대』가 외국어 교재로서 널리 사용된 이유는『노걸대』의 내용이 가지고 있는 어학교재로서의 우수성 때문이라 할 수 있다.『노걸대』는 한 상인의 여행과 교역에 관한 내용을 대화 형식으로 서술하면서 실생활 에 필요한 어휘와 문장을 다양하게 묘사하고 있다. 이상과 같은 내용상의 특수성은 오늘날의 연구자들에게는 그 당시의 생생한 구어체의 생활 언어를 접할 수 있는 기회를 제공해 주는 결과 가 되었다.

『청어노걸대』는 조선시대 청과의 관계가 밀접해 지면서 만주어에 대한 필요성이 증가하면서 만주어 학습을 위한 교재로 편찬되었다. 당시 만주어 학습에 이용된 교재는『청어노걸대』,『삼역 총해』,『小兒論』,『八歲兒』 등이 있는데 이들을 淸學四書라 한다.『팔세아』와『소아론』은 원래 女眞語를 배우기 위한 교재였으나 병자호란 이후에 만주어로 교재로 개편된 것이다. 이들 두

책은『청어노걸대』나『삼역총해』와 비교할 때 질과 양에서 큰 차이가 나는 매우 간단한 내용의 교재로서 아마 만주어 기초를 학습하는데 활용되었으리라 추정된다.

『삼역총해』는 李卓吾의 삼국지를 만주인 키충거(Kicungge)가 만주어로 번역하여 順治 7년 (1650)에 간행한 滿文『三國志』를 숙종 대에 崔厚澤, 李濈, 李宜白 등이 대역한 것이다. 『삼역총해』는『청어노걸대』와 함께 방대한 분량의 만주어 교재로서 만주어 학습에 중요한 역할을 하였겠지만 그 내용이 역사적 사실에 바탕을 둔 소설이라는 점에서 외국어를 배우기 위한 교재로서는 한계가 있다.『淸語老乞大』는 양적으로도 방대할 뿐만 아니라 질적으로도 가장 우수한 만주어 교재라 할 수 있다.

『청어노걸대』는 병자호란 때에 청에 납치되었다가 귀환한 사람들이『漢語老乞大』를 만주어로 번역하고 청학관 이세만 등이 書寫한 것을 박창유 등이 康熙 癸末(1703)에 간행한 것이다. 이 활자본은 현재 전하지 않고 이를 저본으로 하여 후대에 淸學官 金振夏가 수정한『淸語老乞大新釋』이 乾隆 乙酉(1765)에 평양에서 목판본으로 간행되었다.『淸語老乞大新釋』은 김진하가 회녕에 갔을 때 만주인 비트허시(bithesi, 筆帖式 : 淸代의 하급 서기직 관원으로 淸漢文을 번역한다)에게 『淸語老乞大』만주어의 音義와 문자를 질문하여 수정한 것이다. 현재 전해오는『淸語老乞大新釋』은 탁족본과 동양어학교본, 대영도서관본, 그리고 고려대 박물관에 소장된 책판의 탁본 등 모두 4종이 있다. 이 가운데 탁족본이 가장 완전한 형태를 유지하고 있다.

이 책에서도 만주어 연구와 학습을 위하여 탁족본『청어노걸대』를 저본으로 하여 만주어를 전사하고 주석을 달고 현대어로 번역하였으며 만주어 어휘 색인을 만들었다.

2012년 초봄에
최동권

『淸語老乞大』 해제

김 유 범*·김 양 진**

1. 사역원의 청학(淸學)과 청학서

사대교린(事大交隣)을 외교의 큰 틀로 삼고 있던 조선은 사대를 위해서는 한어(漢語)를, 교린을 위해서는 일본어, 몽고어, 여진어를 학습할 필요가 있었다. 이러한 외국어들에 대한 학습은 각각 한학, 왜학, 몽학, 여진학으로 불리며 사역원(司譯院)을 통해 이루어졌는데, 중국에 청조(淸朝)가 수립되고 병자호란(1636)을 겪으면서 여진학은 청학(淸學)으로 바뀌게 되었고 여진어 대신 만주어가 교육되었다.[1]

청학은 청조 이후의 만주어를 학습하는 것으로 이전까지 행해 오던 여진학을 대체한 것인데, 병자호란 직후까지도 여진학에서 만주어가 교육되었던 점은 만주어와 여진어가 동일 계통의 언어로 간주되었던 사실을 보여준다. 그러나 여진어 학습이 바로 만주어 학습을 의미하는 것은 아니었으며, 만주어 학습을 위해서는 먼저 만주문자를 익히는 것과 더불어 별도의 만주어 학습 교재가 필요했다.

『역관상언등록(譯官上言謄錄)』이나 『통문관지(通文館志)』 등에는 여진학관이었던 신계암(申繼黯)[2]이 만주문자를 익혀 기존에 사용해 오던 여진학서들을 만주어로 고쳐서 만주어와 만문(滿文)

의 학습서로 사용하게 했음을 적고 있다. 『구난(仇難)』, 『거화(去化/巨化)』, 『팔세아(八歲兒)』, 『소아
론(小兒論)』, 『상서(尙書)』 5책이 바로 그러한 책들인데, 후에는 이 중 『팔세아』와 『소아론』만이
남게 되었다.

『구난』, 『거화』, 『상서』가 그 시대의 말에 틀리는 바가 많아 더 이상 만주어 학습에 사용되지
않게 되고 강희(康熙) 계해(1683)[또는 갑자(1684)]부터는 『신번노걸대(新飜老乞大)』와 『삼역총해(三
譯總解)』가 새로운 만주어 학습서로 사용되기 시작했다. 전자가 전통적인 한어 학습 교재인 『노걸
대』를 만주어로 옮긴 것이라면, 후자는 만문 삼국지(三國志, Ilan Gurun i Bithe)를 당시 국어로 대역
한 학습 교재로 만주어 학습의 중요한 강독 교재로 사용되었다. 이 두 교재는 『팔세아』, 『소아론』
과 더불어 이른바 '청학사서(淸學四書)'로서 만주어 학습에서 중요한 위상을 지니게 되었다.

2. 청학서 『淸語老乞大』

사역원에서는 만주어 학습을 위해 1680년부터 1684년까지 전통적인 회화서인 한어 『노걸대』를
만주어로 번역했는데, 실제로 여러 문헌들에 이것이 한결같이 『신번노걸대(新飜老乞大)』라는 이름으
로 나타난다. 이전 여진학에서 『노걸대』를 여진어로 번역했던 사실을 찾아볼 수 없다는 점을 고려
하면, 이때 '신번'이라는 명칭은 새롭게 만주어로 번역했다는 의미로 이해된다. 기록과 현존 자료들
을 참조해 볼 때 청학서로서의 『노걸대』는 다음과 같이 크게 두 종류로 나누어 볼 수 있다.

(가) 1703년(康熙 癸未) 활자본 『淸語老乞大』(=『新飜老乞大』)
　　　병자호란 때 청군에 포로로 잡혀 갔다가 돌아온 사람들[東還者]이 한어 노걸대를 만주
　　　어로 번역하고 이세만(李世萬) 등이 서사(書寫)한 것을 박창유(朴昌裕) 등이 재물을 내
　　　어 간행하였다. 현재 전하는 것은 없다.

(나) 1765년(乾隆 乙酉) 평양 목판본 『淸語老乞大新釋』
　　　활자본 『淸語老乞大』를 저본으로 하여 김진하(金振夏)가 수정하였다. 현재 파리 동양
　　　어학교본, 대영도서관본, 고마자와[駒澤]대학도서관 탁족(濯足)문고본이 있으며 고려
　　　대학교 박물관에 책판(25판 49엽)이 전한다.

───────────────

천거된 이후 10여년간 청나라에 사신을 따라다니면서 청어를 연구하였다. 이를 바탕으로 조선 후기의 대표적인 청
어 학습서인 『구난(仇難)』·『거화(巨化)』·『팔세아(八歲兒)』·『소아론(小兒論)』·『상서(尙書)』 등 5책을 만들었다. 1629
년에는 포로 쇄환에 노력하여 참상관에 오르고, 첨지중추부사에까지 이르렀다.(한국역대인물 종합정보시스템 참조)

(가)는 홍계희(洪啓禧)가 쓴 '청어노걸대신석서(淸語老乞大新釋序)'에 따르면 '동환자'들이 포로 생활 당시의 만주어를 추정하여 번역하여서 처음부터 원본에 의지하거나 본뜬 바가 없었으며, 그렇기 때문에 처음부터 어긋나고 막힘을 면하기 어려웠다고 말하고 있다. 이것은 『신번노걸대』가 만주어로 처음 번역된 책이라는 사실과 더불어 각 권마다 번역된 만주어가 서로 다르고 일관되지 못했을 가능성을 고려해 볼 수 있으나, 자료가 현전하지 않으므로 이와 관련된 구체적인 내용들을 파악해 볼 수 없음이 아쉽다.

(나)는 김진하(金振夏)[3]가 함흥의 청학 역학으로 있을 때에 개시(開市)의 감독을 위해 회령(會寧)에 갔다가 청의 영고탑(寧古塔 Ninguta)에서 온 만주인 서기[筆帖式 bithesi 飜淸ᄒᆞᄂᆞᆫ 사름]에게 (가)의 만주어 발음과 뜻을 질문하고 글자를 구별하게 하여 수정한 것이다. 이는 본래 '新釋'이라는 이름을 붙여 활자본으로 간행했던 것을 다시 개정하여 선천(宣川) 역학 변상진(卞相晉)이 평양 감영에서 목판본으로 중간한 것이다. 오늘날 남아 있는 『청어노걸대』는 모두 이 중간본으로서 이 중 탁족본이 가장 선본으로 꼽힌다.

결국 『청어노걸대』는 (가)의 1703년 활자본 『新飜老乞大』를 시작으로 2차례의 개정본을 포함하여 모두 3종을 헤아리는데, 오늘날 우리가 볼 수 있는 것은 마지막으로 개정된 (나)의 1765년 목판본 『淸語老乞大新釋』임을 알 수 있다.

3. 『淸語老乞大』의 장면 분석과 내용

이 책의 원본격인 『노걸대』는 불분단권으로 되어 있던 것인데, (번역)『노걸대』 이후의 언해서에서는 모두 상하 2권으로 분책되어 있다. 국어사자료연구회(1995)에서는 (번역)『노걸대』(상)을 17화, (번역)『노걸대』(하)를 22화, 총 39화의 장면으로 나누어 이를 현대어로 번역하였고, 정광(2004)에서는 원본 『노걸대』 상하를 통틀어서 총 6장 106화로 장면을 나누어 현대어로 번역하였다.

이에 대해 『청어노걸대』는 총 8권 97화로 나누어져 있다. 대개는 정광(2004)에서 제시한 『노걸대』의 장차와 같지만 부분적으로 차이가 있다. 특히 『청어노걸대』에는 (번역)『노걸대』의

---

3 생몰년 미상. 조선 후기의 역관으로 본관은 김해이다. 청어(淸語)에 능통하여 역관이 되었다. 영조 33년(1757)에 유창한 청어로 사신을 잘 접대하여 왕으로부터 후한 상을 받았다. 1774년에 고사언(高師彦)과 함께 검찰관(檢察官)으로서 『삼역총해(三譯總解)』(일명 청어총해)를 수정해서 간행하였고, 정조 1년(1777)에는 청어 학습서인 『신역소아론(新譯小兒論)』을 간행하였으며, 같은 해에 아동용 청어 학습서인 『팔세아(八歲兒)』를 간행하였다. 뒤에 동지중추부사(同知中樞府事)를 지냈다.(한국역대인물 종합정보시스템 참조.)

21~22화가 21화 하나로 합쳐져 있고, 35~36화가 34화 하나로 합쳐져 있다. 특이하게도 옷감을 파는 이야기가 담긴 72~73화의 이야기는 『청어노걸대』에서 70~72화로 이야기 하나가 늘어나 있기도 하다.

또 (번역)『노걸대』의 75화인 마구를 사는 장면이 『청어노걸대』에는 생략되어 있고 (번역)『노걸대』에서는 각각 활시울과 화살을 사는 이야기인 77~78화가 『청어노걸대』에는 75화로 합쳐져 있으며, 식기와 그릇 따위를 사는 79화가 『청어노걸대』에서는 생략되었다. 또 방탕아의 말로에 대한 (번역)『노걸대』의 91화에서 94화까지의 이야기가 『청어노걸대』에서는 87화 하나로 합쳐져 있으며, 103~104화가 95화의 하나로 합쳐져 있다.

결국 『청어노걸대』는 (번역)『노걸대』와 비교하면, 합쳐진 이야기가 8개, 생략된 이야기가 2개, 늘어난 이야기가 1개로 총 9개의 이야기가 적게 편재되어 전체 97화로 구성되어 있다.

본서에서는 앞의 두 (번역)『노걸대』에 대한 현대역(국어사자료연구회 1995, 정광 2004/2010)의 장면 분석을 참고하되 분권과 별도로 『청어노걸대』의 내용과 구성에 맞게 장면 분석을 조정하여, 제1장에서 제4장까지로 내용을 나누고 제2장과 제3장은 다시 내용에 따라 하위 절을 구별하여 보였다.

『청어노걸대』의 기본적인 내용은 조선인 김씨가 북경으로 말과 베, 인삼 등을 팔러 가는 길에 요동 출신의 중국인 왕씨를 만나서 그의 안내를 받아 무사히 북경에 도착하여 가지고간 물건들을 팔고 중국의 물품을 구매하여 조선으로 돌아오는 무역의 과정을 담고 있다. 『청어노걸대』의 전체 내용은 기(북경으로의 동행, 1권)-승(북경으로의 여정, 2~4권)-전(북경 도착 이후의 생활, 5~7권)-결(조선으로 돌아갈 채비, 8권)로 되어 있다.

제1장에 해당하는 제1권에는 조선인 상인 김씨가 요동 출신의 중국인 상인 왕씨를 만나서 함께 북경을 향하여 가는 과정이 담겨 있다. 조선인 김씨는 몇 마리 말에 인삼과 베를 싣고 3명의 친지와 함께 북경으로 가는 길이고 중국인 왕씨는 여남은 마리의 말을 팔러 가는 길이다. 여기에는 제1화~제13화까지의 내용이 포함된다.

제2장에 해당하는 제2권~제4권까지에는 왕씨와 김씨 일행이 함께 요동에서 북경까지 가는 과정이 담겨 있다. 여기에는 제14화~제50화까지의 내용이 포함되는데, 이 장은 다시 와점과 왕씨의 아는 사람 집(장촌장), 일반 민박, 하점 등에서 겪는 일들이 순차적으로 제시되어 있다. 세부적으로는 제14화~제25화까지가 제2권, 제26화~제38화까지가 제3권, 제39화~제50화까지가 제4권으로 구성되어 있다.

제3장은 제5권~7권까지가 이에 해당하는데 여기에는 조선상인 김씨가 미리 와 있던 다른 조선상인 이씨를 길경점에서 만나는 장면과 왕씨와 함께 말을 팔고 양을 사고, 비단을 팔고, 활을 사는 등의 각종 매매 장면들, 그리고 왕씨가 친척을 불러 잔치를 열고 수레를 고치고 병치레를 하는 등의 자질구레한 내용이나 왕씨가 김씨에게 북경에서의 각종 생활 예절을 이야기해 주는 등의 내용을 담고 있다. 여기에는 제51화에서 제88화까지의 내용이 포함되는데 제5권에는 제51 화에서 제63화까지, 제6권에는 제64화에서 제76화까지, 제7권에는 제77화에서 제88화까지가 해당된다. 제3장의 내용은 다시 크게 대화를 중심으로 하는 부분(제51화~80화)과 당시 청나라 북경에서의 일반적인 상식을 왕씨가 일방적으로 들려주는 부분(제81화~88화)으로 구성되어 있다고도 볼 수 있다.

마지막 제4장은 조선인 김씨가 왕씨와 헤어진 뒤, 자신이 가지고 간 인삼, 베 등을 팔고 조선으로 가져갈 각종 물품을 사서 조선으로 돌아오는 과정을 담고 있는데, 제8권에 포함된 89 화~97화까지의 내용이 이에 해당된다.

4. 『淸語老乞大』의 언어

『청어노걸대』는 본래 한어로 작성된 『노걸대』를 만주어로 번역한 책이다. 해당 만주어를 각 행의 좌측에 만주문자로 쓰고 우측에 한글로 만주어음을 전사한 후, 각 문장 혹은 구절 단위로 18세기 국어로 된 언해를 덧붙여 놓았다.

홍계희의 '청어노걸대신석서'에 따르면 1703년의 활자본 『청어노걸대』의 만주어는 청에 포로로 잡혀 갔다가 돌아온 사람들[東還者]이 포로로 있을 당시의 만주어를 추정하여 한어『노걸대』를 번역하였기 때문에 처음부터 어긋나고 막히는 부분들이 있었다고 지적하고 있다. 이러한 까닭에 김진하가 만주인 서기에게 질문하여 수정한 것이 오늘날『청어노걸대신석』에 나타난 만주어라고 할 수 있다.

『청어노걸대신석』의 만주어는 두 가지 측면에서 주의를 기울일 필요가 있다고 생각한다. 먼저 여기에 수록된 만주어가 얼마나 자연스러운 구어를 반영하고 있는가 하는 점이다. 기본적으로 한어『노걸대』를 저본으로 하여 그것을 만주어로 번역하였기 때문에, 번역 자료가 지니는 어쩔 수 없는 한계를 이 자료 역시 가지고 있을 수밖에 없다.

다음으로 청조에서 실시한 만주어 어문규범 정비 사업의 결과가 얼마나 잘 반영되어 있는가

하는 점이다. 청은 『어제청문감(御製清文鑑)』(1708), 『어제증정청문감(御製增訂清文鑑)』(1771)과 같은 사전들을 편찬하며 만주어를 정비하는 사업을 추진했는데, 이렇게 정비된 만주어의 모습이 이 두 사전들의 편찬 사이에 간행된 『청어노걸대신석』(1765)의 만주어에 얼마만큼 반영되었는지는 세밀히 살펴볼 문제이다. 당시에 사용된 만주어 학습서로서는 이러한 측면이 매우 중요했다고 할 수 있다. 또한 『어제청문감』(1708) 편찬 이전에 완성된 『신번노걸대』(1703)가 『청어노걸대신석』에 어떠한 영향을 미쳤는지도 중요한 문제의 하나이다.

『청어노걸대신석』의 만주어는 『청어노걸대신석』에 들어 있는 18세기 국어로 된 언해문을 제대로 이해하는 데에도 큰 도움을 준다. 구체적인 예로 'ᄒᆡ낫계엿다'(4:21a)로 언해된 문장에 대한 이해가 다양한데, 이에 해당하는 만주어 문장이 'šun(해) inenggi(낮) dulin(半) dulike(지나다)'라는 점을 참조하면 이것이 'ᄒᆡ 낫 계오다'(해가 한낮을 지났다)라는 것을 분명히 알 수 있다. 또한 언해문 '내 ᄇᆡ환 지 半年이 남다'(1:7b)가 '내가 배운 지 반년이 넘었다.'와 같이 완료상 내지 과거시제의 의미로 파악될 수 있음을 '남다'에 대한 만주어 'funcehe'의'-he'를 고려할 때 의미 해석의 객관성을 확보할 수 있다. 이러한 점은 국어사 자료로서 사역원의 역학서를 이용할 때 해당 외국어에 대한 이해가 얼마나 중요한지를 다시 한 번 깨닫도록 해준다.

한편, 『청어노걸대신석』의 언해문은 18세기 국어의 모습을 보여주고 있다. 먼저 표기와 관련해서는 곡용과 활용 모두에서 분철 표기가 주를 이루고 있는 점을 볼 수 있다. '것', '무엇'과 같은 일부 체언이나 '갑슬'처럼 겹자음을 가진 경우에는 연철 표기의 모습도 나타나며, '그릇슬', '속옷시오'와 같은 중철 표기도 눈에 띈다. 또한 '녑흐로', '놉하시니', '동녁희', '조집히', '밧하', '앏흐로' 등에서 볼 수 있듯이 'ㅍ, ㅋ, ㅌ'에 대한 과도 분철 표기도 볼 수 있다. 초성 표기와 관련해서는 ㅂ계 합용병서(ㅲ, ㅄ, ㅶ)와 ㅅ계 합용병서(ㅺ, ㅼ, ㅽ, ㅆ, ㅾ) 표기가 모두 나타난다.

'믈고기', '블', '블근', '플을'의 경우에서는 양순 자음 아래에서의 원순모음화가 반영되지 않은 모습을 볼 수 있으나, '머므러'와 '머무러' 및 '므엇'과 '무엇'의 공존을 통해 원순모음화의 존재를 확인할 수 있다. 또한 '즘ᄉᆡᆼ', '승거오냐'처럼 치음 아래에서의 전설모음화가 반영되지 않은 모습을 볼 수 있으며 '어질믈', '죠타', '직희며', '치ᄂᆞ니라'를 통해서는 구개음화의 진행 양상을 확인할 수 있다. 한편 '계집들히, 길히, 나히, 노흘(繩), 돌흘, 둘히, 뒤흐로, 세히, ᄯᅡ히, 안히, 우희, 여러히라, 자히니, 터히, ᄒᆞ나흔/ᄒᆞᆫ나흔' 등과 같은 예들을 통해서 'ㅎ'을 보유한 체언들의 존재를 이 시대까지도 살펴볼 수 있다.

문법적 특징과 관련해 『청어노걸대신석』에는 주격조사 '-가'가 나타나지 않는데, 이것은

1703년 간행된 『신번노걸대』의 영향으로 생각된다. 또한 중세국어의 '-어 이시-/잇-' 구문에서 발달한 형태가 '-어시-, -여시-, -앗-, -엇-, -엿-, -ㅅ-' 등 다양한 형태의 선어말어미로 나타나고 있는데, 완료상의 의미와 더불어 과거시제를 표현하게 된 것을 볼 수 있다. 더불어 회상을 나타내는 선어말어미 '-더-'가 '-두-, -드-'로도 나타나는 점이 흥미롭다.

[참고문헌]

국어사자료연구회(1995), 역주 번역노걸대, 태학사.

전광현(1971), "18세기 후기 국어의 일고찰", 전북대 논문집 13, 39-70.

정광(1988), 사역원 왜학 연구, 태학사.

정광(1998), 청어노걸대신석(해제·본문영인·국어색인), 태학사.

정광(2004), 원본 노걸대, 김영사.

정광(2010), 역주 원본 노걸대, 박문사.

최동권(1986), "청어노걸대연구", 수선논집 11, 29-48.

목 차

清語老乞大新釋

현대역

현대역 일러두기

1. 본 번역은 조선시대에 간행된 (번역)『노걸대』에 대한 현대역인 국어사자료연구회(1996)의 (번역)『노걸대』 상·하와 정광(2005)의 (번역)『노걸대』 상·하의 장면 분석을 참고하여 『청어노걸대』의 내용과 구성에 맞게 장면 분석을 조정하였다. 이에 따라 전체 내용을 제1장에서 제4장까지로 나누고, 제2장과 제3장은 다시 내용에 따라 하위 절을 구별하였다.

2. 번역은 내용이 자연스럽게 이해되는 방향으로 진행하되 최대한 만주어 원문의 내용을 살릴 수 있도록 하였다.

3. 각 이야기의 제목은 모두 원문 안의 핵심적 문장이라고 판단되는 회화의 내용을 중심으로 선정하였다.

4. 전체 이야기는 대화를 중심으로 이루어져 있기 때문에 화자와 관련한 정보가 확인된 경우는 화자의 성(姓)이나 직책, 역할 등이 드러나도록 하여 각 발화의 앞에 보였는데 때로 대화가 아니라 지문으로 실현되는 경우는 화자 없이 그대로 문맥에 드러냈다.

5. 여러 명의 화자가 등장하는 장면 등에서는 정확히 어떠한 상황인지 알지 못하는 경우 대화의 내용이 혼란스럽기 때문에 이러한 경우들에 한하여 생략된 지문을 [ ]에 넣어서 내용의 이해에 도움을 주고자 하였다. 그러므로 [ ] 안의 내용은 원문 이해에 필요한 부가 정보일 뿐, 원문에 없는 내용임에 유의해야 한다.

6. 번역문의 내용 이해를 위해 한자를 부기할 경우에도 [ ]를 넣었다.

清語老乞大 제1권

清語老乞大新釋序

청학(淸學)은 옛날이나 지금이나 여러 역학(譯學) 가운데 쓰임이 가장 긴요할 뿐 아니라 배우기가 가장 어렵다. 그 학습서로는 『노걸대(老乞大)』와 『삼역총해(三譯總解)』가 있는데, 『삼역총해』는 한자를 번역하여 (만주어로) 풀어쓴 것이어서 다르고 같은 것이나 어긋나고 틀린 것이 심하지 않으나, 『노걸대』는 병자년(丙子年)에 처음 나왔으나 뒤에 동환자(東還者)들에 의해 말을 헤아려서 풀이한 것으로, 처음에 원본에 의지함이 없었기 때문에 이미 처음부터 어긋나거나 생소함을 면하지 못한다. 그로부터 지금 100년이 지났고 또 고금의 차이가 있어서, 설령 이 책을 익힌다 할지라도 또한 통역의 실상에는 이익이 없으니, 청학에 종사하는 자들이 많이 병으로 여겼다.

경진년(庚辰年)에 함흥역학(咸興譯學) 김진하(金振夏)가 개시(開市)로 인하여 회령(會寧)에 머물면서 닝구타[Ningguta, 寧古塔]의 비터시[Bithesi, 筆帖式]에게 (만주어의) 음과 뜻을 질문하고, 자획을 분명하게 변별하여 이 책과 심하게 차이가 나는 것은 고치고, 잘못된 것은 바로잡았다. 다음 해의 개시 때에도 다시 질문을 하였으니, 하나하나가 모두 지금 쓰이는 말과 딱 들어맞는다고 생각한다. 이로부터 여러 역학은 혀끝을 억지로 떨며 제멋대로 하는 근심이 없어질 것이니, 본 사역원의 공이리라.

도제거(都提擧) 홍공(洪公)이 주상께 아뢰어 평양에서 인쇄하고, 내가 사역원의 일에 참여해서 들은 것으로 인하여 이와 같이 그 전말을 간략하게 기록한다.

을유년(乙酉年) 가을, 제조(提調) 행판중추부사(行判中樞府事) 홍계희(洪啓禧)가 삼가 쓴다.

淸學在今諸譯，爲用最緊, 爲功最難, 其課習之書, 有老乞大及三譯總解, 而三譯總解則本以文字飜解, 無甚同異訛舛. 若老乞大則始出於丙子, 後我人東還者之因語生解, 初無原本之依倣者, 故自初已不免齟齬生澁. 而今過百年, 又有古今之異, 假使熟於此書, 亦無益於通話之實, 從事本學者多病之. 庚辰咸興譯學金振夏, 因開市往留會寧, 與寧古塔筆帖式, 質問音義, 辨明字畫, 凡是書之徑庭者改之, 差謬者正之. 翌年開市時復質焉, 則皆以爲與今行話——吻合. 自此諸譯, 無所患於舌本之間, 強振夏儘, 有功於本院矣. 因都提擧洪公筵稟, 入梓箕營, 不佞方與聞院事, 故略記顚末如此云.

　　乙酉秋提調行判中樞府事 洪啓禧 謹序

제1장　북경으로의 동행

▌제1화 첫만남 : 당신은 어디에서 왔습니까?

왕씨 : 형씨, 당신은 어디에서 왔습니까?

김씨 : 저는 조선의 왕경(王京)에서 왔습니다.

왕씨 : 지금 어디로 가십니까?

김씨 : 저는 황성(皇城)을 향해서 갑니다.

왕씨 : 당신은 언제 왕경에서 떠났습니까?

김씨 : 저는 이 달 초에 떠났습니다.

왕씨 : 이 달 초에 떠났으면 벌써 반 달 가까이인데 어찌 이제야 여기에 왔습니까?

김씨 : 한 친구가 뒤늦게 오게 되어 제가 천천히 기다리면서 걸어온 탓에 그래서 오는 데 늦었습니다.

왕씨 : 그 친구는 지금 뒤미쳐서 도착했습니까?

김씨 : 여기있는 이 친구가 바로 그 친구인데 어제 막 왔습니다. 당신이 생각하기에, 이 달 그믐에는 황성에 도착하겠습니까?

왕씨 : 제가 어떻게 알겠습니까? 하늘이 불쌍히 여겨서 몸이 평안하면 도착하겠지요.

▌제2화 한어 공부(1) - 누구에게 글을 배웠습니까?

왕씨 : 당신은 조선 사람입니다. 그런데 어느 틈에 한족(漢族)의 말(話)을 막힘없이 잘 배웠습

니까?

김씨 : 제가 처음부터 한족에게서 글을 배워서 한족의 말을 조금 압니다.

왕씨 : 누구에게서 글을 배웠습니까?

김씨 : 한족 학교에서 글을 배웠습니다.

왕씨 : 무슨 종류의 글을 배웠습니까?

김씨 : 『논어』, 『맹자』, 『소학』을 배웠습니다.

왕씨 : 날마다 어떤 것을 공부합니까?

김씨 : 날마다 동틀 녘에 일어나서 학교에 가서 사부(師傅)님께 글을 배웁니다. 학교에서 파해서 집에 왔다가 밥 먹기를 마친 뒤에 곧 학교에 가서 글을 쓰고 사부님 앞에서 글을 강독(講讀)합니다.

제3화 한어 공부(2) - 무슨 글을 강독(講讀)합니까?

왕씨 : 무슨 글을 강독합니까?

김씨 : 『논어』, 『맹자』, 『소학』을 강독합니다.

왕씨 : 글 강독하기를 마치고 다시 어떤 것을 공부합니까?

김씨 : 저녁이 되면, 사부(師傅)님의 앞에서 제비를 뽑고 글을 외웁니다. 외우기를 잘하게 되면 사부님이 면첩(免帖)[벌을 면하게 하는 글] 하나를 줍니다. 만일 외우기를 잘하지 못하면 감독하는 학생이 그 사람을 엎드리게 하여 세 번 때립니다.

왕씨 : 제비를 뽑고 글을 외우면 면첩을 준다는 게 뭡니까?

김씨 : 사람마다 하나씩 대나무로 목패(木牌)를 만들어서 각각 성(姓)과 이름을 쓰고 산가지통에 담습니다. 감독하는 학생이 산가지통을 가져와서 흔들어 그 가운데에서 하나를 뽑습니다. 뽑힌 사람이 누가 되더라도 즉시 외우게 합니다. 외우는 것이 잘 되면 사부님이 면첩 하나를 줍니다. 그 면첩에는 "나무로 때리기를 세 번 면하게 하라"하고 쓰고 그 위에 이름을 써 둡니다. 만약 제대로 외우지 못하면 면첩을 꺼내어 지워 버리고 이전의 상(賞)을 벌칙에 상쇄하게 하여 맞기를 면하게 하고, 만약 면첩이 없으면 반드시 세 번 맞는 벌을 받습니다.

▌ 제4화 한어 공부(3) - 그런 한문을 배워서 어디에 씁니까?

왕씨 : 당신이 그런 한문(漢文)을 배워서 어디에 씁니까?

김씨 : 당신이 말하는 것도 물론 옳다 하겠으나, 내 생각에는 왠지 충분하지 못한 듯이 생각
됩니다. 작금(昨今)의 조정(朝廷)은 사해(四海)를 통일하여 천하를 온통 다 거느리고 있
어서 세상에 한어(漢語)를 쓰는 곳이 아주 많습니다. 우리의 이 조선의 말은 다만 조선
땅에서만 쓰고 의주를 지나 중국 땅에 오면 완전히 온통 한어를 쓰니, 아무나 만약
한 마디 말을 물어도 눈을 멀뚱거리며 제대로 대답하지 못하면 다른 사람이 우리를
어찌 사람으로 여겨 보겠습니까?

▌ 제5화 한어 공부(4) - 부모님이 배우라 한 것입니까?

왕씨 : 당신의 이 한문(漢文)을 배우는 것이 혹시 당신의 뜻으로 배운 것입니까, 당신의 부모
님이 배우라 한 것입니까?

김씨 : 우리 부모님께서 배우라 하신 겁니다.

왕씨 : 배운 지 몇 해 되었습니까?

김씨 : 배운 지 반 년이 넘었습니다.

왕씨 : 다 알겠던가요?

김씨 : 날마다 한(漢) 학생들과 함께 있으면서 글을 배운 까닭에 조금 압니다.

왕씨 : 당신 사부님은 어떤 사람입니까?

김씨 : 한족(漢族)이지요.

왕씨 : 나이는 어떻게 되었나요?

김씨 : 35세 됩니다.

왕씨 : 힘써 가르치나요?

김씨 : 우리 사부(師傅)님이 본래 양순(良順)하셔서 아주 힘써 가르치십니다.

왕씨 : 너희 여러 학생들 중에 중국 사람은 얼마이며 조선 사람은 얼마입니까?

김씨 : 중국과 조선이 딱 절반입니다.

왕씨 : 그 중에 또 나쁜 사람이 있습니까?

김씨 : 어찌 나쁜 사람이 없겠습니까? 그 나쁜 사람을 날마다 반장(班長) 학생이 사부님께 말

쓸드리고 때려도 아주 두려운 줄을 모른답니다. 이 중에서 중국 아이들의 버릇이 가장 나쁘고 그래도 조선 아이들은 다소 양순한 편입니다.

제6화 동행(1) - 우리 함께 갑시다.

김씨 : 형씨는 지금 어디로 갑니까?

왕씨 : 나도 황성(皇城) 쪽으로 갑니다.

김씨 : 당신이 황성 쪽으로 간다면, 나는 조선 사람이라 중국 땅에 다니기에 익숙하지 않으니 당신과 벗 삼아 가는 게 어떻습니까?

왕씨 : 그렇다면 잘 되었군요. 우리 함께 갑시다.

김씨 : 형씨 당신은 성이 무엇입니까?

왕씨 : 제 성은 왕가입니다.

김씨 : 당신 집은 어디에 삽니까?

왕씨 : 저는 요동성 안에 삽니다.

김씨 : 당신은 황성에 무슨 일이 있어서 갑니까?

왕씨 : 저는 이 말들을 몰아 가져가서 팔러 갑니다.

김씨 : 그렇다면 아주 잘되었습니다. 우리가 몰아 가져가는 이 말하고 말에 실은 모시베도 팔 것입니다. 당신과 우리들이 모두 같은 곳에 장사하러 가므로 함께 벗 삼아 가는 것이 정말 맞춤합니다.

제7화 동행(2) - 황성(皇城)의 말값이 어떻던가요?

김씨 : 형씨, 당신은 본래부터 (황성에) 다니던 사람입니다. 황성의 말값이 어떻던가요?

왕씨 : 최근에 내가 아는 사람이 와서 말하기를 말값이 요즈음에 좋아서 [질 좋은 말을 가리키며] 이런 등급의 말은 열다섯 냥 나가고 [질 나쁜 말을 가리키며] 이런 등급의 말은 열 냥 나간다고 합니다.

김씨 : 벳값은 값이 나가던가요? 헐하던가요?

왕씨 : 벳값은 전년 값과 같다고 하더군요.

김씨 : 황성에는 먹을 것이 귀하던가요? 흔하던가요?

왕씨 : 내가 아는 그 사람에게 물으니 알려주기를 자기가 올 무렵에, 은 여덟 푼에 흰쌀 한 말이고, 은 닷 푼에 좁쌀 한 말이고, 은 한 돈에 밀가루 열 근이고, 은 두 푼에 양고기 한 근을 준다고 하더군요.

김씨 : 그렇다면 제가 지난 해에 황성에 있던 [무렵의] 값과 같군요.

제8화 동행(3) - 우리 오늘밤에 어디에 자러 갈까요?

김씨 : 우리 오늘 밤에 어디로 자러 갈까요?

왕씨 : 우리 앞쪽으로 가서 10리 끝에 한 여관이 있는데, 이름을 와자점(瓦子店)이라고 하지요. 이르든지 늦든지 거기로 자러 갑시다. 만약 지나쳐 가면 저쪽 20리 사이에는 인가가 없습니다. 그러면 앞쪽으로 마을을 만나지 못하고 뒤쪽으로 숙소를 얻지 못하게 되니, 우리 거기로 자러 갑시다. 일찍 도착하면 우리의 말을 쉬게 하였다가 내일 일찍이 갑시다.

김씨 : 여기서 황성에 이르는 데까지 몇 리입니까?

왕씨 : 여기서 황성에 이르기까지는 대략 5백리가 남았습니다. 하늘이 불쌍히 여겨 몸이 건강하기만 하면 다시 오일이 지나면 도착하게 될 겁니다.

김씨 : 우리 가서 짐을 어디에 풀면 좋을까요?

왕씨 : 우리 순성문 관점(官店) 쪽에 짐을 풀러 갑시다. 거기가 말 시장도 가까우니까요.

김씨 : 당신 말이 맞습니다. 저도 그렇게 생각하고 있었습니다.

왕씨 : 해마다 우리 요동에서 가는 친구들이 다른 곳에 짐을 풀지 않고 모두 거기에 짐을 풀지요.

김씨 : 저도 지난해에 거기에 짐을 풀었었는데 아주 좋더군요.

제9화 와점(瓦店) 가는 길에(1) - 모두 얼마의 돈이 드나?

왕씨 : 당신의 이 여러 마리 말이 밤마다 먹는 짚과 콩에 모두 얼마의 돈이 듭니까?

김씨 : 하룻밤에 말당 콩 닷 되씩하고 짚 한 뭇씩이 되니, 모두 합하여 계산하면 은 두 돈을 씁니다. 지방에서 수확하는 것은 풍년과 흉년이 같지 않아서 짚과 콩 값이 비싸고 싼

곳이 또 다르니 짚과 콩이 비싼 곳에서는 은 서너 돈을 쓰고, 짚과 콩이 싼 곳에서는 은 두 돈을 씁니다.

왕씨 : 이 말은 걸음이 어떤가요?

김씨 : 이 말은 그저 썩 잘 걷는다고 볼 수 없습니다. 다만 어느 정도 잘 걷는 편이니 느린 것보다는 조금 나은 듯하고 이 밖에 다른 것은 다 별로입니다.

왕씨 : 이 말과 베를 황성에 가져가서 팔고 또 어떤 물건을 사서 조선 땅에 다시 가져다가 팔 겁니까?

김씨 : 산동성 제녕부 동창 고당에 가서 견직(絹織)과 능사(綾紗)와 솜을 거두어 사서 왕경에 팔러 갑니다.

왕씨 : 실제로 거기에 가서 흥정하면 다소 이문이 있습니까?

김씨 : 그것이 아주 좋습니다. 제가 지난해에 중국인 친구 하나를 따라서 고당에 가서 솜과 깁을 거두어 사서 왕경에 가져다가 팔았는데 다소 이문을 얻었습니다.

제10화 와점가는 길에(2) - 비단과 무명 값

왕씨 : 저 깁과 능(綾)과 솜을 본토에서 얼맛돈에 사서 왕경에 가서 얼맛돈에 팝니까?

김씨 : 제가 산 약간의 견직(絹織)은 한 필에 서 돈이니 분홍색을 물들여서 안을 만듭니다. 능은 한 필에 두 냥이니 아청색과 분홍색을 물들이지요. 견직은 한 필 물들일 때 주는 비용이 두 돈이고 능은 한 필 물들일 때 아청색이면 한 필에 서 돈이고 분홍색이면 한 필에 두 돈이고, 솜은 한 근에 은 엿 돈이니 왕경에 가서 팔 때는 비단은 한 필에 세모시 두 필로 쳐서 은으로 한 냥 두 돈으로 계산하여 받고, 아청색 능은 한 필에 베 여섯 필씩으로 쳐서 은으로 석 냥 여섯 돈씩 계산해서 받으며 분홍색은 베 다섯 필로 쳐서 은으로 석 냥씩 계산해서 받습니다. 솜은 매 넉 냥에 베 한 필로 쳐서 은으로 서 돈씩 계산해서 받지요. 매매 중개상에게 줄 것을 셈하지 않은 상태에서 다시 셈하니 이문을 크게 내었지요.

제11화 와점 가는 길에(3) - 왕래하는 데 몇 달 다녔나?

왕씨 : 당신은 본래 황성에 가서 물건을 팔고 다시 솜과 견직을 사서 왕경에 흥정하러 가는데, 왕래하는 데 몇 달이 걸렸나요?

김씨 : 저는 지난 연초에 말과 베를 가져다가 황성에 가서 다 팔아서 마치고, 오월에 고당(高唐)에 가서 솜과 비단을 거두어들여서 직고로 배를 타서 건너고, 시월에 왕경에 도착해서 그해가 끝나갈 때쯤에 이르러 물건을 다 팔고, 다시 이 말과 모시베를 사 가지고 왔습니다.

제12화 와점 가는 길에(4) – 이 세 사람이 혹시 당신의 친척입니까?

왕씨 : 이 세 사람이 혹 당신의 친척입니까, 아니면 서로 만나서 온 겁니까? 따로 시간이 없어서 일부러 성과 이름을 묻지 않았는데 이제 꺼릴 것 없이 물어봅시다. 이 형씨는 성이 무엇입니까?

김씨 : 이쪽 한 사람은 성이 김가인데 저의 고종사촌형이고, 이쪽 한 사람은 성이 이가인데 저의 외종사촌형이며, 이쪽 한 사람은 성이 조가인데 제 이웃집 친구입니다.

왕씨 : 당신네 이 사촌형제는 당연히 먼 친척 사촌형제인가 싶군요.

김씨 : 그렇지 않습니다. 우리는 친사촌형제랍니다.

왕씨 : 그렇지만 당신들이 오는 길에 함부로 욕하며 놀려가며 전혀 꺼리지 않더군요.

김씨 : 참으로 크게 죄를 지었습니다요. 우리가 길을 다닐 때 예를 갖추어 서로 조심하면서 다니면 잠이 와서 졸립기 때문에 그렇게 짐짓 놀렸던 겁니다.

제13화 와점 숙박 – 주인 형님, 집에 계셨군요?

[이야기 하면서 길을 가다보니 어느새 와자점에 도착했다]

왕씨 : 우리 이제 잡말을 그만둡시다. 눈 앞의 여기가 바로 와자점이니 제일 좋은 여관을 구해서 짐을 풀러 가서 짐승들을 쉬게 합시다.

[왕씨가 김씨 일행에게 숙소로 가는 길을 안내한다]

왕씨 : 갈림길 북쪽에 있는 이 여관이 제가 일찍이 묵었던 숙소였습니다. 우리 이곳에 묵으

러 갑시다.

[왕씨가 와점 주인을 보고 인사를 한대

왕씨 : 어이, 주인 형님, 집에 계셨군요? 요사이 옥체와 집안이 다 평안하셨습니까?

와점 주인 : 평안하지요. 왕씨 형님이 오셨군요? 오래 못 보았더니 당신네 여러 벗이 어디서 만나서 왔습니까?

왕씨 : 우리는 오는 길에 서로 만나서 친구 삼아 황성에 갑니다. 당신네 이 여관에 짚과 콩이 다 있습니까?

와점 주인 : 짚과 콩이 다 있지요. 콩은 검은콩이고 짚은 조짚입니다.

왕씨 : 이런 조짚이면 좋지요. 만약 볏짚이면 짐승들이 그다지 많이 먹지 않을 겁니다. 검은콩은 한 말에 얼마이고 짚은 한 뭇(묶음)에 얼마입니까?

와점 주인 : 콩은 한 말에 쉰 돈이고 짚은 한 뭇(묶음)에 열 돈입니다.

왕씨 : 그게 정말입니까? 당신, 또다시 저를 속이지 마세요.

와점 주인 : 형씨, 그게 무슨 말씀이세요. 당신 역시 길을 다니면서 친숙해진 손님이니 우리와 한집 같습니다. 제가 어찌 감히 함부로 말하겠습니까? 믿지 못하겠다면 다른 여관에 시험삼아 가서 물으면 내가 맞는지 틀리는지를 알 수 있을 겁니다.

왕씨 : 제가 생각해 보니 당신이 또 나를 속일 사람이 아니니 무슨 시험해서 물어보러 갈 것까지 있겠습니까?

淸語老乞大 제2권

제2장 북경 가는 길

제1절 와점(瓦店)에서의 숙박

▍제14화 와점에서(1) – 짚 열 한 묶음을 주십시오.

왕씨 : 우리 말이 열 한 필이니 모두 콩 여섯 말을 되어 주고 짚 열 한 뭇(묶음)을 주십시오.

　　　[왕씨가 주인이 준 작두로 짚을 썰다가 혼잣말로]

왕씨 : 이 작두가 좋지 않으니 수많은 짚을 언제 썰겠나?

　　　[왕씨가 와점 주인을 부르며]

왕씨 : 주인장, 다른 데 잘 드는 작두 하나를 구해서 가져다 주세요.
외점 주인 : 그렇다면 제가 구하러 가지요.

　　　[와점 주인이 새 작두를 가져와서 왕씨 일행에게 주며]

외점 주인 : 이 작두는 우리 친척 집 것입니다. 그 사람이 빌려주지 않는 것을 내가 누누이

청해서 견디지 못하고 어쩔 수 없이 준 것입니다. 아주 잘 드니, 조심해서 쓰시고 남의 것이니 날을 부러뜨리지 마세요.

[잠시 뒤, 와점 주인이 왕씨 일행이 썰어놓은 짚을 보며]

와점 주인 : 이 손님이 썰어놓은 짚이 너무 굵군요. 짐승들이 어찌 먹겠습니까? 아주 가늘게 썰도록 하세요.

[와점 주인이 다시 콩 삶는 왕씨 일행 쪽을 보며]

와점 주인 : 내가 보니 이 사람이 콩 삶는 것도 제대로 잘 알지 못하는 듯하군요. 먼저 불을 때서 가마가 끓은 뒤에 다시 콩을 넣어서 일단 한번 끓이고 즉시 이 썰어놓은 짚을 콩 위에 뿌려 덮고 나서 불 때기를 그치고 김이 나게 하지 마세요. 이런 식으로 하면 저절로 익는답니다.

제15화 와점에서(2) - 다섯 사람 분의 밥을 지어라

와점 주인 : 손님들, 당신들 보아하니 우리식 불 때기를 아나요, 모르나요?

왕씨 : 내가 불 때기를 알지 못하며, 그저 바람이나 마시겠습니까? 당신은 잡말을 그치고 서둘러 가서 다섯 사람[1] 분의 밥이나 지으세요.

와점 주인 : 당신들은 무슨 종류의 밥을 먹고자 합니까?

왕씨 : 우리 다섯 사람한테 밀가루 서 근어치 떡을 만들어 주세요. 저는 반찬을 사러 가겠습니다.

와점 주인 : 반찬 사러 갈거면 이 옆집의 돼지고기를 사러 가세요. 오늘 갓 잡은 신선한 고기랍니다.

왕씨 : 한 근에 몇 돈씩인가요?

와점 주인 : 한 근에 스무 돈씩입니다.

왕씨 : 그러면 주인장 당신이 저를 대신해서 사러 가세요. 고기 한 근을 사는 것이니 아주

---

1 왕씨와 김씨, 김씨의 고종사촌형인 김씨2, 오종사촌형 이씨, 이웃집 친구 조시 등 다섯 사람이다.

기름진 부분 말고 약간 기름없는 부위의 고기를 사서 굵직하게 썰어 볶아서 익혀서
가져다 주세요.

제16화 와점에서(3) - 한 사람을 보내어 고기를 볶게 하자.

왕씨 : 주인장, 조리할 시간이 충분하지 않으면 우리 친구 중에서 한 사람을 보내어 고기를
볶게 합시다.

김씨 : 저는 고기 볶는 법을 배우지 못했습니다.

와점 주인 : 그게 무슨 어려운 데가 있습니까? 가마를 긁어서 씻고 나서 깨끗이 솔질하고 불
을 때서 가마를 뜨거워지게 한 뒤에 찬 기름 반 잔을 넣고, 기름이 익거든 고기를 가
마에 붓고 쇠국자로 뒤집어 볶아서 반 정도 익으면 다시 소금, 장물, 생강, 산초, 식초
하고 파 등 여러 가지 것을 뿌려 넣고 가마뚜껑을 덮고 김을 내지 않고 불을 한 번
때면 바로 익는답니다.

[김씨가 와점 주인이 가르쳐 준 대로 고기를 굽는데

김씨 : 여기 고기가 익었습니다.

와점 주인 : 맛을 봅시다. 짠가요, 싱거운가요, 맛을 보니 약간 싱겁네요. 다시 소금을 조금
더 넣으세요.

제17화 와점에서(4) - 모두 계산하면 얼맙니까?

왕씨 : 주인 형씨, 저는 내일 5경쯤에 일찍 떠나 갈 것이니 당신 집에서 잔 값하고 또 밥 지
은 값을 계산해 주세요. 하룻밤 잔 사람에게 받는 집세(숙박료)하고 밥 지은 값(식사료)
하고 말한테 먹인 여물과 콩을 모두 계산하면 얼맙니까?

와점 주인 : 당신이 달아 가져간 밀가루 3근은 매 근에 10돈씩이니 모두 합하면 30돈이고,
썰은 고기는 한 근에 20돈이고, 네 사람한테 사람당 숙박료하고 불값이 10돈이니 모
두 계산하면 40돈이고, 검은콩 여섯 말에 말당 50돈이니 모두 합하면 300돈이고, 짚

열한 뭇은 뭇당 10돈이니 모두 계산하면 110돈이니, 한데 모아 계산하면 모두 500돈 나왔습니다.

왕씨 : 우리 짚과 콩과 밀가루가 다 당신네 집에 와서 산 것이니 조금 깎아 주는 게 어떻습니까?

와점 주인 : 알았습니다, 알았어요. 450돈으로 합시다.

[와점 주인과 흥정을 마친 왕씨가 김씨 일행을 보며]

왕씨 : 그렇다면 친구들, 당신들 셋이 다 내세요. 가격을 기록해 두었다가 북경에 간 뒤에 다시 모두 합하여 계산해 주겠습니다.

김씨 : 그러면 내가 다 그 주인에게 주겠습니다.

제18화 출발 전에(1) - 말이 쉬기를 기다렸다가 천천히 먹여라.

[왕씨가 김씨 일행에게 이런 저런 주의사항을 말한다]

왕씨 : 친구들, 콩을 건져 가져와서 찬물에 식히고 말이 한 동안 쉬기를 기다렸다가 천천히 먹이세요. 처음 먹일 때는 그저 콩과 물을 섞고 5경[새벽 3시~5시]에 이르러서 콩을 다 주어 먹이세요. 이렇게 하면 말이 많이 먹어서 배가 부를 겁니다. 만약 콩을 미리 주면 그 말이 다만 콩만 가려 먹고 짚을 다 흩뜨려 버리지요. 숨을 가쁘게 쉴 때는 일단 물을 먹이지 말고 맨짚을 조금 씹혔다가 다시 물을 먹게 하세요. 각각 조금씩 자고 돌아가면서 일어나서 부지런히 말을 먹여야 좋습니다. 만일 한 사람한테만 미루면 반드시 일이 어그러지게 됩니다. 오늘이 22일이니 5경 쯤에는 틀림없이 달빛이 있을 겁니다. 닭이 울고 난 후에 일어나서 바로 갑시다.

[왕씨가 와점 주인을 보면서]

왕씨 : 주인장. 등불을 켜서 가져오세요. 우리 잘곳을 정리합시다.

와점 주인 : 등잔을 켜서 가져왔으니 벽에 거세요.

왕씨 : 이런 흙구들에서 어찌 자겠습니까? 혹시 짚으로 만든 깔개(방석)가 있으면 몇 장 가져

다 주세요.

와점 주인 : 우리 집에는 삿자리가 없으니 여기 짚깔개(방석) 세 장을 보내드리겠습니다. 하루 밤 기대어 까세요.

제19화 출발 전에(2) – 우리는 내일 5경 무렵에 일찍 가겠습니다.

왕씨 : 주인장, 불을 묻어주세요. 저희는 내일 5경 무렵에 일찍 가겠습니다.

와점 주인 : 그래요. 그렇게 하세요. 손님들 쉬세요. 저는 문을 살펴보고 자겠습니다.

왕씨 : 이리 와보세요. 아직 가지 마세요. 물어볼 말이 있습니다. 제가 먼저 번에 북경에서 올 때 당신네 이 점(店)의 서쪽 이십 리(里) 땅 끝자락에 무너진 다리 하나가 있었는데, 지금 고쳐졌나요?

와점 주인 : 벌써 고쳤지요. 먼저보다 두 자 높고 석자 너르게 만든 것이 아주 잘됐답니다.

왕씨 : 그렇다면 우리가 내일 마음 놓고 일찍이 가도 되겠군요.

와점 주인 : 일찍 가지 마세요. 듣자 하니 앞쪽 길이 흉악하다 합디다.

왕씨 : 어, 지난번은 전혀 그렇지 않았는데 요즘은 어찌하여 이런 흉악한 사람이 생겼습니까?

와점 주인 : 잘 모르시는군요. 지난해부터 하늘이 가물어서는 밭곡식을 거두지 못해 흉년(凶 年)이 들어서 흉악한 사람이 생겼답니다.

왕씨 : 우리 때문에 근심하지 마세요. 상관없습니다. 우리는 다만 말을 몰아갈 뿐이고 별다른 좋은 재물이 없는데 그 도적놈이 우리를 어찌하겠습니까?

와점 주인 : 그렇게 말하지 마세요. 도적놈들이 당신네한테 재물이 있는지 없는지를 어떻게 얻어서 알겠습니까? 조심할수록 좋다니까요.

제20화 강도 이야기(1) – 골수(骨髓)가 나와서 죽었습니다.

와점 주인 : 우리 이 동네에서도 지난 해 6월에 한 친구가 주머니에 종이 두루마리 하나를 담고 허리에 메고 길 가 나무 아래 그늘진 곳에 쉬며 자고 있었는데, 도적 하나가 그 곳으로 지나 갈 때 보고 허리에 멘 것을 당연히 재물이라 생각하고 문득 악한 마음을 내어, 즉시 큰 돌 한 덩이를 주워 가지고 그 사람의 머리를 향하여 한번 때려서는 골

수(骨髓)가 나와서 죽었답니다. 그 도적이 그 사람의 주머니를 끌러 보니 다만 종이뿐이므로 그곳으로부터 가만히 피해서 도망갔지요. 관아(官衙)에서 사람을 때려죽인 이름 모를 죄인(罪人)을 잡지 못했기 때문에 그저 죄 없이 지역을 관리하는 사람과 이웃 사람을 의심해서 벌을 주어 심문하고 있던 차에, 다른 곳에서 그 도적을 잡아서 보낸 덕분에 이 한 가지 일이 비로소 밝혀졌지요.

제21화 강도 이야기(2) – 하늘이 밝아진 후에 다시 갑시다.

와점 주인 : 지난 해에도 한 친구가 나귀에 대추 두 채롱을 싣고 가는 것을 도적 하나가 말을 타고 활과 화살을 차고 따라와서 신대추숲의 사람 없는 빈 곳에 가서 등 뒤에서 쐈는데, 그 사람이 땅에 굴러 떨어져 그 도적의 생각에 당연히 죽었겠지 하고는 나귀를 몰아 앞쪽으로 달아났지요. 그 친구가 화살에 맞아 한 동안 기절했다가 응급치료를 하고 회복한 후에 때 마침 도적 잡는 관리가 순찰하던 중에 마주쳐서 그 친구가 조목 조목 알리니[2] 도적 잡는 관리가 활 쏘는 군사를 데리고 앞으로 쫓아가서 20里 끝에 이르러 붙잡을 때 그 도적이 한 군사를 활로 쏘아 말에서 떨어뜨리고 서쪽으로 말을 타고 달아났지요. 도적 잡는 관리가 (도적의) 자취를 쫓아 마을에 가서 일백 명의 사내를 보내어 활과 화살, 무기를 가지고 그 도적을 산골짜기에서 둘러싸고 원을 만들어 가로막아 잡은 후에 뒤에 와서 화살에 맞은 사람을 살펴보니, 그 사람이 왼쪽 겨드랑이에 화살에 맞아 상처 입게 되었지만 목숨은 아직 다치지 않았답니다. 지금 그 도적이 관의 감옥에 갇힌 줄 누가 모르겠습니까?

왕씨 : 아 그렇습니까? 그렇게 길이 흉악하다 하면 우리한테 그다지 바쁘고 긴한 일도 없으니 무엇 때문에 일찍 가겠습니까? 하늘이 밝기를 기다렸다가 천천히 가면 무슨 문제 될 일이 있겠습니까? 하늘이 밝아진 후에 다시 갑시다.

제22화 말 물 먹이기(1) – 두레박이 물에 잠기지 않으면 어떡하나?

왕씨 : 친구들 편히 주무세요. 주인장 제가 또 한 가지 일을 잊었습니다. 우리의 이 말에게

---

2 다른 노걸대류에서는 이 부분부터 21화와 22화의 두 개의 이야기로 나누어져 있으나 청어노걸대에서는 하나로 합쳐 져서 21화를 이루고 있다.

물을 먹이지 못했습니다. 여기서 쉬는 동안에 물을 먹이러 갑시다. 어디에 우물이 있
습니까?

와점 주인 : 저기 집 뒤에 우물이 있습니다.

왕씨 : 물두레박이 있습니까?

와점 주인 : 우물이 아주 얕으니 줄두레박으로 물을 길으세요. (그리고) 우물 옆에 말 먹이는
돌구유가 있습니다.

왕씨 : 그러면 두레박과 줄을 다 구해서 가져다 주세요.

와점 주인 : 다 우물가에 있습니다.

왕씨 : 또 주인장한테 말을 자세히 물읍시다. 그 두레박이 물에 잠기지 않으면 어떡하나요?

와점 주인 : 두레박을 잠그는 법을 모르면 두레박 위에 돌을 한 덩이 매세요.

왕씨 : 그거는 저도 압니다. 가르쳐 줄 필요 없습니다.

제23화 말 물 먹이기(2) – 돌아가며 일어나서 부지런히 말을 먹입시다.

[왕씨가 김씨 일행에게 당부한다]

왕씨 : 우리 돌아가며 일어나서 부지런히 말을 먹입시다. 속담에 이르기를, 말은 밤 여물을
먹지 못하면 살이 오르지 못하고 사람은 횡재를 하지 못하면 부자가 되기 어렵다 하
였습니다. 말한테 버무린 여물을 먹인 다음에 물 먹이러 갑시다.

[왕씨가 말에게 여물을 먹이러 가기 전에 와점 주인에게 다시 묻는다]

왕씨 : 여물 담을 광주리가 없는데 어떤 물건에 여물을 가져갈까요?

와점 주인 : 없으면 일단 베적삼에 여물을 싸서 가져가세요. 제가 콩하고 물을 보내지요.

[왕씨가 마구간에 말한테 여물을 먹이러 와서 보고는]

왕씨 : 이 주인이 차려놓은 것이 영 마땅치 못하네. 콩을 버무릴 나무도 하나 없네.

[김씨 일행에게]

왕씨 : 됐습니다. 어쨌거나 우리가 짊고 온 나무를 가져와서 콩을 버무립시다. 일단 방에 잠
　　　 깐 쉬고 앉아 있으면서 말이 이 여물 먹기를 기다렸다가 물 먹이러 갑시다.

제24화 말 물 먹이기(3) – 한 명을 남겨서 방을 지키게 하십시오.

[방에서 잠깐 쉬면서 이야기를 나눈대

왕씨 : 우리가 다 가면 이 방을 지킬 사람이 없을 것이니, 하나를 남겨서 방을 지키게 하고
　　　 나머지 다른 사람들이 말을 이끌어 가면 무슨 걱정이 있겠습니까?
김씨 : 그냥 한 사람도 머물지 말도록 합시다. 이 가게의 문을 단단히 닫으면 어떤 사람이
　　　 들어올 수 있겠습니까?
왕씨 : 세속의 말에 이르기를 해마다 흉작을 방비하고 때마다 도적을 방비하라 하였으니, 제
　　　 말에 따라서 한 명을 남겨서 방을 지키게 하시지요.
김씨 : 우리 누구를 남겨서 방을 지키게 할까요?
왕씨 : 세 사람이 함께 다닐 때 젊은이가 반드시 수고한다 하니, 이를 생각하면 마땅히 저희
　　　 세 사람이 가는 것이 좋겠습니다.

제25화 말 물 먹이기(4) – 당신이 먼저 물을 길으러 가십시오.

[왕씨와 말을 이끌고 물 먹이러 간대

왕씨 : 이 골목이 아주 좁아서 말을 많이 끌고 가면 지나가지 못할 것이니, 우리 두 패를 짜
　　　 서 끌고 가져갑시다.
김씨 : 당신이 물 긷는 데에 아주 숙련되었으니 먼저 물을 길으러 가시지요. 우리 두 사람이
　　　 뒤에서 말을 끌고 가겠습니다.
왕씨 : 제가 물을 길으러 가지요. 당신들은 말을 몰고 오세요.

[왕씨가 우물에서 물을 길어 말구유에 채우고 나서, 김씨가 일행과 함께 말을 몰아왔다]

왕씨 : 제가 좀전에 이 구유에 물 두 두레박을 길어 두었으니 말에게 물을 먹이세요.

[김씨 일행이 말에게 물을 준다]

김씨 : 이 말은 물 마시는 게 편하고 이 말은 물 마시는 걸 잘하네.

[말에게 줄 물이 부족하자 김씨가 왕씨에게 부탁한다]

김씨 : 여기 물이 적으니 다시 한 두레박을 길어서 부어 주세요.

[왕씨가 물을 한번 더 가져다 부어 주자 김씨가 한번 더 요구한다]

김씨 : 두레박좀 가져다 주세요. 저도 경험삼아 물 긷는 걸 좀 배워 봅시다.

[김씨가 두레박으로 우물 속의 물을 길어 보나 쉽지 않다]

김씨 : 이 두레박이 절대로 옆으로 기울어지지 않으니 어떻게 해야 이제 물이 떠지게 할 수 있나요?

왕씨 : 제가 가르쳐 드리지요. 두레박줄을 위로 약간 둘러서 아래로 한번 던지면 물이 저절로 담긴답니다.

김씨 : 제가 이전에 다른 사람의 물 긷는 것은 보았지만 배우지 못했었는데, 오늘 직접 경험해 보고 이제서야 깨칠 수 있었습니다.

清語老乞大 제3권

제26화 말 물 먹이기(5) - 당신네 지역에는 우물이 있나요?

왕씨 : 당신네 지역에는 우물이 있나요? 없나요?

김씨 : 우리 저쪽 지역의 우물은 이곳 우물과 같지 않은데, 이곳 우물은 다 벽돌로 쌓은 것이 많고 아주 얕은 것도 깊이로는 두 발이지만, 우리 그 지역의 우물은 다 돌로 쌓은 것이어서 가장 깊은 것이라 해도 두 발에 이르지 못하고 잘해야 일고여덟 자 깊이랍니다. 우리 지역에서 물 긷는 것은, 모두 여자들이 동이를 머리에 이고 각각 물 뜨는 호리병박에 모두 가는 새끼줄을 매고 이곳에서 물 긷는 것처럼 물을 긷습니다.

왕씨 : 왜 그렇게 하나요?

김씨 : 예로부터 내려온 대로 그렇게 하는 거지요.

제27화 말 물 먹이기(6) - 다른 말을 끌어 데려와서 물 먹여라.

왕씨 : 당신이 이 말을 끌어서 도로 몰고가고 다시 다른 말을 끌고 몰아와서 물을 먹이세요.

[김씨가 물을 마신 말들을 데려 갔다가 다시 한 무리의 말을 데려 와서 물을 먹인다

김씨 : 물 먹이기를 다 마쳤습니다.

[돌아오는 길에 김씨가 갑자기 대변이 마려워져서 왕씨에게 묻는다

김씨 : 아, 이런 어두운 땅에서 어디로 대변 보러 가지요?

왕씨 : 우리 뒷산에 가서 대변 보는 게 어떻겠습니까? 제가 말을 잡고 있을 테니 갔다 오세요.

김씨 : 저는 아직 똥을 누지 않겠습니다.

왕씨 : 당신 길가에 똥을 누면 안됩니다. 내일 다른 사람이 보게 되면 욕 먹을 거예요.

[일행이 함께 숙소로 돌아왔다]

왕씨 : 우리 한 사람이 두 마리씩 끌고 가서 단단히 묶읍시다. 이 구유가 안뜰에서 가장 넓군요. 멀리 묶어두세요. 줄이 엉킬지 모르니. 여물과 콩을 가져와 섞어 주어서 배불리 먹입시다그려.

[말에게 여물 주는 일까지 모두 마치고 나서 왕씨가 모두에게 말한다]

왕씨 : 우리 자러 갑시다.

제28화 출발 – 친구들, 일어나세요.

왕씨 : 친구들, 일어나세요. 닭이 세 번 울었으니 하늘이 밝아질 겁니다.

[일행은 일어나서 말 안장을 얹고 짐을 싣는다]

왕씨 : 우리가 서둘러서 짐을 꾸리고 말 안장 얹다 보니 하늘이 밝아졌다오. 이제 짐싣기를 마쳤으니 주인을 만나러 갑시다.

[왕씨가 와점 주인을 만난다]

왕씨 : 주인 형씨, (이곳 시설을) 쓰고 간다고 탓하지 마세요. 저희는 가겠습니다.

와점 주인 : 제가 왜 불평하겠습니까? 당신들이 탓하지 않는다면 그걸로 됐습니다. 시중을 잘

못 들었다고 생각하지 않으신다면 돌아 올 때 늘 저희 여관에 와서 묵으세요.

[왕씨와 김씨 일행이 와점을 떠나 어제 왕씨가 와점 주인에게 물었던 다리 위를 지나 간다]

왕씨 : 어제 말한, 이 지나가며 가는 다리가 이전 것과 비교하니 매우 좋군요. 낡은 다리를 부수고 이제 모두 새롭게 판자로 덮었고 그리고 사용한 대들보하고 기둥도 이전 것보 다 아주 튼튼해서 비록 십 년이 지난다 해도 무너질 줄 모르겠네요.

제2절 두 번의 민박

제29화 북경 가는 길(1) - 쌀을 바꾸어서 밥 지어 먹고 갑시다.

왕씨 : 해가 이렇게 높이 떴고 앞에 여관(店)도 없으니, 우리 저 마을에 가서 쌀을 바꾸어서 밥 지어 먹고 갑시다.

김씨 : 그렇게 합시다. 배도 아주 고픕니다.

[일행이 마을에 도착하였다. 왕씨가 김씨 일행에게 이야기한다]

왕씨 : 여기에서 말을 모두 짐 부려놓고 오랑을 느슨히 하고 재갈을 끌러서 한 친구를 머물 러 두어 이 길가에 놓아 지키게 하여 풀을 먹입시다.

[김씨 일행이 왕씨의 말대로 하였다]

왕씨 : 우리 모두 이 마을에 들어가 쌀을 구하러 갑시다.

[일행이 마을의 민가에 들어서서 쌀을 구한다]

왕씨 : 주인 형씨, 우리는 길 가는 사람인데 여태 아침밥도 먹지 못하고 앞에 가게가 없어서 일부러 찾아와서 쌀을 조금 바꿔서 밥을 지어 먹고자 합니다. 어디 쌀 바꿀 데가 있겠

습니까?

장 사장(社長)[3] : 우리 밥이 익었으니 나그네들 (우리 밥을) 드시고 가세요.

왕씨 : 그렇다면 또 다행입니다. 다만 당신네 지은 밥이 적지 않을까 싶습니다.

장사장 : 괜찮습니다. 만일 적으면 다시 또 지으면 되지요.

[장사장이 음식을 준비하던 아이들에게 나그네에게 밥을 가져다 주도록 시킨대

장사장 : 상을 (차려)놓아라. 나그네들을 이 초가집 아래에 앉도록 해서 밥을 먹게 하거라. 비록 맨밥이라도 배부르게 드세요. 애들아, 삶은 나물이 있으면 가져와서 나그네들께 드려라.

제30화 북경 가는 길(2) - 어디 쌀 바꿀 곳이 있나?

장사장 : 없으면 무나 파나 가지라도 가져와라. 또 다른 나물은 없고 다만 절인 배추와 오이가 있으니 나그네들 드시도록 하자.

왕씨 : 가져다 주세요. 그것도 좋은 것이죠.

장사장 : 손님들, 무시한다고 탓하지 않는다면 좀 드시겠습니까?

왕씨 : 소인이 지금 막 만나 바로 형씨의 은덕을 입어 밥을 먹여 주시는데 어찌 감히 도리어 원망을 하겠습니까?

장사장 : 이 같은 맨밥에 무슨 수고랄 게 있겠습니까. (살다 보면) 저도 밖에 나가서 다니지 않겠습니까? 밖에 나가서 다니면 또한 당신들과 마찬가지지요.

왕씨 : 형씨, 당신이 하는 말씀이 옳습니다. 밖에 다니는 데 익숙한 사람이라면 손님을 맞이 하는 것이 소중한 법이지요. 술을 좋아하면 술 취한 사람을 불쌍히 여긴다 하고요.

제31화 북경 가는 길(3) - 손님이라 생각하지 말고 천천히 배부르도록 드세요.

장사장 : 당신 말고 밖에 다른 친구가 또 있습니까?

---

3 사장(社長)은 촌장(村長)의 의미이다.

왕씨 : 한 친구가 짐을 지키면서 말을 풀어놓고 있습니다.

장사장 : 그러면 그 사람은 굶길 건가요?

왕씨 : 우리가 먹은 뒤에 그 사람에게 조금 가져가겠습니다. 밥사발 있으면 한 개만 주세요. 이 밥에서 한 사발을 담아 내어서 그 친구에게 가져다가 주렵니다.

장사장 : 당신네 알맞은만큼 다 드세요. 우리 집에 밥이 많이 있으니 당신들 먹은 뒤에 다시 따로 담아서 가져가세요.

[왕씨 일행이 장사장 가족과 함께 밥을 먹는대

장사장 : 당신들, 손님이라 생각하지 말고 천천히 배부르도록 드세요. 우리가 같이 식사를 했으니 무슨 어려워할 데가 있겠습니까?

[왕씨 일행의 식사가 끝났대

장사장 : 배부르신가요?

왕씨 : 우리는 아주 배부릅니다.

[장사장이 일하는 아이들에게 밥상을 치우도록 시킨대

장사장 :   밥사발과 접시를 치워라.

제32화 북경 가는 길(4) - 주인장께 크게 폐를 끼쳤다.

[장사장이 밥 준비하는 아이들에게 시킨대

장사장 : 저기 말 지키는 친구 하나가 아직까지 밥을 먹지 못했다. 애야, 너희가 또 밥하고 국을 담아서 손님을 따라 가서 저 친구에게 가져다 먹이고, 먹은 뒤에 그릇을 정리해서 가져오거라.

왕씨 : 주인장께 크게 폐를 끼쳤습니다.

장사장 : 별로 좋은 먹을 것도 없이, 그저 한 끼 맨밥을 먹인 일에 무슨 수고라 할 게 있겠습니까.

왕씨 : 굶주릴 때에 한 입 먹는 것이 배부를 때에 쌀 한 말을 얻는 것보다 귀하지요. 우리가 굶주리고 목마를 때에 형씨가 온정을 베풀어 밥을 주어 먹게 하니, 진실로 감당할 수 없고 감격하여 잊을 수 없을 겁니다.

장사장 : 내가 만약 밖에 가면 집을 이고 다니겠습니까? 또한 남의 집에 가서 밥을 구해 먹을 겁니다. 사람들이 이르기를, 천리에 객을 잘 대접해서 보내는 것이 만리에 이름을 얻는 것이라 하였지요.

제33화 북경 가는 길(5) – 여기는 장 사장(社長)네 집입니다.

왕씨 : 주인 형씨, 저희들이 여기에 와서 크게 폐만 끼쳤을 따름인데 성(姓)도 묻지 않았군요. 형씨의 성은 무엇입니까?

장사장 : 제 성은 장씨이고, 여기는 장 사장(社長)네 집입니다. 형씨가 내 성을 물었으니 당신 성도 나에게 말해주시오.

왕씨 : 제 성은 왕씨입니다.

장사장 : 당신은 어디에 살고 있습니까?

왕씨 : 저는 요동성 안에 살고 있습니다. 형씨, 무슨 일로 우리 동네에 가게 되었을 때, 저를 (잊어)버리지 않는다면 반드시 우리 집에 찾아 주시겠습니까?

장사장 : 제가 가지 않으면야 그만이겠지만, 만약에 떠나가게 되면 당신 집을 찾아 가서 보지 않을 이유(理由)가 있겠습니까?

제34화 북경 가는 길(6) – 우리 두 사람이 물으러 갑시다.

[왕씨 일행이 일하는 아이와 함께 말을 지키고 있던 일행에게 밥을 가지고 돌아왔다]

왕씨 : 저 마을에 내가 아까 쌀을 팔러 갔는데 아주 좋은 사람을 만나서 자기가 지은 밥을 우리에게 먹이고 또한 사람을 시켜서 나에게 따로 보내었으니, 빨리 먹고 밥사발과

접시를 이 아이에게 맡겨서 가져가게 합시다그려.

[왕씨가 김씨에게 말한다]

왕씨 : 친구, 당신은 말을 몰아서 데려오세요, 짐을 실읍시다. 우리가 짐 싣는 사이에 이 사
람도 식사를 마칠 겁니다.

[김씨가 일행과 함께 말을 잡는다]

김씨 : 아이구, 이 말은 왜 이렇게 잡기 어렵나?
이씨 : 원래부터 그렇다니까.
김씨 : 만약에 항상 이렇게 사납다면 다음부터는 다리를 매자.
이씨 : 내가 지난번에는 다리를 맸었는데 오늘 잊고 매지 않았다.
김씨 : 우리 다같이 여럿이서 에워 막자.
이씨 : 자, 어떻게 해서는 잡았다.

[김씨 일행이 어렵사리 말을 몰아서 돌아오자 말을 지키던 나머지 일행도 밥을 다 먹
었다]

왕씨 : 형씨, 네가 밥사발과 접시를 가지고 집에 가라.

[왕씨가 하늘을 보고는 김씨 일행을 재촉한다]

왕씨 : 보세요들. 어느 사이 하늘이 또 저물었네요.[4] 하점(夏店)이 여기서 또다시 10리이니 가
도 도착하지 못할 것 같습니다.

[왕씨와 김씨 일행이 길을 재촉했으나 결국 하점에 이르지 못했다]

---

4 다른 노걸대 류에서는 이 부분부터 35화와 36화로 이야기가 나누어져 있으나 청어노걸대에서는 이 부분이 하나의
   이야기로 합쳐져서 34화의 내용을 이루고 있다.

왕씨 : 이 길 북녘에 저 인가(人家)에 가서 잠잘 곳을 청합시다.

[왕씨가 서두르는 김씨 일행을 타이르고 김씨에게 말한다]

왕씨 : 천천히 가세요. 우리가 만약 무리 지어 가면 저 인가에 반드시 사람이 여럿이라 하여 꺼리어 재우지 않을 것이니, 당신들 두 사람은 여기서 짐을 보고 있으세요. 우리 두 사람이 물으러 갑시다.

제35화 민박 구하기(2) - 당신 집에 잘 곳을 청하러 왔습니다.

왕씨 : 주인 형씨께 인사드립니다.

민가 주인 : 당신들은 어떤 사람입니까?

왕씨 : 우리는 길 가는 나그네인데 오늘 날이 저물어서 당신 집에 잘 곳을 청하러 왔습니다.

민가 주인 : 우리 집이 좁아서 사람 재울 곳이 없으니 다른 곳에 잘 곳을 청하러 가세요.

왕씨 : 어떡합니까? 형씨, 우리 길 지나가는 사람이 누구를 알겠습니까? 당장 당신네 방에 여 분이 없어서 우리를 재우지 못하겠다면, 이 문 앞에 있는 수렛방에라도 하룻밤 재워 주시면 어떻겠습니까?

민가 주인 : 제가 당신들을 재워주지 않으려는 것이 아니라 다만 관청에서 집집마다 문과 벽 에 금지하는 글을 붙여서 낯설고 의심스러운 사람은 재우지 못하게 하였습니다. 또 당신들이 어느 지역 사람이고 본래 아는 사이도 또 아니니, 좋고 나쁜 것과 상관없이 어떻게 짐을 부리게 할 수 있겠습니까?

제36화 민박 구하기(3) - 주인 형씨 우리는 나쁜 사람이 아니다.

왕씨 : 주인 형씨 우리는 나쁜 사람이 아닙니다. 소인은 요동성 안에 삽니다. 당신이 믿지 않는다면 가져온 관인을 받은 통행증을 보면 속지 않을 겁니다.

민가 주인 : 당신, 요동성 안 어느 곳에 삽니까?

왕씨 : 소인은 요동성 안 누간(樓間)의 북쪽 거리 동녘에 삽니다.

민가 주인 : 누간에서 얼마나 멀리 떨어져 있습니까?

왕씨 : 누간에서 100보 북쪽 거리 잡화 시장 서는 곳, 바로 거깁니다.

민가 주인 : 그 잡화 시장 터에 당신이 삽니까?

왕씨 : 그렇습니다.

민가 주인 : 남쪽 맞은편 두 집 사이에 술도가 하는 유씨라는 사람이 내 친한 친구인데, 당신 아세요?

왕씨 : 거기는 저희 이웃집입니다. 어찌 모르겠습니까?

민가 주인 : 당신 말을 들으니 전혀 의심할 바가 없지만 집이 정말로 좁아서 잘 수 없는 것을 어떡하겠습니까?

제37화 민박 구하기(4) – 우리를 하룻밤만 재워 주세요.

왕씨 : 형씨, 우리를 조금 생각해 주세요. 이제 해가 기울어 하늘이 저문 때에 우리를 어디에 가서 잠잘 곳을 찾으라 하십니까? 좋든 나쁘든 우리를 하룻밤만 재워 주세요.

민가 주인 : 이 손님들이 어찌 이리 무턱대고 떠드시나? 지금 관청에서 낯선 사람을 들이지 말라 하여 촌락, 마을, 깊은곳, 구비진 곳[坊坊曲曲]의 각처(各處)에 이르도록 설명하며 엄격히 분부하여 반포하였답니다. 당신이 비록 요동 사람이라 하지만 나는 믿지 못하겠습니다. 당신네 여러 친구의 형색과 모양, 말, 서류[hese]를 살펴보니, 중국인도 아니고 만주인도 아니니 어느곳 사람인 줄을 모르겠는데 내가 어떻게 당신들을 머무르게 하여 재우겠습니까? 요 사이 어떤 사람의 집에 여러 나그네를 재웠었는데, 그 나그네 중에 도망친 만주인 하나가 있었던 까닭에 관청에서 묵게 했던 집으로 하여금 함께 찾도록 쫓아와 있었습니다. 이렇기 때문에 사람들이 다 연루될 것을 두려워하여 평범하지 않은 사람을 겁 없이 머무르게 하지 못한답니다.

제38화 민박 구하기(5) – 잠잘 곳을 찾으면 그저 그만입니다그려.

왕씨 : 주인은 진짜 고집쟁이십니다. 좋은 사람인지, 나쁜 사람인지를 (어찌) 또 속이겠습니까? 이 여러 친구는 다 조선 사람입니다. 이 사람들이 올 때에 강나루 어귀를 지키며

조사하는 관청이 혼란을 법으로 금하는 것이 여기보다 더 엄해서 이들이 올 때에 하나하나씩 살펴보아 분명하게 묻고 비로소 놓아 보냅니다. 이 사람들이 만약에 불법적인 사람이고 자취와 형색이 분명하지 못하면 어떻게 여기에 이르렀겠습니까? 이 사람은 통행증을 가지고 조선에서부터 말을 몰아 북경으로 장사하러 갑니다. 이 사람이 한족의 말을 아주 잘하지는 못하지만 진짜 완전히 불법적인 사람이 아닙니다.

[왕씨의 오랜 설득에 민가 주인이 설득되어 왕씨 일행을 수렛방으로 안내한대

민가 주인 : 그렇다면 되었으니 다투지 맙시다. 뒷방이 좁고 노부모와 어린아이가 많아서 한 곳에서 잘 수 없을 겁니다. 당신이 찬 곳을 꺼리지 않는다면 이 수렛방에서 자는 건 어떻습니까?
왕씨 : 다만 잠잘 곳을 찾으면 그저 그만입니다그려. 또 어찌 차다 해서 꺼리겠습니까?

淸語老乞大 제4권

제39화 민박에서(1) – 한 끼 죽을 쑤어 배불리 드세요.

왕씨 : 형씨, 우리 여태까지 오히려 저녁 밥 먹지 못했으니 배 고파 어찌 잘까 하는 문제에다가 이 타고 온 말들을 만일 하루 밤 굶기게 되면 내일 어찌 말을 타고 가겠습니까? 어떻게든 합시다. 한 나그네가 또 두 주인에게 구하는 법이 없으니, 당신이 우리를 한번 생각해 주어 가지고 한 끼 밥 지을 쌀과 말 먹일 짚과 콩을 바꾸어 주는 게 어떻겠습니까?

민가 주인 : 우리의 이 지역은 올해 여름에 하늘이 가물고 가을철에 또 홍수가 밀어닥쳐서 밭곡식을 전혀 거두지 못하였기 때문에 우리도 바꾸어 먹고 우리네 목숨을 연명하기에 오히려 부족한 터에 또 어찌 다른 사람에게 바꾸어 줄 남아도는 쌀이 있겠습니까?

왕씨 : 형씨의 말을 잘 알겠지만 다만 우리가 새벽에 밥 먹고 하루해가 지도록 지치게 다녀 아주 배고프니, 당신이 바꾸어 가져온 쌀을 우리에게 조금 덜어 주세요. 우리가 죽[5]을 쑤어 먹겠습니다. 이 일백 전에 당신 뜻대로 적당한 만큼을 살펴주세요.

민가 주인 : 당신네는 먼곳에서 온 나그네이니 이치를 따지면 이 돈을 받지 않는 것이 마땅하겠으나, 다만 올해 곡식을 잘 거두지 못했으니 일백 전에 쌀 한 말을 바꿔 드리지요. 제가 본래 남은 쌀이 없었는데 나그네 당신들이 간절히 원하므로 당신에게 서 되를 줄 것이니, 적다 하지 말고 일단 한 끼 죽을 쑤어 배불리 드시오.

---

5 '무른 밥'을 '죽'으로 번역하였다.

▌제40화 민박에서(2) - 올해는 진짜 곡식이 귀합니다.

민가 주인 : 나그네들, 탓하지 마세요. 올해는 진짜 곡식이 귀합니다. 만일 지난 해처럼 넉넉히
　　　　　 거두었다면 당신들 두세 사람뿐만 아니라 곧 여남은 나그네라 해도 모두 먹을 것을
　　　　　 주어 먹였을 것입니다.

왕씨 : 당신 말하는 것이 맞습니다. 나도 들으니 올해 이곳에서 밭곡식을 별로 거두지 못했
　　　 다 하더군요. 제가 이 뒷집에 죽을 쑤러 가고자 하나 어두운 밤에 나가고 들어오기가
　　　 편치 않고 당신네 집 개가 또 사납습니다. 당신이 저 대신에 죽을 쑤어 주는 게 어떻
　　　 겠습니까?

민가 주인 : 좋습니다. 당신네 여러 나그네들은 이 수렛방에 잠잘 곳을 차리세요. 제가 죽을
　　　　　 보내어 당신들에게 먹이겠습니다.

왕씨 : 그렇다면 대단히 고맙겠습니다.

▌제41화 민박에서(3) - 말에게 짚과 콩을 주는 게 어떠한가?

왕씨 : 주인 형씨, 또 하나 할 말이 있습니다. 사람 먹을 것은 어느 정도 있으나 이 말을 어찌
　　　 할까요? 짚과 콩을 주는 게 어떻습니까?

민가 주인 : 사람 먹을 것도 없는 터에 말 먹일 짚과 콩을 어디서 얻겠습니까? 우리 집 뒤에
　　　　　 한 무더기 좋은 싱싱한 풀이 있으니 당신이 밥 먹은 뒤에 두 사람이 말을 몰아 그곳에
　　　　　 데려가서 풀어놓으면 배 불리 먹을 겁니다. 지금 있는 것을 먹이지 않고 공연히 돈을
　　　　　 허비하여 짚과 콩을 사서 무엇하겠습니까?

왕씨 : 그러면 형씨의 말을 따르겠습니다.

김씨 : 내가 수렛방으로 가겠습니다.

왕씨 : 우리 두 사람은 여기에 남아서 짐을 지킵시다. 저 두 사람은 말 풀어놓으러 보내고
　　　 밤이 깊으면 우리 두 사람이 그들을 교체하러 가서 그들이 돌아와서 자게 합시다. 그
　　　 러면 내일 졸리지 않게 될 것입니다.

▌제42화 민박에서(4) - 당신 두 사람은 말 풀어놓으러 가세요.

민가 주인 : 여기 죽, 사발, 수저를 다 가져왔으니 당신들이 각각 담아 먹으세요.

[왕씨 일행이 밥 먹기를 마치고 김씨의 다른 일행에게 이야기한대

왕씨 : 이제 밥 먹기 마쳤습니다. 우리 두 사람이 먼저 잡시다. 당신들 두 사람은 말 풀어놓으러 가세요. 밤이 깊으면 당신들을 교대하러 가겠습니다.

[왕씨가 김씨를 깨운대

왕씨 : 내가 아까 한 잠 자고 깨서 보니 삼성(參星)이 높이 떠서 밤중이 되었습니다. 제가 먼저 가서 저들을 교대하여 보내고 재우겠습니다. 당신은 뒤에 오세요. 우리 두 사람이 말을 지킵시다.

김씨 : 그러면 (먼저) 가세요.

[왕씨가 김씨의 다른 일행이 말을 지키고 있는 곳으로 왔대

왕씨 : 아, 당신들 두 사람이 힘들었겠군요. 서둘러서 자러 가세요. 거기에 간 뒤에 그 친구를 서둘러서 오라 하세요.

[김씨가 오자 왕씨가 반겨 맞은 뒤 할 일을 이야기해 준대

왕씨 : 왔습니까? 말을 몰아 데려오고 한곳에 가두어 두세요. 이렇게 하면 보살피기에 쉽지요. 이 밤 어두운 곳에서 산산이 흩어지면 우리 가는 길을 붙잡게 되거든요.

▌제43화 민박에서(5) - 주인 것을 잘못하여 가져가지 마시고요.

왕씨 : 샛별이 높이 되었습니다. 하늘이 다 밝아 왔으니, 말을 몰아 머물던 집에 끌고 가서

짐을 차리고 있으면 필시 날이 밝을 겁니다.

[왕씨와 김씨가 말을 몰고 숙소인 수렛방으로 돌아왔다]

왕씨 : 말을 매어 두고 저 두 친구를 깨우세요.
김씨 : 당신 두 사람이 서둘러 일어나서 짐을 챙기세요.
왕씨 : 잘 살펴보세요. 주인 것을 잘못하여 가져가지 마시고요.
김씨 : 짐을 다 실었습니다.
왕씨 : 주인에게 보이고 사례를 맞춘 뒤에 다시 출발합시다.

[왕씨가 민가의 주인에게 와서 사례를 한다]

왕씨 : 형씨, 우리가 어제 와서 연고(緣故) 없는 곳에 댁에 크게 마음 쓰게 했습니다.
민가 주인 : 제가 당신들을 전혀 돌보지 못하였으니 또 무슨 마음썼다 할 게 있겠습니까?

▌제44화 하점 가는 길 – 여기에서 하점(夏店)이 몇 리입니까?

왕씨 : 우리, 하점(夏店)에 가서 밥을 사서 먹고 해질녘에 도성(都城)에 들어갑시다.
김씨 : 여기에서 하점이 몇 리입니까?
왕씨 : 삼십 리 남았습니다.
김씨 : 당신, 어제는 10리라고 말했었는데, 오늘 어찌 30리라 하나요?
왕씨 : 내가 어제는 잘못 기억하고 오늘서야 다시금 깊이 생각하여 알았습니다.

[왕씨가 김씨 일행을 안내하여 길을 간다]

왕씨 : 우리 쉬지 말고 서늘한 동안에 갑시다.

[한참을 걸은 뒤 저 멀리 하점이 보인다]

왕씨 : 저기 눈의 앞에 보이는 검은 숲이 곧 하점입니다. 여기에서 그곳에 다다르려면 아직도 7, 8리 남았습니다. 당신은 이전부터 북경(北京)에 다니기에 익숙한 사람인데 지금 어찌 잊었습니까?

김씨 : 제가 다니지 않은 지 여러 해로, 오래되고 그래서 잊었습니다.

제3절 하점을 거쳐 북경 순성문 관점으로

제45화 하점에서(1) - 우리 무엇을 먹으면 좋을까?

왕씨 : 점(店)에 거의 다 왔습니다. 우리 무엇을 먹으면 좋을까요?

김씨 : 우리는 조선 사람이라서 무른 국수 먹는 걸 배우지 못했으니 마른 걸 먹는 게 어떨까요?

왕씨 : 우리 구운 떡, 볶은 고기를 사서 먹고 지나갑시다.

[하점에 도착했다]

왕씨 : 여기에 말 매어 두고 짐을 부리고 먹을 것 파는 가게로 갑시다.

[식당을 찾아 들어가서 왕씨가 점원에게 주문을 한다]

왕씨 : 먼저 따뜻한 물을 한 사발 주세요. 얼굴좀 닦읍시다.

점원 : 손님, 얼굴 닦으신 후에, 무엇을 먹을 지를 저에게 알려주세요. 제가 미리 준비해 두겠습니다.

왕씨 : 우리 네 사람에게 양고기 3돈어치, 구운 떡 2돈 어치를 사서 가져다 주세요.

[음식이 도착해서 먹다보니 국에 간이 덜 되었고 하여 점원을 불러 이것저것 추가로 주문한다]

왕씨 : 국의 맛이 조금 싱거우니 소금 있으면 가져다 주세요. 우리가 직접 맞추어서 먹겠습

니다. 이 구은 떡이 반은 차고 반은 따뜻하니 따뜻한 것을 일단 두고 먹지요. 이 찬 것은 가져가서 화로에 덥혀서 가져와 주세요.

[일행이 밥을 다 먹었대

왕씨 : 우리 밥도 먹었으니 값을 계산해 주고 갑시다.

[왕씨가 주인을 불러 계산을 한대

왕씨 : 주인장, 오세요. 우리가 아까 먹은 구은 떡에 2돈이고 양고기에 3돈이니, 여기에서 전부 5돈을 당신에 헤아려서 거두어 가지세요.

제46화 하점에서(2) – 우리 짐 싣고 갑시다.

왕씨 : 우리 짐 싣고 갑시다.

[길을 걷다 보니 한낮이 되었대

왕씨 : 해가 정확하게 한낮이 되니 아주 더워졌네요. 오늘 아침에 마른 것 먹어서 그저 목이 마릅니다. 여기서 멀지 않은 남쪽에 한 띠풀로 띠를 입힌 가게[6]가 하나 있으니, 거기에 가서 여러 잔 술을 마셔 목마른 것을 누그러뜨리고 가축을 조금 쉬게 했다가 다시 갑시다.

[일행이 띠풀로 띠를 입힌 가게에 들어섰대

왕씨 : 술 파는 사람아, 이리로 오세요. 우리한테 2돈 어치 술을 담아 가져오세요.

[여관집에서 술파는 사람이 2돈어치 술을 가져왔대

---

6 한어본 노걸대에는 초점(草店)으로 되어 있는데, 아마조 초가집 형식의 가게인 듯하다.

왕씨 : 이 술의 맛이 좋습니까?

술 파는 사람 : 좋고 나쁜 것을 제가 말한다고 믿지 않으실 겁니다. 아무렇더라도 맛을 보시
고 술이 좋지 않다 하면 일전이라도 값을 받지 않겠습니다.

왕씨 : 알겠습니다. 먹읍시다. 좋은 채소 있으면 조금 가져오세요.

술 파는 사람 : 절인 김치 오이가 있으니 지금 곧 보내겠습니다. 손님 따뜻한 걸로 드시겠습
니까? 찬 걸로 드시겠습니까?

왕씨 : 데우지 마세요. 오늘 날씨가 덥고, 우리 모두 목이 마르니 찬 것을 먹는 게 좋겠습니
다.

제47화 하점에서(3) - 어찌 내가 먼저 먹을 수 있겠나?

왕씨 : 형씨, 내가 보니, 이 중에 나이가 형씨보다 형인 사람이 없으니 형씨가 먼저 이 한
잔 드시지요.

김씨 : 어찌 또. 저는 올해 갓 서른 다섯 살이 되었습니다. 생각하면 또한 저보다 나이 많은
이가 있을 터인데 어찌 겁없이 바로 받아서 먹을 수 있겠습니까?

왕씨 : 그러면 오히려 형씨가 나이가 많으십니다. 저는 금년에 갓 서른 두 살이니, 형씨보다
세 살 아우입니다

김씨 : 제가 나이는 비록 많지만 아무렇든지 먼저 받아서 먹을 수 없습니다. 어째서인가 하
니 이번 길의 여정에 함께 오면서 여러 친구들 덕분에 온갖 것을 나에게 따지지 않아
주어서 내가 전혀 걱정하고 고생한 데가 없습니다. 오늘 이 술은 제가 사서 먹는 것이
니 어찌 제가 먼저 먹을 수 있겠습니까?

왕씨 : 알겠습니다. 형씨가 이렇게 신경을 써 주니 우리 다시 사양하지 말고 서둘러서 먹고
빨리 갑시다.

제48화 하점에서(4) - 돈을 계산하여 주게나.

왕씨 : 술 파는 사람이 왔습니다.

술파는 사람 : 돈을 계산하여 주시지요.

김씨 : 이 은이 닷 푼이니 은 6리를 거슬러서 저한테 주세요.

술파는 사람 : 형씨, 좋은 은을 주세요. 이 은이 아주 밋밋하니[7] 어찌 쓰겠습니까?

김씨 : 이 은을 뭘 나쁘다 합니까? 당신이 보세요, 어찌 쓰지 못한다는 겁니까?

술 파는 사람 : 당신이 은을 잘 모르면, 다른 사람에게 보여 보세요.

김씨 : 뭐하러 다른 데 보입니까? 돈 바꾸는 곳에 가져가서 거리의 시중가대로 얻으면 그만 이지요.

술 파는 사람 : 빨리 다른 좋은 은 닷 푼으로 바꾸어 주세요.

[이때 왕씨가 끼어들어서 김씨 편을 든다]

왕씨 : 무슨 일로 이 사람하고 다투십니까?

김씨 : 이 술 파는 사람이 다투는 걸 잘하는군요. 이런 은을 어째서 쓰지 못할 거라고 합니까?

왕씨 : 오늘아침 밥 먹은 곳에서 주고 남은 은입니다. 진짜로 나쁘면 그 사람이 받았겠습니까?

술파는 사람 : 됐습니다. 이러저러 하다니 내 알아서 받겠습니다.

[술 파는 사람이 은 6리를 거슬러주자 김씨가 거스름돈을 다시 술파는 사람에게 돌려 주며]

김씨 : 이것이 동전 몇 개가 얼마치라고, 다 주지 않겠습니까? 나도 별로 크게 손해 본 건 없습니다. 이것 조금 때문에 옥신각신 하며 시비를 다투는 걸 다른 사람이 들으면 비 웃는답니다.

▍제49화 순성문 관점 도착(1) - 순성문 관점에 짐부리러 가자

왕씨 : 해가 낮이 지났습니다. 이곳이 성(城)에서 5리 남았으니 두 사람을 뒤에 두어 천천히 짐승을 몰아 오게 하고, 저는 한 친구를 데리고 앞서 가서 좋은 객점을 찾아 짐을 풀 고 다시 당신들을 맞으러 오겠습니다. 우리 앞서 상의하여 정하기를, 순성문 관점에

---

7 은전을 처음 만들었을 때는 겉에 은의 가치를 양각한 내용이 뚜렷하나 오랫동안 사용하다 보면 겉면이 닳아져서 밋 밋하게 된다. 이렇게 되면 이미 은 자체의 무게는 처음 은에 비해서는 많이 떨어지게 되기 때문에 은이 밋밋하다는 것은 은의 가치가 실제 액면가와 다르게 되었다는 것을 의미한다.

짐부리러 가자고 했으니 바로 거기로 찾으러 가겠습니다.

[김씨 등 두 사람을 뒤에 남겨 두며]

왕씨 : 당신들은 뒤에 천천히 오십시요.

김씨 : 그렇다면 당신들 둘이 먼저 가세요. 우리 둘은 천천히 짐승을 몰아서 가겠습니다.

왕씨 : 우리 서둘러서 갑시다. 저기에 이르러서 숙소를 얻는 동안에, 생각해 보면 이들도 뒤 따라올 것 같습니다.

제50화 순성문 관점 도착(2) - 당신네가 직접 밥을 지어 먹으세요.

왕씨 : 숙소 주인 형씨, 우리는 먼저 머무를 방을 보러 왔고, 친구들은 뒤에 말을 몰아 가지 고 당신네 숙소에 머물고자 합니다.

순성문 관점 주인 : 당신네는 모두 사람이 몇이고 말은 몇 마리입니까?

왕씨 : 우리는 모두 사람이 넷이고, 말이 열 마리입니다.

순성문 관점 주인 : 수레가 있습니까?

왕씨 : 수레는 없습니다.

순성문 관점 주인 : 그렇다면 묵으세요. 저 동쪽 가에 한 칸짜리 비어있는 방이 있으니 보러 가세요.

왕씨 : 댁이 저를 안내해서 데려가 봐 주세요.

순성문 관점 주인 : 제가 바빠서 당신을 친구 삼아 갈 겨를이 없으니 당신 혼자서 보러 가세요.

왕씨 : 내가 저쪽에 가서 집을 보는 것은 그저 작은 일입니다. 먼저 댁한테 한 마디 말을 상 의합시다. 댁이 이 방에 우리를 머물게 하면 먹을 것은 어떻게 줄 겁니까?

순성문 관점 주인 : 우리 업소의 사람이 요 사이 다 나가서 먹을 것을 장만할 사람이 진짜로 없습니다. 나그네들, 당신네가 직접 밥을 지어 먹으세요.

왕씨 : 우리가 밥을 지어 먹으려면 가마솥, 노구솥, 삼발이, 사발, 접시가 다 있습니까?

순성문 관점 주인 : 다 있으니 마음 놓으세요.

왕씨 ; 그렇다면 우리는 친구를 맞이하러 가겠습니다. 제가 간 뒤에 이 방에 쓸 것을 모두 다 보내 주세요.

淸語老乞大 제5권

제3장   북경에서

제1절 조선에서 온 이씨 만나기

▌제51화 순성문 관점에서(1) – 여기에 온 지 얼마나 오래되었습니까?

[왕씨가 다른 일행을 데리러 나가는 길에 막 순성문 관점에 도착한 김씨 일행을 만났다]

왕씨 : 당신들 둘은 여기에 온 지 얼마나 오래되었습니까?

김씨 : 저희는 막 왔습니다.

왕씨 : 지금 막 나가서 당신들을 맞으러 가려고 했는데 당신들을 때맞춰 여기서 만났군요.

김씨 : 숙소는 어디에 있습니까?

왕씨 : 저기 서쪽에 있으니, 짐을 다 부려서 가져오고 말은 오랑을 늦추도 길마는 아직 벗기지 마세요.

[왕씨가 김씨와 김씨 일행에게 집 정리를 시킨다]

왕씨 : 당신이 주인에게 말해서 삿자리와 돗자리를 가져오라 하고 비를 가져다가 땅을 쓰세요. 짐은 아직 들이지 말고, 삿자리 깔기를 기다렸다가 다시 옮겨 들이세요.

제52화 순성문 관점에서(2) - 이 말은 팔 겁니까?[8]

순성문 관점 주인 : 손님, 이 말은 팔 겁니까?

왕씨 : 그렇습니다. 팔 겁니다.

순성문 관점 주인 : 팔 거면 장터에 가져가지 말고 일단 이 숙소에 두세요. 내가 당신이 원하는
값에 살 사람을 찾아서 팔아 드리지요.

왕씨 : 내일 다시 말합시다. 이 말들이 여러 날 길을 다녀서 지치고 또 살찐 것이 아니니,
당장 장사하는 곳에 가져가더라도 시장 사람이 또 많은 값을 내지 않을 테니, 한 며칠
잘 먹이고 잘 먹여서 모양이 다소 살아나거든 다시 팔아도 늦지 않습니다.

김씨 : 당신 말이 딱 맞습니다. 저도 그렇게 생각합니다. 또 인삼, 모시, 베 가져온 게 있습니
다. 내일 가격을 보러 가서 값이 맞으면 팔고 맞지 않으면 아직 며칠 기다립시다.

왕씨 : 어느 곳으로 보러 갈 겁니까?

김씨 : 길경점에 내가 아는 사람이 있는데, 거기에 물으러 갑시다.

왕씨 : 그러면 우리 내일 같이 갑시다.

[하루 날이 지나고 김씨가 왕씨와 함께 길경점에 가기 전에 다른 일행에게 말한다]

김씨 : 두 사람이 가축을 돌보세요. 우리 두 사람은 성 안에 갔다가 오래 기다리게 하지 않고
곧 오겠습니다.

제53화 길경점에서(1) - 조선 사람 이씨가 있습니까?

[김씨와 왕씨가 길경점에 왔다. 김씨가 길경점 주인에게 조선에서 온 이씨를 찾는다]

김씨 : 형씨께 인사드립니다. 이 가게에 모시, 베 파는 조선 사람 이씨가 있습니까?

길경점 주인 : 그 사람을 찾아서 뭐하실 건데요?

김씨 : 저는 그분의 친척인데, 지금 막 조선 땅에서 왔습니다.

---

8 51화와 52화는 다른 이야기들과 달리 이야기의 형식적인 경계가 분명하지 않다. 이 부분은 (번역)노걸대의 장차를
구별한 정광(2005/2010)의 논의를 참조하여 내용을 나누었다.

길경점 주인 : 그 손님은 양 시장에 갔는데 곧 온다고 말하고 갔으니 일단 나갔다가 잠시 있다
　　　　　　　 가 다시 오세요.

김씨 : 그 손님이 양 시장에 갔다면 여기서 멀지 않으니, 여기서 기다리지요.

길경점 주인 : 당신 마음대로 기다리시구려.

김씨 : 그분은 누구네 집에 묵고 계시나요?

길경점 주인 : 저기 서남쪽 모퉁이 기와문집 남쪽 작은 널빤지 문이 바로 거깁니다.

김씨 : 그 집을 지키는 사람이 있습니까?

길경점 주인 : 어린애 하나가 있었는데 지금 여기에 없는 걸 보니 나간 것 같습니다.

제54화 길경점에서(2) – 조선 땅에서 무슨 물건을 가져왔나?

길경점 주인 : 댁은 조선 땅에서 무슨 물건을 가져왔습니까?

김씨 : 저는 말 몇 마리를 가져왔습니다.

길경점 주인 : 또 무슨 물건이 있습니까?

김씨 : 다른 건 아무런 것도 없고 다만 인삼하고 모시하고 베가 있습니다. 요즘 값이 어떻습
　　　 니까?

길경점 주인 : 다른 것의 값은 이전 값과 같은데 인삼은 전혀 없으니까 값이 아주 비싸지요.

김씨 : 요즘 얼마에 파나요?

길경점 주인 : 지난 해에는 은 세 돈에 한 근씩 주고 얻었는데 요즘은 파는 사람이 없으니까
　　　　　　　 은 닷 돈에 한 근씩 사려고 해도 얻을 수가 없습니다. 댁의 인삼은 어느 곳 인삼인가요?

김씨 : 제 것은 신라 인삼입니다.

길경점 주인 : 신라 인삼이면 아주 잘 됐습니다. 팔면 나가지 않을 리 없으니 무엇 때문에 근
　　　　　　　 심하겠습니까?

제55화 조선에서 온 이씨(1) – 저기 오는 게 이씨 형님 아니세요?[9]

　　　 [마침 밖에서 이씨가 길경점으로 돌아왔다]

───────────────

9　54화와 55화는 다른 이야기들과 달리 이야기의 형식적인 경계가 분명하지 않다. 이 부분은 (번역)노걸대의 장차를
　 구별한 정광(2005/2010)의 논의를 참조하여 내용을 나누었다.

김씨 : 저기 오는 게 이씨 형님 아니세요?

이씨 : 언제 왔나?

김씨 : 저는 어제 왔습니다.

이씨 : 집 식솔들은 다 평안한가?

김씨 : 다 평안합니다.

이씨 : 내 숙소에 들어가서 앉자.

[이씨가 묵고 있는 방으로 들어왔다]

이씨 : 우리 집 편지가 있나?

김씨 : 편지 있습니다.

[이씨가 편지를 대충 읽어보고]

이씨 : 이 편지에 쓴 걸로는 분명하지 않은데 네가 올 때에 우리 집이 다 평안하던가?

김씨 : 다 평안하셨습니다요.

이씨 : 정말로 집에서 다들 평안하다면 황금 따위를 뭐가 귀하다 하겠는가? 그래서 오늘아침에 까치가 울고 또 재채기가 나왔던 거구나. 마땅히 특별한 친척이 온 것과, 또 집 편지를 받을 징조를 앞서서 알렸던 것인가 싶다. 사람들 말에 집 편지가 만냥 금보다 값나간다 했지. 우리 아내와 자식들은 다 평안하던가?

김씨 : 제가 오기 전에 댁의 작은 따님이 마마에 걸렸었는데 제가 올 즈음에는 다 나아서 평안하게 되었습니다.

제56화 조선에서 온 이씨(2) – 요즈음 값이 어떤가?

이씨 : 자네가 가져온 것은 무슨 물건인가?

김씨 : 저는 몇 마리 말과 인삼, 모시, 베인데 요즈음 값이 어떤가요?

이씨 : 말값, 베값은 그저 전과 같으나 인삼 값은 아주 비싸네.

김씨 : 당신 말이 옳습니다. 저기 가게 사람도 그렇게 말했습니다.

이씨 : 네 동료는 몇이 있나?

김씨 : 또 두 명의 동료가 있으니, 다 저의 친척입니다.

이씨 : 이 친구는 누군가?

김씨 : 요동 지역에서 길을 가다가 만나서 친구 삼아 함께 온 사람인데, 그는 한족입니다. 우리가 한족의 말을 잘 몰라서 길에 말, 짚, 콩 값을 강정(講定)해 주고 머물 집을 구할 때에, 이 형씨에게 크게 힘을 입었습니다.

제57화 조선에서 온 이씨(3) – 맞이하는 예로 한 잔 술을 마시자.

[이야기를 마치고 김씨 일행이 숙소로 돌아간다]

김씨 : 저는 숙소로 가겠습니다. 다시 뵙죠.

이씨 : 잠깐 멈춰라. 맞이하는 예로 술 한 잔 마시자.

김씨 : 괜찮습니다. 오늘은 바빠서요. 내일 만날 때 다시 술을 먹어도 늦지 않습니다.

이씨 : 그러면 내일 너를 찾아 (네가 머무는) 여관에 가서 저 친척과 함께 한두 잔 술을 먹자.

[김씨 일행이 자리에서 일어난다]

이씨 : 내가 너를 배웅하러 문 밖에 가마.

김씨 : 이 방에 사람이 없으니 배웅 나오지 마세요.

이씨 : 자네 말대로 내가 배웅하지 않을 터이니, 탓하지 말게.

김씨 : 우리는 한 식구 같은 사이입니다. 어찌 탓을 하겠습니까?

제2절 말을 팔고 문서 작성하기

제58화 순성문 관점에서 말 팔기(1) – 우리 모두 앉아서 값을 상의합시다.

오래지 않아서 점에 가서 보니 가게 주인이 손님 셋과 함께 서서 말을 볼 때에 내가 도착하니 가게 주인이 알려준다.

순성문 관점 주인 : 이 두 사람은 말 살 사람이고 한 사람은 매매 중간상입니다. 이 말을 이들이 다 사서 산동에 팔러 가고자 합니다. 비록 시장에 가져가서 팔아도 여기서 파는 것과 한가지이지요. 일천 조각이 한 덩이에 미치지 못한다 하였으니 당신들이 모두 이 사람에게 팔면 좋을 것 같습니다.

왕씨 : 우리 모두 앉아서 값을 상의합시다.

제남부 이씨 : 이 총이말은 나이가 얼맙니까?

왕씨 : 댁이 이를 들어서 보세요.[10]

제남부 이씨 : 내가 보니 아래 위 이가 다 닳은 게 아주 늙었네요.

왕씨 : 형씨, 댁이 말을 알지 못하는군요. 이 말은 올 봄에 새로 거세한 망아지입니다.[11]

중개인 장씨 : 우리 그거는 따지지 말고 좋은 것, 나쁜 것을 아울러 섞어서 값을 정합시다.

제59화 순성문 관점에서 말 팔기(2) - 말의 종류

[중개인 장씨가 요동성 왕씨와 조선에서 온 김씨가 끌고온 열다섯 마리 말을 종류와 상태별로 나누어 구별하고 있다]

중개인 장씨 : 이것은 망아지, 거세 말, 적다말, 공골말, 오류말, 구렁말, 가리운말, 설아말, 가라말, 추마말, 고라말, 간자말, 오명마, 도화잠불마, 코 쩬 말, 암말, 새끼밴 말, 고리눈 말, 쌈질하는 말에, 이 말은 소 걸음 같이 느리고, 또 재빠른 말, 느린 말, 놀라는 말, 비틀거리는 말, 아귀가 단단한 말, 아귀가 무른 말이군요. 이쪽 열 마리 나쁜 말에서

---

10 말이나 소 따위의 나이는 이빨의 개수나 모양, 색깔(젖니는 흰색, 영구치는 황백색), 치관(齒冠)의 상태, 치성(齒星)의 존재, 종구(縱溝)나 절치방향 등을 중심으로 이루어진다. 말의 경우, 생후 4~6주 사이에 아래턱과 위턱에 유치(乳齒)가 2개씩 나는 것을 시작으로 1년 사이에 유치가 아래위턱에 각각 6개씩 생긴다. 생후 1년차로부터 이 유치의 치관이 소실되기 시작해서 생후 2년차에는 모든 유치의 치관이 마멸된다. 생후 2년 6개월이면 제1유치가 빠지고 생후 3년 6개월이면 제2유치가 빠지며 생후 4년이면 모든 유치가 빠지고 영구치가 나게 된다. 이때부터 성마(成馬)로 친다. 생후 7년차에 영구치의 치관이 마멸되는 것으로 시작으로 생후 8년차에는 제2영구치의 치관이 마멸되고 생후 9년차에서는 모든 앞니의 치관이 마멸되며 제1영구치와 제2영구치에 치성(齒星, 덴탈스타)이 나타나고 생후 10년차에는 모든 영구치에 치성이 나타난다. 우리 옛말에서는 말의 나이를 나타내는 데 '섭/습' 혹은 '릅'을 썼는데 이에 따라 말의 연령을 세는 단어가 각각 하릅/한습(한살), 두릅/이릅(두살), 사릅(세 살), 나릅(네 살), 다습(다섯살), 여습(여섯 살), 이릅(일곱 살), 여듭(여덟 살), 아습/구릅(아홉 살), 열릅/담불(열 살) 등이었다.

11 암말과 수말은 나이에 따라 다른 이름으로 불리우는데, '암말은 보통 4세 이상의 암컷 말을 말하고 4세 미만의 암컷 말은 '암망아지'로 부른다. '수말' 역시 4세 이상의 수컷 말을 가리키며 4세 미만의 거세하지 않은 수컷 말은 '수망아지'로 부른다. 이에 대해서 거세한 수말을 '거세마'라고 부르는데 일반적으로 거세마는 4세 이상의 수컷 말을 수말이나 수망아지에 대해서 부르는 말이다. 여기서 '거세한 망아지'는 4세 미만의 거세마 즉 '거세한 수망아지'를 가리키는 것이다.

하나는 눈이 멀었고, 하나는 한 발을 절고 하나는 굽이 기울었고, 하나는 굽이 갈라졌고 하나는 등이 헐었고, 하나는 절뚝거리고 셋은 말랐으니[12] 이 가운데에 다만 다섯 마리 말만 믿고 타볼 만하군요.

제60화 순성문 관점에서 말 팔기(3) - 각각 하나씩 값을 말해라.

[말의 품평을 마친 중개인 장씨가 왕씨와 김씨에게 묻는다]

중개인 장씨 : 이 말에서 좋은 것, 나쁜것, 큰것, 적은 것을 한데 섞어서 값을 얼마나 받고자 하는지 각각 한명씩 값을 말해 보세요.

왕씨 : 저는 모두 일백사십 냥 은을 받으렵니다.

제남부 이씨 : 댁도 댁네 물건의 값나가는 것을 헤아려서 제대로 팔 값을 말해 보세요. 입에서 나오는 대로 받는 것이 쉽겠습니까?

왕씨 : 제가 마음대로 받으려는 것이 아닙니다.

제남부 이씨 : 댁의 말이 적당하다면 두 세 마디에 즉시 마치겠지만, 만일 오히려 처음 말한 것처럼 꼿꼿하게 움직이지 않는다면 언제 바로 값을 정하겠습니까?

중개인 장씨 : 손님들 일단 마음대로 값을 다투지 말고 내가 맞추어 말할 테니 들어보세요. 모든 팔고 사는 데에는 다 시가(時價)가 있으니 내가 당신들 양 편에 맞추어서 말하겠습니다. 어느 누구에게도 다 치우치지 않고 다만 중립을 지켜 말하겠습니다.

[매매중개인 장씨가 말 주인인 왕씨에게 묻는다]

중개인 장씨 : 댁은 일백사십 냥을 받겠다면 다섯 마리 좋은 말과 열 마리 나쁜 말을 어떻게 값을 계산하여 가지렵니까?

왕씨 : 이 다섯 마리 좋은 말에 은 육십 냥이고 열 마리 나쁜 마리에 은 여든 냥을 받겠습니다.

중개인 장씨 : 댁은 이런 값이라면 (말을) 팔지 못할 겁니다. 제가 제대로 된 값을 댁에게 알려 줄 터이니 당신 두 사람이 내 말을 따라 흥정하는 것이 어떻습니까?

---

12 나쁜 말은 본래 열 마리인데, 청어노걸대에서는 '눈 먼 말, 발 저는 말, 굽이 기운 말, 굽이 갈라진 말, 등이 헌 말, 절뚝거리는 말, 마른 말 세 마리'의 아홉 마리밖에 나열되지 않았다. 다른 노걸대류에서는 '비루먹은 말(疥馬)'이 있는데 청어노걸대에는 이 '비루먹은 말'이 빠진 것이다.

▌제61화 순성문 관점에서 말 팔기(4) – 일단 댁이 정한 값을 들어봅시다.

왕씨 : 일단 댁이 정한 값을 들어봅시다.

중개인 장씨 : 들어보세요. 이 다섯 마리 좋은 말에는 말 당 여덟 냥씩 하면 마흔 냥이 되고, 열 마리 나쁜 말에는 말 당 여섯 냥씩 하면 육십 냥이 되니, 모두 합해서 계산하면 딱 일백 냥이면 됩니다.

김씨 : 당신이 이렇게 정한 값 같으면 우리 조선 땅에서도 능히 사지 못할 거요. 당신의 태도를 보아 하니 진짜로 사고자 하는 것이 아니군요.

제남부 이씨 : 이 손님이, 당신 무슨 말입니까? 만약 사지 않겠다면 어찌 지방에서 숨을 몰아 쉬며 여기까지 와서 무엇하겠습니까?

▌제62화 순성문 관점에서 말 팔기(5) – 저는 사지 못하겠습니다.[13]

제남부 이씨 : 아까 매매 중개상이 정한 값이 나한테 이익이 전혀 없으니, 나는 사지 못하겠습니다.

[매매중개인 장씨가 왕씨와 김씨에게 독촉을 하며 다시 매매를 중개한다]

중개인 장씨 : 당신은 이 같은 값에 팔지 않고 또 무엇을 생각합니까? 당신들도 함부로 말하지 마세요. 제가 당신들 대신에 정하겠습니다. 파는 사람은 조금 덜고 사는 사람은 다시 닷 냥을 더하여 줍시다. 모두 은 일백닷 냥에 흥정하면 딱 맞는 값이 됩니다. 당신들이 내 말에 따라 흥정하면 아무도 전혀 손해 볼 것이 없습니다.

순성문 관점 주인 : 형씨들 들어보세요. 우리는 주변 사람입니다. 우리에게 전혀 관련된 일이 아니지만, 이 사람이 말하는 값을 들어보니 아주 적당하니 당연히 받음직 합니다. 다시 더 많이 다투어도 이익이 없을 겁니다.

---

13 61화와 62화는 다른 이야기들과 달리 이야기의 형식적인 경계가 분명하지 않다. 이 부분은 (번역)노걸대의 장차를 구별한 정광(2005/2010)의 논의를 참조하여 내용을 나누었다.

▌ 제63화 순성문 관점에서 말 팔기(6) – 나쁜 은을 내게 주지 마세요

왕씨 : 다만 한 가지 일이 있는데, 나쁜 은을 내게 주지 마세요.

제남부 이씨 : 나쁜 은은 내게 또한 없고 있는 것은 다 관산(官産)의 은입니다.

왕씨 : 댁의 은이 좋다니, 은을 먼저 본 뒤에 다시 서류를 작성합시다. 그러면 베자루 속의
은을 가져다가 매매 중개인에게 보이세요.

제남부 이씨 : 파는 사람, 당신이 직접 살펴보세요. 속에 한 조각도 나쁜 것이 없습니다.

[요동성 왕씨가 은을 살펴 보고는 매매 중개인 장씨에게 다짐을 요구한다]

왕씨 : 내가 비록 은을 봐도 좋고 나쁜 것을 알지 못하겠으니 댁이 표시해 두세요. 나중에
쓸 수 없게 되면 다 이 매매 중개인을 찾겠습니다.

중개인 장씨 : 제가 표시해 둘 것이니 아무 때라도 다 저를 찾아오세요.

▌ 제64화 순성문 관점에서 말 팔기(7) – 문서의 글을 누구에게 쓰게 할까?

왕씨 : 문서의 글은 누구에게 쓰게 할까요?

제남부 이씨 : 매매 중개상 당신이 쓰시오.

중개인 장씨 : 글을 쓰면 한 곳에 쓸까요? 나누어 쓸까요?

제남부 이씨 : 나누어 쓰세요. 한 곳에 쓰면 어떻게 다른 사람에게 팔아 넘기겠습니까? 각각
쓰세요.

중개인 장씨 : 댁의 말은 한 임자의 것입니까? 각각의 것입니까?

왕씨 : 네 사람 것인데 각각의 수가 있습니다.

중개인 장씨 : 먼저 당신의 말에 대한 서류를 작성합시다.

[중개인 장씨가 말 주인 왕씨에게 물어가며 매매서류를 작성한다]

중개인 장씨 : 댁의 말은 집에서 기른 것입니까? 산 것입니까?

왕씨 : 제 것은 본래 사온 것입니다.

중개인 장씨 : 댁의 성은 무엇이고 어디에서 삽니까?

왕씨 : 내 성은 왕씨이고 요동성 안에서 삽니다.

淸語老乞大 제6권

제65화 말 매매 문서(1) - 내가 읽을 테니 들어보세요

중개인 장씨 :　이 문서의 글을 썼습니다. 내가 읽을 테니 들어보세요.

　요동성 안에 사는 왕씨가 돈이 없어서 자기가 사서 가져온 왼쪽 다리에 도장 찍힌 표시가 있는 다섯 살짜리 적다거세마 한 필을 황성(皇城)의 양시장 거리 북쪽에 사는 왕씨를 증인으로 삼아 산동 제남부 이씨에게 팔고 시가(市價)에 따라 세사(細絲)[14]는 열두 냥을 서류 쏠 무렵에 다 맡겨 주니 말의 좋고 나쁨을 사는 사람이 살펴보고 값을 결정한 후에는 어느 누구라도 돌이켜 다시 무르지 못할 것이다.

　만약 돌이켜 뒷날 무르는 사람이 있으면 좋은 은 닷 냥을 내어서 무르지 않은 사람에게 주어 사용하게 한다.

　나중에 표시가 없을까 하여 이 문서 글을 쓴다.

글 쓴 사람 왕씨, 매매 중개인 장씨가 각각 이름 아래에 다 표식을 두었다.

14　중국에서 사용하던 말발굽 모양으로 생긴 '마제은(馬蹄銀)'을 세사(細絲)라 하고, 서양인들은 사이시(Sycee)라고 불렀다.

제66화 말 매매 문서(2) - 당신이 각각 셈하세요

중개인 장씨 : 매매 중개인에게 주는 값과, 글 쓴 수고비를 주는 것에 대해서는 이전의 기준대로 사는 사람이 글을 쓴 수고비를 주고 파는 사람이 매매 중개인 수고비를 주는 법이니, 당신이 각각 셈하세요.

왕씨 : 일백닷 냥에다가 두 사람의 수고비 하면 얼맙니까?

중개인 장씨 : 깜냥대로 셈해서 주세요.

왕씨 : 한 냥당 세 푼씩 계산해서 드리겠습니다.

중개인 장씨 : 이것을 다 계산하였습니다.

왕씨 : 이 말에 대한 서류는 언제 작성합니까?

중개인 장씨 : 댁이 한 친구를 보내어 나를 따라서 가라 하고 원치 않으면 그냥 여기서 기다리시지요. 내가 가서 문서를 써서 댁에게 드리겠습니다.

제67화 말 매매 문서(3) - 두 돈 네 푼 은 역시 내게 도로 가져와라

[제남부 이씨가 요동성 왕씨의 말을 사고는 오래지 않아서 이 말에 문제가 있음을 알게 되었다]

제남부 이씨 : 내가 진작 자세히 살펴보지 못했는데 지금 보니 이 말이 코에 신코가 들었으니 내가 어찌 사서 가져가겠습니까? 사서 가져가면 다른 말이 다 아울러서 신코가 들 것이니 어쩔 것입니까?

왕씨 : 그러면 당신, 무르실 것입니까?

제남부 이씨 : 나는 정말로 싫습니다.

왕씨 : 그렇다면 문서 글에 쓴 것이 아주 명백합니다. '어느 누구라도 돌이켜 뒤에 무르지 못한다. 만약 돌이켜 다시 무르는 이가 있다면 은 닷 냥을 내어 무르지 않는 사람에게 주게 하라' 하였으니, 관(官)에서라면 관인(官印)을 증빙으로 삼고 개개인은 문서 글로 보증을 하니 당신이 은 닷 냥과 물렀음을 보증하는 글을 아울러 내어서 저에게 주고, 그 밖에 또 나의 여덟 냥 은에 한 냥 당 세 푼씩 셈해서 매매 중개인에게 준 은 두 돈 네 푼 역시 저에게 도로 가져오세요.

제남부 이씨 : 그래요. 댁한테 드리겠습니다. 내가 문서를 쓰러 갈 터이니 당신들은 모두 여기
　　　　　　서 기다리세요.

왕씨 : 뭣 때문에 당신을 기다립니까? 우리는 말을 숙소에 짚과 콩을 먹이러 가니 당신이 글
　　　을 쓴 뒤에 우리 숙소로 보내세요.

제3절 왕씨와 함께 물품 사고 팔기

제68화 양시장에서 양 사기(1) - 이 양을 팔겁니까?

왕씨 : 당신, 인삼하고 베를 아직도 팔기를 마치지 못했습니까? 만일 마치지 못하였다면 일
　　　단 두었다가 천천히 파세요. 당신이 베를 파는 동안에 저는 양을 사서 탁주(涿州) 땅에
　　　팔러 갔다가 다시 다른 물건을 사서 가져오겠습니다.

김씨 : 당신이 양을 사러 간다면 저도 함께 갑시다.

　　　[김씨가 왕씨를 따라 양시장으로 따라왔다]

왕씨 : 여기가 바로 양을 세워두는 곳입니다. 저기에서 한 무리의 양을 몰아오고 있군요.

　　　[왕씨가 양을 몰아오는 사람에게 가서 흥정을 한다]

왕씨 : 형씨, 너 이 양을 팔겁니까?

양 주인 : 네, 팔겁니다. 댁이 살거면 하나하나씩 살펴서 자세히 보고 다시 값을 이야기합시다.

제69화 양시장에서 양 사기(2) - 모두 값을 얼마나 받고자 합니까?

왕씨 : 이 수양, 냄새 나는 양, 거세한 양, 염소 새끼, 암염소에 모두 값을 얼마나 받고자 합
　　　니까?

양 주인 : 저는 전부 석 냥 은을 받을 겁니다.

왕씨 : 이런 양에 이렇게 비싼 값을 받고자 한다면 (도대체) 털 좋은 양은 얼마에 팔 겁니까? 지나친 거짓말이 무슨 일입니까? 제대로 말하십시오.

양 주인 : 그렇다면 제가 닷 돈을 덜어드리지요.

왕씨 : 댁에게 두 냥 은을 주겠습니다. 댁이 좋다면 내가 사고, 원하지 않으면 댁이 몰아서 가져가세요.

양 주인 : 다만 두 냥뿐이라면 말하지 마세요. 석 냥이 아니면 아무렇더라도 안 되겠습니다.

왕씨 : 댁이 이 값에 안 된다고 하면 나도 조금도 더할 것이 없으니 댁이 팔고자 하면 팔고, 팔지 않으려면 관두세요.

양 주인 : 그래요, 그럽시다. 어쩌겠습니까?

[왕씨 일행이 돌아서려고 하자 양 주인이 급히 말을 바꾸어 손님을 잡는데]

양 주인 : 내가 지금 급해서 은을 써야 되기 때문에 본전 손해 보는 것을 따지지 않고 댁에게 팔겠습니다. 다만 저에게 좋은 은을 골라서 주십시오.

[양을 원하는 가격에 산 왕씨가 탁주로 양을 팔러 가기 전에 김씨에게 인사를 한다]

왕씨 : 친구, 머물던 집에 가서 잘 지키고 있으세요. 저는 양을 몰아 탁주(涿州) 땅에 가서 팔고 곧 오겠습니다.

제70화 비단 사기(1) – 비단을 사서 가져가서 함께 장사하러 갑시다.[15]

김씨 : 제가 생각해 보니, 저에게 여유분 은이 있습니다. 공연히 숨겨서 무엇하겠습니까? 비단을 사서 가져가서 함께 장사하러 갑시다.

[김씨의 제안에 김씨와 함께 탁주로 떠나기로 한 왕씨가 김씨를 데리고 비단 가게에 왔다]

---

15 다른 노걸대류에서는 이 부분이 72화, 73화의 두 가지 이야기로 나뉘어 있으나 청어노걸대에는 청나라 당시의 상황에 입각하여 70화~72화의 세 개의 이야기로 구성되어 다른 경우와 달리 이야기가 하나 더 늘어나 있다.

왕씨 : 비단 파는 형씨, 댁한테 대청(大靑)[16] 색 흉배천과 다홍빛에 금으로 짠 비단과 좋은 사(紗)와 나(羅)가 다 있습니까?

비단집 주인 : 손님, 남경(南京) 비단을 살 겁니까, 소주 지역 비단을 살 겁니까?

왕씨 : 형씨, 남경 비단은 색깔 곱고 가늘지만 오래 입지 못하고, 항주(抗州) 비단은 짠 실이 고르고, 소주(蘇州) 지역의 비단은 얇고 풀 먹였으되 질기지 못하군요.

제71화 비단 사기(2) – 너에게 좋은 능(綾)이 있습니까?

왕씨 : 댁한테 좋은 능(綾)이 있습니까?

비단집 주인 : 당신은 무슨 능을 살 겁니까?

왕씨 : 저는 관아에서 인정한 능을 사겠습니다. 저 가흥(嘉興) 능은 좋지 않군요.

비단집 주인 : 손님, 비단을 사시려고요? 저한테 관에서 만든 산동(山東)의 크고 좋은 비단과 일본 비단과 소주 지역의 비단과 백사(白絲) 비단과 굵은 비단과 이주(易州)에서 난 좁은 비단이 있습니다.

왕씨 : 저는 그저 관에서 만든 비단과 소주 지역의 비단, 백사 비단을 사겠습니다. 댁한테 백사가 있습니까? 제가 많이 사겠습니다.

비단집 주인 : 무슨 백사를 사고자 하십니까?

왕씨 : 저는 호주(湖州) 지역에서 난 흰 백사를 사겠습니다. 저 정주 지역의 백사는 좋지 않으니 꺼내지 마세요.

제72화 비단 사기(3) – 또 무슨 비단을 살 겁니까?

비단집 주인 : 이 능과 비단과 명주와 사라(紗羅) 비단들을 댁이 다 샀는데 또 무슨 비단을 살 겁니까?

왕씨 : 저는 다만 짙은 아청(鴉靑) 비단에 금사(金絲)로 짠 흉배(胸背)천을 사겠습니다. 제가 당신한테 분명하게 알려주겠습니다. 이 비단을 사서 제가 입으려 하는 게 아니라 장사하는 곳에 가져가서 팔아 이익을 얻고자 하는 것이니 당신은 평소의 값을 받으세요.

---

16 대청(大靑)은 옅은 천청(天靑)을 말한다. 천청(天靑)은 석청(石靑)이라고 불리는 아주라이트석에서 뽑아낸 안료로서 남색 계열인데, 농도에 따라 옅은 것에서부터 대청(大靑), 이청(二靑), 삼청(三靑)으로 나뉜다.

비단집 주인 : 이 금선(金絨)으로 짠 흉배천에 일곱 냥을 받겠습니다.

왕씨 : 당신 이렇게 제멋대로 가져가려 하지 마세요. 제가 비록 장사하는 사람은 아니지만 이 비단 값을 다 압니다. 이 흉배 비단은 소주(蘇州) 지역에서 난 나쁜 비단이잖아요. 댁이 (이것을) 일곱 냥을 받고자 하면 남경(南京)에서 온 금(金)으로 짠 가늘고 좋은 비단은 (도대체) 얼마 값에 팔 겁니까? 제멋대로 말하지 마세요.

비단집 주인 : 당신이 제 값을 안다 하니 당신 생각에는 얼마를 주면 맞겠습니까?

왕씨 : 내가 댁한테 많이도 주지 않고 적게도 주지 않겠으니 닷 냥이면 바로 딱 적당한 값입니다. 댁이 원하지 않는다 하면 나는 다른 곳에 알아보러 가겠습니다.

비단집 주인 : 댁이 이미 값을 아니 진작 와서 바로 은을 달아 주었으면 끝나지 않았겠습니까? 왜 따로 시험하여 말했습니까? 은 가져오세요. 봅시다. (은이) 좋으면 댁한테 팔겠습니다.

제73화 비단 사기(4) - 우리 재 봅시다

왕씨 : 우리 재 봅시다. 이 푸른 비단은 몇 잡니까? 어찌 옷 한 벌 짓는 데 충분하겠습니까?

비단집 주인 : 이 비단이 일곱 발이 넘으니 관청(官廳)의 자로 재면 스물여덟 자이고, 옷 짓는 자로 하면 스물댓 자이니 당신 몸에 입을 옷을 하겠다면 충분히 넉넉히 미칠 겁니다.

왕씨 : 댁이 펴면 내가 재어 보지요.

[비단집 주인이 옷을 펼치자 왕씨가 재어 본대

왕씨 : 어디가 일곱 발에 미칩니까?

비단집 주인 : 당신 몸이 크고 팔이 길 뿐 아니라 비단을 또 그렇게 재는 재개는 없습니다.

왕씨 : 그래 그럽시다. 이 비단은 어디 것입니까?

비단집 주인 : 댁이 물건을 안다 하더니 어찌 알아보지 못합니까? 이 비단은 남경(南京)에서 온 좋은 비단이니 댁이 살펴 보십시오. 조금도 흠결이 없습니다.

왕씨 : 값이 얼맙니까?

비단집 주인 : 댁은 진짜로 살 사람이기 때문에 제가 속이지 않겠습니다. 값이 비쌀 때는 닷 냥이고 쌀 때는 넉 냥에 파는데 올해는 평년보다 값이 비싸니 믿지 못하겠다면 다른 곳에서 시세를 알아보고 온 뒤에 다시 은을 답시다.

제74화 활 사기(1) – 팔 만한 좋은 활이 있나?

　　　　[왕씨와 김씨 일행이 활 파는 가게에 좋은 활과 화살 등을 사러 왔다]

왕씨 : 활 파는 가게를 주관하는 형씨, 팔 만한 좋은 활이 있습니까?
활 가게 주인 : 따로 활 파는 가게를 하면서 좋은 활이 없으면 무엇을 판매하겠습니까?
왕씨 : 이 노란색 벚나무로 싼 활을 가져다가 시위를 얹어보세요. 당겨 봅시다. 팽팽하면 사
　　　겠습니다.
활 가게 주인 : 형씨, 막 만든 활이니 천천히 당기세요.
왕씨 : 좋은 활이라면 뭣 때문에 당기는 일을 걱정합니까?

　　　　[왕씨가 주인이 꺼내준 활을 당겨보고는]

왕씨 : 에이, 이 활은 줌통이 물러서 당기기에 그다지 적당하지 않습니다.
활 가게 주인 : 이 활을 나쁘다고 하시면 저런 활은 또 뭐라고 하실 겁니까?
왕씨 : 이 활은 어찌 벚나무껍질을 입히지 않았습니까?
활 가게 주인 : 이것은 아주 최상의 좋은 활인데 벚나무껍질을 입히면 살 사람이 믿지 않을
　　　　　　　거라서, 박아놓은 뿔과 깔아놓은 힘줄을 그 사람에게 보이고 값을 정한 뒤에 벚나무
　　　　　　　껍질을 입혀도 늦지 않습니다.
왕씨 : 이 활은 일단 느슨하게 해 두세요.[17] 다른 모든 부분은 다 믿을만 하게 되었으나 다만
　　　활고자가 약간 짧아서 그저 내 뜻에 차지 않습니다.

제75화 활 사기(2) – 시윗줄이 있으면 가져와라.

왕씨 : 팔 시윗줄이 있으면 가져오세요. 활시위를 함께 삽시다.

　　　　[활 가게 주인이 일행을 시윗줄이 쌓여 있는 곳으로 데려가서]

17　아직 활 시위를 얹지 말라는 뜻이다.

활 가게 주인 : 시윗줄은 댁 마음대로 골라서 사세요.

왕씨 : 이것은 너무 가늘고 이것은 또 지나치게 굵고, 이 한 가지가 맞춤하여 좋으니 내가 사겠습니다. 그리고 화살과 화살촉과 고두리살을 삽시다. 이 화살대는 대나무로 한 것이고 이 화살대는 벗나무로 한 것이니 이것에 맞추어서 한 벌의 좋은 동개와 화살집을 사서 가져갑시다.

제4절 왕씨의 북경 생활 속으로

제76화 잔치 — 실망스러운 집안 잔치

왕씨 : 오늘은 먹을 것을 장만하고 친척을 불러 데려와 한가하게 앉아있자.

친척 : 큰아버지와 큰어머니, 작은아버지와 작은어머니, 형과 아우, 형수와 제수, 누나와 여동생, 누나와 여동생에게서 난 외조카, 형과 아우에게서 난 친조카, 어머니의 언니, 외삼촌과 외숙모, 사위, 이모와 이모부, 고모와 고모부, 자부와 매부, 동성 사촌형제, 이종 형제, 동성 육촌 형제, 사둔과 친척, 심부름할 사내종과 계집종 들을 다 불러서 집에 데리고 와서는 해가 지도록 앉아있기만 하고 먹인 밥도 그다지 배부르지 않고 마신 술도 또 취하지 않으니 내 마음에 실망스럽네.

왕씨 : 우리는 완전히 이런, 저런 것이 아니라, 다 진짜 혈육입니다. 어찌 이런 무정한 말씀을 말하십니까?

친척 : 정말로 그러면 우리가 마땅히 미리 너에게 사례했어야 했구나. 어떤 사람이 될지라도 다만 순박하고 정성스러움이 좋으니 겉으로 꾸미는 것은 다른 사람에게도 오히려 마땅하지 않은 터에 친척을 어찌 더 말하겠나?

淸語老乞大 제7권

제77화 수레 - 수레 손보기

왕씨 : 지금은 섣달 엄동설한이다. 주워온 말똥을 가져다 불씨를 묻어라. 손발을 쬐자. 말똥을 광주리에 담았으니 넣어 잘 숨겨 두어라. 다른 사람이 가져갈지 모른다.

하인 : 이 수레바퀴가 망가졌습니다.

왕씨 : 이런 때에 어디에 보내 고치겠느냐. 수레의 바퀴, 바퀴의 쇠, 앞에 괴는 나무, 뒤에 괴는 나무, 두 쪽 끌채, 밧줄이 모두 좋으니 일단 믿고 타자. 또 막은 수레, 잡동사니 실을 수레, 나귀 노새에 메게 할 큰 수레를 모두 잘 창고에 넣어 두어라. 비와 눈에 젖을지 모른다.

제78화 활 쏘기 내기

왕씨 : 크게 추우니, 우리 과녁에 깃발을 걸고 양 한 마리를 걸고 활쏘기합시다.

친구들 : 그래 그렇게 합시다.

[왕씨가 김씨 일행과 자신의 친구를 데리고 활터에 왔다]

왕씨 : 우리 여섯 사람이 이 세 전통(箭筒)의 화살을 실컷 쏩시다. 그쪽이 먼저 쏘세요.

[왕씨가 지적한 사람이 아닌 김씨가 먼저 쐈다]

왕씨 : 어허, 당신이 왜 먼저 쐈습니까?

김씨 : 여러 사람이 떠드는 소리에 잘못 듣고 쏘았습니다.

왕씨 : 형씨, 앞쪽 줌통을 조금 들고 뒤쪽 주먹을 조금 눌러서 높이 쏘면, 저절로 과녁에 닿습니다. 만약 앞쪽 줌통을 들지 않고 뒤쪽 주먹을 누르지 않은 채 또 깍지 긴 것이 단단하면, 화살 가는 것이 낮고 흔들리게 됩니다.

[활쏘기 순번이 몇 차례 지나고 김씨가 왕씨에게 묻는대

김씨 : 누가 이기고 누가 졌습니까?

왕씨 : 기다리세요. 끝내지 못했습니다. 우리 또 하나를 더 쏜 후에 그때 알려드리겠습니다.

[활쏘기가 끝났대

왕씨 : 우리가 이겼습니다. 진 사람은 먹을 것을 준비하러 갑시다.

제79화 중국식 식사

[왕씨가 김씨 일행과 주변인물 10명을 모아 잔치를 연대

왕씨 : 우리 오늘 밥을 중국 사람들 먹는 식으로 만들어 먹자.

하인1 : 그렇다면 생선탕, 계탕, 마른안주, 밀가루 만두를 준비하면 좋겠습니다.

왕씨 : 모든 과일과 채소를 모두 준비했나? 못했나?

하인1 : 모두 준비하였습니다.

왕씨 : 이쪽은 연근(蓮根), 오이와 가지, 파, 부추, 마늘, 무, 겨울 오이[동애], 조롱박, 겨자, 순무, 다시마이고, 이쪽은 튀긴 생선, 양의 창자, 머리, 다리, 내장이며, 이쪽은 대추, 말린 가지 사탕[곶감], 마마 별[호두], 말린 포도[건포도], 용안, 마마 용안[여지], 살구, 수박, 단 오이[참외], 감귤, 석류, 배, 자두, 잣, 설탕과 꿀에 눌려 절인 밤입니다.

하인2 : 이 삶은 고기도 모두 익었다.

왕씨 : 목뼈, 업진살, 어깻죽지, 다리가 다 있는데, 어째서 다리는 하나 밖에 없냐? 너 보지

못했냐?

하인2 : 만두 소에 썼습니다.

왕씨 : 먹을 것을 모두 준비해두었다. 이제 해가 졌으니 빨리 내어라. 먹고 쉬자.

[준비된 잔치 음식을 다 먹고 잔치가 끝났다]

왕씨 : 우리 이 잔치에 술을 얼마 마셨는가?

하인 : 은 두 냥어치 술을 마셨습니다.

왕씨 : 우리 열 한 사람이 어떻게 은 두 냥어치 술을 마셨냐?

하인 : 열 몇 분이 계시지만, 아래 것들도 적지 않으니, 두 냥 어치 술 마신 것이 그야말로 뭐가 많겠습니까?

제80화 의원의 치료

[잔치를 마친 뒤, 왕씨가 감기에 걸려 의원을 청한다]

왕씨 : 나는 조금 머리가 아파 어지러우니 의원을 청하여 데려와 맥을 짚어보자.

[의원이 왔다]

왕씨 : 선생님, 봐 주세요.

[의원의 진맥이 끝났다]

왕씨 : 무슨 병입니까?

의원 : 댁의 육맥(六脈)을 짚어보니, 오르고 내리는 것이 전혀 고르지 않습니다. 댁은 상한(傷寒)에 걸렸습니다.

왕씨 : 제가 어제 찬 술을 많이 마시고서, 소화를 시키지 못해서 머리가 아프고 먹을 것 생각이 없습니다.

의원 : 내 댁한테 술을 깨고 먹은 것을 소화시킬 약을 줄 테니 먹으면 즉시 나을 것입니다. 소비환(消痞丸), 목향분기환(木香分氣丸), 신궁환(神芎丸), 빈랑환(檳榔丸)이 있는데, 이 여러 약 종류 중 빈랑환(檳榔丸)만 식사 후에 드시되 한 번에 서른 환을 생강물에 드세요. 먹으면 즉시 속이 움직일 것이니 여러 번 움직여 속이 비어 음식을 먹고 싶은 생각이 들면 먼저 죽을 먹고, 많이 좋아진 후에 다시 보통 밥을 드세요.

[다음날 의원이 다시 와서 왕씨를 다시 진맥하였다]

의원 : 오늘 와서 너의 맥을 짚어보니 지난 번보다 고르니 속이 아주 맑게 되었습니다. 당신, 몸을 당신은 모르겠습니까? 어제보다 어떻습니까?

왕씨 : 그렇습니다. 오늘은 어제보다 많이 나아졌습니다.

의원 : 그렇다면 약 먹는 걸 그만두세요.

왕씨 : 네, 알았습니다. 다시 한 두어 날 되어 병이 지나간 후에 선생께 은혜 갚고 감사드리러 가겠습니다.

제5절 사람 사는 도리[18]

▌제81화 즐기며 살자.

우리 매년 매월 매일 즐기고 봄 여름 가을 겨울 사계절에 단 하루도 빠뜨리지 말고 놉시다. 오늘 죽을지 내일 죽을지 모르는데 푸른 하늘, 좋은 햇살이 있는 날과 밝은 달, 푸른 바람이 있는 밤을 하는 일 없이 보내고 즐기지 않으면, 이것은 진실로 어리석은 사람이란 말이지요.

보세요. 세상 사람이 살아있을 때에 다만 부족한 것을 걱정해서 모든 것을 아끼고 밤낮으로 바빠하다가 어느날 아침에 불시에 죽고 나면 열심히 노력해서 일으킨 가업(家業)과 좋은 말과 소, 멋진 의복과 어여쁜 아내와 아름다운 첩을 조금도 가져가지 못하고 어쩔 수 없이 다른 사람에게 빼앗기니, 이를 보게 되면 때와 계절을 따라 즐기는 것을 아주 잘못되었다고 할 수 없지요.

---

18 81화~88화까지는 왕씨가 김씨와 김씨 일행에게 중국에서의 일반적인 생활 예절을 이야기해 주는 내용이 담겨 있다. 주로 사람 사는 도리와 관련한 이야기여서 대화체가 아니므로 대화의 주체를 생략하였다

제82화 똑바로 살자.

사람의 자식이 어려서부터 좋은 것을 배워 관원을 좇아 맡은 공무(公務)에 부지런히 다니며 벼슬을 얻는 이가 비록 많다고 하지만 얻지 못하는 이도 있습니다.

만약 평상시에 지키는 마음이 진실하고 행실이 발라서 부모님께 효도하고, 형제간에 우애 있고, 친구간에 믿음이 있고, 마을 일족 친척과 화목하고, 여럿이 앉은 곳에서 다른 사람의 옳고 그른 것을 논하여 말하지 않고, 모든 일에 요행을 꾀하지 않고, 처음부터 끝까지 힘써서 행하고 게을리 하지 않으면, 하늘이 자연히 은덕을 베풀어 부유하고 귀한 자식들을 낳게 하는 것이 예로부터 정해진 이치이지요.

그렇지 않으면 몸이 죄에 빠지고 자손에게 죄가 미치지 않으면 곧 다행일 것입니다. 또 어찌 부유하고 귀한 자식 낳기가 마음대로 그렇게 되겠습니까?

제83화 친구 사귀기

벗 가운데서 사귀는 데에, 단지 우리 좋은 것을 자랑하고 남의 나쁜 것을 비웃지 마세요. 배는 물에 다닐 뿐이고 땅에 다니지 못하니 수레에 싣고, 수레도 물에 다니지 못하니 배에 싣지요.

한 손바닥으로 치면 소리가 나지 않고 한 발로 다니면 걷지 못하니, 세상에 사람이라고 나와서 서로 아끼며 돕고 서로 보살펴 착한 행실을 올리고 나쁜 일을 감추는 것이 마땅합니다.

속된 말에 이르기를 '나쁜 일은 숨기고 좋은 일은 드러냄이 마땅하다' 한 것은 가장 좋은 예입니다. 만일 다른 사람의 제덕(才德) 숨기고 나쁜 것을 소문내기를 좋아한다면 어둠 가운데 귀신에게 미움을 받게 될 것입니다.

제84화 윗사람 섬기기

우리는 윗관원을 따라 다닐 적에 관원이 말에서 내리면, 말을 끌고 다니다가 살찐 말이면 그늘에 메어두고, 야윈 말이면 안장을 벗기고 지달을 풀어 풀 좋은 곳에 놓고, 장막을 치고 방석을 깔아놓고, 관원이 들어가 앉은 후에는 안장 고삐를 자는 곳에 놓고 안롱(鞍籠)으로 덮고, 이어서 즉시 먹을 것을 준비해서 보고 익은 것을 준비합니다. 드시기를 마친 후 그릇을 거두고 잘 때는 한 사람씩 모시지요.

이 같이 공경하고 조심하면 이것이 진실로 아랫사람들이 대인(大人)들을 섬기는 도리라 하겠습니다.

제85화 서로 도우며 살자.

우리가 벗삼아 다닐 때에 네가 나쁘고 내가 착하다 하여 자랑하지 말고, 서로 아끼며 친형제처럼 지내세요. 벗들 가운데 빈곤하여 (가진 것) 없고 부족한 이가 있거든 자신의 재물을 아끼지 말고 그에게 덜어주어 쓰게 하고, 벗들에게 만일 쟁송(爭訟)하러 나갈 일이 있거든 뜻을 극진히 하여 말려 멈추게 하고, 참소하기를 부추겨 주변 사람에게 침 뱉고 꾸짖게 하지 마세요.

병이 있으면 의원을 찾아 데려와 약을 먹여 고치고, 저녁 아침으로 묻고 원하는 것을 먹이세요. 그러면 누가 댁을 대접하고 공경하지 않겠습니까?

제86화 명예롭게 살기

세상 사람은 조상의 명예로운 이름을 생각해서 모든 일에 조심하며 다녀야 좋습니다. 다만 조상이 남긴 가산(家産)을 보고 평생을 노력하지 않고, 넘치는 젊음에 기대어 좋은 말을 골라 타고, 빛나고 부드러운 옷으로 갈아입고, 남자종, 여자종을 따르게 하고, 여우나 개 같은 무리를 친압(親狎)하고, 술잔을 손에서 떼지 않고, 노래 소리를 귀에 끊이지 않게 하고, 기녀(妓女)의 집과 돈노름하는 집을 영화(榮華)로 삼아서, 이에 친척과 노친(老親)네가 곁에서 보고 견디지 못하여 좋은 말로 말리는 것을 전혀 듣지 않을 뿐 아니라 오히려 그가 즐기는 것을 기뻐하지 않는다며 원망합니다.

제87화 계절에 따라 옷 입기

옷은 사계절을 좇아 계절의 덥고 추움에 맞춰 갈아입으니, 봄에는 아청색 긴 옷에 흰 비단

속옷, 여름에는 가는 모시 베 적삼, 가을에는 비단옷, 겨울에는 푸른색 명주 솜옷을 입습니다.

띠도 사계절에 따라 봄에는 금 고리 띠, 여름에는 옥 갈고리 속 띠, 가을에는 금 아로새긴 띠, 겨울에는 금옥 띠를 맵니다.

머리에 쓴 것은 좋은 담비 모자이고, 좋은 실로 짠 갓, 맑은 빛의 비단 갓, 운남에서 난 담비털 모자 위에 모두 금 증자(鏳子)를 박아서 씁니다.

신발도 봄에는 검은 가죽 신발, 여름에는 염소가죽 신발, 겨울에는 금테를 두른 신발창을 깔아넣은 흰 사슴가죽 장화를 신고 걸어다닐 때 쓸데없이 위엄있고 멋진 모습을 드러냅니다.

제88화 방탕한 삶의 최후

아침에 일찍 일어나 머리 빗고 세수하고, 마음에 드는 반찬과 맛있는 안주를 가지가지 준비하여 상이 가득차게 벌이고, 옥잔과 금접시에 독한 술을 부어 만족함을 볼 때까지 실컷 마시며 먹고, 비틀거리며 천천히 걸어 나와 부리는 것들이 부축해서 말에 태우고, 두루 보고 구경하며 다니다가 해 지는 때에 맞춰 또 술 파는 곳에 들어가 마셔 얼근하게 취하고, 취한 김에 문득 음탕한 마음을 내어 노래부르는 사람 집에 가서 거문고 타게 하고 풍류를 시작하여 귀에 흡족하게 듣고, 재물을 아끼지 않고 아래 사람들에게 맞추어 마음대로 상 줄 때 태반(太半)을 착복하여 제 처자식을 기르니, 비록 적게 쓰는 날이라 하더라도 은 서넛 냥을 쓰게 됩니다. 이리하면 집안의 살아가는 도리가 점점 타락하고 쇠약해져서 사람, 마소, 재물, 금은그릇과 집과 밭을 허비하여 입을 것, 먹을 것이 모두 구차하게 궁색해지고, 몸 둘 곳을 얻지 못하여 궁핍한 곳에 이르게 되니, 예전에 비위 맞추며 아첨하던 무리들을 보더라도 조금도 아는체 하지 않음에 이르게 되도록 오히려 예전의 잘못됨을 뉘우칠 줄 모르는 것이 과연 어리석고 흐림이 과하다 할 것입니다.

淸語老乞大 제8권

제6장 고국을 향하여

▎제89화 귀향(1) — 탁주(涿州)로 떠나는 왕씨

왕씨 : 제가 이것들을[19] 사서, 탁주(涿州) 땅에 팔러 가고자 했더니 요즘 친척을 불러 잔치하고 또 병이 들어 가지 못하였습니다.[20] 저는 이제 가니, 벗이여 당신은 뒤에서 잘 있으세요. 저는 그곳에 가서 물건을 팔고 즉시 돌아오겠습니다.

김씨 : 조심해서 가십시오. 저는 이 인삼과 모시 베를 팔고, 언제까지라도 댁을 기다렸다가 우리가 가져갈 물건 살 것을 의논하겠습니다. 꼭 빨리 오세요.

▎제90화 귀향(2) — 인삼을 팔다[21].

김씨 : 가게 주인 형씨, 당신이 여러 시장 사람을 데려 오세요. 인삼 값을 계산합시다.

[관점 주인이 인삼 살 사람을 데려 왔다

---

19 왕씨가 말을 판 돈으로 양시장에 가서 산 양과 각종 비단을 말한다.
20 친척을 불러서 잔치를 벌인 이야기는 79화에 있고 상한에 걸려서 의원을 부른 이야기는 80화에 실려 있다.
21 여기서부터는 93화까지는 왕씨와 헤어진 김씨가 독자적으로 매매를 하는 장면이다

인삼 상인 : 이거 인삼이 좋습니까? 견본 인삼을 가져와보세요. 제가 봅시다.

[인삼 상인이 인삼을 살펴본대

인삼 상인 : 이 인삼은 조선의 인삼이니 두번 째 등급의 것이군요.

김씨 : 당신 무슨 말입니까? 이 인삼이 최상급인데 어찌 다음 등급의 것이라 합니까?

[이때 인삼 판매 중개인이 나선대

중개인이 말한다.

인삼 중개인 : 당신들 두 사람은 좋고 나쁜 것을 다투지 마세요. 요즘 시세가 (인삼) 스물 닷
냥에 (은) 한 냥이 나가니 무슨 따질 것이 있겠습니까?

[중개인이 김씨에게 묻는대

인삼 중개인 : 댁의 인삼은 몇 근입니까?

김씨 : 백 열 근입니다.

[중개인이 이번에는 인삼 상인에게 묻는대

인삼중개인 : 댁의 저울은 어떻습니까?

인삼 상인 : 내 것은 관청의 저울이고 인증을 받았는데, 누가 어찌 감히 다른 저울을 쓰겠습
니까?

[중개인이 김씨의 인삼을 계산하여 값을 말한대

김씨 : 이 값이 분명합니까? 으뜸 등급의 좋은 은을 내 눈 앞에 즉시 바로 가져오십시오. 조
금도 모자라면 안 됩니다.

인삼 상인 : 어찌 이렇게 말씀하시나, 은이라면야 댁한테 좋은 것을 줄 것이나, 다만 사는 사

람이 오로지 그때에 바로 값을 충당한다는 것은 정말로 있을 수 없는 일입니다.

김씨 : 그렇다면 이삼일 기한을 둡시다.

인삼 중개인 : 당신들 두 사람은 다투지 말고, 이틀 기한을 두고 모두 끝냅시다.

김씨/인삼 상인 : 그렇다면 중개인의 말을 따릅시다.

[중개인이 참석한 가운데 인삼 상인이 김씨의 인삼을 달아본다]

인삼 상인 : 이 인삼을 달아보니 단지 백 근밖에 안되는군요. 이것 외에 열 근이 또 있습니까?

김씨 : 우리 집에서 달았을 때는 백 열 근 이었는데, 댁네 이 저울에서는 열 근이 사라져 있습니다.

인삼 상인 : 어찌 저울이 쎄겠습니까? 이 인삼은 당신이 올 적에는 젖어 있었다가, 이제 말라서 열 근이 사라진 것입니다. 이 인삼을 다섯 묶음으로 만들어서 묶음 마다 스무 근씩 되게 해서 근 마다 은 다섯 돈 씩이면, 스무 근에 은 열 냥이 맞게 되니, 모두 맞추어 계산하면 은 오십 냥이 됩니다.

제91화 귀향(3) - 모시베를 팔다.(1)

김씨 : 가게 주인 형씨, 당신, 모시베 살 사람을 데려다 주세요.

[관점 주인이 모시베 살 사람을 데려왔다]

베 살 사람 : 당신의 이 모시베 가는 것은 값이 얼마입니까? 굵은 것은 값을 얼마 받고자 합니까?

김씨 : 으뜸 등급의 가는 베는 한 냥 두 돈이고, 굵은 것은 여덟 돈을 받고자 합니다.

베 살 사람 : 이 누런 베 좋은 것은 값이 얼마이고 좋지 않은 것은 값이 얼마입니까?

김씨 : 이 좋은 것은 한 냥 씩이고 조금 낮은 등급은 일곱 돈입니다.

베 살 사람 : 당신 값을 마음대로 받으려 하지 마세요. 이 베는 진실로 정가(定價)가 있으니, 제가 사서 가져가서 장사하고자 합니다. 시가(市價)대로 댁한테 주겠습니다. 이 모시베 좋은 것은 한 냥이고, 낮은 등급은 여섯 돈이오 누런 베 좋은 것은 아홉 돈, 낮은

등급은 다섯 돈이니 조금도 부족하지 않게 좋은 은을 드리겠습니다.

[중개인이 말한다.]

베 중개인 : 그 사람이 주는 것이 곧 정가(定價)이니, 당신들은 요동에서 갓 온 까닭에, 이 정확
한 값을 모를 터이니 의심하지 말고 내 말을 믿으십시오.

김씨 : 그렇다면 값은 당신 말을 따라 주겠습니다. (하지만) 은은 내 말을 따르지 않는다면
나는 팔지 않겠습니다. 이런 나쁜 은은 모두 되었습니다. 내 은과 같은 것을 가져오십
시오.

베 살 사람 : 댁이 이런 관은(官銀)을 받겠다 하면 (그런 은은) 내게 없습니다.

김씨 : 댁이 정말로 없다 하면, 나도 댁한테 억지로 사라고 하지 않겠습니다. 당신 마음대로
다른 곳에 사러 가십시오.

베 살 사람 : 그렇다면 댁한테 좋은 은을 바꾸어서 주고 사겠습니다.

제92화 귀향(4) - 모시베를 팔다.(2)

베 살 사람 : 댁의 이 베 가운데, 길고 짧음이 같지 않아서 쉰 자 남짓한 것도 있고, 마흔 자인
것도 있고, 또 마흔 여덟 자인 것도 있군요.

김씨 : 이 베들은 모두 본토에서 짜서 가져온 것이라, 끝을 재단하지 않고 두 끝에 기록이
있습니다. 이쪽 베는 실이 고르기가 물고기 알 같이 좋고, 이쪽 하나는 실이 고르지
않고 짠 것 또한 굵으니, 살 사람이 꼭 나쁘다 한다고 꺼려서 아주 기분 나쁘게 생각
하지 않을 겁니다. 이 베는 넓어서 좋고, 이 베는 너무 좁지요. 형씨, 들어보세요, 비
록 좁기는 하지만 저는 함께 팔겠습니다.

베 살 사람 : 댁은 어찌 이리 말하십니까? 넓으면 옷 지을 때 남고 좁으면 옷 지을 때 모자라게
되니 만약 조금 모자라다 하면 이 같은 베 조각을 사면 은 한 돈을 버리게 됩니다.
당신 말 대로 하면 분명 살 사람이 적을 겁니다.

김씨 : 무슨 이유로 쓸데없이 다투겠습니까? 값을 계산하고 은을 봅시다.

제93화 귀향(5) - 모시베를 팔다.(3)

김씨 : 댁이 중개인이니 계산해 보세요.

베 중개인 : 계산하니 으뜸 등급 모시 베가 백 필에 한 냥 씩이면 모두 백 냥이고, 낮은 등급의
　　　　　 것은 서른 필에 여섯 돈 씩이면 모두 열 여덟 냥이니, 모두 좋은 은을 주는 것이 맞겠
　　　　　 습니다.

베 살 사람 : 정말로 좋은 은이 많지 않아서 아흔 냥을 가져왔으니, 그 남은 스무 여덟 냥은
　　　　　　 조금 낮은 은을 주면 어떻습니까?

베 중개인 : 이렇게 큰 흥정을 모두 의논해서 마쳤는데, 조그만 일에 또 무슨 이유로 다투겠습
　　　　　 니까? 이쪽 은은 제대로 된 가게에서 쓰는 좋은 은이니, 관은(官銀)에 준해서 쓸 수
　　　　　 있습니다.

김씨 : 그렇다면 조금 나은 것을 가져오세요.

[베 살 사람이 김씨의 말을 못 들은 체하고 제 할 말만 한다

베 살 사람 : 이 은을 당신이 다 보았으니, 이제 베를 세어 가져가겠습니다.

김씨 : 멈추세요. 이 은이 진짜인지 가짜인지를 내 알지 못하니, 댁이 보증을 서고 중개인과
　　　 함께 보세요. 나중에 쓰지 못하게 되면, 제가 중개인을 찾아 바꾸러 오겠습니다. 형씨,
　　　 댁은 흥정하는 예의를 모르는군요. 면전에서 살펴보고 버티어 받으면, 문 나서면 도로
　　　 무르지 못한다 하였지요. 당신은 흥정하기 익숙하기에 우리 같이 익숙하지 못한 사람
　　　 을 크게 속이니, 당신의 인장을 두어야 좋겠습니다.

베 중개인 : 그래요, 이 일백 냥을 한 묶음으로 만들고 내가 기록하여 맞추었습니다.

베 살 사람 : 이제 내 일은 끝났으니 저는 가겠습니다.

[김씨가 매매를 마치고 나머지 일행들에게 이야기한다

김씨 : 자, 우리가 가져온 거래할 물건들을 모두 팔았으니, 우리가 돌아갈 때 가져갈 물건도
　　　 일찍일찍 찾아서 삽시다.

제94화 귀향(6) - 조선에 가져갈 물건(1)

[조선에 가져갈 물건을 사려 하는데 마침 탁주(涿州)로 양을 팔러 간 왕씨가 돌아왔다]

김씨 : 우리가 돌아갈 때 사서 가져갈 물건을 댁이 오기를 기다려 의논하려 했는데, 마침 왔
　　　으니 딱 좋습니다. 이번에 탁주 땅에 흥정하러 간 것은 어땠습니까?

왕씨 : 조금 이익을 얻었습니다. 당신네 물건도 모두 팔았습니까?

김씨 : 우리 물건도 모두 팔았습니다. 당신이 이제 왔으니, 우리 모두 상의하여 어떤 물건을
　　　사서 가져가면 좋을까요? 어떤 것이 좋은지 나는 정말로 모르니, 형씨가 제게 가르쳐
　　　주십시오.

왕씨 : 제가 일찍이 들으니 조선 땅에서 파는 물건은 가장 좋은 것이면 더욱 팔기 어렵고
　　　나쁜 것은 오히려 팔기에 쉽다고 하더군요.

김씨 : 우리네 그곳 사람들은 좋고 나쁜 것을 분별하지 못하고 단지 흔한 것을 골라 사니,
　　　그렇다면 나쁜 것은 팔기 쉽고 좋은 것은 팔기 어렵지요.

제95화 귀향(7) - 조선에 가져갈 물건(2)

왕씨 : 제가 당신을 데리고 자잘한 물건을 사러가겠습니다.

[왕씨가 김씨 일행을 데리고 잡화를 사러 갔다]

　붉은 모(毛) 백 근, 구슬 갓끈과 호박 갓끈, 옥 갓끈, 수정 갓끈, 산호 갓끈 각각 백 꿰미,
큰 바늘과 작은 바늘 각각 백 봉, 족집게 백 개, 소목(蘇木) 백 근, 호박 증자(鏳子) 백 개, 분가
루 백 갑, 솜연지와 밀연지 각각 백 근, 고른 바늘 백 봉, 대추나무 얼레빗과 회양목 얼레빗
각각 백 개, 굵은 참빗과 가는 참빗 각각 백 개, 크고 작은 칼 모두 백 개, 쌍뚜껑 칼 열 자루,
평상시에 쓰는 칼 열 자루, 종이 자르는 작은 칼 열 자루, 치마에 차는 칼 열 자루, 장기와
쌍륙 각각 열 부, 색색깔 끈과 붉은 끈 각각 백 개, 덮개 주머니 백 개, 머리 깎는 칼 백 개,
가위 백 개, 송곳 백 개, 큰 저울 서른 개, 작은 저울 열 개, 이 저울은 모두 관가에서 만든
것이니 저울의 눈금이 모두 완벽하다. 또 굵은 무명 백 필, 금으로 짠 민무늬 비단 백 필, 어린
아이용 방울 백 개 이 물건을 모두 함께 샀다.

제96화 귀향(8) - 돌아갈 날 택일

김씨 : 우리 좋은 날을 골라 돌아갑시다.

왕씨 : 여기에 오호선생(五虎先生)이 계신데 택일을 가장 잘 하니 거기에 날을 받으러 갑시다.

김씨 : 제 팔자를 봐 주세요.

오호 선생 : 댁의 태어난 연월일시를 알려 주시오.

김씨 : 저는 소띠이니 올해 마흔이고, 7월 7일 인시(寅時)에 태어났습니다.

오호 선생 : 댁의 태어난 시가 아주 좋습니다. 입을 것, 먹을 것이 풍족하고 곤궁함에 이르지 않는군요. 하지만 단지 관성(官星)이 없으니 장사하며 다니기에 알맞습니다.

김씨 : 제가 이 즈음에 돌아가고자 하는데, 어느 날이 좋겠습니까?

오호 선생 : 기다려 보세요. (날을) 골라 봅시다.

[오호 선생이 점을 친대

오호 선생 : 이 달 스무다샛날 인시(寅時)에 동쪽으로 떠나가면 큰 이익을 얻을 것입니다. (날을) 골라준 복채로 다섯 푼을 두십시오. 각각 흩어집시다.[22]

김씨 : 스무다샛날에 떠날 겁니다. 저 중국 벗들을 만나보고 이전에 쓴 셈[數]을 모두 명백하게 하고 갑시다.

제97화 귀향(9) - 마지막 인사

김씨 : 형씨, 우리 돌아갑니다. 잘 있으세요. 댁한테 크게 수고를 끼쳤습니다.

왕씨 : 우리 사람이, 사해(四海) 안의 사람이 모두 형제와 같답니다. 두 달을 벗 삼아 서로 낯 붉히지 않았더니, 이제 흩어져 간다 하니 속절없이 미련이 남아서 섭섭합니다. 던져버리고 잊어버리지 않는다면, 훗날 다시 올 때 반드시 우리 집에 빛을 내 주러 오십시오.

김씨 : 또 다시 만날지 어찌 알겠습니까?

---

22 이 부분은 청어노걸대에서 편집이 잘못된 부분이 아닌가 한다. 본래 '각각 흩어지다'는 오호 선생의 점집을 나와서 하는 말이어야 하는데 어찌된 일인지 청어노걸대에서는 이 부분이 오호 선생의 이야기 뒤에 붙어 있다. 번역은 일단 원문의 내용을 따랐다.

清語老乞大新釋

원문 / 전사

清語老乞大 제1권

(序：1a)

清語老乞大新釋序

清學在今諸譯爲用最緊爲功最難

其課習之書有老乞大及三譯總解

而三譯總解則本以文字翻解無甚

同其訛舛若老乞大則始出於丙子

(序：1b)

後我人東還者之因語生解初無原
本之依倣者故自初已不免齟齬生
澀而今過百季又有古今之異假使
熟於此書亦無益於通話之實從事
本學者多病之庚辰咸興譯學金振

(序:2a)

夏因開市往邏會寧與寧古塔筆帖
式質問音義辨明字畫凡是書之徑
庭者改之婪謬者正之翌季開市時
復質焉則皆以爲與今行話一一脗
合自此諸譯無所患於古本之閒強

(序:2b)

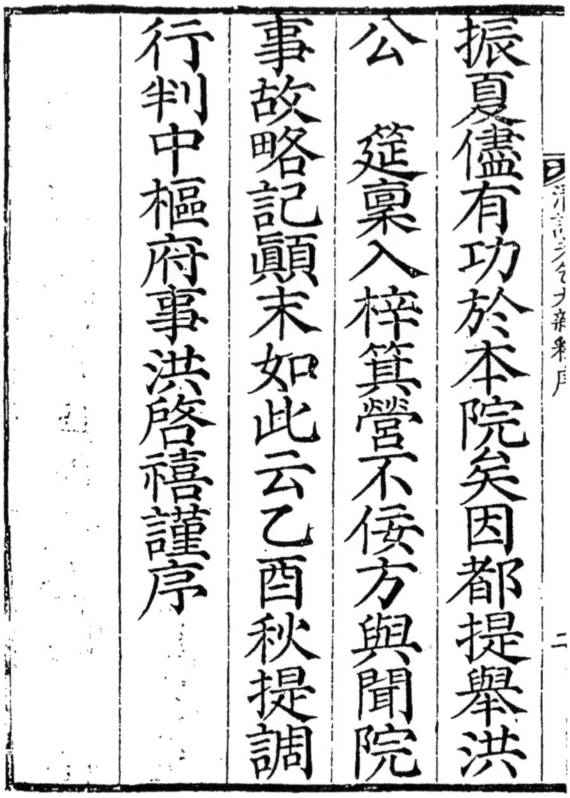

振旅儘有功於本院矣因都提擧洪

公　筵稟入梓箕營不侫方與聞院

事故略記顚末如此云乙酉秋提調

行判中樞府事洪啓禧謹序

(1:1a)

amba age si aibici jihe?
큰 형아 네 어듸로셔[1] 온다?

bi coohiyan wang ging ci jihe.
내 朝鮮 王 京 으로셔 왔노라.

te absi genembi?
이제 어듸로 가는다?

bi gemun hecen i baru genembi.
내 皇 城 으로 向호여 가노라.

si atanggi wang ging ci juraka?
네 언제 王 京 셔 써낫는다?

bi ere biyai ice de juraka.
내 이 둘 초칭 에 써낫노라.

1 어듸로셔 : 어디로부터. 어듸+-로+-셔.

(1:1b)

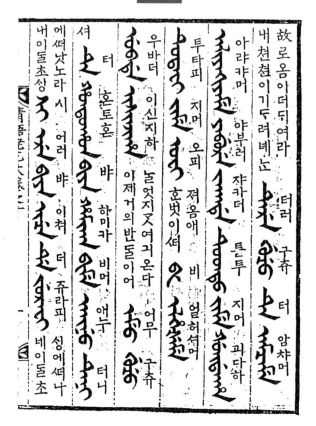

si ere biyai ice   de jurafi,
네 이   둘   초싱 에 써나셔

te   hontohon biya hamika bime ainu teni ubade isinjiha?
이제 거의   반   둘   이어늘 엇지 굿 여긔 온다?

emu gucu tutafi jime ofi
흔 벗이 써져[2] 옴에

bi elhešeme aliyakiyame yabure jakade tuttu jime goidaha.
내 쳔쳔이   기드려   녜눈[3] 故로 옴이 더듸여라.[4]

tere gucu te amcame isinjimbio? akūn?
그 벗이 이제 밋쳐   오랴? 못오랴?

---

2 써져: 뒤떨어져. 처져. 쓰-+-어#지-+-어.
3 녜눈 : 가는. 녜-+-ᄂᆞ-+-ㄴ.
4 더듸여라 : 더듸었습니다. 더듸-+-여라(←-어라)

(1:2a)

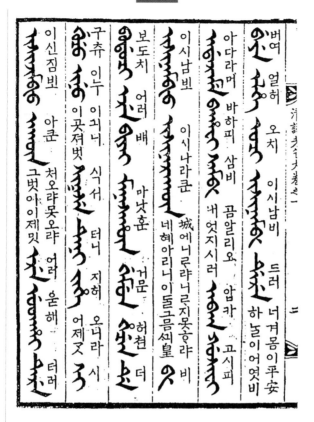

ere uthai tere gucu inu,
이 곳 져 벗이 긔니

sikse teni jihe.
어제 굿 오니라.

si bodoci ere biyai manashūn gemun hecen de isinambio? isinarakūn?
네 혜아리니 이 둘 그믐끠 皇 城 에 니르랴? 니르지 못ᄒ랴?

bi adarame bahafi sambi?
내 엇지 시러곰[5] 알리오?

abka gosifi beye elhe oci isinambi dere.
하늘이 어엿비 너겨 몸이 平安ᄒ면 니를까 ᄒ노라.

---

5 시러곰 : 능히. 실-(←싣-)[得]+-어곰.

(1:2b)

si　coohiyan i niyalma kai.
너는　朝鮮　　사룸이라.

geli　ai　šolo de nikan i gisun be mujakū sain i　taciha?
쏘 므슴 겨룰에 漢　말을 ᄀ장 잘 빈홧는다?

bi　daci nikan i niyalma　de　bithe taciha be dahame,
내 본디 漢　사룸 의게 글　빈화심으로

nikan i gisun be majige bahanambi.
漢　　말을 젹이　아노라.

(1:3a)

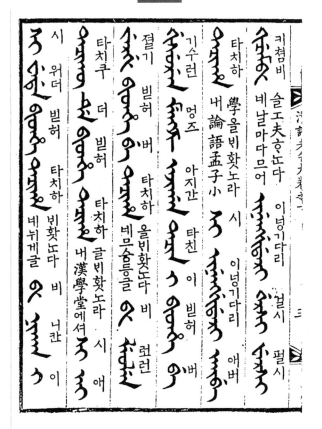

si wede bithe taciha?
네 뉘게 글 빅홧는다?

bi nikan i tacikū de bithe taciha.
내 漢 學堂 에셔 글 빅홧노라.

si ai jergi bithe be taciha?
네 므슴 등 글 을 빅홧는다?

bi leolen gisuren mengdz ajigan tacin i bithe be taciha.
내 論 語 孟子 小 學 을 빅홧노라.

si inenggidari aibe kicembi?
네 날마다 므어슬 工夫ㅎ는다?

(1:3b)

inenggidari gersi fersi de ilifi tacikū de genefi sefu de bithe tacimbi.
날마다   새배   닐어[6] 學堂 에 가셔 스승 끠 글 비호고

tacikū ci facame boode jifi buda jeme wajiha manggi,
學堂 에셔 罷ᄒ여 집의 와 밥 먹기 ᄆ췍[?]춘 후에

uthai tacikū de genefi bithe arame sefu juleri bithe be giyangnambi.
즉시 學堂 에 가셔 글 쓰고 스승 앏ᄒ셔 글 을 講ᄒ노라.

---

6 닐어 : 일어나. 닐-[起]+-어.

ai　bithe be giyangnambi?
므슴 글 을　講ᄒᆞᄂᆞᆫ다?

leolen gisuren mengdz ajigan tacin i bithe be giyangnambi.
　論　語　孟子　小　學　　을　講ᄒᆞ노라.

bithe giyangname wajifi jai　aibe　kicembi?
　글　　講ᄒᆞ여　믓고 다시 므어슬 工夫ᄒᆞᄂᆞᆫ다?

yamji oho manggi,
저녁　되거든

sefui juleri sibiya　tatafi bithe šejilembi,
스승 앒히셔 사슬[7] 쌔혀[8] 글 외오ᄂᆞ니

(1:4b)

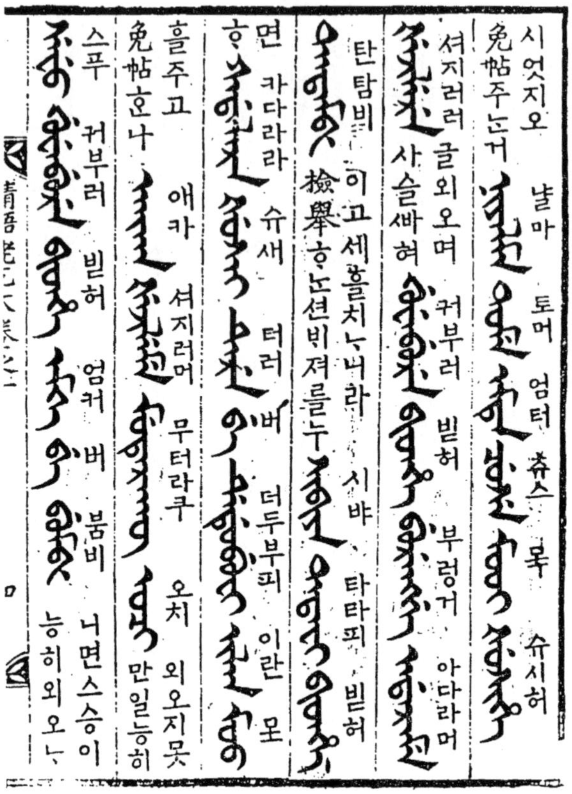

šejileme mutehengge oci sefu　guwebure bithe emke be bumbi,
능히　　　외오ᄂ니면[9]　스승이　　　免帖　　　흔나흘　주고

aika šejileme muterakū oci,
만일　능히　외오지 못ᄒ면

kadalara šusai tere be dedubufi ilan moo tantambi.
檢擧ᄒᄂ 선비 져 를 누이고　세흘 치ᄂ니라.

sibiya tatafi bithe šejilere guwebure bithe burengge adarame?
사슬 ᄲᅢ혀 글 외오며　　　免帖　　주ᄂ거시 엇지오?[10]

niyalma tome emte cuse mooi šusihe weilefi,
사름　마다　흔　　대　쪽식　ᄆᆡᆫ들고

9　외오ᄂ니면 : 외운 사람이면. 외운 사람은. 외오+-ᄂ-+-ㄴ#이+Ø(←-이-)+-면.
10　엇지오 : 어떤 것입니까. 엇지+-오(←-고).

(1:5a)

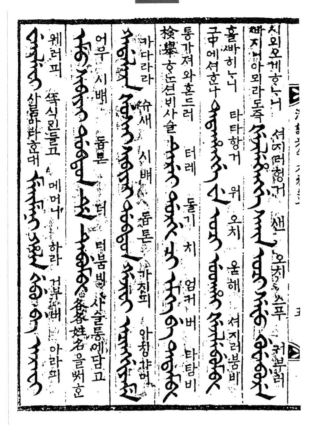

meimeni hala gebu be arafi emu sibiyai dobton de tebumbi,
各各 姓 名을 뻐 혼 사슬 통 에 담고

kadalara šusai sibiyai dobton gajifi acinggiyame
檢擧ᄒᄂᆫ 선븨 사슬 통 가져와 혼드러

terei dorgi ci emke be tatambi,
그 中 에셔 흔나흘 ᄲᅢ히ᄂᆞ니

tatahangge we oci uthai šejilebumbi,
ᄲᅢ지니 아뫼라도 즉시 외오게 ᄒᆞᄂᆞ니

šejilehengge sain oci sefu guwebure bithe emke be bumbi.
외오ᄂᆞᆫ거시 잘 ᄒᆞ면 스승이 免帖 흔나흘 주되

(1:5b)

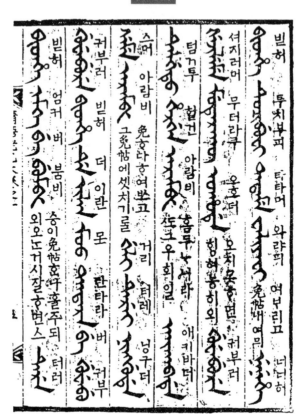

tere guwebure bithe de ilan moo tantara be guwebu seme arambi,
그   免   帖 에 셋   치기 를 免하다 ᄒ여 쓰고

geli terei ninggude temgetu hergen arambi,
쏘 그 우회   일홈   두ᄂ느니라.

aikabade šejileme muterakū ohode,
힝혀   능히   외오지 못ᄒ면

guwebure bithe tucibufi tatame waliyafi
免   帖   내여 ᄣᅴ여[11] ᄇ리고

___
11 ᄣᅴ여 : 지워. 없애. ᄣᅴ+-여(←-어). 『번역노걸대』에는 'ᄒᆡ여'로 되어 있다.

(1:6a)

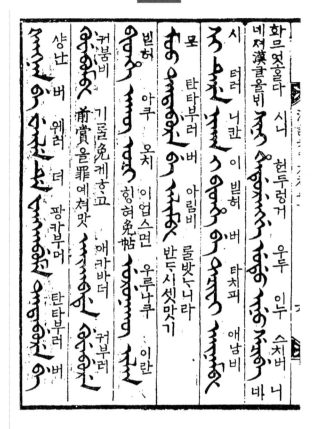

nenehe šangnan be weile de fangkabume tantabure be guwebumbi,
前　　賞　을 罪에　　쳐　　　맛기　롤 免케 ᄒ고

aikabade guwebure bithe akū oci
힝혀　　免　　帖이 업스면

urunakū ilan moo tantabure be alimbi.
반ᄃ시 셋　　　　맛기　롤 밧ᄂ니라.

si tere nikan i bithe be tacifi ainambi?
네 뎌 漢　글 을 빈화 므엇홀다?[12]

sini hendurengge udu inu secibe,
네　 니르ᄂ거시 비록 올타 ᄒ나

---

12 므엇홀다 : 무엇 하려는가. 므엇+-ᄒ-+-ㄹ다.

(1:6b)

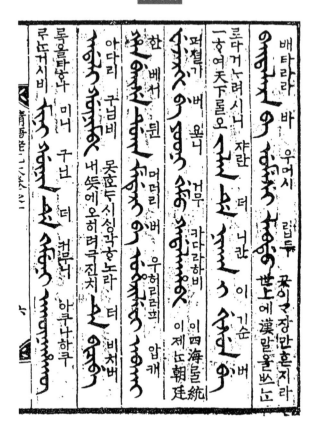

mini gūnin de kemuni akūnahakū adali gūnimbi.
내　　쯧 에 오히려 극진치 못흔 드시 싱각ᄒ노라.

te bicibe han beise duin mederi be uherilefi
　이제ᄂ　　朝廷이　四　　海　룰 統一ᄒ여

abkai fejergi be yooni gemu kadalahabi.
　天　下 룰 오로 다 거ᄂ려시니[13]

jalan de nikan i gisun be baitalara ba umesi labdu
世上 에 漢　　말 을 쓰ᄂ 곳이 ᄀ장 만혼지라

---

13 거ᄂ려시니 : 거ᄂ리고 있으니. 거ᄂ렸으니. 거ᄂ-+-리-+-어시-+-니.『번역노걸대』에서는 '一統ᄒ야 겨시니'로 되어
    있어 '결과상태지속'으로 해석될 가능성도 있으나, 만주어의 '-habi'를 고려할 때 완료상 내지 과거시제로 해석될 수
    있다.

(1:7a)

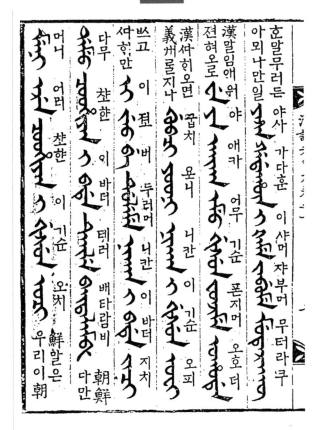

meni ere coohiyan i gisun oci,
우리 이 朝鮮 말 은

damu coohiyan i bade telie baitalambi,
다만 朝鮮 싸히 만 쓰고

i jeo be duleme nikan i bade jici,
義州 룰 지나 漢 싸히 오면

gubci yooni nakan i gisun ofi,
전혀 오로 漢 말 임에

we ya aika emu gisun fonjime ohode,
아뫼나 만일 흔 말 무러든

yasa gadahūn i šame jabume muterakū oci
눈 멀거니 보고 능히 디답지 못ᄒ면

(1:7b)

gūwa niyalma membe ai niyalma seme tuwambi?
다른 사룸이 우리를 므슴 사룸이라 ᄒᆞ여 보리오?

si ere nikan i bithe be tacirengge,
네 이 漢 글 을 빈호ᄂᆞᆫ거시

eici sini cihai tacimbio? sini ama eniye taci sembio?
혹 네 任意로 빈호ᄂᆞᄂᆞ냐? 네 父 母ㅣ 빈호라 ᄒᆞ더냐?

meni ama eniye taci sehe kai.
우리 父 母ㅣ 빈호라 ᄒᆞ엿다.

sini tacihangge udu aniya oho?
네 빈환지[14] 몃 히 되엿ᄂᆞᆫ다?

---

14 빈환지 : 배운 지. 빈호-+-아-+-ㄴ#지.

(1:8a)

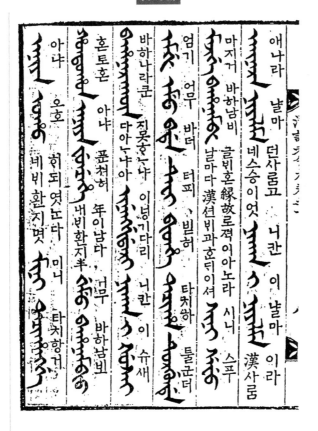

mini tacihangge hontohon aniya funcehe.
내 비환지   半   年이 남다[15].

gemu bahanambio? bahanarakūn?
다   아ᄂ냐?   아지 못ᄒ느냐?

inenggidari nikan i šusai emgi emu bade tefi bithe taciha turgunde majige bahanambi.
날마다   漢 션빅 과[16] 흔 ᄃᆡ 이셔 글 빅혼 緣故로 적이   아노라.

sini sefu ainara niyalma?
네 스승이 엇던 사ᄅᆞᆷ고?

nikan i niyalma.
漢   사ᄅᆞᆷ이라.

---

15 남다 : 넘었다. 만주어 'funcehe'의 '-he'를 고려할 때 완료상 내지 과거시제로 해석하는 것이 적절할 듯하다.

16 과 : 학생들과. 션비+-과. 근대 국어에서 공동격조사 '-와'가 와야 할 자리에 '-과'가 오기도 하는데 일종의 과도 교정이다.

(1:8b)

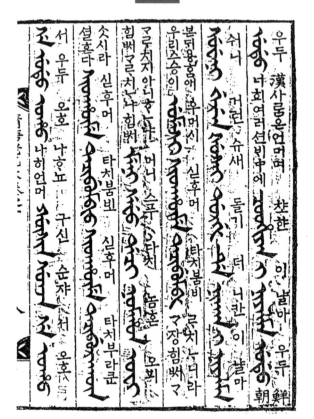

se　udu　oho?
나히 언머나 ᄒ뇨?

gūsin sunja se oho.
셜혼　다ᄉ시라.

sithūme tacibumbio? sithūme　taciburakūn?
　힘뻐　ᄀᄅ치ᄂ냐?　　힘뻐　ᄀᄅ치지아니ᄒᄂ냐?

meni　sefu　daci nomhon ofi, umesi sithūme tacibumbi.
우리 스승이 본듸　용흠애[17]　ᄀ장　힘뻐　ᄀᄅ치ᄂ니라.

suweni geren šusai dorgi de nikan i niyalma　udu?
　너희　여러　션ᄇᆡ　中　에　漢　사름은 언머며

coohiyan i niyalma　udu?
　朝鮮　사름은 언머뇨?

17　용흠애 : 신실하여. 성실하여. 좋아. 용흥-+-ㅁ+-애. 『번역노걸대』에서는 '온화ᄒᆞ야(溫克)'으로 되어 있다.

(1:9a)

nikan coohiyan tob seme emu dulin.
漢과 朝鮮이 正히 절반이라.

terei dorgi de inu ehe ningge bio?
그 中 에 도 사오나온 이 잇느냐?

ainu ehe ningge akū?
엇지 사오나온 이 업스리오?

tere ehe ningge be inenggidari dalaha šusai sefu de alafi tantacibe,
져 사오나온 이 룰 날마다 읏듬 션비 스승 씌 알외고 쳐도

umai gelere be sarkū.
아조 두려온줄 을 모로니[18]

---

18 모로니 : 모르니. 모로-+-니. 〈참고〉 모르다.

(1:9b)

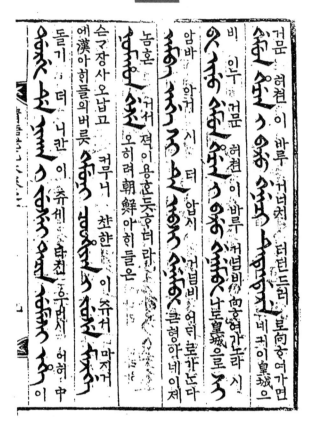

erei dorgi de nikan i jusei   tacin umesi ehe,
이 中 에 漢   아히들의 버룻슨 ᄀ장 사오납고

kemuni coohiyan i   juse   majige nomhon gese.
오히려   朝鮮   아히들은 젹이 용흔 듯ᄒ더라.

amba age si te   absi genembi?
큰 형아 네 이제 어듸로 가는다?

bi inu gemun hecen i   baru genembi.
나 도   皇   城 으로 向ᄒ여 가노라.

si   gemun hecen i baru   geneci tetendere
네 긔이[19] 皇   城 으로 向ᄒ여   가면

---

19 긔이 : 거의. 이미. 벌써. 『번역노걸대』에서는 '흐마', 『노걸대언해』에서는 '이믜'로 언해되었다. 하지만 여기서 '긔이'
는 한자어 '幾已'에 대한 단순 음역어로 추정된다.

(1:10a)

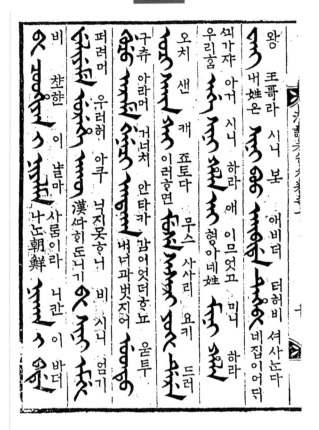

bi   coohiyan i niyalma.
나는   朝鮮   사룸이라

nikan i bade feliyeme urehe akū, bi sini emgi gucu arame geneci antaka?
 漢   싸히 둔니기 닉지 못ᄒ니 내 너 과 벗 지어 감이 엇더ᄒ뇨?

uttu oci   sain kai. muse sasari yoki dere.
이러ᄒ면   죠토다. 우리   홈씩   가쟈.

age sini hala   ai?
형아 네 姓이 므엇고?

mini hala wang.
 내 姓은 王哥라.

sini boo aibide tehebi?
네 집이 어듸셔 사는다?

(1:10b)

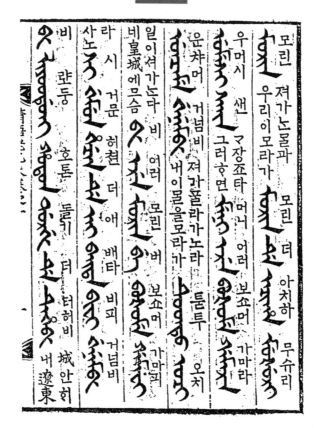

bi liyoodung hoton dorgi de tehebi.
내 遼東　城　안히　사노라.

si gemun hecen de ai baita bifi genembi?
네 皇　城　에 므슴 일 이셔 가는다?

bi ere morin be bošome gamafi uncame genembi.
내 이 몰 을 모라 가져가 폴라　가노라.

tuttu oci umesi sain.
그러ᄒᆞ면 ᄀᆞ장 죠타.

meni ere bošome gamara morin,
우리 이 모라 가져가는 몰과

(1:11a)

morin de aciha mušuri jodon inu uncarengge.
물쎄 시른 모시 뵈 도 폴거시라.

si　muse gemu emu bade hūdašame genere be dahame
너과 우리 다　흔 곳에 훙졍ᄒ라　　　감으로

sasari gucu arame generengge ele　inu oho.
훔쯰 벗 지어 가ᄂᆞᆫ거시 더옥 올흐니라

age　si　daci yabuha niyalma.
형아 너ᄂᆞᆫ 본듸 ᄃᆞᆫ니ᄂᆞᆫ 사ᄅᆞᆷ이라.

gemun hecen i morin hūda antaka?
皇　城　　물 갑시 엇더ᄒᆞ뇨?

(1:11b)

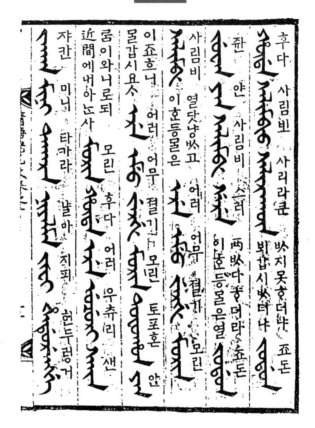

jakan mini takara niyalma jifi hendurengge
近間에 내 아는 사름이 와 니로되

morin hūda ere ucuri sain,
　물 갑시 요 스이 죠흐니

ere emu jergi morin tofohon yan salimbi,
이 흔 등 물은 열닷 냥 ᄢᅳ고[20]

ere emu jergi morin juwan yan salimbi sere.
이 흔 등 물은 열 兩 ᄢᅳ다 ᄒᆞ더라.

jodon hūda salimbio? salirakūn?
뵈 갑시 ᄢᅳ더냐? ᄢᅳ지 못ᄒᆞ더냐?

_____

20 ᄢᅳ고 : 값이 나가고. 값이 있고. ᄢᅳ+-고. 〈참고〉 쓰다.

(1:12a)

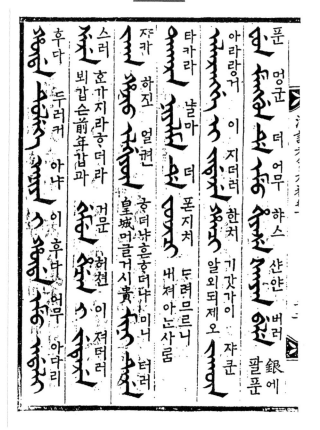

jodon hūda duleke aniya i hūda emu adali sere.
뵈 갑슨 前 年 갑과 혼가지라 ᄒ더라.

gemun hecen i jetere jaka   hajio? elgiyūn?
皇 城 머글 거시 貴ᄒ더냐? 혼ᄒ더냐?

mini tere takara niyalma de fonjici
내 뎌 아ᄂ 사ᄅ 드려 므르니[21]

alarangge i jidere hanci,
알외되 제 오기 갓가이

jakūn fun menggun de emu hiyase šanyan bele,
팔 푼 銀 에 혼 말 횐 쁠이오,

---

21 므르니 : 물으니. 믈-(←믇-)+-으니. 어간 형태가 '믈-'이 된 것은 양순 자음 아래서의 원순모음화로 인한 역표기로 이해된다.

(1:12b)

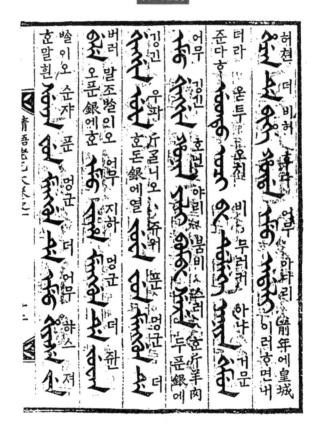

sunja fun menggun de emu hiyase je bele,
오 푼 銀 에 흔 말 조 쏠이오,

emu jiha menggun de juwan ginggin ufa,
흔 돈 銀 에 열 斤 굴니오[22],

juwe fun menggun de emu ginggin honin yali bumbi sere.
두 푼 銀 에 흔 근 羊 肉 준다 ᄒ더라.

uttu oci bi duleke aniya gemun hecen de bihe hūda emu adali
이러ᄒ면 내 前 年에 皇 城 에 잇던 갑과 흔 가지로다.

---

22 굴이오 : 가루이고. 굴(←ᄀᄅ)+-이-+-오(←-고). 'ᄀᄅ'는 '면(麵, 밀을 빻아서 만든 가루)'의 번역이다.

(1:13a)

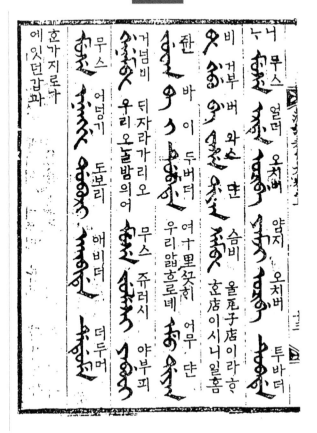

muse enenggi dobori aibide dedume genembi?
우리 오늘 밤의 어디 자라 가리오?

muse julesi yabufi juwan ba i dubede,
우리 앒흐로 녜여 十 里 귿히

emu diyan bi gebu be wase diyan sembi,
흔 店이 이시니 일홈 을 瓦子 店이라 ᄒᆞᄂᆞ니

muse erde ocibe yamji ocibe tubade dedume yoki,
우리 일으나[23] ᄂᆞ즈나 져긔 자라 가쟈.

---

23 일으나 : 이르거나[ᄲᆡ]. 일-(←이르-)+-으나. 〈참고〉 이르다. 어미 '-으나'는 '-거나'의 의미이다.

(1:13b)

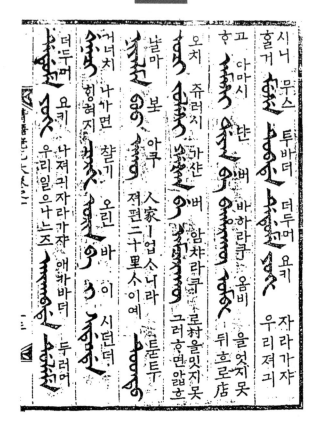

aikabade duleme geneci,
　　힝혀　　지나　　가면

cargi　orin　ba i sidende niyalma boo　　akū,
져편　二十　里　　슈이예　　人　　家 l 업스니라.

tuttu oci julesi　gašan be　amcarakū,
그러흐면 앏흐로　村　　을 밋지[24]못흐고

amasi diyan be baharakū ombi,
뒤흐로　店　　을 엇지못홀거시니

muse tubade dedume yoki.
　우리　져긔　자라　가쟈.

24　밋지 : 미치지. 다다르지. 밋-(← 및-[及])+-지. '밋-'은 '및'의 7종성 표기이다.

(1:14a)

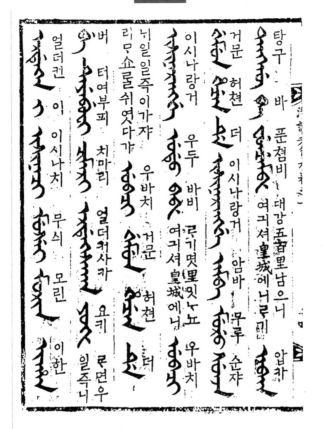

erdeken i isinaci musei morin ihan be teyebufi cimari erdekesaka yoki.
일즉 니르면 우리 ᄆ 쇼 롤 쉬엿다가 니일 일즉이 가쟈.

ubaci gemun hecen de isinarangge udu   babi?
여긔셔 皇 城 에 니르기 몃 里 잇ᄂ뇨?

ubaci gemun hecen de isinarangge amba muru sunja tanggū ba funcembi,
여긔셔 皇 城 에 니르기[25] 대강 五 百 里 남으니

---

25 니르기 : 이름에. 니르-+-기.

(1:14b)

abka　　　gosifi　　beye elhe　oci,
하늘이　에엿비　너겨　몸이　平安 ᄒ면

jai sunja inenggi ohode isinambi dere.
쏘　　닷새　　　면　　니를까 ᄒ노라.

muse genefi aibide　　tataci　　　sain?
우리　가셔　　어듸　부리오면[26] 죠흘고?

muse šun ceng hoton duka alban diyan i　baru tatame　geneki.
우리 順　城　　　　門　官　店 으로 向ᄒ여 부리오라　가쟈.

tubaci morin hūdai ba inu　hanci.
져긔셔　물　　져제　도　갓가오너라.

26　부리오면 : 짐을 풀면. 부리-[下]+-오-+-면.

(1:15a)

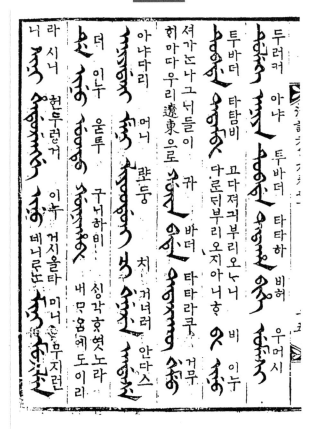

sini hendurengge inu.
네　니르는거시　올타.

mini mujilen de inu uttu gūnihabi.
내　　무움　에　도　이리　싱각ᄒ엿노라.

aniyadari meni liyoodung ci genere andase
히마다　우리　遼東　으로셔　가는　나그너들이

gūwa bade tatarakū gemu tubade tatambi,
다른　ᄃᆡ　부리오지아니ᄒ고　다　져긔　부리오느니

bi inu duleke aniya tubade tataha bihe umesi sain.
나　도　前年에　져긔　부리윗더니　ᄀ장　죠터라.

(1:15b)

sini ere geren morin ihan,
네 이 여러 무 쇼ㅣ

dobori dari jetere orho turi uheri udu jiha baibumbi?
밤 마다 먹는 집과 콩이 대되 언머 돈 허비ᄒᆞᄂᆞᆫ다?

emu dobori morin tome sunjata moro hiyase turi,
ᄒᆞ룻 밤에 ᄆᆞᆯ 마다 닷 되 식 콩과

emte fulmiyen orho
흔 뭇식 집히니

(1:16a)

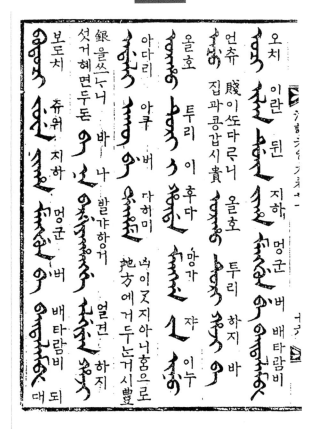

uheri barambufi bodoci juwe jiha menggun be baitalambi,
대되 섯거 혜면 두 돈 銀 을 쓰ᄂ니

ba na bargiyahangge elgiyen haji adali akū be dahame
地方에 거두ᄂ거시 豊 凶이 ᄀ지 아니홈으로

orho turi i hūda mangga ja inu encu,
집과 콩 갑시 貴 賤이 ᄯ 다ᄅ니

orho turi haji ba oci ilan duin jiha menggun be baitalambi.
집과 콩이 貴흔 곳 이면 서 너 돈 銀 을 쓰고

(1:16b)

orho turi elgiyen ba   oci juwe jiha menggun be baitalambi.
집과 콩이   흔흔 곳 이면 두 돈   銀 을 쓰느니라.

ere morin i okson antaka?
이   몰   거름이 엇더호뇨?

ere morin be inu hon i okson sain de dabuci ojorakū.
이   몰   을 쏘 너모 거름 죠혼 듸   혜지 못호리라.

damu heni juwarandame ojoro jakade
다만 젹이   잘 거르니

(1:17a)

lata　　ci　　majige　fulu　gese,
쁜　거세셔는[27]　　적이　나은　둧ᄒ고

ereci tulgiyen gūwa gemu　ehe.
이　밧긔　다른거슨　다　죠치아니ᄒ니라.

si　ere morin jodon be gemun hecen de gamame uncafi,
네 이 ᄆᆞᆯ과 뵈를　皇　城 에 가져가 폴고

jai　ai　ulin be udafi
다시 므슴 貨物 를 사셔

coohiyan i bade amasi gamafi uncambi.
朝鮮　　ᄯᅡ히 도로 가져가 ᄑᆞᆫ다.

27　쁜 거세셔는 : 느린 것은. 쁜-+-ㄴ#것-+-에셔+-는.

(1:17b)

bi šan dung ji ning fu dung cang g'ao tang de genefi,
내 山 東 濟寧府 東 昌 高 唐 에 가셔

ceceri suberi kubun be bargiyame udafi,
깁과 綾과 소옴 을 거두어 사셔

wang ging de uncame genembi.
王 京 에 풀라 가노라.

si unenggi tubade genefi hūdašaci majige aisi bio?
네 진실로 져긔 가셔 흥졍ᄒ면 젹이 利息 잇ᄂ냐?

tere inu sain,
그 도 죠ᄒ니

(1:18a)

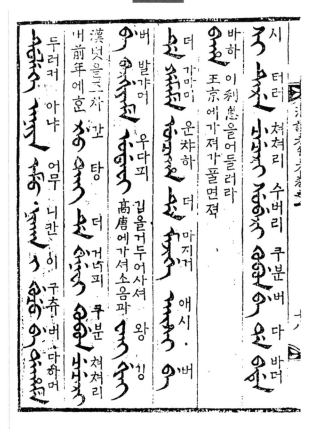

bi duleke aniya emu nikan i gucu be dahame,
내 前 年에 흔 漢 벗 을 조차

g'ao tang de genefi, kubun ceceri be bargiyame udafi,
高 唐에 가셔 소옴과 깁 을 거두어 사셔

wang ging de gamame uncaha de majige aisi be baha.
王 京에 가져가 풀면 젹이 利息 을 어들러라.

si tere ceceri suberi kubun be da bade udu hūda de udafi,
네 져 깁과 綾과 소옴 을 본 짜히셔 언머 갑세 사셔

(1:18b)

wang ging de genefi udu hūda de uncambi?
王 京 에 가셔 언머 갑 세 푸는다?

mini udaha ajige ceceri emke de ilan jiha,
내 사는 젹은 깁 흔疋 에 서 돈이니

fulahūn boco icefi doko arambi,
　小　 紅 들여 안 민들고

suberi emke de juwe yan,
綾은 흔疋 에 두 兩이니

yacin fulahūn boco icembi,
鴉青과　 小　 紅 들이고

(1:19a)

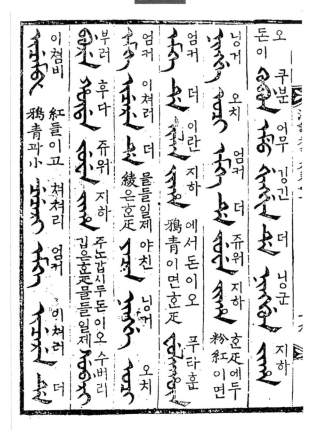

ceceri emke icere de bure hūda juwe jiha,
깁은 흔疋 믈들일 제 주는 갑시 두 돈이오,

suberi emke icere de,
綾은 흔疋 믈들일 제

yacin ningge oci emke de ilan jiha,
鴉靑이면   흔疋 에 서 돈이오

fulahūn ningge oci emke de juwe jiha,
粉紅이면   흔疋 에 두 돈이오

kubun emu ginggin de ninggun jiha menggun,
소옴은 흔 斤 에 엿 돈 銀이니

(1:19b)

wang ging de genefi uncara de
王 京에 가셔 풀 제는

ceceri emke de narhūn jodon juwe salibumbi,
깁은 혼疋에 ᄀᆞᄂᆞᆫ 뵈 두疋에 쳐

menggun oci emu yan juwe jiha bodome gaimbi,
銀이면 혼 兩 두 돈 혜여 밧고

yacin suberi emke de jodon ninggun salibumbi,
鴉靑 綾은 혼疋에 뵈 엿疋에 쳐

(1:20a)

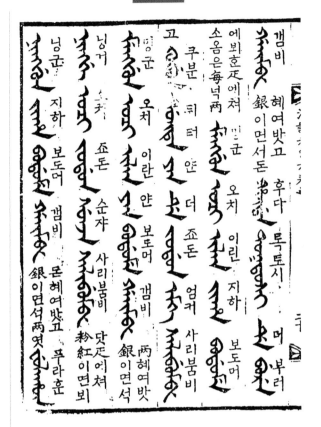

menggun oci ilan yan ninggun jiha bodome gaimbi,
　銀이면　석　兩　엿　돈　혜여　밧고

fulahūn ningge oci jodon sunja　salibumbi,
　粉紅이면　　뵈　닷疋에　쳐

menggun oci ilan yan bodome gaimbi,
　銀이면　석　兩　혜여　밧고

kubun　duite yan de jodon　emke salibumbi,
소옴은　每녁　兩　에　뵈　흔疋에　쳐

menggun oci ilan jiha bodome gaimbi,
　銀이면　서　돈　혜여　밧고

(1:20b)

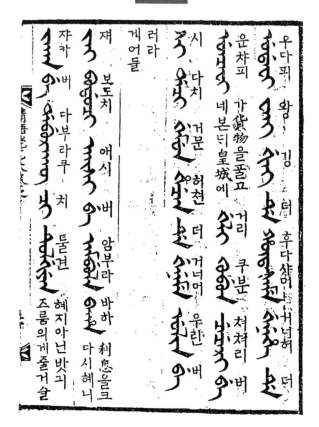

hūda toktosi de bure jaka be daburakū ci tulgiyen,
　즈름　의게　줄　거슬　혜지 아닌　밧긔

jai bodoci aisi be ambula baha.
다시 혜니 利息을 크게 어들러라.

si daci gemun hecen de geneme ulin be uncafi,
네 본듸 皇　城에　가 貨物을 풀고

geli kubun ceceri be udafi wang ging de hūdašame genehe de,
또 소옴과 깁을 사셔 王 京에 흥졍ᄒ라　가면

(1:21a)

amasi julesi udu biya yabuha?
　往　　來　몃 둘 둔니는다?

bi duleke aniya ci ebsi morin jodon be gamame,
　내 　前 　年 　브터 물과 뵈룰 가져

gemun hecen de genefi gemu uncame wajifi,
　皇　　城 에 가셔 다 폴아 못고

sunja biya de g'ao tang de genefi,
　五　 月 에 高 唐 에 가셔

kubun　ceceri be bargiyafi jik g'o deri jahūdai teme doofi
소옴과　집 을 거두어 直沽로 빙　타 건너고

(1:21b)

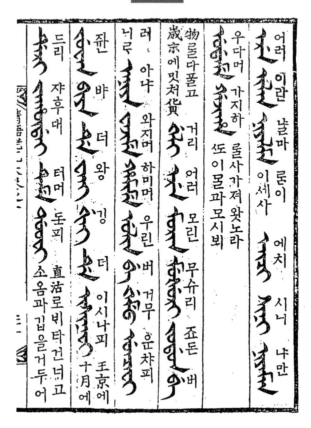

juwan biya de wang ging de isinafi,
十　月에　王　京에　니르러

aniya wajime hamime ulin be gemu uncafi,
歲　末에　밋처　貨物룰　다　폴고

geli ere morin mušuri jodon be udame gajiha.
쏘　이 물과　모시　뵈　룰　사　가져왓노라.

ere ilan niyalma,
이　세　사룸이

eici sini niyaman hūncihiyūn,
혹　네　親　戚가

(1:22a)

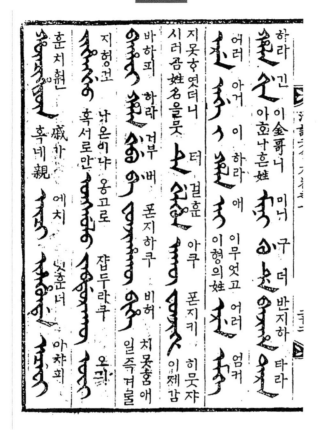

eici ishunde acafi jihenggeo?
혹   서로   만나   온이냐?

onggolo jabdurakū ofi bahafi hala gebu be fonjihakū bihe,
 일즉 겨룰치[28] 못홈에 시러곰   姓   名   을 뭇지못ᄒᆞ엿더니

te   gelhun akū fonjiki.
이제   감히   뭇쟈.

ere age i hala   ai?
 이 형 의 姓이 무엇고?

ere emke hala   gin,
 이 흔나흔 姓이 金哥니

mini gu de banjiha tara ahūn,
 내 姑母 의게   난   四寸 兄이오

────────────────────
28 겨룰치 : 틈타다. 겨를ᄒᆞ-+-지.

(1:22b)

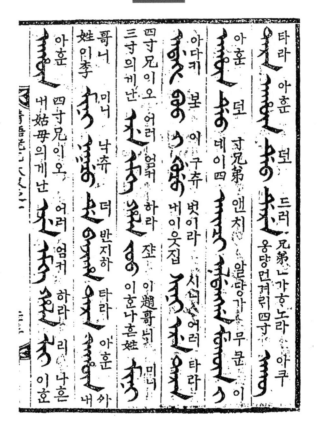

ere emke hala lii, mini nakcu de banjiha tara ahūn,
이 흔나혼 姓이 李哥니 내 外三寸 의게 난 四寸 兄이오,

ere emke hala joo, mini adaki boo i gucu.
이 흔나혼 姓이 趙哥니 내 이웃 집 벗이라.

sini ere tara ahūn deo,
네 이 四寸 兄 弟

ainci aldangga mukūn i tara ahūn deo dere.
응당 먼 겨릐 四寸 兄 弟ㄴ가 ᄒ노라.

akū.
그러치 아니ᄒ다.

(1:23a)

be jingkini tara ahūn deo.
우리 바론[29] 四寸 兄 弟라.

uttu ocibe suwe jugūn i unduri balai toome yobodome fuhali targahakū.
이러ᄒᆞ나 너희 沿 路에 망녕되이 辱ᄒᆞ며 戱弄ᄒᆞ여 일절이 긔탄치 아니ᄒᆞ니

yargiyan i ambula weile baha kai,
　진실노 　크게 罪 엇도다.

be jugūn yabure de dorolome gocishūn i yabuha de,
우리 길 ᄃᆞᆯ닐 제 禮ᄒᆞ며 謙讓ᄒᆞ여 　ᄃᆞᆯ니면

29 바론 : 직계. 바로-[直]+-ㄴ. 〈참고〉 바르다.

(1:23b)

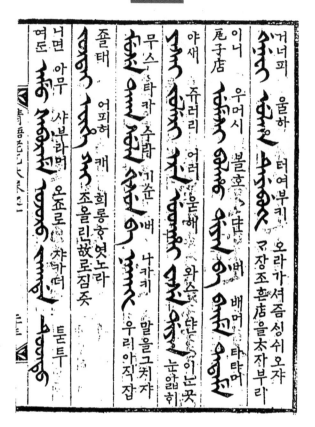

amu šaburame ojoro jakade tuttu jortai   efihe kai.
　　조올린　　　　　　 故로 짐즛　희롱ᄒᆞ엿노라

muse taka   sula gisun be nakaki.
우리 아직　잡　말　을 그치쟈,

yasai juleri ere uthai wase diyan,
　눈 앏히 이는 곳 瓦子 店이니.

umesi bolho diyan be baime tatame genefi ulha teyebuki.
ᄀᆞ장 조흔　店　을 ᄎᆞ자 부리오라 가셔 즘싱 쉬오쟈.

(1:24a)

salja jugūn i amargi ergi ere diyan,
거리 길 북 녁 이 店은

mini onggolo tataha boo bihe,
내 曾前 下 處 ㅣ러니

muse ubade tatame geneki.
우리 여긔 부리오라 가쟈.

ara   boihoji age boode bikai.
어져[30] 主人 형이 집의 잇고나[31].

ere ucuri wesihun beye boode gemu saiyūn?
요 ㅅ이 貴훈 몸과 집이 다 平安ᄒ냐?

sain,
平安ᄒ다

---

30 어져 : 아이고. '어져'는 감탄사. 만주어 대응어는 'ara'이다.
31 잇고나 : 있구나. 잇+-고나. 『번역노걸대』에서는 "형님이로괴여"로 번역되었으며, 의미는 '형님이군요'이다.

(1:24b)

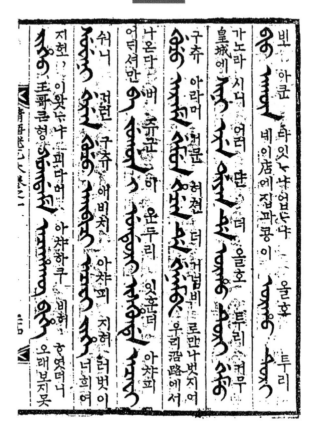

wang hala amba age   jiheo?
王   哥   큰   형이 왓ᄂᆞ냐?

goidame   acahakū bihe.
오래   보지 못ᄒᆞᆺ엿더니

suweni geren gucu aibici   acafi jihe?
너희   여러 벗이 어딕셔   만나 온다?

be   jugūn i unduri ishunde acafi gucu arame gemun hecen de genembi.
우리 沿   路에 서로 만나 벗 지어 皇   城 에 가노라.

sini ere diyan de orho turi gemu bio?   akūn?
네 이 店 에 집과 콩이 다 잇ᄂᆞ냐? 업ᄂᆞ냐?

(1:25a)

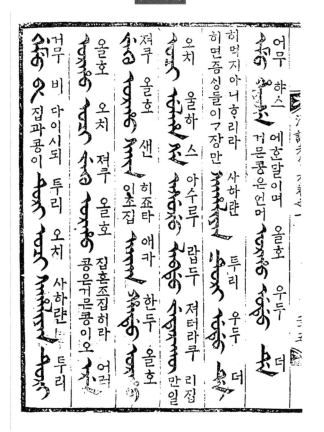

orho turi gemu bi,
집과 콩이 다 이시되

turi oci sahaliyan turi, orho oci jeku orho.
콩 은 거믄 콩이오 집혼 조 집히라.

ere jeku orho sain.
이 조 집히 죠타.

aika handu orho oci ulha se asuru labdu jeterakū.
만일 리 집히면 즘싱 들이 ᄀ장 만히 먹지아니ᄒ리라.

sahaliyan turi udu de emu hiyase,
거믄 콩은 언머 에 혼 말이며

(1:25b)

orho udu de emu fulmiyen?
집혼 언머 에 혼 뭇시뇨?

turi oci susai fali jiha de emu hiyase,
콩 은 쉰 낫 돈 에 혼 말이오

orho oci juwan fali jiha de emu fulmiyen.
집혼 열 낫 돈 에 혼 뭇시라.

ere unenggio? si jai mimbe ume holtoro.
이 진실노야? 네 쏘 나를 소기지말라.

age si ere ai gisun?
형아 네 이 므슴 말고?

si inu feliyeme urehe anda
너 도 길돈녀 닉은 나그너니

(1:26a)

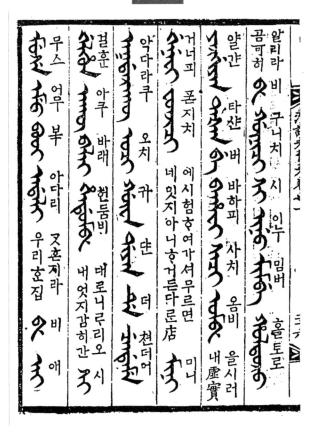

muse emu booi   adali.
우리 흔 집 ᄀᆞ혼지라.

bi   ai gelhun akū balai   hendumbi?
내 엇지   감히   간대로[32] 니ᄅᆞ리오?

si akdarakū oci   gūwa diyan de cendeme genefi fonjici,
네 밋지아니 ᄒᆞ거든 다른 店 에 시험ᄒᆞ여 가셔 무르면

mini yargiyan tašan be bahafi saci ombi.
내   虛   實 을 시러곰 可히 알리라.

bi   gūnici si inu mimbe holtoro niyalma waka.
내 싱각ᄒᆞ니 너 도 나를 소길 사름이 아니니

---

32 간대로 : 함부로. 〈참고〉간대다.

(1:26b)

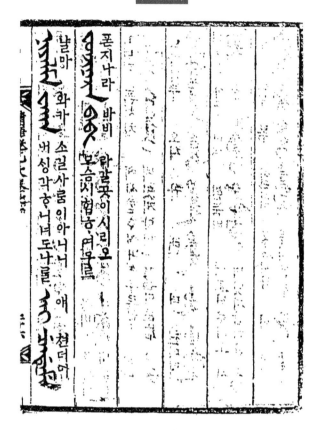

ai   cendeme fonjinara   babi?
므슴 시험ᄒ여 무르라 갈 곳 이시리오?

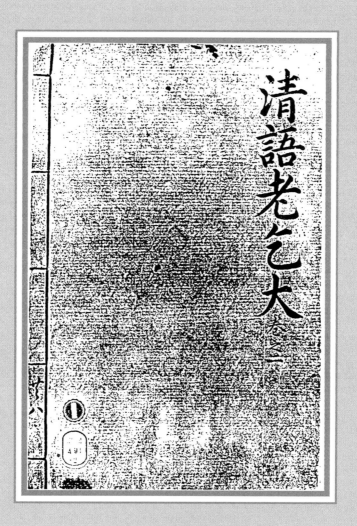

清語老乞大 제2권

(2 : 1a)

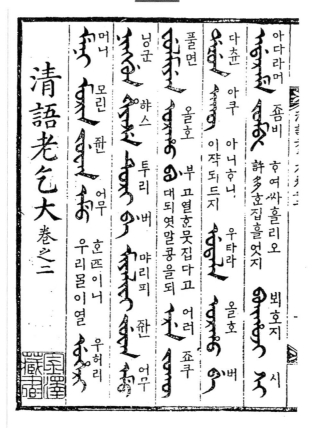

meni morin juwan emu,
우리 몰이 열 흔匹이니

uheri ninggun hiyase turi be miyalifi juwan emu fulmiyen orho bu,
대되[33] 엿 말 콩 을 되고[34] 열 흔 뭇 집 다고[35],

ere jokū dacun akū,
이 쟉되[36] 드지 아니ᄒ니

utala orho be adarame jombi?
許多흔 집흘 엇지ᄒ여 싸흘리오?[37]

---

33 대되 : 모두. 대저. 〈참고〉 대도히.
34 되고 : 재고(測). 되-+-고.
35 다고 : 달라. '다고'는 명령형 '주라'의 보충법임.
36 쟉되 : 작두가. 자르개가. 쟉도+-이.
37 싸흘리오 : 썰겠는가. 싸흘-+-리오. 〈참고〉 사흘다.

(2:1b)

boihoji si gūwa bade dacun jokū emke be baifi   gaju.
主人아 네 다른 듸 드는 쟉도 흔나흘 비러 가져오라.

uttu   oci   bi baime genere.
이러흐면 내 빌라 가마.

ere jokū inu meni mukūn i booi ningge.
이 쟉도 는 우리 겨릐 의 집 거시라.

tere juwen burakū bihe.
제 빌리지 아니흐더니

bi dahūn dahūn i baire de hamirakū ofi   arkan seme   buhe.
내   屢屢히   빌매 견듸지 못ㅎ여 마지 못ㅎ여 주더라.

(2·2a)

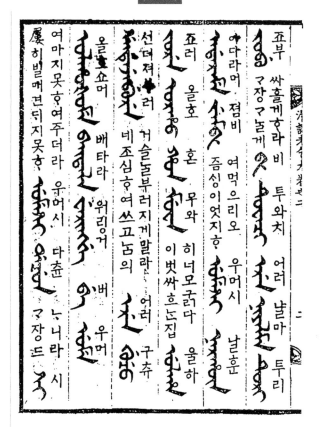

umesi dacun.
　가장 드ᄂ니라.

si olhošome baitala weringge be ume sendejebure.
네 조심ᄒ여 쓰고   ᄂ늠의거슬   ᄂ놀 부러지게말라.[38]

ere gucu jore orho hon muwa.
　이   벗 ᄊ싸흐ᄂ는 집히 너모 굵다.

ulha   adarame jembi?
ᄌ즘싱이 엇지ᄒ여 먹으리오?

umesi narhūn   jobu.
ᄀ그장   ᄀ그늘게 ᄊ싸흘게 ᄒ라.

---

38 ᄂ놀 부러지게말라 : 'ᄂ놀'에 해당되는 만주어 어휘는 없으며 sendejebu-는 '부러지게 하다'의 의미이다.

(2:2b)

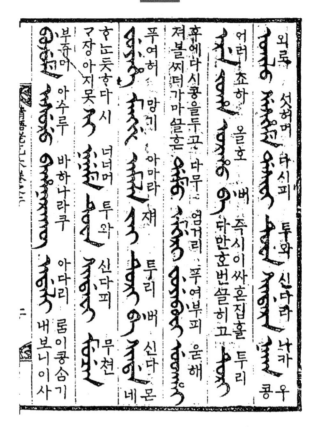

bi tuwaci ere niyalma turi bujume asuru bahanarakū adali.
내 보니 이 사람이 콩 숨기 ᄀ장 아지못ᄒᆞᄂᆞᆫ 듯ᄒᆞᆫ다.

si neneme tuwa sindafi mucen fuyehe manggi amala jai turi be sinda,
네 몬져 블 ᄡᅵ더[39] 가마 ᄭᅳᆯ흔 후에 다시 콩 을 두고

damu emgeri fuyebufi uthai ere joha orho be,
다만 ᄒᆞᆫ번 ᄭᅳᆯ히고 즉시 이 ᄡᅡ흔 집흘

turi oilo sesheme dasifi tuwa sindara naka
콩 우희 ᄲᅳᆯ러 덥고 블 ᄶᅵᆺ기 그치고

---

39 ᄡᅵ더 : 피워. 때워. ᄭᅵᆫ-[燃]+-어.〈참고〉딛다.

(2:3a)

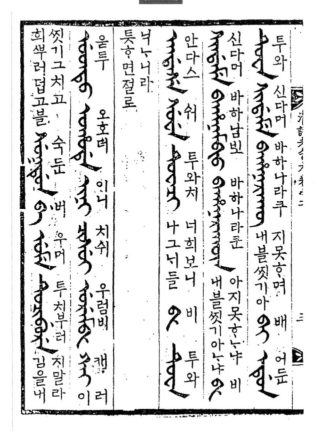

sukdun be ume tucibure,
　김　　을　내지 말라

uttu ohode ini cisui urembi kai.
이러툿ᄒ면　절로　닉ᄂ니라.

andase　suwe tuwaci,
나그니들 너희 보니

bi tuwa sindame bahanambio? bahanarakūn?
내 블　씻기　　아ᄂ냐?　아지 못ᄒᄂ냐?

bi tuwa sindame bahanarakū oci,
내 블　씻기　아지 못ᄒ며

(2:3b)

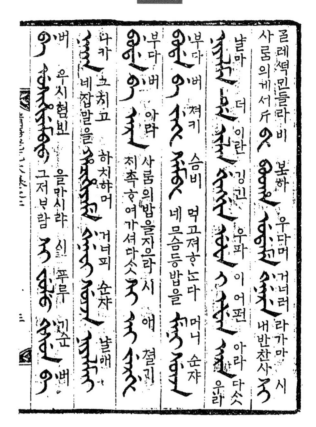

bai edun be usihiyembio?
그저 브람 을 마시랴?

si fulu gisun be naka,
네 잡 말 을 그치고

hacihiyame genefi sunja niyalmai buda be ara.
직촉ᄒᆞ여 가셔 다ᄉᆞᆺ 사ᄅᆞᆷ의 밥 을 지으라.

si ai jergi buda be jeki sembi?
네 므슴 등 밥 을 먹고져 ᄒᆞᆫ다?

meni sunja niyalma de ilan ginggin ufa i efen ara.
우리 다ᄉᆞᆺ 사ᄅᆞᆷ 의게 서 斤 갈레 씩 민들라.

bi booha udame genere.
내 반찬 사라 가마.

(2:4a)

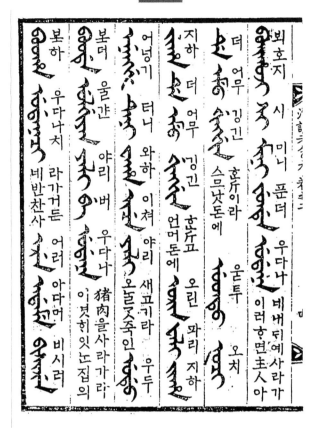

si booha udanaci
네 반찬 사라가거든

ere adame bisire boode ulgiyan yali be udana.
이 겻히 잇는 집의 猪 肉 을 사라가라.

enenggi teni waha ice yali.
오늘 굿 죽인 새 고기라.

udu jiha de emu ginggin?
언머 돈 에 흔 斤고?

orin fali jiha de emu ginggin.
스므 낫 돈 에 흔 斤이라.

uttu oci boihoji si mini funde udana.
이러ᄒᆞ면 主人아 네 내 딕예 사라가라.

(2:4b)

emu ginggin yali be udara be dahame
흔　斤　고기　룰　　사므로

umesi tarhūn ningge be joo,
ᄀ장　슬쩐　　거슬　말고

turgakan　yali be udafi muwakan furufi colame urebufi gaju.
젹이 여윈　고기 룰 사셔　굵즉이　싸흐러　복가　닉켜　가져오라.

boihoji weileme amcarakū ohode
主人아　일ᄒ기　밋지 못ᄒ거든

(2:5a)

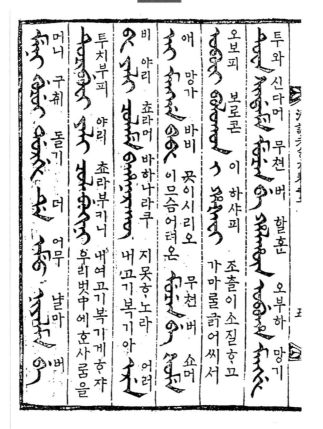

meni gucui dorgi de emu niyalma be tucibufi yali colabukini.
우리 벗 中 에 흔 사롬 을 내여 고기 복기게ᄒ쟈.

bi yali colame bahanarakū.
내 고기 복기 아지 못ᄒ노라.

ere ai mangga babi?
이 므슴 어려온 곳 이시리오?

mucen be šome obofi bolokon i hašafi
가마 룰 긁어 씨서 조츨이 소질ᄒ고

tuwa sindame mucen be halhūn obuha manggi
블 씻어 가마 룰 덥게 흔 후에

(2:5b)

hontohon hūntaha i šanyan malanggū nimenggi sindafi,
　반　잔　춘　기름　두고

nimenggi urehe manggi,
　기름이　닉거든

yali be mucen de doolafi sele mašai ubašame colame dulin urehe manggi
고기를 가마 에 붓고 쇠 구기로 뒤이저[40] 복가 반만 닉거든

jai dabsun misun muke furgisu fuseri jušun elu hacin hacin i jaka be seseme sindafi
다시 소곰 쟝 믈 生薑 川椒 초와 파 가지 가지 거슬 색려 두고

---

40 뒤이저 : 뒤집어. 뒤잇+-어.

(2:6a)

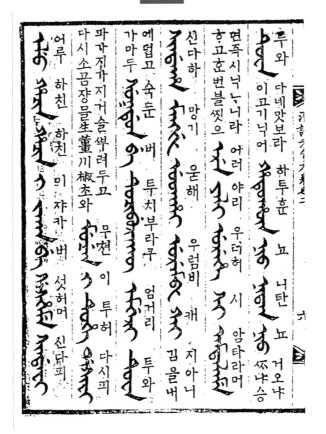

mucen i tuhe dasifi,
　가마　　두에[41]　덮고

sukdun be tuciburakū, emgeri tuwa sindaha manggi uthai urembi kai.
　김　을 내지 아니ᄒᆞ고 흔번　　블　　 셋으면　즉시　닉ᄂᆞ니라.

ere yali urehe. si amtalame tuwa.
　이 고기 닉어다[42]. 네　맛　보라.

hatuhūn nio? nitan nio?
　쁘냐?　　승거오냐?

<hr />

41　두에 : 뚜껑. 〈참고〉 둪게.
42　닉어다 : 익었다. 닉+-어-+-다. 『번역노걸대』에서는 '닉거다'로 되어 있다.

(2:6b)

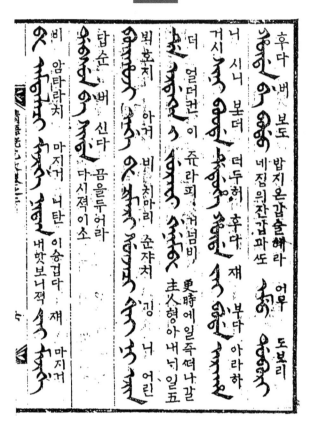

bi amtalaci majige nitan,
내 맛보니 적이 승겁다.

jai majige dabsun be sinda.
다시 적이 소곰 을 두어라.

boihoji age bi cimari sunjaci ging ni erinde erdeken i jurafi genembi.
主人 형아 내 닉일 五   更   時에 일즉 쩌나 갈거시니

sini boode deduhe hūda jai buda araha hūda be bodo.
네 집의 잔 갑과 쏘 밥 지은 갑슬 혜라.

(2:7a)

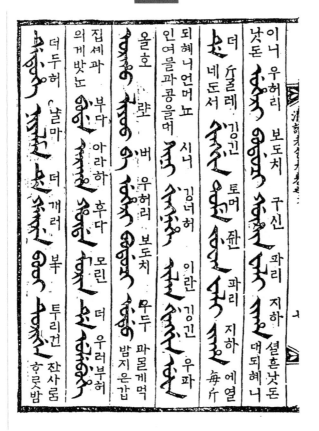

emu dobori deduhe niyalma de gaire booi turigen,
ᄒᆞ롯 밤 잔 사롬 의게 밧는 집 셰과

buda araha hūda morin de ulebuhe orho liyoo be uheri bodoci udu?
밥 지온 갑과 ᄆᆞᆯ 게 먹인 여믈과 콩 을 대되 혜니 언머뇨?

sini gingnehe ilan gingin ufa de,
네 돈 서 斤 골레

ginggin tome juwan fali jiha,
每斤에 열 낫 돈이니

uheri bodoci gūsin fali jiha,
대되 혜니 셜흔 낫 돈이오

(2:7b)

furuhe emu gingin yali de orin fali jiha,
싸혼 흔 斤 고기 예 스므 낫 돈이오

duin niyalma de niyalma tome booi turigen,
네 사름 의게 每人의 집 셰과

tuwai hūda juwan fali jiha
블 갑시 열 낫 돈이니

uheri bodoci dehi fali jiha,
대되 혜니 마흔 낫 돈이오

sahaliyan turi ninggun hiyase de
거믄 콩 엿 말 에

hiyase tome susai fali jiha,
每斗에 쉰 낫 돈이니

(2:8a)

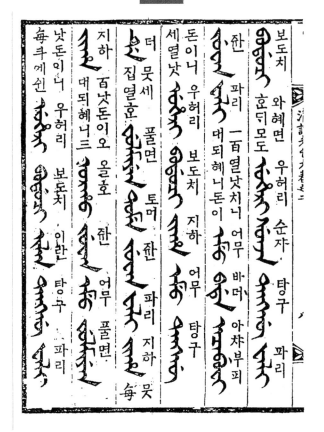

uheri bodoci ilan tanggū fali jiha,
대되 혜니 三 百 낫 돈이오,

orho juwan emu fulmiyen de,
집 열 흔 뭇세

fulmiyen tome juwan fali jiha
每뭇세 　 열 낫 돈이니

uheri bodoci jiha emu tanggū juwan fali,
대되 혜니 돈이 一 百 열 낫치니

emu bade acabufi bodoci,
흔 듸 모도와 혜면

uheri sunja tanggū fali jiha gūwainambi.
대되 五 百 낫 돈이 맛는다[43].

---

43 맛는다 : 맞다. 맞-(←맞-)+-는-+-다.

(2:8b)

meni orho turi ufa gemu sini boode jifi udahangge,
우리 집과 콩과 굴리 다 네 집의 와 산거시니

si majige eberembuci antaka?
네 젹이   덜미   엇더ᄒ뇨?

bikini. bikini.
두어라. 두어라.

duin tanggū susai fali jiha okini.
四   百 쉰 낫 돈으로 ᄒ게ᄒ쟈.

uttu oci gucuse suweni ilan nofi gemu tucibu,
이러 ᄒ면 벗들아 너희   세히 다 내고

(2:9a)

ton be ejeme gaifi beging de genehe manggi
數 을 긔록ᄒᆞ엿다가 北京 에   가거든

jai uheri acabume bodofi buki.
다시 대되 모도와   혜여 주마.

tuttu oci bi gemu tede bure.
그러ᄒᆞ면 내 다 져의게 주마.

gucuse si turi be hereme gajifi šahūrun muke de were,
벗들아 네 콩을 건져 가져와 ᄎᆞᆫ   믈에 치오고

(2:9b)

morin emu erin teyere be aliyafi elhešeme ulebu.
물이 흔 째 쉬기 롤 기드려 천천이 먹이라.

tuktan ulebure de bai turi muke be suwaliya,
　처음 먹일 제 그저 콩 믈 을 석고

sunjaci ging de isiname turi be gemu bufi ulebu.
　五 更 의 니르러 콩 을 다 주어 먹이라.

uttu ohode morin jetere labdu bime hefeli ebimbi.
이러틋ᄒ면 물이 먹기 만히 ᄒ여 빅 부르리라.

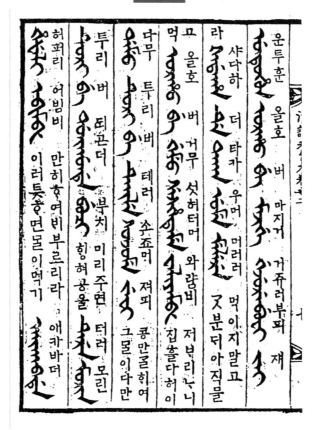

(2:10a)

aikabade turi be doigonde buci
  힝혀 콩을 미리 주면

tere morin damu turi be teile sonjome jefi,
  그 물이 다만 콩   만 굴히여 먹고

orho be gemu sesheteme waliyambi.
  집흘 다 허이저[44] 브리ᄂ니라.

šadaha de taka ume melere,
  ᄀᆞᆺ분 디 아직 믈 먹이지 말고

untuhun orho be majige gejurebufi jai   melebu.
  빈   집 흘 적이 씹히고 다시 믈먹이게ᄒᆞ라.

---

44 허이저 : 헤쳐. 허잇-[撒]+-어. 『번역노걸대』에서는 '허텨'로 되어 있다. 〈참고〉 헤잇다.

(2:10b)

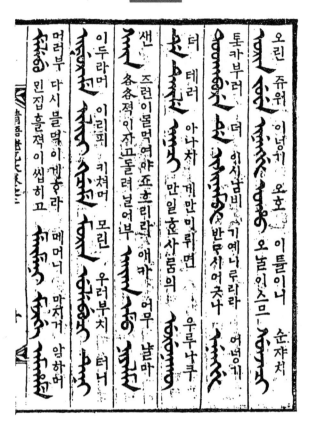

meimeni majige amhame idurame ilifi kiceme morin ulebuci teni   sain.
各各   적이 자고 돌려 닐어 부즈런이 물   먹여야 죠흐리라.

aika emu niyalma de teile anaci
만일 혼 사름   의게 만 미뤼면

urunakū tookabure de isinambi.
반ㄷ시   어긋나기 예 니르리라.

enenggi orin   juwe inenggi oho.
오늘이 스므   이틀   이니

(2:11a)

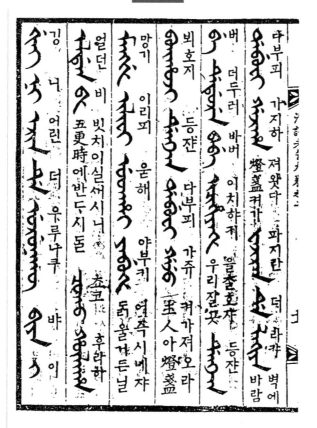

sunjaci ging ni erin de urunakū biya i elden   bi,
五   更   時 에 반드시 둘   빗치 이실쩌시니

coko hūlaha manggi   ilifi uthai yabuki.
둙   울거든   닐어 즉시 녜쟈.

boihoji dengjan dabufi   gaju.
主人아   燈盞   켜 가져오라.

be   dedure babe icihiyaki.
우리 잘   곳을 출호쟈[45].

dengjan dabufi   gajiha.
  燈盞   켜 가져왓다.

fajiran de lakiya.
바람벽 에 걸라.

---

45 출호쟈 : 차리자. 출호+-쟈.

(2:11b)

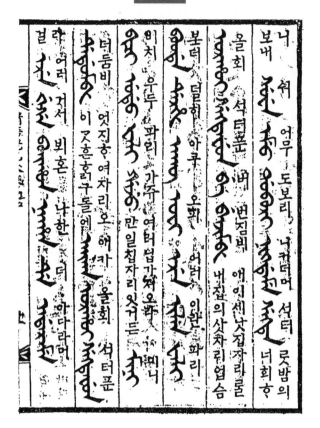

ere gese boihon nahan de adarame dedumbi.
이 ᄀᆞ혼 흙 구돌 에 엇지ᄒᆞ여 자리오

aika orhoi sektefun bici udu fali gaju.
만일 집 자리 잇거든 여러 닙 가져오라.

mini boode derhi akū ofi ere ilan fali orhoi sektefun be benjimbi,
내 집의 삿자리 업슴에 이 세 낫 집 자리 룰 보내니

suwe emu dobori nikedeme sekte.
너희 ᄒᆞ룻 밤 의지ᄒᆞ여 실라.

(2:12a)

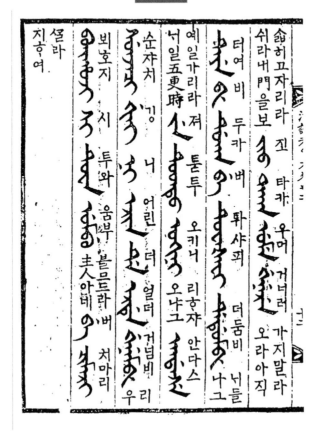

boihoji si tuwa umbu.
主人아 네 블 므드라[46].

be cimari sunjaci ging ni erin de erde genembi.
우리 닉일 五 更 時예 일 가리라.

je tuttu okini.
오냐. 그리ᄒᆞ쟈.

andase teye. bi duka be tuwašafi dedumbi.
나그닉들 쉬라. 내 門 을 보솔히고 자리라.

jio. taka ume genere.
오라. 아직 가지 말라.

---

46 므드라 : 묻어라. 믇-[埋]+-으라. 다음에 불을 쓰기 위해 불씨를 재에 묻는 것을 말한다.

(2:12b)

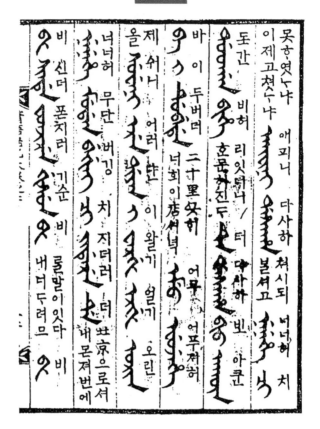

bi sinde fonjire gisun bi.
내 너두려 므롤 말이 잇다.

bi nenehe mudan beging ci jidere de,
내 몬져 번에 北京 으로셔 올 제

suweni ere diyan i wargi ergi orin ba i dubede
너희 이 店 셔녁 二 十 里 귿히

emu efujehe doogan bihe,
혼 문허진 드리 잇더니

te dasaha bio? akūn?
이제 고쳣느냐? 못ᄒ엿느냐?

aifini dasaha,
볼셔 고쳐시되

(2:13a)

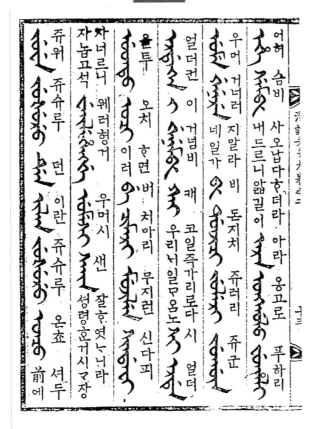

nenehe ci juwe jušuru den ilan jušuru onco,
前　에셔　두　자　놉고　석　자　너르니

weilehengge umesi　sain.
성령혼거시　가장　잘ᄒ엿ᄂ니라.

uttu oci, be cimari mujilen sindafi erdeken i genembi kai.
이러 ᄒ면 우리 니일 ᄆ옴　노코　일즉　가리로다.

si erde ume genere.
네 일　가지 말라.

bi donjici juleri jugūn　ehe　sembi.
내 드르니　앏　길이　사오납다 ᄒ더라.

(2:13b)

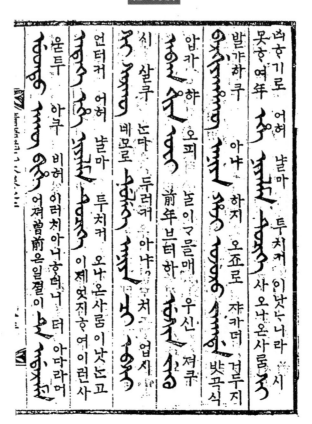

ara onggolo fuhali   uttu   akū bihe.
어져 曾前은 일졀이 이러치 아니ᄒ더니

te   adarame enteke ehe   niyalma tucike?
이제 엇지ᄒ여 이런 사오나온 사ᄅᆷ이 낫ᄂᆫ고?

si   sarkū.
네   모로ᄂ다?

duleke aniya ci ebsi abka hiya ofi,
    前   年   브터 하ᄂᆯ이 ᄀ믈매

usin jeku bargiyahakū aniya haji ojoro jakade
밧 곡식 거두지못ᄒ여 年   凶ᄒ기로

ehe   niyalma tucike.
사오나온 사ᄅᆷ이   낫ᄂᆫ니라.

(2:14a)

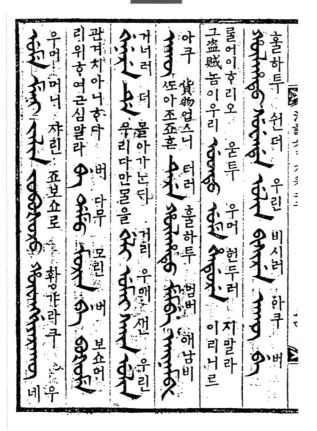

si ume meni jalin jobošoro. hūwanggiyarakū.
네 　 우리 위ᄒ여 근심말라. 　 관겨치아니ᄒ다.

be damu morin be bošome genere de
우리 다만 ᄆᆯ 을 몰아 가는 디

geli umai sain ulin akū,
ᄯᅩ 아조 죠흔 貨物 업스니

tere hūlhatu membe ainambi.
그 盜賊놈이 우리를 어이ᄒ리오

uttu ume hendure.
이리 니르지말라.

hūlhatu suwende ulin bisire akū be adarame bahafi sambi?
盜賊놈이 너희게 貨物 이시며 업슴을 　 엇지 시러곰 알리오?

(2:14b)

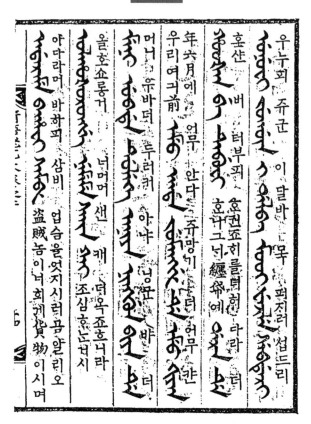

olhošorongge nememe sain kai.
조심ᄒᄂ거시　더옥　죠호니라.

meni ubade duleke aniya ninggun biya de
우리 여긔 前 年 六 月 에

emu anda jumanggi de emu kiyan hoošan be tebufi,
흔 나그너 纏帒 예흔 권 죠히 를 녀허

dara de unufi jugūn i dalba mooi fejile sebderi bade teyeme amhaha bihe,
허리 에 씌고 길 ᄀ 나모 아릭 그늘에 쉬며 자더니

(2:15a)

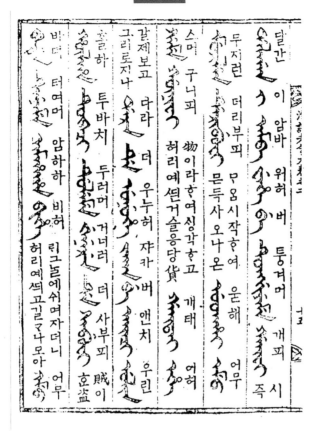

emu hūlha tubaci duleme genere de sabufi,
혼 盜賊이 그리로 지나 갈 제 보고

dara de unuhe jaka be ainci ulin seme gūnifi,
허리 예 쩐 거슬 응당 貨物이라 ᄒ여 싱각ᄒ고

gaitai ehe mujilen deribufi,
믄득 사오나온 ᄆ음 시작ᄒ여

uthai emu dalgan i amba wehe be tunggiyeme gaifi,
즉시 혼 덩이 큰 돌흘 주어 가지고

(2:15b)

tere niyalmai uju be baime emgeri tantafi fehi tucifi bucehe.
그 사름의 마리 를 向호여 혼번   쳐 골치 나[47] 죽으니라.

tere hūlha tere niyalmai jumanggi be sufi tuwaci
그 盜賊이 그 사름의   纏帒 를 글러 보니

damu hoošan teile ojoro jakade,
다만 죠히 뿐   임으로

tubaci   jenduken i jailame genehe.
그리로셔 ᄀ만이   避호여 가니라.

---

47 나 : 나와. 나+-아.

(2:16a)

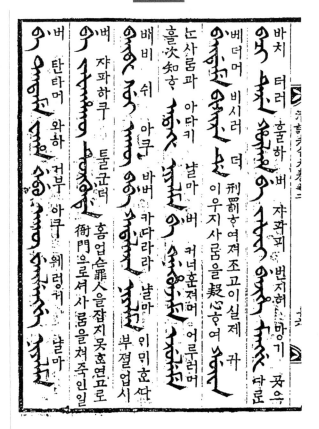

yamun   ci   niyalma be tantame waha
衙門 으로셔 사롬 을   쳐   죽인

gebu akū weilengge niyalma be jafahakū turgunde,
일홈 업슨   罪   人 을 잡지못훈 연고로

baibi   sui akū babe kadalara niyalma,
부졀업시 이미훈 짜흘 次知ᄒᆞᄂᆞᆫ[48] 사롬과

adaki niyalma be kenehunjeme eruleme beideme bisire de
이우지 사롬 을 疑心ᄒᆞ여 刑罰ᄒᆞ여 져조고[49] 이실 제

gūwa   baci   tere hūlha be jafafi benjihe manggi
다른 곳으로셔 그   盜賊을 잡아   보내니

---

48 次知ᄒᆞᄂᆞᆫ : 관리하는, 관장하는. 次知ᄒᆞ-+-ᄂᆞ-+-ㄴ.
49 져조고 : 심문하고, 져조-[訊]+-고. 〈참고〉 져주다.

(2:16b)

ere emu baita   teni   getukelehe.
이 흔   일이 비로소 明白 ᄒ엿ᄂ니라.

duleke aniya geli emu anda,
  前   年에 ᄯ 흔 나그니

eihen de juwe šoro soro be acifi genere be,
  나귀 에 두 채롱[50] 대쵸 을 싯고 가ᄂ거슬

emu hūlha morin yalufi beri sirdan ashafi amcame,
  흔 盜賊이 ᄆᆞᆯ   ᄐᆞ고 弓 矢 ᄎᆞ고 ᄯᆞ아

---

50 채롱 : 바구니.

(2:17a)

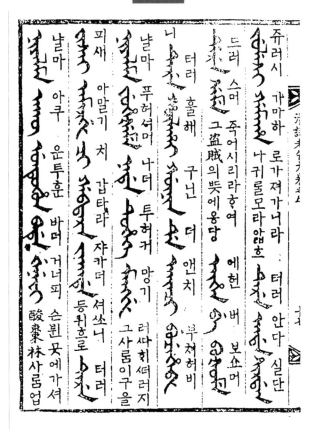

suwen dzao lin niyalma akū untuhun bade genefi,
酸   棗   林 사름 업슨   뷘 곳에 가셔

fisai amargi ci gabtara jakade,
등 뒤호로셔   쏘니

tere niyalma fuhešeme nade tuheke manggi,
 그 사름이 구을러 따히   쩌러지니

tere hūlhai gūnin de ainci bucehebi dere seme
 그 盜賊의 뜻 에 응당 죽어시리라 ᄒᆞ여

eihen be bošome julesi gamaha.
나귀 롤 모라 앏호로 가져가니라.

(2:17b)

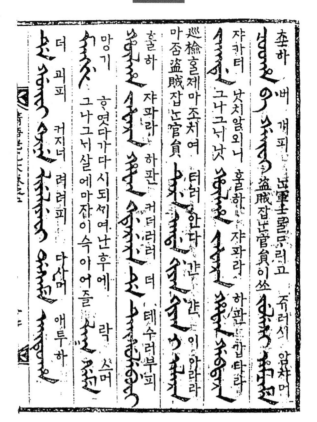

tere anda sirdan de goifi kejine liyeliyefi dasame aituha manggi
그 나그너 살 에 마자 이슥이 어즐ᄒ엿다가 다시 되ᄭᅵ여난 후에

lak seme hūlha jafara hafan kederere de teisulebufi
마좀 盜賊 잡는 官員 巡檢홀 제 마조치여

tere anda giyan giyan i alara jakade,
그 나그너 낫낫치 알외니

hūlha jafara hafan gabtara cooha be gaifi,
盜賊 잡는 官員이 쏘는 軍士 를 드리고

(2:18a)

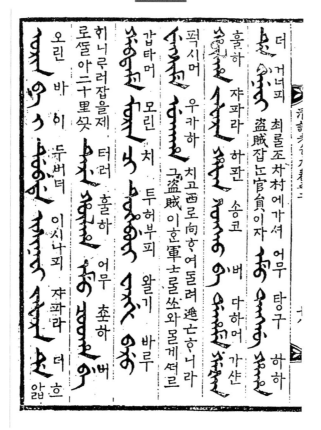

julesi amcame orin ba i dubede isinafi jafara de
앏흐로 쫄아 二十里 긋히 니르러 잡을 제

tere hūlha emu cooha be gabtame morin ci tuhebufi
그 盜賊이 혼 軍士롤 쏘와[51] 물게 써르치고[52]

wargi baru feksime ukaha.
西로 向호여 둘려 逃亡호니라.

hūlha jafara hafan songko be dahame gašan de genefi
盜賊 잡는 官員이 자최롤 조차 村에 가셔

---

51 쏘와 : 쏘아(서). 쏘+-와(←-아). 〈참고〉 쏘다.
52 써르치고 : 떨어뜨리고. 써르치+-고. 〈참고〉 뻐릇티다.

(2:18b)

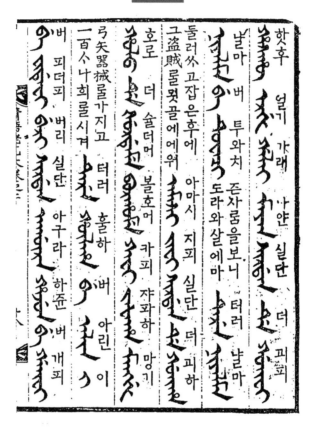

emu tanggū haha be fidefi beri sirdan agūra hajun be gaifi,
一 百 ᄉ나희 롤 시겨 弓 矢 器 械 롤 가지고

tere hūlha be alin i holo de šurdeme borhome kafi jafaha manggi,
그 盜賊 롤 묏 골 에 에워 둘러 쓰고 잡은 후에

amasi jifi sirdan de goiha niyalma be tuwaci,
도라 와 살 에 마즌 사름 을 보니

tere niyalma hashū ergi galai mayan sirdan de goifi koro baha bicibe
그 사름이 왼 녁 풀이 살 에 마자 傷ᄒᆞ어시나

(2:19a)

 ergen kemuni kokiraha akū.
목숨은 오히려 傷치아니ᄒ엿더라

ne tere hūlha alban i gindana de horiha be we sarkū?
시방 그 盜賊이 官家   獄   에 가도인줄 을 뉘 모로리오?

ara   uttu nio?
어져 이러ᄒ냐?

aifini jugūn ehe   seci
임의   길히   사오납다 ᄒ면

mende   umai ekšere oyonggo baita   akū,
우리게 아조 밧분   긴ᄒ   일   업스니

(2:19b)

ai   turgunde erde genembi?
므슴 연고로 일 가리오?

abka gerere be aliyafi elheken i genehe de ai sartabure   babi?
하늘이 붉기 룰 기다려 쳔쳔이   가면 므슴 어긋날 곳 이시리오?

abka gereke manggi jai geneki.
하늘이 붉거든   다시 가쟈.

andase   sain dedu.
나그너들 죠히 자라.

boihoji bi geli emu baita be onggoho.
主人아 내 쏘 흔 일 을 니젓노라.

(2:20a)

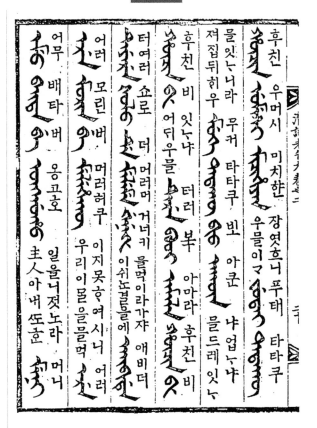

meni ere morin be　　melehekū,
우리 이　　물　을 믈먹이지못ᄒᆞ여시니

ere teyere šolo de meleme geneki.
이　쉬는 결을 에 믈 먹이라 가쟈.

aibide hūcin　bi?
어듸 우믈 잇ᄂᆞ냐?

tere booi amala hūcin　bi.
뎌　집 뒤히　우믈 잇ᄂᆞ니라.

muke tatakū　bio?　akūn?
믈　드레[53] 잇나냐? 업ᄂᆞ냐?

hūcin　umesi micihiyan,
우믈이 가장　엿ᄒᆞ니

53　드레 : 두레박.

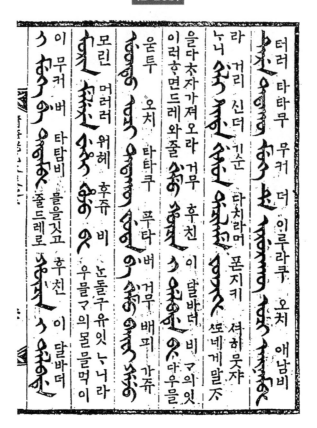

(2:20b)

futai tatakū i muke be tatambi,
줄 드레로 믈 을 깃고

hūcin i dalbade morin melere wehei huju   bi.
우믈   ᄀᆞ의 믈 믈먹이ᄂᆞᆫ 돌 구유 잇ᄂᆞ니라.

uttu oci tatakū futa be gemu baifi   gaju.
이러ᄒᆞ면 드레와 줄 을 다 ᄎᆞ자 가져오라.

gemu hūcin i dalbade   bi.
다 우믈   ᄀᆞ의 잇ᄂᆞ니라.

geli sinde gisun dacilame fonjiki.
ᄯᅩ 네게 말 ᄌᆞ셔히 뭇쟈.

tere tatakū muke de irurakū   oci   ainambi?
그 드레 믈 에 줌기지아니 ᄒᆞ면 엇지ᄒᆞ리오?

(2:21a)

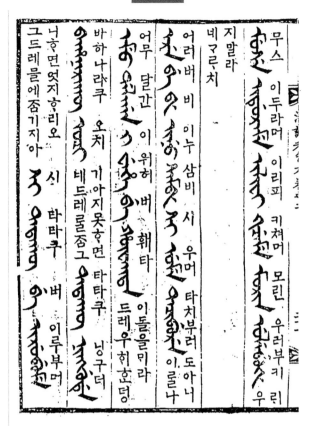

si tatakū be irubume bahanarakū oci,
네 드레 롤 줌그기 아지 못흐면,

tatakū ninggude emu dalgan i wehe be hūwaita.
드레 우희 흔 덩이 돌 을 미라.

ere be bi inu sambi si ume tacibure.
이 롤나 도 아니 네 ᄀᆞ르치지말라.

muse idurame ilifi kiceme morin ulebuki.
우리 돌려 닐어 부즈런이 몰 먹이쟈.

(2:21b)

dekdeni henduhengge
俗談에　　니르되

morin dobori orho be jeterakū oci tarhūrakū,
　물이　　밤　여믈　을　먹지못　ᄒ면　슬ᄶᅵ지　못ᄒ고

niyalma hetu ulin be baharakū oci bayan ojorakū sehebi.
　사름이　橫　財　룰　엇지　못ᄒ면　가음여지　못한다　ᄒ엿ᄂᆞ니

muse morin de ucuhe orho be ulebuhe manggi meleme geneki.
　우리　물　게　범으린　여믈　을　　먹이거든　　믈먹이라　가쟈.

(2:22a)

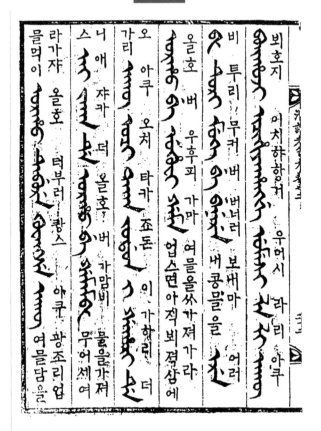

orho tebure kuwangse akū
여믈 담을   광조리 업스니

ai jaka de orho be gamambi?
　무어세   여믈 을 가져가리오?

akū oci taka jodon i gahari de orho be uhufi   gama.
　업스면 아직 뵈   젹삼 에 여믈을   쓰   가져가라.

bi turi muke be benere.
내 콩 믈 을 보내마.

ere boihoji icihiyahangge umesi la li   akū.
이 主人의   츌혼 거시   ᄀ장 맛것지[54] 못ᄒ다.

(2:22b)

turi ucure moo inu emke akū.
콩 버므릴 나모 도 흔나히 업다.

joobai.
마라.

inemene muse teifulehe moo be gajifi turi ucu.
아무려나 우리 집허온 나모 롤 가져와 콩 범으리라.

taka nahan de majige teyeme tefi
아직 방 에 적이 쉬여 안잣다가

morin ere orho jetere be aliyafi meleme geneki.
몰이 이 여믈 먹기 롤 기드려 믈 먹이라 가쟈.

(2:23a)

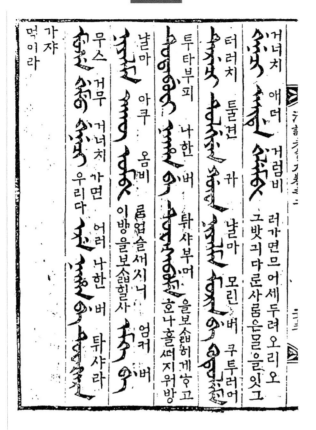

muse gemu geneci
우리 다 가면

ere nahan be tuwašara niyalma akū ombi.
이 방 을 보슘힐 사름 업슬 쎄시니

emke be tutabufi nahan be tuwašabume
ᄒ나흘 쎠지워[55] 방 을 보슘히게 ᄒ고

tereci tulgiyen gūwa niyalma morin be kutuleme geneci aide gelembi?
그 밧긔 다른 사름은 ᄆᆯ을 잇그러 가면 ᄆ어셰 두려오리오?

---

55 쎠지워 : 두워. 머믈게 ᄒ여[存住]. 쎠지-+-우-+-어. 〈참고〉 쩌디우다. 쩌디다.

(2:23b)

uthai emu niyalma inu　werirakū　　okini.
곳　　흔　사룸　도 머무로지 아니케 ᄒᆞ쟈.

ere diyan i duka be fitai　dasici
이　店　　門 을 든든이 다ᄃᆞ면

ainaha niyalma dosime mutembi?
엇던　사룸이　능히 드러오리오?

bai gisun de henduhengge aniyadari haji　be seremše
샹　말　에　니ᄅᆞ되　　희마다 凶荒 을 防備ᄒᆞ고

erindari hūlha be seremše　sehebi.
ᄢᆡ마다 盜賊 을 防備ᄒᆞ라 ᄒᆞ엿ᄂᆞ니

(2:24a)

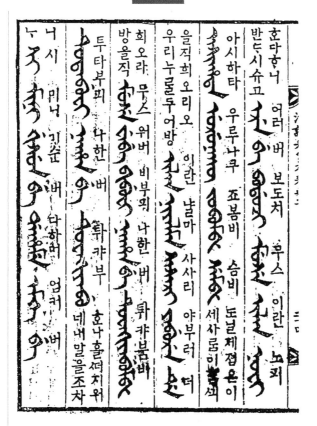

si mini gisun be dahame emke be tutabufi nahan be tuwakiyabu.
네 내 말을 조차 ᄒᆞ나흘 ᄡᅥ지워 방을 직희오라.

muse webe bibufi nahan be tuwakiyabumbi?
우리 누를 두어 방을 직희오리오?

ilan niyalma sasari yabure de asihata urunakū jobombi sembi
세 사ᄅᆞᆷ이 흠ᄭᅴ ᄃᆞᆫ닐 제 졈은이 반ᄃᆞ시 슈고ᄒᆞᆫ다 ᄒᆞ니

ere be bodoci muse ilan nofi giyan i geneci acambi.
이 ᄅᆞᆯ 혜아리면 우리 세히 맛당이 감측ᄒᆞᆫ니라.

(2:24b)

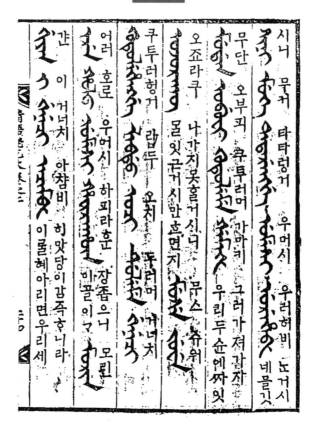

ere holo umesi hafirahūn
이 골이 ㄱ장 좁으니

morin kutulehengge labdu oci duleme geneci ojorakū.
물 잇근거시 만흐면 지나 가지 못흘거시니

muse juwe mudan obufi kutuleme gamaki.
우리 두 슌에 싸 잇그러 가져가쟈.

sini muke tatarangge umesi urehebi.
네 믈 깃ᄂ거시 ㄱ장 닉으니

(2:25a)

si neneme muke tatame gene.
네 몬져 믈 길라 가라.

muse juwe nofi amala morin kutuleme genere.
우리 둘히 뒤히 몰 잇그러 가마.

bi muke tatame genembi.
내 믈 길라 가니

suwe morin gaju.
너희 몰 가져오라.

bi teike ere huju de juwe tatakū muke doolaha morin be mele.
내 앗가 이 구유 에 두 드레 믈 길어시니 몰 을 믈 먹이라.

(2:25b)

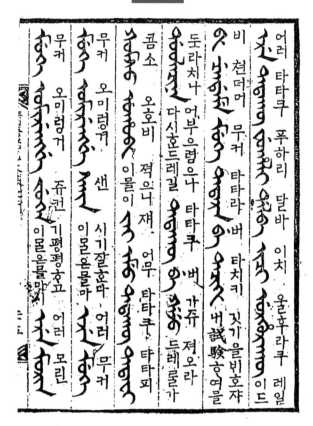

ere morin muke omirengge juken,
이 물은 믈 마시기 평평ᄒ고

ere morin muke omirengge sain.
이 믈은 믈 마시기 잘ᄒ다.

ere muke komso ohobi.
이 믈이 젹으니

jai emu tatakū tatafi doolacina.
다시 ᄒᆫ 드레 길어 부으렴으나.

tatakū be gaju. bi cendeme muke tatara be taciki.
드레 롤 가져오라. 내 試驗ᄒ여 믈 깃기 을 비호쟈.

ere tatakū fuhali dalba ici urhurakū.
이 드레 일졀이 녑흐로 기우러지지 아니ᄒ니

(2:26a)

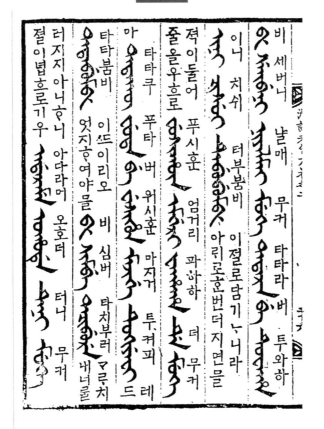

adarame ohode teni muke tatabumbi?
엇지ᄒ여야   믈이 ᄶ이리오?

bi simbe tacibure.
내 너ᄅᆞᆯ ᄀᆞᄅ치마.

tatakū futa be wesihun majige tukiyefi,
드레 줄 을 우흐로 젹이   들어

fusihūn emgeri fahaha de muke ini cisui tebubumbi.
아ᄅᆡ로 ᄒᆞᆫ번   더지면 믈이 졀로 담기ᄂᆞ니라.

bi seibeni niyalmai muke tatara be tuwaha bicibe   tacihakū bihe.
내 以前의 사ᄅᆞᆷ의 믈 깃기 ᄅᆞᆯ   보와시나 ᄇᆡ호지 못ᄒᆞ엿더니

(2:26b)

enenggi beye cendere jakade teni bahafi ulhihe.
오늘   친히   시험ᄒᆞ니야[56]   시러곰 씨쳣노라.

---

56 시험ᄒᆞ니야 : 시험해 보고 나서야. 시험ᄒᆞ-+-ㄴ#이+Ø(←-이-)+-야.

清語老乞大 제3권

(3:1a)

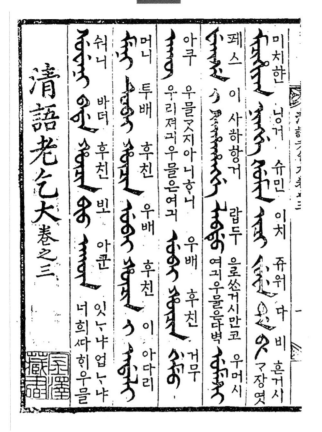

suweni bade hūcin bio?   akūn?
 너희   짜히 우믈 잇ᄂ냐? 업ᄂ냐?

meni tubai hūcin ubai hūcin i adali   akū,
 우리 져긔 우믈은 여긔 우믈   ᄀᆞᆺ지 아니ᄒᆞ니

ubai hūcin gemu feise   i sahahangge labdu.
 여긔 우믈은 다 벽 ᄋᆞ로 쓴거시   만코

umesi micihiyan ningge šumin ici juwe da bi.
 ᄀᆞ장   엿혼   거시 깁희   두 발 이오

(3:1b)

meni tubai hūcin gemu wehe i sahahangge,
우리 져긔 우믈은 다   돌 로 쏜거시니

umesi šumin ningge okini juwe da de isinarakū,
ᄀᆞ장 깁흔 거시라도   두 발 에 밋지못ᄒᆞ고

manggai oci nadan jakūn jušuru šumin.
어궁ᄒᆞ면 닐곱 여ᄃᆞᆲ 자 깁희라.

meni bade muke juweme ohode,
우리 ᄯᅡ히 믈   길으면

yooni hehesi fengse be uju de hukšefi
오로 계집들히 동희 를 마리 예   이고

(3:2a)

니라
이러ᄒᆞᆫ

쥴거치 지혜 운해 운투 캐 옴으로곳 네로브터
물을깃ᄂᆞ니라 아다라머 툰투 니 리ᄒᆞᆫ고 엇지ᄒᆞ여그
여긔물깃기곳치

우배 무커 타타라 아다리 무커 버 타탐비

거무 날훈 푸타 홰타피 다ᄀᆞᆫ눈 노홀미고 各各물ᄡᅳᆫᄂᆞᆫ박에

를마리예이고 메머니 무커 왜다라 호토 더

계집들히동희

meimeni muke waidara hoto de gemu narhūn futa hūwaitafi
各各 믈 ᄡᅳᄂᆞᆫ 박 에 다 ᄀᆞ는 노흘 미고

ubai muke tatara adali muke be tatambi.
여긔 믈 깃기 ᄀᆞᆺ치 믈 을 깃ᄂᆞ니라.

adarame tuttu ni?
엇지ᄒᆞ여 그리ᄒᆞᄂᆞᆫ고?

julgeci   jihei uthai uttu kai.
녜로브터 옴으로 곳 이러ᄒᆞ니라.

(3:2b)

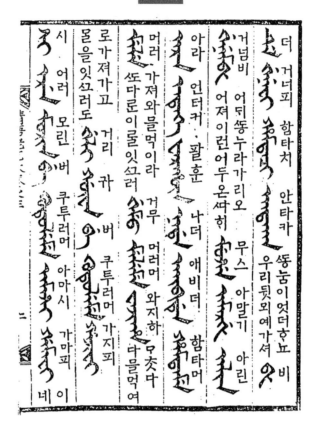

si ere morin be kutuleme amasi gamafi,
네 이 물 을 잇ᄭ려 도로 가져가고

geli gūwa be kutuleme gajifi mele.
쏘 다른이 룰 잇ᄭ려 가져와 믈먹이마.

gemu meleme wajiha.
다 믈먹여 ᄆ촛다[57].

ara enteke farhūn nade aibide hamtame genembi?
어져 이런 어두온 싸히 어듸 똥누라[58] 가리오?

use amargi alin de genefi hamtaci antaka?
우리 뒷 뫼 예 가셔 똥눔이 엇더ᄒ뇨?

---

57 ᄆ촛다 : 마쳤다. ᄆ촛+-ㅅ-+-다. '-ㅅ-'은 완료상 내지 과거시제의 선어말어미이다.
58 똥누라 : 똥누러. 똥#누-+-라. '-라'는 '의도'의 연결어미이다.

(3:3a)

bi morin be jafafi bisire.　si gene.
내　 몰　을 잡아 이시마[59]. 네 가라.

bi taka　hamtarakū.
내 아직 똥누지아니ᄒ노라.

si jugūn i dalbade ume hamtara.
네 길　ᄀ의　똥누지말라.

cimari gūwa niyalma sabuha de toorahū.
닉일 다른 사ᄅᆷ이　보면 욕홀셰라.

muse emu niyalma juwete kutuleme gamafi teng seme hūwaitaki.
우리 훈 사ᄅᆷ이 둘식 잇ᄯ려 가져가 둔둔이　미쟈.

59　잡아 이시마 : 잡고 있으마. 잡-[拿]+-아#이시-+-마.

(3:3b)

ere huju hūwa umesi onco aldangga hūwaita futa holboburahū.
이 구유 터히 ㄱ장 너르니 멀즉이 미라 노히 얼킬셰라.

orho turi be gajifi ucume bufi ebitele jekini.
여믈과 콩 을 가져와 범으려 주어 <u>브르도록</u> 먹게ᄒ고

muse dedume geneki.
우리 자라 가쟈.

gucuse ilicina.
벗들아 닐럼으나.

coko ilanggeri hūlafi abka gereme hamika.
둙이 세번 울어 하늘이 거의 붉게ᄒ여시니[60]

---

60 붉게ᄒ여시니 : 밝게 되었으니. 밝아졌으니. 붉-+-게#ᄒ-+-여시-+-니. 'ᄒ다'는 '되다'의 의미이다.

(3:4a)

muse hūdun aciha be icihiyafi
우리 섈리 짐 을 출호고

morin enggemu tohoro sidenede abka gereke dere.
몰 기르마 지을 스이예 하늘이 붉을가ᄒ노라.

te acime wajiha. boihoji de acafi geneki.
이제 짐시러 ᄆ차시니 主人 의게 보고 가쟈.

boihoji age ume gasihiyabuha seme gasara. be genembi.
主人 형아 해롭게 ᄒ다 ᄒ여 怨치말라. 우리 가노라.

bi aiseme gasambi?
내 므슴ᄒ라 怨ᄒ리오?

(3:4b)

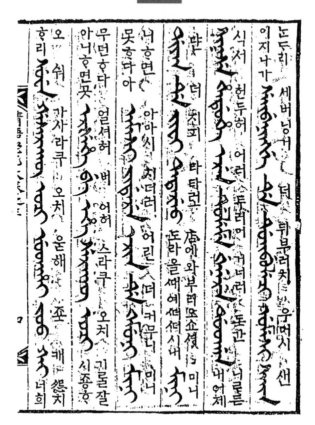

suwe gasarakū oci uthai joo kai.
너희 怨치아니 ᄒᆞ면 곳 무던ᄒᆞ다.

eršehe be ehe serakū oci,
시죵ᄒᆞ기 룰 잘못ᄒᆞ다 아니ᄒᆞ면

amasi jidere erin de kemuni mini diyan de jifi tatareo.
도라 올 ᄡᅢ 에 ᄶᅥ져시 내 店 에 와 부리오쇼셔.

mini sikse henduhe ere duleme genere doogan
내 어제 니ᄅᆞ든 이 지나 가는 드리

seibeningge de duibuleci umesi sain oho.
以前거세 비ᄒᆞ면 ᄀᆞ장 죠타.

(3 : 5a)

fe doogan be efulefi   te   gemu icemleme undehen i   sektehebi,
넷 드리 롤 헐고 이제는 다 새로이   널 로 싯랏고

tuttu bime baitalaha taibu tura inu nenehe   ci   labdu akdun
 그러ᄒ고   쓴   들보 기동 도 젼   의셔 만히 실ᄒ니

udu   juwan aniya   sehe seme efujeme   bahanarakū.
비록 十 年이라   도   문허질줄 모로리로다.

(3:5b)

šun uttu den oho, juleri geli diyan akū,
히 이리 놉핫고 앏히 坐 店 업스니

muse tere gašan de genefi bele hūlašame buda arame jefi geneki.
우리 져 村 에 가셔 쌀 밧고와 밥 지어 먹고 가쟈.

tuttu okini. hefeli inu umesi yadahūšaha.
그리 ᄒᆞ쟈. 비 도 ᄀᆞ장 골프다.

ere morin be gemu aciha ebubufi,
이 믈 을 다 짐 부리오고

olon be sulabume jojin be sufi,
오랑[61] 을 느초고 마함[62] 을 그르고

---

61 오랑 : 몽고어 'olang'의 차용어로. '두대(肚帶)'로도 쓰며 말에 안장을 얹기 전에 말의 배에 두르는 띠를 말한다.
62 마함 : 馬銜. '재갈'을 의미한다.

(3:6a)

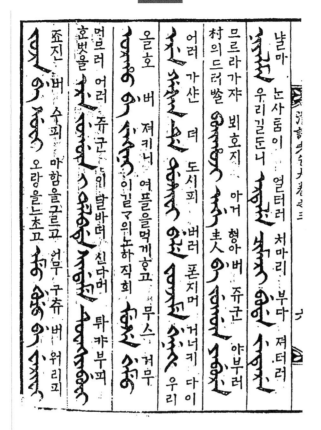

emu gucu be werifi,
혼 벗 을 머므러

ere jugūn i dalbade sindame tuwakiyabufi orho be jekini.
이 길 ㄱ의 노하 직희여 플 을 먹게ᄒᆞ고

muse gemu ere gašan de dosifi bele fonjime geneki.
우리 다 이 村 의 드러 ᄡᆞᆯ 므르라 가쟈.

boihoji age, be jugūn yabure niyalma
主人 형아 우리 길 ᄃᆞᆫ니ᄂᆞᆫ 사름이

ertele cimari buda jetere unde
엿해 아춤 밥 먹지 못ᄒᆞ엿고

(3:6b)

juleri diyan akū ofi cohome baime jifi,
앏히　店　업슴애　부러　츠자　와셔

bele majige hūlašame buda arame　jeki　sembi.
뿔　젹이　밧고와　밥　지어　먹고져 ᄒ노라.

ai　bele hūlašara　babi?
므슴　뿔　밧골　곳 이시리오?

meni buda urehebi. andase jefi duleme gene.
우리 밥 닉어시니[63] 나그너들 먹고　지나　가라.

uttu　oci　inu ombi.
이러 ᄒ면 피커니와

63　닉어시니 : 익었으니. 닉+-어시-+-니. '-어시-'는 완료상 내지 과거시제의 선어말어미이다.

(3:7a)

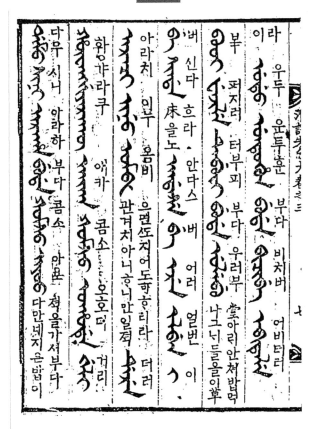

damu sini araha buda komso ayoo.
다만 네 지은 밥이 적을가 시부다.

hūwanggiyarakū aika komso ohode geli araci inu ombi.
관겨치아니ᄒᆞ니 만일 적으면 또 지어 도 피ᄒᆞ리라.

dere be sinda.
床 을 노흐라.

andase be ere elben i booi fejile tebufi buda ulebu.
나그ᄂᆡ들 을 이 草 堂 아ᄅᆡ 안쳐 밥 먹이라.

udu untuhun buda bicibe ebitele jetereo.
비록 믠 밥이나 브르도록 먹으쇼셔.

(3:7b)

juse   urehe sogi bici gajifi andase de tukiye.
아희야   닉은 ᄂᆞᆷ믈 잇거든 가져와 나그ᄂᆡ들 의게 드리라.

akū oci mursa elu hasi bici   gaju.
업거든[64] 무우   파 가지 잇거든 가져오라.

jai gūwa sogi akū, damu gidaha nasan hengke   bi.
쏘 다른 ᄂᆞᆷ믈은 업고 다만   져린   외   이시니

andase   de ulebuki.
나그ᄂᆡ들 의게 먹이쟈.

---

64 업거든 : 없거든. 없+-어든. '-어든'은 조건의 연결어미이다. 중세국어에서 '-어든'과 '-거든'은 그것이 결합하는 선행
    용언이 자동사이면 '-거든', 타동사이면 '-어든'이 결합하였다. 그러나 이러한 교체가 근대국어에 오면 지켜지지 않게
    되는데, 이러한 혼란 과정에서 '업서든'과 같은 형태도 보인다.

(3:8a)

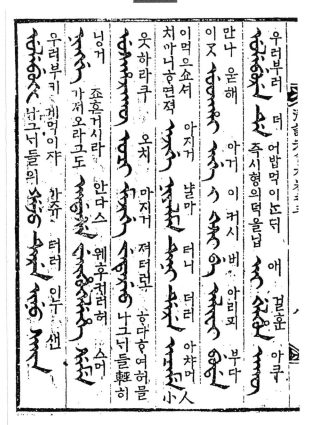

gaju.　tere inu sain ningge.
가져오라. 그 도 죠흔 거시라.

andase weihukelehe seme usharakū oci majige jetereo.
나그너들 輕히 호다 호여 허믈치아니 호면 젹이 먹으쇼셔.

ajige niyalma teni dere acame
小 人이 ??? 만나

uthai age i kesi be alifi buda ulebure de
즉시 형의 덕을 닙어 밥 먹이는 디

ai gelhun akū elemangga ushambi?
엇지 감히 도로혀 허믈호리오?

(3:8b)

ere gese untuhun buda ai joboro?
이 ᄀᆞ혼 믠 밥이 므어시 슈괴리오?

bi inu tulergi de tucifi yaburakūn?
나 도 밧긔 나 ᄃᆞ니지 아니ᄒᆞ랴?

tule tucifi yabuci inu suweni beye adali kai.
밧긔 나 ᄃᆞ니면 ᄯᅩ 너희 몸과 ᄒᆞᆫ가지라.

age sini hendure gisun inu.
형아 네 니ᄅᆞᆫ 말이 올타.

tule yabume urehengge oci antaha be tuwarengge ujen,
밧긔 ᄃᆞ녀 닉은이 면 待客ᄒᆞᄂᆞᆫ거시 重ᄒᆞ고

(3:9a)

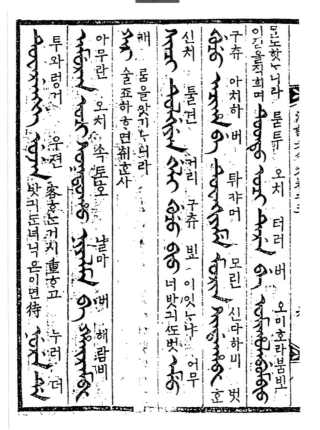

nure de amuran oci   soktoho niyalma be hairambi kai.
술   죠하 ᄒᆞ면   취ᄒᆞᆫ 사름 을 앗기ᄂᆞ니라.

sinci tulgiyen geli gucu bio?
너   밧긔 또 벗이 잇ᄂᆞ냐?

emu gucu aciha be tuwakiyame morin sindahabi.
ᄒᆞᆫ 벗이 짐 을   직희며   ᄆᆞᆯ 노핫ᄂᆞ니라.

tuttu oci tere be omiholabumbio?
그러 ᄒᆞ면 져 를   굼기게ᄒᆞᄂᆞ냐?

(3:9b)

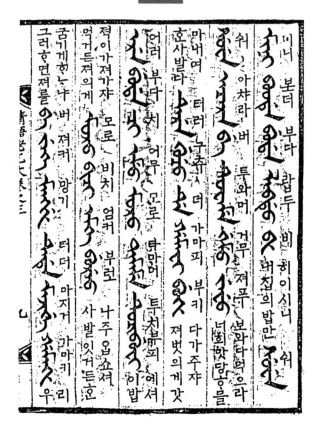

be   jeke manggi tede   majige gamaki.
우리   먹거든   져의게   적이 가져가쟈.

moro   bici emke bureo.
사발 잇거든 흔나 주읍쇼셔.

ere buda ci emu moro tamame tucibufi
이   밥 에셔 흔 사발 다마   내여

tere gucu de gamafi buki.
져 벗 의게 갓다가 주쟈.

suwe acara be tuwame gemu jefu.
너희 맛당ᄒᆞ믈   보와   다 먹으라.

mini boode buda labdu bi.
내 집의 밥 만히 이시니

(3:10a)

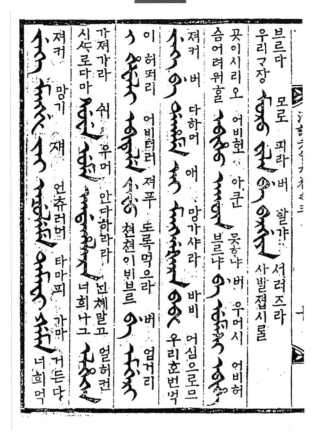

suwe jeke manggi jai enculeme tamafi gama.
너희 먹거든 다시 쓰로 다마 가져가라.

suwe ume antahalara, elheken i hefeli ebitele jefu.
너희 나그닌체 말고 쳔쳔이 빈 브르도록 먹으라.

be emgeri jeke be dahame ai manggašara babi?
우리 흔번 먹어심으로 므슴 어려워홀 곳 이시리오?

ebiheo? akūn?
브르냐? 못ᄒ냐?

be umesi ebihe.
우리 ᄀ장 브르다.

moro fila be bargiya.
사발 졉시 롤 서러즈라[65].

---

65 서러즈라 : 치워라. 설+엊-(〈엊-)+-으라. '설엊다'는 '설다'와 '엊다'의 합성어인데, '설다'와 '엊다'는 모두 '치우다, 수습
하다, 정리하다'의 의미를 갖는 말이다. '-으라'는 명령형어미이다.

(3:10b)

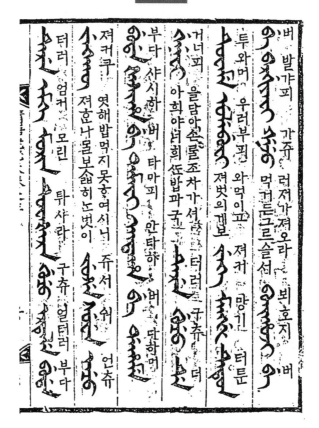

tere emke morin tuwašara gucu ertele buda　jekekū.
져　흔나　몰　보슐히는　벗이　엿해　밥　먹지못ᄒ여시니

juse　suwe encu buda šasiha be tamafi antaha be dahame genefi,
아희야 너희 또 밥과　국 을 담아　손　룰　조차　가셔

tere gucu de　tuwame ulebufi
져　벗 의게　보와　먹이고

jeke manggi tetun be bargiyafi　gaju.
먹거든　그르슬　서러저　가져오라.

boihoji be　ambula　jobobuha.
主人 을　크게　슈고케 ᄒ여다[66].

66　ᄒ여다 : 했다. ᄒ-+-여-(←-어-)+-다. 17세기부터 완료상 내지 과거시제의 '-엇-'이 '-어'로도 등장하는데 확인법 선어
　　말어미 '-어'도 가까운 과거를 표현하기 위해 쓰이는 경우가 있어서 이를 구분하기가 쉽지 않다.

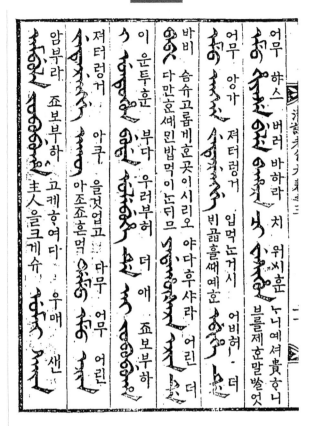

(3:11a)

umai sain jeterengge akū,
아조 죠흔 먹을것 업고

damu emu erin i untuhun buda ulebuhe de ai jobobuha babi.
다만 혼 째 민 밥 먹이는 듸 므슴 슈고롭게혼 곳 이시리오.

yadahūšara erin de emu angga jeterengge
비곱흘 째 예 혼 입 먹는거시

ebihe de emu hiyase bele bahara ci wesihun.
브를 제 혼 말 뿔 엇ᄂ니 예셔[67] 貴ᄒ니라.

---

67 엇ᄂ니 예셔 : 얻는 것보다. 엇+-ᄂ-+-ㄴ#이+-예셔(←-어셔). '엇ᄂ니'는 '엇는'과 의존명사 '이'의 결합형이고, '-예셔'
    는 '비교'의 기능이다. '엇'은 '얻-[得]'에 대한 7종성 표기이다.

(3:11b)

be　yuyure kangkara nashūn,
우리 주리고　목ᄆᆞ를　적의

age gosime buda bufi ulebumbi.
형이 ᄉᆞ랑ᄒᆞ여 밥 주어　먹이니

yargiyan i alimbaharakū　hukšeme　onggorakū.
　진실 로　感激ᄒᆞ믈　이긔지못ᄒᆞ여 닛지 못ᄒᆞ리로다.

bi　aika tulergi de geneci boo be hukšefi feliyembio?
내 만일　밧긔 가면 집 을 이고 ᄃᆞ니랴?

inu niyalmai boode genefi buda be baime jembi.
ᄯᅩ 사ᄅᆞᆷ의　집의　가셔 밥 을 비러 먹ᄂᆞ니라.

(3:12a)

hendure balama mingga bade antaha be saikan kundulefi unggirengge
널러시되　　千　里예　손　을　잘　　딕졉ᄒ여　보내ᄂᆞᆫ거시

tumen bade gebu be　bahaki　sehebi.
萬　　里예　일홈　을　엇고져　ᄒᆞᆫ다 ᄒᆞ엿ᄂᆞ니라.

boihoji age　ajige niyalma　se　ubade jifi ambula jobobuha gojime
主人　형아　小　人　들이 여긔 와　크게　슈고케홀　ᄯᆞ름이오

(3:12b)

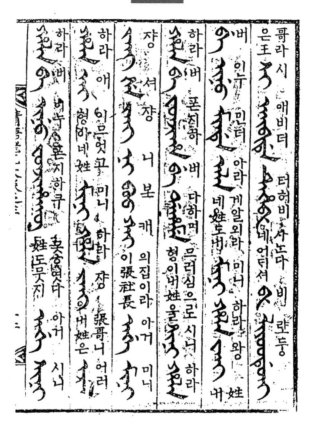

hala be inu fonjihakū. age sini hala ai?
姓 도 뭇지못ᄒᆞ엿다. 형아 네 姓이 므엇고?

mini hala jang. ere jang se jang ni boo kai.
내 姓은 張哥니 이 張 社 長 의 집이라.

age mini hala be fonjiha be dahame
형이 내 姓 을 므러심으로

sini hala be inu minde ala.
네 姓 도 내게 알외라.

mini hala wang.
내 姓은 王哥라.

si aibide tehebi?
네 어듸셔 사는다?

(3:13a)

bi liyoodung hoton dorgi de tehebi,
내　遼東　城　안히　사노라.

age si aika baita bifi meni bade genehe manggi
형아 네 아모　일　이셔 우리　짜히　가거든

ajige niyalma be waliyarakū oci
小　　人　을 브리지 아니 ᄒ면

urunakū mini boode baime genereo?
반ᄃ시　내　집의　초자 가리잇가?

bi generakū oci wajiha.
내 가지아니 ᄒ면 말려니와

aikabade geneme ohode
힝혀　　가게되면

(3:13b)

sini boo be baime genefi tuwanarakū doro　bio?
네　집 을　츳자　가셔　보지아닐　道理 이시랴?

tere gašan de bi teike bele hūlašame genehe bihe.
　져　村 에내 앗가　쏠　밧고라　갓더니

mujakū sain niyalma be teisulefi,
　ᄀ장 어진 사름 을 만나

ini　araha beleni　buda be mende ulebufi
저의 지어 쟝만흔　밥 을 우리게 먹이고

(3:14a)

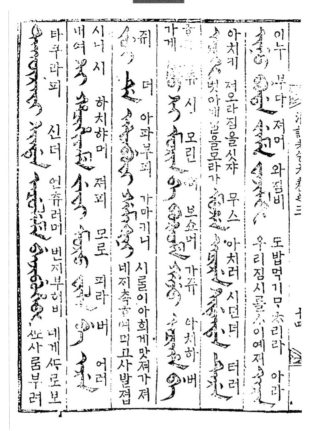

geli niyalma takūrafi sinde enculeme benjibuhebi.
쏘 사룸 부려 네게 쯔로 보내여시니

si hacihiyame jefi moro fila be ere jui de afabufi gamakini.
네 지촉ᄒ여 먹고 사발 졉시 룰 이 아희 게 맛져 가져가게ᄒ라[68].

gucu si morin be bošome gaju. aciha be aciki.
벗아 네 물 을 모라 가져오라. 짐 을 싯쟈.

muse acire sidende tere inu buda jeme wajimbi.
우리 짐시를 ᄉ이예 져 도 밥 먹기 ᄆᄎ리라.

---

68 가져가게ᄒ라 : 원문에는 '가져가게ᄒ' 뒤의 글자가 분명하지 않다. 파리 동양어학교본에 따라 '가져가게ᄒ라'로 판독
하였다.

(3:14b)

ara ere morin ainu jafara de mangga?
어져 이 몰이 엇지 잡기   어려오뇨?

daci uthai uttu kai.
본딕 곳 이러ᄒᆞ니라.

aika kemuni uttu ehe oci   ereci amasi sidereki,
만일 쪄쪄시 이리 사오나오면 이後 브터 지달ᄣᆞ쟈[69]

bi daruhai siderembihe, enenggi onggofi   siderehekū.
내 건네 지달ᄣᅥ더니 오늘은 넛고 지달ᄣᆞ지못ᄒᆞ엿노라.

muse uhei geren   šurdeme kaki.
우리 대되 여러히[70] 에워   막쟈.

---

69 지달ᄣᆞ쟈 : 묶어두자. 매어 두자. '지달'은 '말이 함부로 뛰지 못하게 발을 싸매는 도구'로, '지닭'은 후행하는 '쏫다'의
    'ㅂ'이 '지달'의 받침으로 중철되어 표기된 것이다.
70 여러히 : 여럿이. 여렿+-이. '여러히'의 '히'는 'ㅎ' 보유 체언 다음에 주격조사가 결합한 것이다.

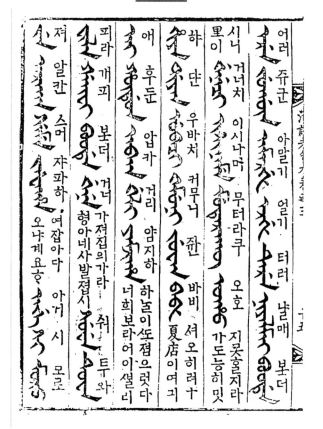

(3:15a)

je　arkan seme jafaha.
오냐　계요　ᄒᆞ여 잡아다[71].

age　si moro fila　gaifi boode gene.
형아 네 사발 졉시 가져　집의　가라.

suwe tuwa. ai　hūdun abka　geli yamjiha.
너희　보라. 어이 샐리 하늘이 ᄯᅩ 졈으럿다[72].

hiya diyan　ubaci kemuni juwan　babi,
　夏　店이 여긔셔 오히려　十　里이시니

geneci isiname muterakū oho.
　가도　능히 밋지 못홀지라.

71　잡아다 : 잡았다. 잡-+-아+-다. 17세기부터 완료상 내지 과거시제의 '-엇'이 '-어'로도 등장하는데 확인법 선어말어미 '-어-'도 가까운 과거를 표현하기 위해 쓰이는 경우가 있어서 이를 구분하기가 쉽지 않다.

72　졈으럿다 : 저물었다. 졈을-[暮]+-엇-+-다. 여기서 '-엇'은 완료상 내지 과거시제의 선어말어미로 실현된 것이다. 〈참고〉 졈글다.

(3:15b)

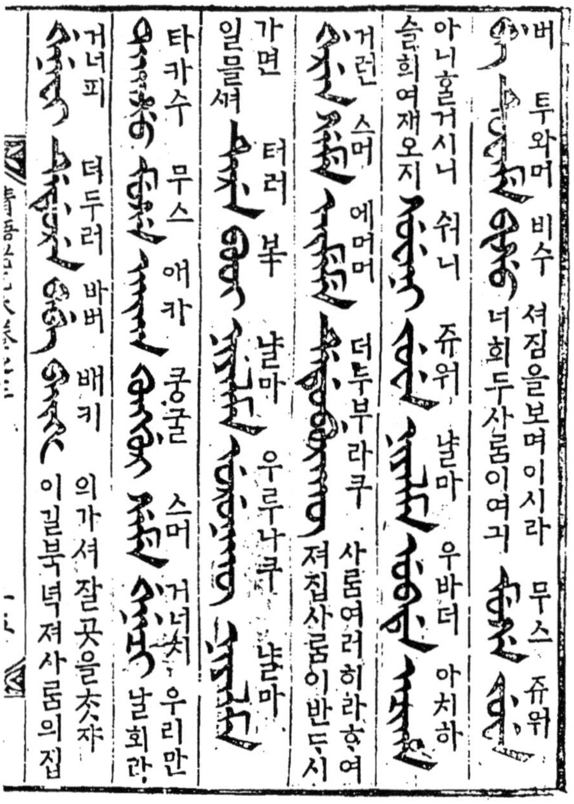

ere jugūn amargi ergi tere niyalmai boode genefi dedure babe baiki.
이 길 북 녁 져 사룸의 집의 가셔 잘 곳을 츳쟈.

takasu. muse aika kunggur seme geneci
날회라. 우리 만일 믈쎠 가면

tere booi niyalma urunakū niyalma geren seme eimeme deduburakū,
져 집 사룸이 반ᄃ시 사룸 여러히라 ᄒ여 슬희여[73] 재오지 아니흘거시니

suweni juwe niyalma ubade aciha be tuwame bisu.
너희 두 사룸이 여기셔 짐을 보며 이시라.

muse juwe nofi fonjime geneki.
우리 둘히 믈로라[74] 가쟈.

---

73 슬희여 : 싫어하여. 슬희-+-여(←-어).
74 믈로라 : 물으러, 물어보러. 믈-(←믇-)+-오라. '-오라'는 의도의 연결어미이다. 근대국어의 연결어미 체계에서는 '믈
 라'가 될 법한데 '믈로라'로 된 것이 특이하다.

(3 : 16a)

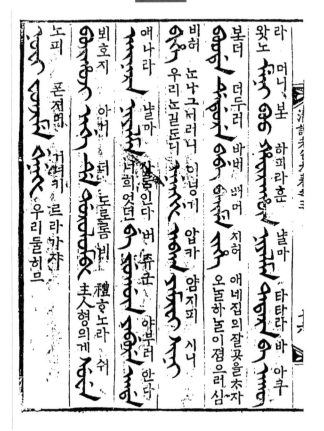

boihoji age   de   dorolombi.
主人 형   의게 禮ᄒ노라.

suwe ainara niyalma?
너희   엇던 사ᄅᆞᆷ인다?

be   jugūn yabure anda bihe.
우리ᄂᆞᆫ   길   ᄃᆞ니ᄂᆞᆫ 나그ᄂᆞ러니

enenggi abka   yamjifi sini boode dedure babe baime jihe.
오ᄂᆞᆯ   하ᄂᆞᆯ이 졈으러심에 네 집의   잘   곳을 ᄎᆞ자 왓노라.

meni boo hafirahūn niyalma tatara ba   akū,
우리 집이   좁아   사ᄅᆞᆷ 부리올 곳 업스니

(3:16b)

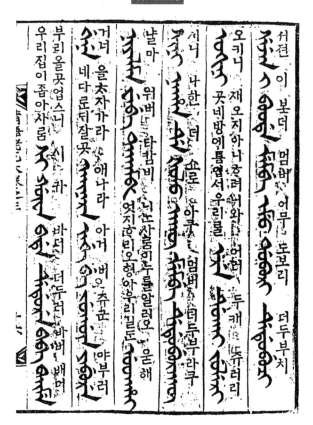

si gūwa bade dedure babe baime gene.
네 다른 듸 잘 곳을 ᄎ자 가라.

ainara?   age be jugūn yabure niyalma webe takambi?
엇지ᄒ리오? 형아 우리 길 ᄃ니ᄂ 사롬이 누를 알리오?

uthai sini nahan de šolo akū membe deduburakū   okini.
곳 네 방 에 틈 업서 우리를 재오지 아니 ᄒ려니와

ere dukai juleri sejen i boode membe emu dobori dedubuci antaka?
이 문 앏 술읫 집의 우리를 ᄒ룻 밤 재옴이 엇더ᄒ뇨?

(3:17a)

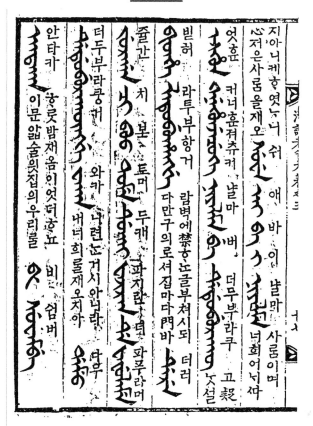

bi suwembe   deduburakūngge   waka.
내 너희롤 재오지 아니련ᄂ거시[75] 아니라.

damu jurgan ci boo tome dukai fajiran de fafulame bithe latubuhangge
다만 구의[76] 로셔 집 마다 ⾨ 바람벽 에 禁ᄒᄂ 글   부쳐시되

dere eshun kenehunjecuke niyalma be   deduburakū.
 ᄂ   설고   疑心저은[77]   사름 을 재오지 아니케 ᄒ엿ᄂ니

suwe ai ba i niyalma,
너희 어니 싸 사름이며

---

75 재오지 아니련ᄂ거시 : 재우지 않으려 하는 것이 아니라. 재오+-지#아니(ᄒ)-+-랴-+-어-+-ㄴ-(←-ᄉ-)+-ᄂ-+-ㄴ#것+-이.
76 구의로셔 : 관청에서. 구의+-로+-셔.
77 疑心저은 : 의심되는. 의심스러운. 의심+-저-(←-접-)+-은. '-접'은 형용사파생접미사이다.

(3:17b)

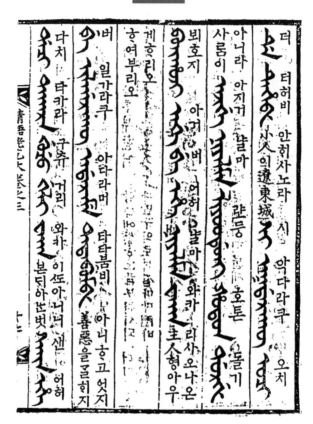

daci takara gucu geli waka,
본딕 아는 벗이 쏘 아니니,

sain ehe be   ilgarakū   adarame tatabumbi?
善 惡 을 굴히지 아니ᄒ고 엇지ᄒ여 부리오게ᄒ리오?

boihoji age be   ehe   niyalma waka.
主人 형아 우리 사오나온 사름이 아니라.

ajige niyalma liyoodung hoton dorgi de tehebi.
小 人이   遼東   城 안히 사노라.

(3:18a)

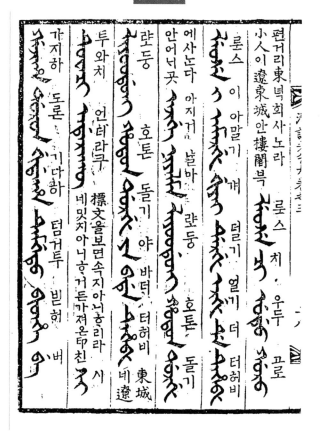

si akdarakū oci   gajiha doron gidaha temgetu bithe be tuwaci enderakū.
네 밋지 아니 ᄒᆞ거든 가져온 印 친 標 文 을 보면 속지아니ᄒᆞ리라.

si liyoodung hoton dorgi ya bade tehebi?
네 遼東   城 안 어늬 곳에 사는다?

ajige niyalma liyoodung hoton dorgi leose i amargi giyai dergi ergi de tehebi.
小 人이 遼東   城 안 樓閣 북편 거리 東 녁 희 사노라.

leose ci   udu goro giyalabuhabi?
樓閣 에셔 언머 멀리 즈음ᄒᆞ엿ᄂᆞ뇨[78]?

---

78 즈음ᄒᆞ엿ᄂᆞ뇨 : 떨떨어졌느냐, 사이를 두었느냐. 즈음ᄒᆞ-+-엿-(←-엇-)+-ᄂᆞ-+-뇨. '즈음ᄒᆞ다'는 '떨어져 있다, 사이를 두
다'의 의미이다.

(3:18b)

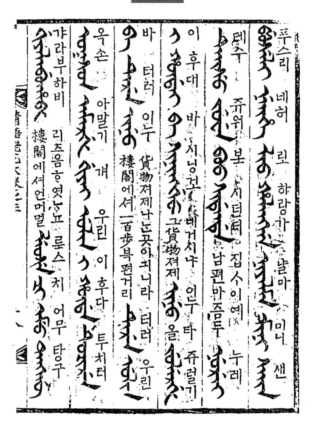

leose   ci emu tanggū okson amargi giyai ulin i hūda tucire ba tere inu.
樓閣 에셔 一 百 步 북편 거리 貨物 져제 나는 곳이 긔니라.

tere ulin i hūdai ba sininggeo?
그 貨物 져제 네거시냐?

inu.
올타.

julergi teisu   juwe boo sidende
남편 마즘[79] 두 집 스이에

nurei puseli neihe lio halangga niyalma mini sain   gucu   si takambio?
술 푸즈 흐는 劉 哥 사롬이 내 죠흔 벗이러니 네 아느냐?

---

79 마즘 : '마즘'의 만주어 'teisu'는 '맞은편'을 나타낸다.

(3:19a)

tere mini adaki boo kai. adarame sarkū?
져는 내 이웃 집이라. 엇지ᄒᆞ여 모로리오?

sini gisun be donjici umai kenehunjeci acara ba akū bicibe,
네 말을 드르니 아조 疑心ᄒᆞ염즉 ᄒᆞᆫ 곳 업스나,

boo unenggi hafirahūn deduci ojorakū be ainara?
집이 진실로 좁으니 자지 못ᄒᆞᆯ거슬 엇지ᄒᆞ리오?

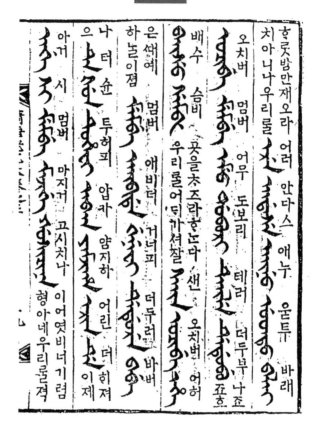

(3:19b)

age si membe majige gosicina.
형아 네 우리롤 젹이 어엿비 너기렴으나.

te šun tuhefi abka yamjiha erin de
이제 히 져 하눌이 졈은 째 에

membe aibide genefi dedure babe baisu sembi.
우리롤 어딘 가셔 잘 곳을 츠즈라 ᄒᆞᄂᆞᆫ다.

sain ocibe ehe ocibe membe emu dobori teile dedubu.
죠흐나 죠치 아니나 우리롤 ᄒᆞᄅᆞᆺ 밤 만 재오라.

ere andase ainu uttu balai jamarambi?
이 나그닉들 엇지 이리 간대로 지져괴ᄂᆞᆫ다[80]?

---

80 지져괴ᄂᆞᆫ다 : 시끄럽게 구는가. 지져괴+-ᄂᆞ-+-ㄴ다. '지져괴다'는 '시끄럽게 굴다'의 뜻으로 『번역노걸대』에서는 '싯고
ᄂᆞ뇨'로 되어 있다.

(3:20a)

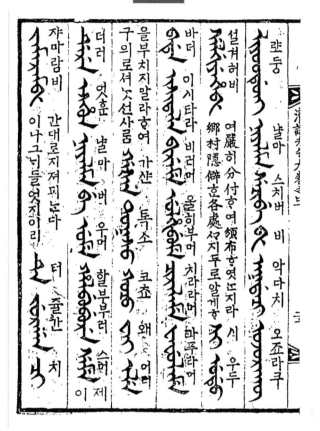

te   jurgan ci   dere eshun niyalma be ume halbubure seme
이제 구의 로셔 늣 선   사룸 을 부치지 말라 ᄒᆞ여

gašan tokso koco wai ele bade isitala bireme ulhibume
鄕   村   隱僻ᄒᆞᆫ 各 處 싯지 두로 알게ᄒᆞ여

ciralame fafulame   selgiyehebi.
嚴히 分付ᄒᆞ여 頒布ᄒᆞ엿ᄂᆞᆫ지라.

si udu liyoodung niyalma   secibe bi akdaci ojorakū.
네 비록 遼東   사룸이라 ᄒᆞ나 내 밋지 못ᄒᆞ리로다.

(3:20b)

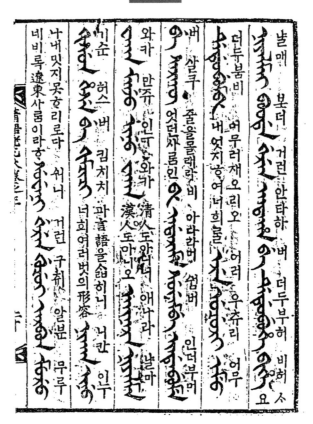

suweni geren gucui arbun muru gisun hese be kimcici
너희 여러 벗의 形容과 言語 을 솗히니

nikan inu waka manju inu waka, ainara niyalma be sarkū.
漢人 도 아니오 淸人 도 아니니 엇던 사룸인줄 을 몰래라[81].

bi adarame suwembe indebume dedubumbi?
내 엇지ᄒ여 너희를 머무러 재오리오?

ere ucuri emu niyalmai boode geren antaha be dedubuhe bihe.
요 ᄉ이 흔 사룸의 집의 여러 손 을 재웟더니

---

81 몰래라 : 모르겠구나. 몰르-(←모르-)+-애라. '-애라'는 감탄형 종결어미이다.

(3:21a)

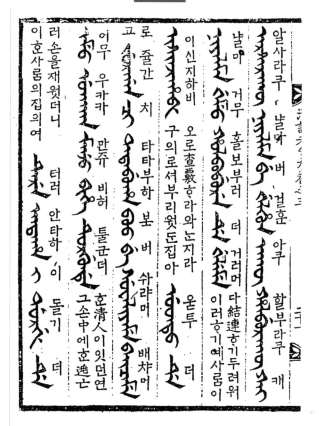

tere antaha i dorgi de emu ukaka manju bihe turgunde
그 손 中 에 혼 逃亡혼 淸人이 잇던 연고로

jurgan ci tatabuha boo be suwaliyame baicame isinjihabi.
구의 로셔 부리윗든[82] 집 아오로 查覈ᄒ라 와ᄂᆞᆫ지라[83]

uttu de niyalma gemu holbobure de geleme
이러ᄒᆞ기예 사름이 다 結連ᄒᆞ기 두려워

arsarakū niyalma be gelhun akū halburakū kai.
녜스룹지아닌 사름 을 감히 부치지 못ᄒᆞᄂᆞ니라.

---

82 부리윗든 : 머물게 했던. 부리+-우+-엇+-드+-ㄴ. '-드-'는 회상법 선어말어미 '-더-'의 이형태로 보인다.
83 와ᄂᆞᆫ지라 : 왔다. 오+-아+-ᄂᆞ+-ㄴ#지(〈드+-이-)+-라(←-다). '왓ᄂᆞᆫ지라〉완ᄂᆞᆫ지라〉와ᄂᆞᆫ지라'의 음운 변화를 겪은 것으로 추정된다. 이때 '지'는 의존명사 '드'와 계사의 결합 형태인 '디'가 구개음화를 겪은 것이다.

(3:21b)

boihoji absi   murikū.
主人이 ᄀ장 고집ᄒᆞᄂᆞᆫ이로다.

sain niyalma   ehe   niyalma be geli endembio?
죠혼 사름 사오나온 사름 을 쏘 소기랴?

ere geren gucu gemu coohiyan i niyalma,
이 여러 벗은 다 朝鮮 사름이니

ce jidere de dogon angga be tuwakiyafi kadalara jurgan
저희 올 제 여홀 어귀 를 직희여 檢擧ᄒᆞᄂᆞᆫ 마을이

(3:22a)

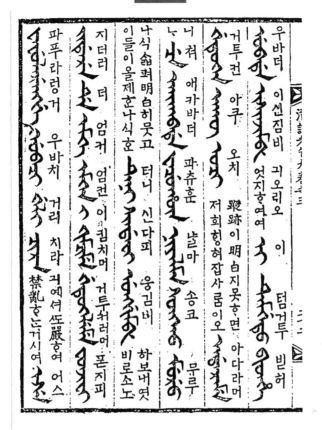

facuhūn be fafularengge ubaci geli cira
禁亂ᄒᆞᄂᆞᆫ 거시 여긔예셔 쏘 嚴ᄒᆞ여

ese jidere de emke emken i kimcime getukeleme fonjifi
이들이 올제 ᄒᆞ나식 ᄒᆞ나식 숣펴 明白히 뭇고

teni sindafi unggimbi.
비로소 노하 보내엿ᄂᆞ니

ce aikabade facuhūn niyalma songko muru getuken akū oci
저희 힝혀 잡 사름이오 蹤 跡이 明白지 못ᄒᆞ면

adarame ubade isinjimbi?
엇지ᄒᆞ여 여긔 오리오?

(3:22b)

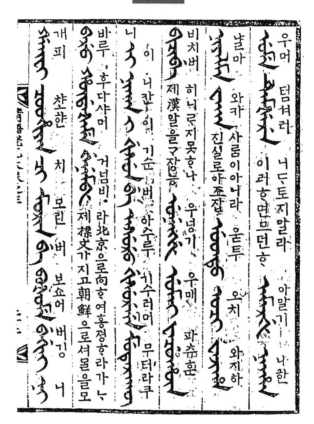

i temgetu bithe gaifi coohiyan ci morin be bošome
제 標 文 가지고 朝鮮 으로셔 믈 을 모라

beging ni baru hūdašame genembi.
北京 으로 向ᄒᆞ여 흥졍ᄒᆞ라 가ᄂᆞ니

i nikan i gisun be asuru gisureme muterekū bicibe
제 漢 말 을 ᄀᆞ장 능히 니ᄅᆞ지 못ᄒᆞ나

unenggi umai facuhūn niyalma waka.
진실로 아조 잡 사름이 아니라.

uttu oci wajiha ume temšere.
이러 ᄒᆞ면 므던ᄒᆞ니 ᄃᆞ토지 말라.

(3·23a)

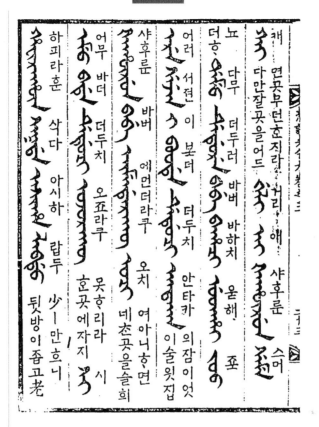

amargi nahan hafirahūn sakda asiha labdu
뒷   방이   좁고   老 少ㅣ 만흐니

emu bade deduci ojorakū.
흔 곳에 자지 못ᄒ리라.

si šahūrun babe eimenderakū oci
네 츤 곳을 슬희여 아니 ᄒ면

ere sejen i boode deduci antaka?
이 술읫   집의 잠이 엇더ᄒ뇨?

damu dedure babe bahaci uthai joo kai.
다만 잘 곳을 어드면 곳 무던ᄒ지라.

(3:23b)

geli ai šahūrun seme eimere   babi?
쏘 므슴 츠다 ᄒᆞ여 슬희여홀 곳 이시리오?

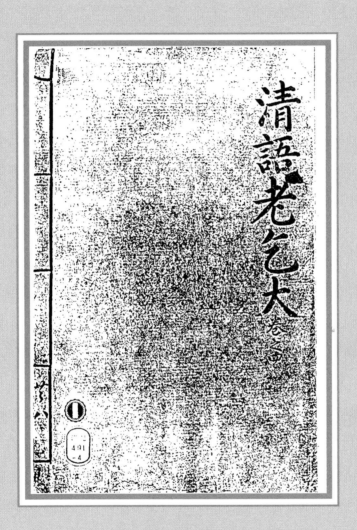

清語老乞大 제4권

(4:1a)

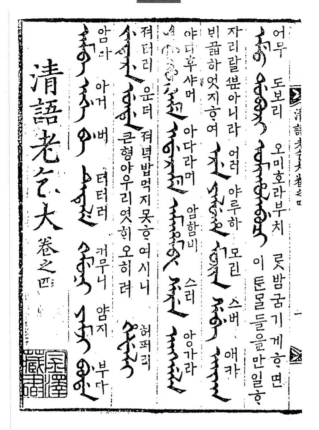

amba age be tetele kemuni yamji buda jetere unde,
큰 형아 우리 엿히 오히려 져녁 밥 먹지 못ᄒ여시니

hefeli yadahūšame adarame amhambi sere anggala,
빈 곫하 엇지ᄒ여 자리랄[84] 쏜아니라

ere yaluha morin sebe aika emu dobori omiholabuci
이 튼 믈 들을 만일 ᄒᄅᆺ 밤 굼기게ᄒ면

---

84 자리랄 : 자겠다고 할. 자-+-리-+-라#(ᄒ-)+-ㄹ. '자리라 홀'에서 'ᄒ' 전체가 생략되면서 '자리랄'로 되었다.

(4:1b)

cimari absi yalufi yabumbi?
닉일 엇지 투고 녜리오?

inemene   okini.
아모려나[85] 호게호쟈.

emu antaha inu juwe boihoji de   baire kooli   akū,
흔 손이 쏘 두   主人 의게 비ᄂᆞᆫ 規矩 업스니,

si membe emgeri   gosifi   bibuhe be dahame,
네 우리를 흔번   ᄉᆞ랑호여   두어심으로

emu erin i budai bele,
흔 째   밥 ᄡᆞᆯ과

---

85 아모려나 : 어떻게든지. 다른 근대국어 문헌에서는 '아므려나'가 주로 실현되며 '아모'에 '-려나'가 결합한 형태는 잘
보이지 않는다.

(4:2a)

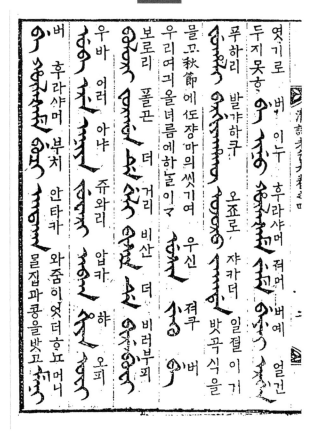

morin i orho turi be hūlašame buci antaka?
  물   집과 콩을   밧고와 줌이 엇더ᄒ뇨?

meni uba ere aniya juwari abka hiya ofi bolori forgon de geli bisan de birebufi,
우리 여긔 올   녀름에 하늘이 ᄀ믈고   秋 節 에 ᄯ 쟝마 의 씻기여

usin jeku be fuhali bargiyahakū ojoro jakade
 밧 곡식 을 일졀이   거두지 못ᄒ엿기로

be inu hūlašame jeme beyei ergen be hetumbume hono tesurakū bade,
우리 도 밧고와 먹어 이녁 목숨 을   지내기 도   不足ᄒ거든

(4:2b)

geli aibide niyalma de hūlašame bure fulu bele bi?
쏘 어듸 사름 의게 밧고와 줄 쓴 쏠 이시리오?

age i gisun be umesi ulhihe,
형 의 말 을 ᄀ장 씨쳣거니와

damu be gersi fersi de buda jefi
다만 우리 새배 밥 먹고

emu inenggi šun tuhetele šadame yabufi umesi yadahūšaha,
ᄒᆞᆯ 히 지도록 ᄀ자비[86] 둔녀 ᄀ장 빈곱ᄒᆞ니

---

86 ᄀ자비 : 가ᄲ게. ᄀ잡-+-이(부사파생접미사).

(4:3a)

sini hūlašame gajiha bele be mende majige jalgiyame bu.
네 밧고와 가져온 뿔 을 우리게 적이 더러 다고

be uyan buda arame jeki.
우리 粥 쑤어 먹쟈.

ere emu tanggū fali jiha de sini cihai acara be tuwame bucina.
이 一 百 낫 돈 에 네 任意로 맛당흠 을 보와 주렴으나.

suwe seci goro baci jihe antaha,
너희 논 먼 곳으로셔 온 손이니

(4:3b)

흐라샴비 말 쌀 밧고리라 비 다치 푼쳐히 버러
탕구 콰리 지하 터 어무 햐스 버러
발갸하쿠 오픠 거두지 못ᄒ여심에 어무
염즉ᄒ되 다무 어러 아난 겨후 버 새관
지아니 ᄒᆞᆫ 다무 어러 아난 겨후 버 새관
어러 지하 버 개라쿠 아참비허 면 이 돈을 밧
지허 안타하 로셔 온손이니 꺈 버 보도치
너 희ᄂᆞᆫ 먼곳으 곤 버 보도치

giyan be bodoci ere jiha be gairakū acambihe,
理 룰 헤아리면 이 돈 을 밧지아니 ᄒᆞ염즉ᄒ되

damu ere aniya jeku be saikan bargiyahakū ofi,
다만 올히 곡식 을 잘 거두지 못ᄒ여심에

emu tanggū fali jiha de emu hiyase bele hūlašambi.
一 百 낫 돈 에 ᄒᆞᆫ 말 쌀 밧고리라.

bi daci funcehe bele akū bihe
내 본듸 남은 쌀 업더니

(4:4a)

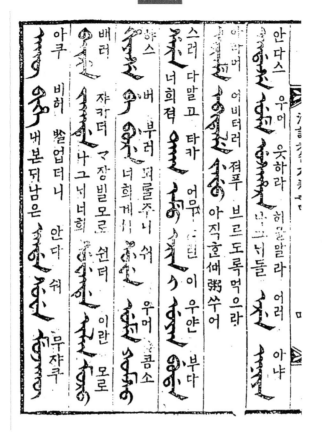

anda suwe mujakū baire jakade
나그너 너희 구장 빌모로

suwende ilan moro hiyase be bure
너희게 서 되 룰 주니

suwe ume komso sere.
너희 격다 말고

taka emu erin i uyan buda arame ebitele jefu.
아직 흔 째 粥 쑤어 브르도록 먹으라.

andase ume ushara.
나그너들 허믈말라.

(4:4b)

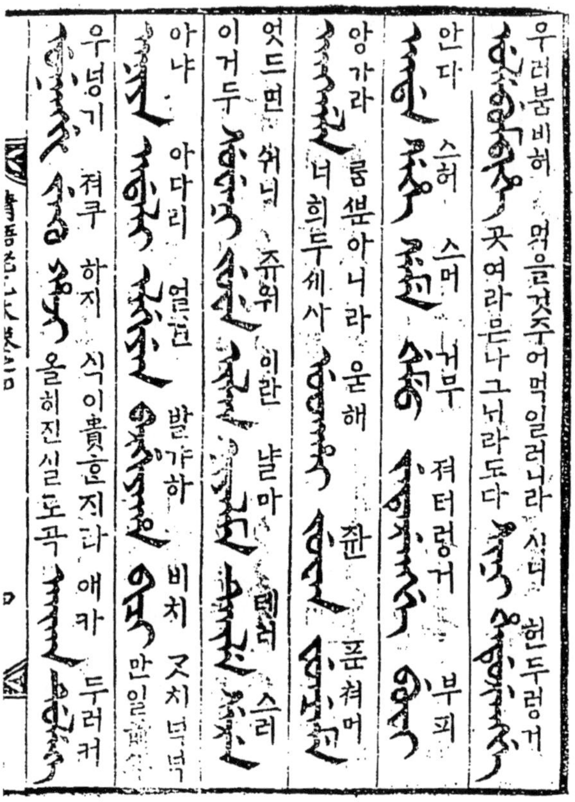

ere aniya unenggi jeku haji,
올히[87] 진실로 곡식이 貴혼지라,

aika duleke aniya adali elgiyen bargiyaha bici
만일 前 年 굿치 넉넉이 거두엇드면[88]

suweni juwe ilan niyalma teile sere anggala
너희 두 세 사름 쑨 아니라

uthai juwan funceme anda sehe seme gemu jeterengge bufi ulebumbihe.
곳 여라믄 나그너라도 다 먹을것 주어 먹일러니라[89].

sini hendurengge inu.
네 니르는거시 올타.

---

87 올히 : 올해가. 올ㅎ+이.
88 거두엇드면 : 거두었더라면. 거두+엇+드+면. 여기서의 '드'는 '더'의 기능으로 쓰였다.
89 먹일러니라 : 먹였겠더라. 먹였을 것이다. 먹이+ㄹ-(←리-)+러-(←더-)+니+라.

(4:5a)

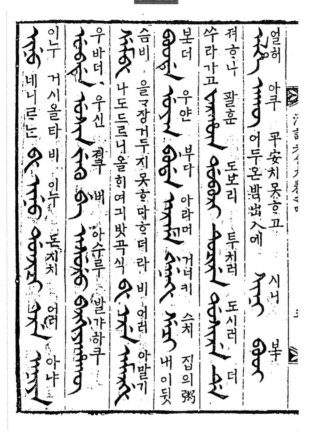

bi inu donjici ere aniya ubade usin jeku be asuru bargiyahakū sembi.
나 도 드르니   올히   여긔 밧 곡식 을 ᄀ장 거두지 못ᄒ다 ᄒ더라.

bi ere amargi boode uyan buda arame geneki seci
내 이 뒷 집의   粥   쑤라 가고져 ᄒ나

farhūn dobori tucire dosire de   elhe akū.
어두온 밤 出   入 에 平安치 못ᄒ고

sini booi indahūn geli   ehe,
네 집 개 쏘 사오나오니

(4:5b)

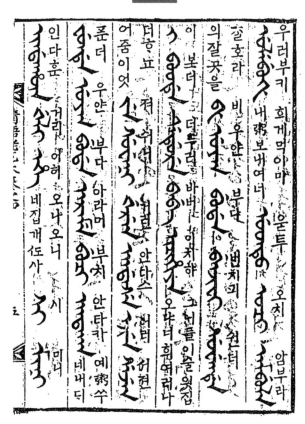

si mini funde uyan buda arame buci antaka?
네 내 디예 粥   쑤어 줌이 엇더ᄒ뇨?

je   suweni geren andase ere sejen i boode dedure babe icihiya.
오냐 너희 여러 나그너들 이 술읫[90] 집의 잘 곳을 출호라.

bi uyan buda benjifi suwende ulebuki.
내   粥   보내여 너희게   먹이마.

uttu oci ambula baniha.
이러 ᄒ면 크게 謝禮ᄒ노라.

---

90 술읫 : 수레의. 술의[車]+-ㅅ. 근대국어의 '술의'는 '수릐, 술릐, 술위'의 형태로도 나타난다.

(4:6a)

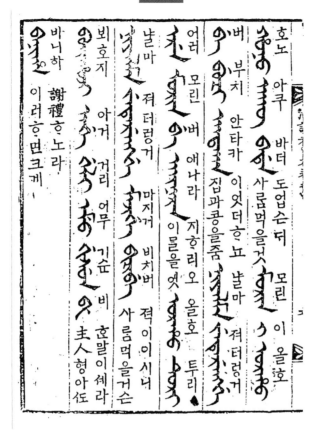

boihoji age geli emu gisun bi.
　主人 형아　쏘　흔　말 이셰라.

niyalma jeterengge majige bicibe
　사름　먹을거슨　젹이 이시니

ere morin be ainara?
이　물　을 엇지ᄒ리오?

orho turi be buci antaka?
집과 콩 을 줌이 엇더ᄒ뇨?

niyalma jeterengge hono akū bade
　사름　먹을것　도 업슨 ᄃᆡ

(4:6b)

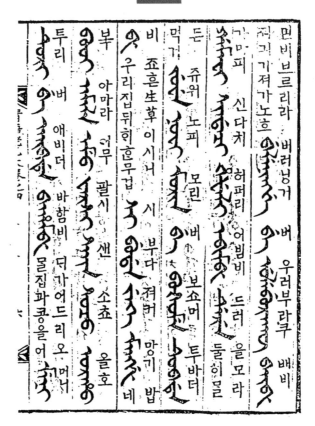

morin i orho turi be   aibide bahambio?
몰   집과 콩 을 어듸가 어드리오?

meni booi amala emu farsi sain soco orho   bi.
우리 집 뒤히 흔 무겁[91] 죠흔 生   草 이시니

si buda jeke manggi
네 밥   먹거든

juwe nofi morin be bošome tubade gamafi sindaci hefeli ebimbei dere.
둘히   몰 을 모라 져긔 가져가 노흐면 비[92]   브르리라.

---

91 무겁 : 살받이터[垜, 堋]. 돈대(墩臺). 과녁 터에 쌓은 개자리.
92 비 : 원문에는 '비'로 되어 있으나 파리 동양어학교본에 따라 '비'로 판독하였다.

(4:7a)

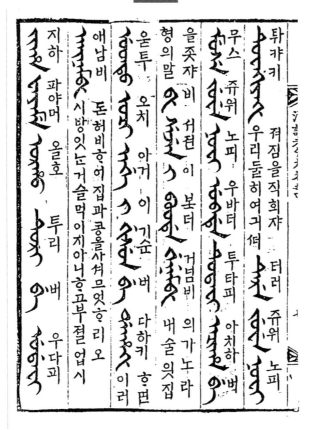

beleningge be   uleburakū   baibi jiha fayame orho turi be udafi ainambi?
　시방잇ᄂᆞᆫ거슬　먹이지 아니ᄒᆞ고 부졀업시 돈 허비ᄒᆞ여 집과 콩　을 사셔 므엇ᄒᆞ리오?

uttu oci age i gisun be dahaki.
이러 ᄒᆞ면　형의　말　을　좃쟈.

bi   sejen i boode genembi.
내　술윗　집의　가노라.

muse juwe nofi ubade tutafi aciha be tuwakiyaki.
우리　　둘히　여긔　쩌져　짐　을　직희쟈.

(4:7b)

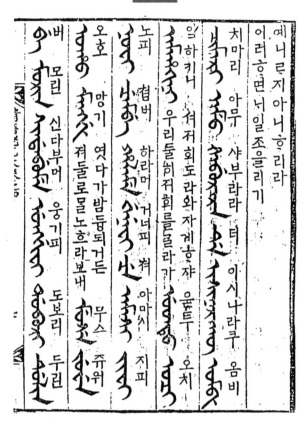

tere juwe nofi be morin sindabume unggifi dobori dulin oho manggi
져   둘로   믈   노호라   보내엿다가   밤   둥   되거든

muse juwe nofi cembe halame genefi ce amasi jifi amhakini.
우리   둘히   저희를   골라[93] 가셔 저희 도라 와 자게ᄒᆞ쟈.

uttu oci cimari amu šaburara de isinarakū ombi.
이러 ᄒᆞ면 ᄂᆡ일   조을리기 에 니ᄅᆞ지아니 ᄒᆞ리라.

---

93 골라 : 교체하여[替]. 바꿔서. 골-+-아. '골라'는 '골야'의 중철 표기이다.

(4:8a)

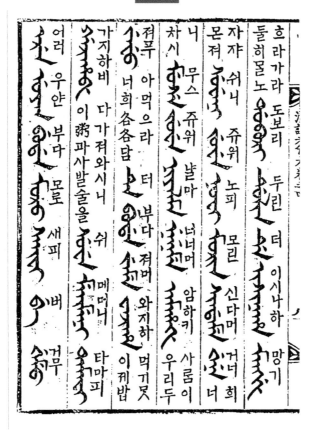

ere uyan buda moro saifi be gemu gajihabi.
이   粥과   사발   술 을 다 가져와시니,

suwe meimeni tamafi jefu.
너희   各各   담아 먹으라.

te   buda jeme wajiha,
이제   밥   먹기 뭇차시니

muse juwe niyalma neneme amhaki.
우리 두   사룸이   몬져   자쟈.

suweni juse nofi morin sindame gene.
너희   둘히   물   노호라 가라.

dobori dulin de isinaha manggi suwembe halame genere.
밤   듕 에   니르거든   너희룰   굴라   가마.

(4:8b)

bi teike emu amu amhame getefi tuwaci
내 앗가 흔 줌 자고 ᄭᅢ여 보니

ilmahū usiha den dekdefi dobori dulin oho.
參 星이 놉히 ᄯᅥ 밤 등 되엿다.

bi neneme genefi tese be halame unggifi amhabuki.
내 몬져 가셔 져들 을 굴아 보내여 재오쟈.

si amala jio. muse juwe nofi morin be tuwakiyaki.
네 뒤히 오라. 우리 둘히 ᄆᆞᆯ 을 직희쟈.

(4:9a)

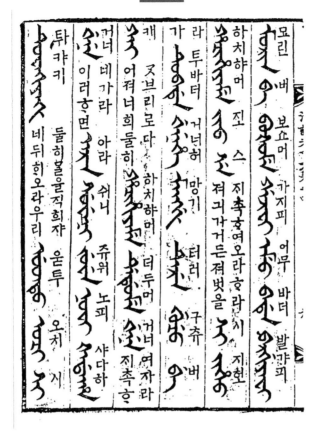

uttu oci si gene.
이러 ᄒᆞ면 네 가라.

ara suweni juwe nofi šadaha kai.
어져 너희 둘히 ᄀᆞᆺ브리로다.

hacihiyame dedume gene.
진촉ᄒᆞ여 자라 가라.

tubade genehe manggi tere gucu be hacihiyame jio se.
져긔 가거든 져 벗 을 진촉ᄒᆞ여 오라 ᄒᆞ라.

si jiheo? morin be bošome gajifi emu bade bargiyafi sinda.
네 왓ᄂᆞ냐? 물 을 모라 가져와 흔 곳에 거두어 두라.

(4:9b)

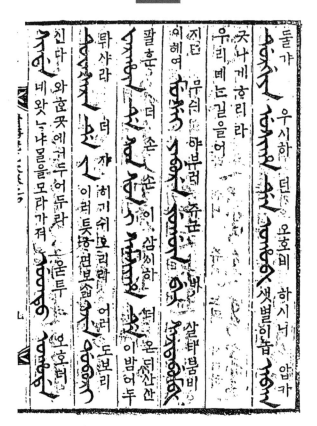

uttu ohode tuwašara de ja.
이러틋 ᄒᆞ면 보숣히기 쉬오리라.

ere dobori farhūn de son son i samsiha de
이 밤 어두온 듸 산산이 헤여지면

musei yabure jugūn be sartabumbi.
우리 녜ᄂᆞᆫ 길 을 어긋나게ᄒᆞ리라.

durgiya usiha den ohobi.
샛 별이 놉하시니

(4 : 10a)

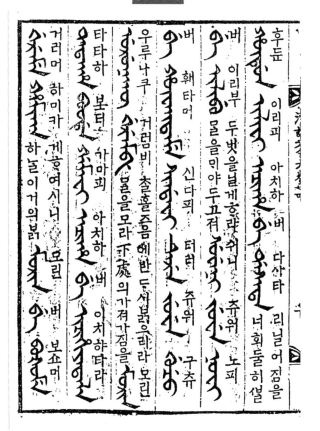

abka   gereme hamika.
하늘이   거의 붉게ㅎ여시니[94]

morin be bošome tataha boode gamafi aciha be icihiyatala urunakū gerembi.
 물 을 모라   下 處의 가져가 짐을 출홀 즈음에 반드시 붉으리라.

morin be hūwaitame sindafi tere juwe gucu be   ilibu.
 물 을 미야   두고 져 두 벗 을 닐게[95] ㅎ라.

suweni juwe nofi hūdun ilifi   aciha be dasata,
 너희   둘히 샐리 닐어   짐 을 슈습ㅎ고

---

94 붉게ㅎ여시니 : 밝아졌으니. 밝게 되었으니. 밝-+-게#ㅎ-+-여시-(←-어시-)+-니. '-어시-'는 완료상 내지 과거시제의 기
    능을 가진다.
95 닐게 : 일어나게. 닐-[起]+-게.

(4:10b)

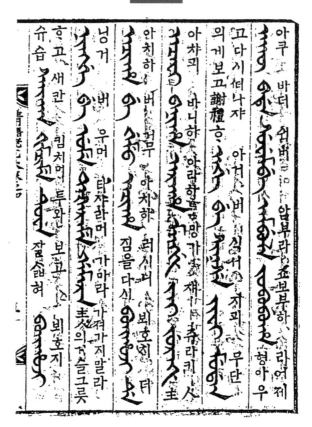

saikan kimcime tuwa,
　잘　　숨혀　보고

boihoji ningge be ume tašarame　gamara.
主人의　거슬　　　　그릇　가져가지 말라.

aciha be gemu aciha.
　짐　을 다 시러시니

boihoji　de　acafi baniha araha manggi　jai　juraki.
主人　의게　보고　　　謝禮ㅎ고　　　다시 써나쟈.

age　be　sikse jifi mudan akū bade suwembe ambula　jobobuha.
형아 우리 어제 와 부졀 업슨 곳에 너희를　크게　슈고케ㅎ여다.

(4:11a)

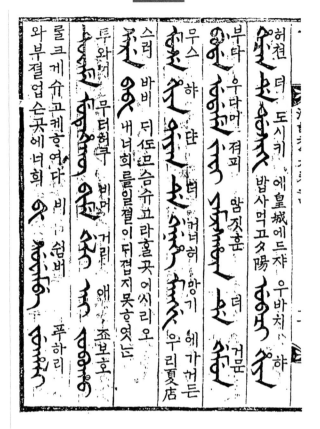

bi suwembe fuhali tuwame mutehekū bime geli ai joboho sere   babi?
내 너희를 일절이 듸졉지 못ㅎ엿ㄴ듸   쏘 므슴 슈고라 홀 곳 이시리오?

muse hiya diyan de genehe manggi
우리 夏 店 에 가거든

buda udame jefi yamjishūn de gemun hecen de dosiki.
밥 사 먹고 夕陽 에 皇 城 에 드쟈.

(4:11b)

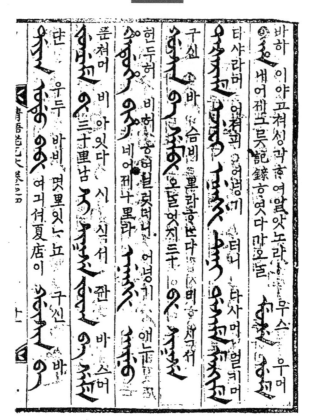

ubaci hiya diyan udu babi?
여긔셔 夏 店이 몃 里잇ᄂ뇨?

gūsin ba funceme bi.
三十 里 남아 잇다.

si sikse juwan ba seme henduhe bihe.
네 어제 十 里라 ᄒ여 닐럿더니

enenggi ainu gūsin ba sembi?
오늘 엇지 三十 里라 ᄒᄂ다?

bi sikse tašarame ejefi enenggi teni dasame merkime baha.
내 어제 그릇 記錄ᄒ엿다가 오늘 이야 고쳐 싱각ᄒ여 알앗노라.

(4:12a)

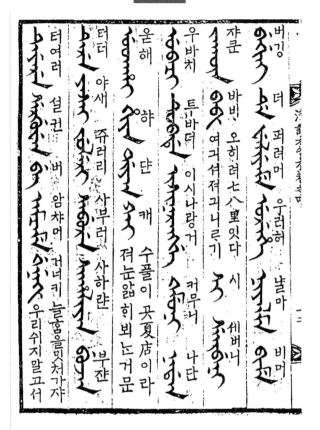

muse ume teyere serguwen be amcame geneki.
우리　쉬지말고　서늘홈 을　밋처　가쟈.

tere yasai juleri sabure sahaliyan bujan　uthai hiya diyan kai.
져　눈　앏히　뵈는　거문　수풀이　곳　夏　店이라.

ubaci　tubade isinarangge kemuni nadan jakūn babi.
여긔셔　져긔　니르기　오히려　七　八　里잇다.

si seibeni beging de feliyeme urehe niyalma bime　te　adarame onggoho?
네 以前의　北京　　둔니기　닉은　사룸이어늘　이제　엇지호여　니즛는다?

(4:12b)

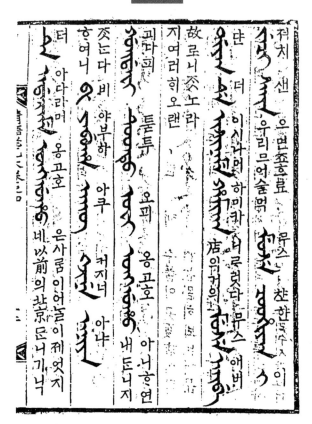

bi yabuha   akū   kejine aniya goidafi tuttu ofi onggoho.
내 둔니지 아니ᄒᆞ연지 여러 히 오랜   故로 니즛노라.

diyan de isiname hamika.
 店 의 거의 니르럿다.

muse aibe   jeci sain?
우리 므어슬 먹으면 죠흐료?

muse   coohiyan i niyalma kai.
우리는 朝鮮   사름이라.

(4:13a)

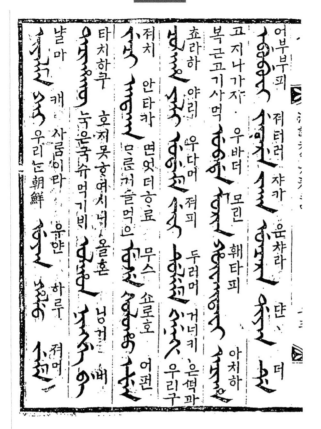

uyan halu jeme   tacihakū.
눅은 국슈 먹기 비호지 못ᄒᆞ여시니

olhon ningge be jeci   antaka?
무른   거슬 먹으면 엇더ᄒᆞ료?

muse šoloho efen colaha yali udame jefi duleme geneki.
우리 구은 쩍과 복근 고기 사 먹고 지나 가쟈.

ubade morin hūwaitafi aciha ebubufi jetere jaka uncara diyan de geneki.
여긔 물   미고   짐 부리오고 먹을 것 ᄑᆞᄂᆞᆫ 店 에 가쟈.

(4:13b)

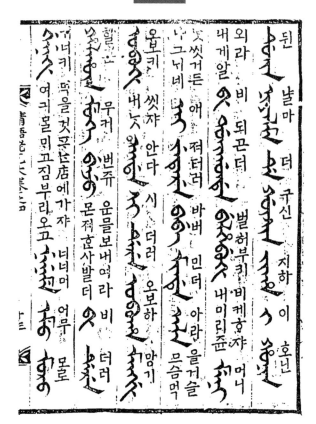

neneme emu moro halhūn muke benju,
　몬져　 흔　사발　더운　 물　보내여라.

bi dere oboki.
　내　 놋　 씻쟈.

anda　si dere oboha manggi, ai jetere babe minde ala,
　나그네 네　놋　 씻거든　　므슴 먹을 거슬 내게 알외라.

bi doigonde belhebuki.
　내　 미리　 쥰비케ᄒ쟈.

meni duin niyalma de gūsin jiha i　 honin yali,
　우리 네　 사름 의게 서 돈 에[96] 羊 肉과

―――――――――――――――――――――――――――――

96 돈에 : 여기서의 '-에'는 만주어 원문의 대응형이 속격조사 'ᅵ'인 것을 볼 때, 속격의 기능을 하는 것으로 보인다.

(4:14a)

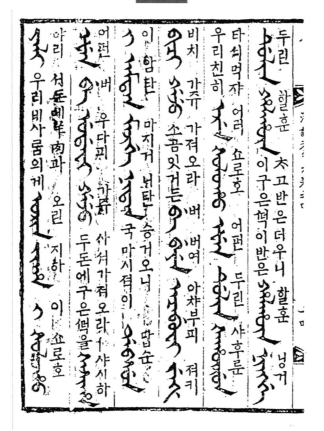

orin jiha i šoloho efen be udafi　gaju.
두 돈 에 구은 　씩 을 사셔 가져오라.

šasihan i amtan majige　nitan,
　국　　마시 적이 숭거오니

dabsun　bici　　gaju,
　소곰　잇거든　가져오라.

be　beye acabufi jeki.
우리 친히　타셔 먹쟈.

ere šoloho efen dulin šahūrun dulin halhūn,
이　구은 　씩이 반은　츠고 반은 더우니

(4:14b)

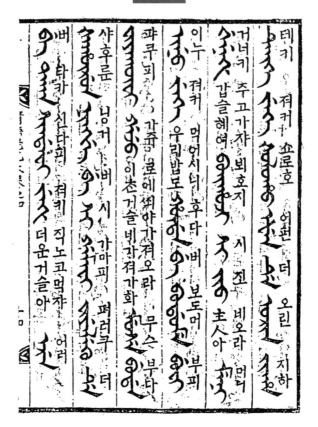

halhūn ningge be taka sindafi jeki.
　더운　　거슬　아직　노코　먹쟈.

ere šahūrun ningge be si gamafi fiyeleku de fiyakūfi　gaju.
이　　춘　　　거슬　네 가져가　화로　에　쬐야　가져오라.

muse buda inu　jeke,　hūda be bodome bufi geneki.
우리　밥　도 먹어시니　갑슬　　혜여　주고 가쟈.

boihoji　si jio.
主人아 네 오라.

meni teike jeke šoloho efen de orin　jiha,
우리　앗가 먹은 구은 쩍 에 두 돈이오,

(4:15a)

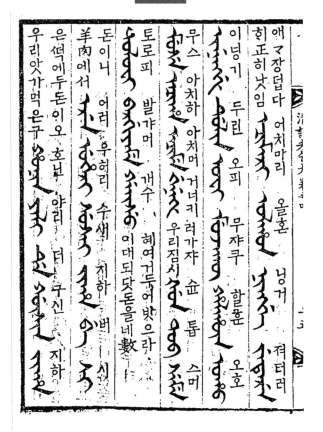

honin yali de gūsin jiha,
羊 肉 에 서 돈이니

ere uheri susai jiha be si tolofi bargiyame gaisu.
이 대되 닷 돈 을 네 數혜여 거두어 밧으라.

muse aciha acime geneki,
우리 짐 시러 가쟈.

šun tob seme inenggi dulin ofi mujakū halhūn oho,
히 正히 낫 임애 ᄀ장 덥다.

ecimari olhon ningge jetere jakade baibi kangkambi.
오늘 아흠에 ᄆᆞ른 것 먹엇기로 그저 목ᄆᆞ르다.

(4:15b)

ubaci goro akū julergi de emu elben i elbehe diyan boo bi,
여긔셔 머지 아닌 남편 에 흔 草   家   店 房 이시니,

tubade isinaha manggi udu hūntaha nure omifi kangkara be subume,
져긔   니르거든 여러   잔   술 먹고 목모른거슬 누기고

ulha be majige teyebufi jai geneki.
즘싱 을 젹이   쉬여 다시 가쟈.

(4:16a)

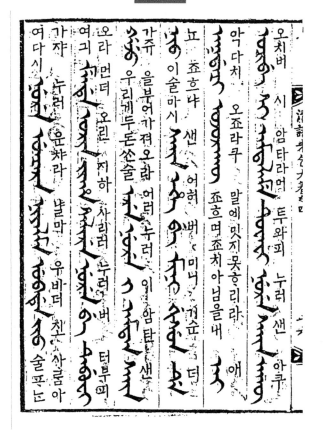

nure uncara niyalma ubade jio,
　술　 픈는　사름아　여긔 오라,

mende　orin jiha salire nure be tebufi　gaju.
우리게　두 돈　쓴　술　을 부어 가져오라.

ere nure i amtan sain nio?
이　술　마시 죠흐냐?

sain　　ehe　be mini gisun de akdaci ojorakū,
죠흐며 죠치아님 을 내　　말　에 밋지 못ᄒ리라.

ai ocibe si amtalame tuwafi nure sain akū oci,
아무커나 네　맛　　보와 술이 죠치 아니 ᄒ면,

(4:16b)

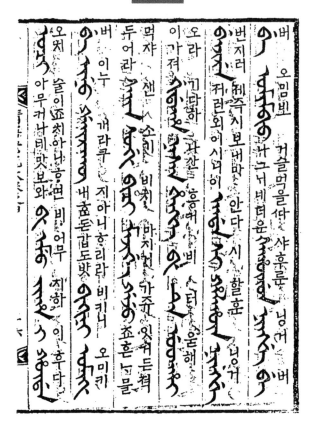

bi emu jiha i hūda be inu   gairakū.
내 혼 돈   갑   도 밧지 아니ᄒ리라.

bikini omiki.
두어라 먹쟈.

sain sogi bici majige   gaju.
죠흔 ᄂ긜믈 잇거든 적이 가져오라.

gidaha nasan hengke   bi   te   uthai benjire.
저린   외   이시니 이제 즉시 보내마.

anda   si halhūn ningge be omimbio?
나그너 네 더운   거슬 먹을짜?

šahūrun ningge be omimbio?
   츤   거슬   먹을짜?

(4:17a)

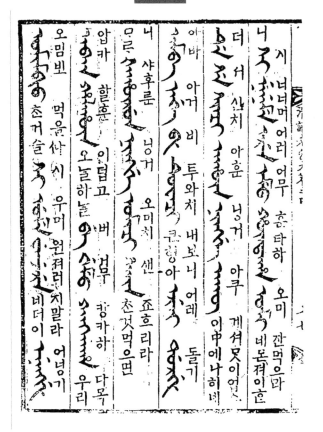

si ume wenjere,
네 더이지 말라.

enenggi abka halhūn, be gemu kangkaha,
오늘   하늘이 덥고 우리 다 목ㅁㄹㄴ니

šahūrun ningge omici   sain.
  춘   것 먹으면 죠흐리라.

amba age bi tuwaci,
큰 형아 내 보니

erei dorgi de se sinci ahūn ningge akū,
이 中 에 나히 네게셔 묫[97] 이   업스니

si neneme ere emu hūntaha omi.
네 몬져 이 흔 잔 먹으라.

---

97 묫 : 형. 나이 많은 사람. '묻'의 7종성 표기이다.

(4:17b)

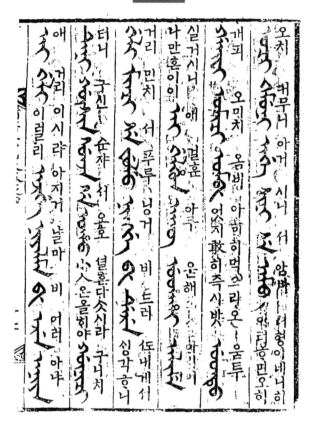

ai   geli,
이럴리 이시랴.

ajige niyalma bi ere aniya teni gūsin sunja se oho,
　小　　人은　　　올히　야 셜혼 다숫　시라.

gūnici   geli minci se fulu ningge bi dere,
싱각ᄒᆞ니 쏘 내게셔 나 만혼　이　이실거시니,

ai   gelhun akū uthai alime gaifi omici ombi.
엇지　　敢히　　즉시 밧아[98] 피히 먹으리오

uttu oci kemuni age sini se amba.
이러 ᄒᆞ면　오히려 형아 네 나히 만타.

98　밧아 : 받아. 밧+-아. '받야'의 7종성 표기이다.

(4:18a)

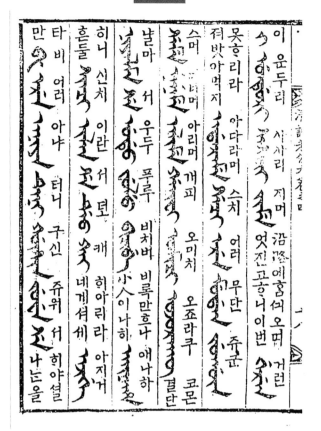

bi   ere aniya teni gūsin juwe se,
나는   올히 야 셜혼 둘히니

sinci   ilan se deo kai.
네게셔 세 히 아리라.

ajige niyalma se udu fulu bicibe,
 小   人이 나히 비록 만흐나

ainaha seme neneme alime gaifi omici ojorakū,
   결단코   몬져   밧아   먹지 못ᄒ리라.

adarame seci ere mudan jugūn i unduri sasari jime,
  엇진고 ᄒ니 이 번   沿路에   흠ᄭᅴ 오며

(4:18b)

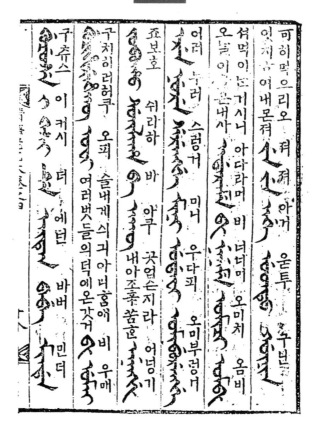

geren gucuse i kesi de eiten babe minde gucihirehekū ofi,
여러　벗들　의　덕　에　온갓　거슬　내게　싀긔　아니흠애

bi umai joboho suilaha ba　akū,
내 아조　　辛苦흔　　곳 업슨지라

enenggi ere nure serengge mini udafi omiburengge,
　오늘　이　술　은　　내　사셔　먹이는　거시니

adarame bi neneme　omici ombi?
엇지흐여 내　몬져　可히 먹으리오?

je　je　age　uttu gūnin fayaha be dahame,
오냐 오냐 형이 이리　뜻을　　虛費흠으로

(4:19a)

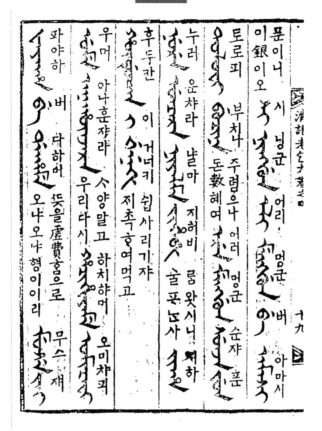

muse jai ume anahūnjara,
우리 다시   스양 말고

hacihiyame omicafi hūdukan i geneki.
지축ᄒᆞ여   먹고   쉽사리   가쟈.

nure uncara niyalma jihebi, jiha tolofi bucina.
술 ᄑᆞᄂᆞᆫ 사름 왓시니 돈 數 혜여 주렴으나.

ere menggun sunja fun,
이   銀이   오 푼이니,

si ninggun eli menggun be amasi minde bu.
네 六 厘 銀 을 도로 날 다고

(4:19b)

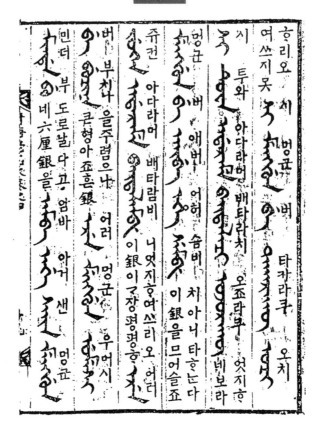

amba age sain menggun be bucina,
큰 형아 죠흔 銀 을 주렴으나.

ere menggun umesi juken adarame baitalambi?
이 銀이 ᄀ장 평평ᄒ니 엇지ᄒ여 쓰리오?

ere menggun be aibe ehe sembi?
이 銀 을 므어슬 죠치아니타 ᄒ는다?

si tuwa adarame baitalaci ojorakū?
네 보라 엇지ᄒ여 쓰지못ᄒ리오?

si menggun be takarakū oci gūwa niyalma de tuwabu.
네 銀 을 아지 못ᄒ면 다른 사름 의게 뵈라

(4:20a)

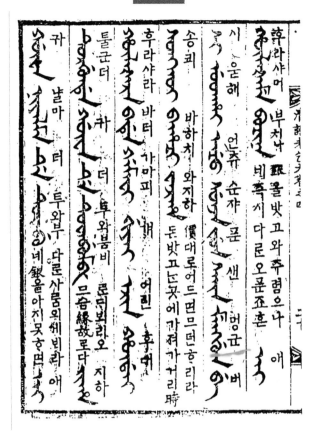

ai   turgunde gūwa de tuwabumbi?
므슴 緣故로 다른 디 뵈리오?

jiha hūlašara bade gamafi giyai erin hūdai songkoi bahaci   wajiha,
돈   밧고는 곳에 가져가 거리 時   價   대로 어드면 므던ㅎ리라.

si uthai encu sunja fun sain menggun be hūlašame bucina.
네 즉시 다른 오 푼 죠흔   銀   을 밧고와 주렴으나.

(4:20b)

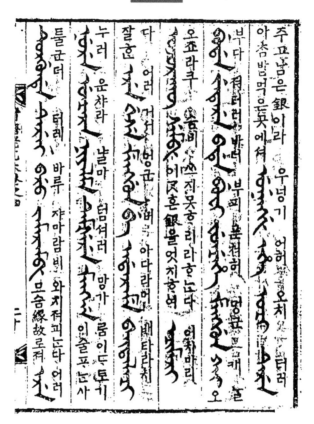

ai   turgunde terei baru jamarambi?
므슴 緣故로 져 와 지져괴는다?

ere nure uncara niyalma temšere mangga.
이 술 푸는 사룸이 드토기 잘흔다.

ere gese menggun be adarame baitalaci ojorakū sembi.
이 ᄀ혼   銀 을 엇지ᄒ여 쓰지 못ᄒ리라 ᄒ는다.

ecimari buda jetere bade bufi funcehe menggun kai,
오늘 아츰 밥 먹은 곳에셔 주고 남은   銀이라.

unenggi   ehe   oci tere gaimbiheo?
진실로 죠치아니 ᄒ면 졔 밧아시랴?

(4:21a)

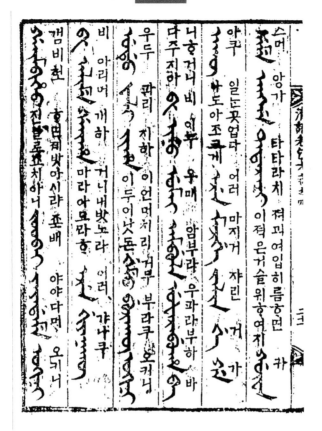

joobai yayadame okini bi alime gaiha,
　마라　아므라　ᄒ거니　내　　밧노라.

ere giyanakū udu fali jiha,
　이　두어　낫　돈이　언머치리[99]

gemu burakū   okini.
　다　주지　아니　ᄒ거니.

bi inu umai ambula ufarabuha ba akū.
　나　도　아조　크게　　일는[100]　곳　업다.

ere majige   jalin ge ga seme angga tataraci,
　이　젹은거슬　위ᄒ여　지져괴여　　입　히름ᄒ면

99　언머치리 : 얼마친가? 언머+-치+∅(←-이-)+-리. '-리'는 의문형 종결어미이다.
100　일는 : 잃는[失]. 일-(←잃-)+-는. '잃다'의 종성 'ㅎ'이 후행하는 초성의 'ㄴ' 앞에서 탈락하였다.

(4:21b)

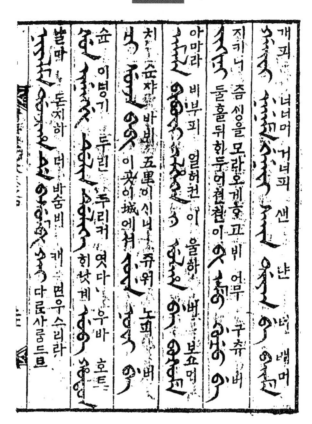

gūwa niyalma donjiha de basumbi kai.
다른　사름　　드르면　　우스리라.

šun inenggi dulin dulike,
히　　낫　　계엿다.[101]

uba　hoton　ci　sunja　babi,
이곳이　城　에셔　五　里이시니

juwe nofi be amala bibufi elheken i ulha be bošome jikini,
둘흘　　뒤히　두어　천천이　즘싱을　모라　오게ᄒ고

bi emu gucu be gaifi neneme genefi sain diyan be baime tatafi,
내 흔　벗을　드리고　몬져　가셔　죠흔　店을　ᄎ자　부리오고

---

101 계엿다 : 지났다. 계-+-엿-(←-엇-)+-다. '히 낫 계엿다'는 만주어 'šun(해) innenggi(낫) dulin(가운데) dulike(지났다)'
　　　를 참조하면 '해가 한낮을 지났다.'라는 의미임을 잘 알 수 있다.

(4:22a)

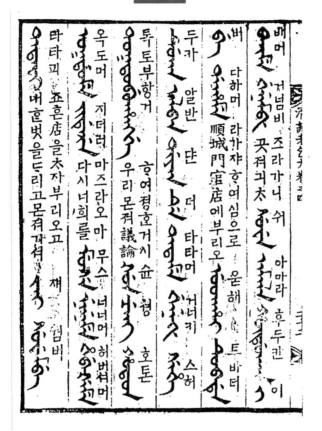

jai　suwembe okdome jidere.
다시　너희를　마즈라　오마.

muse neneme hebešeme toktobuhangge,
우리　몬져　議論ᄒᆞ여　정흔거시

šun ceng hoton duka alban diyan de tatame geneki sehe be dahame,
順　城　　　門　官　店　에 부리오라 가쟈　ᄒᆞ여심으로

uthai tubade baime genembi,
곳　져긔　츠즈라　가니

suwe amala hūdukan i jio.
너희　뒤히　쉽사리　오라.

(4:22b)

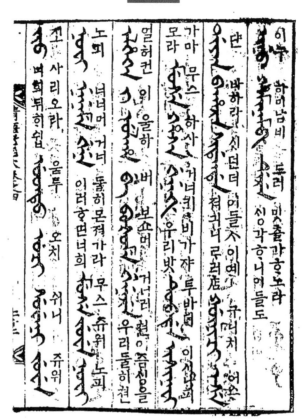

uttu oci suweni juwe nofi neneme gene,
이러 ᄒ면 너희 둘 히 몬져 가라.

muse juwe nofi elheken i ulha be bošome genere.
우리 둘 히 천천이 즘싱 을 모라 가마.

muse hasa geneki,
우리 밧비 가쟈.

tubade isinafi diyan bahara sidende,
져긔 니르러 店 어들 스이예

gūnici ese inu haminambi dere.
싱각하니 이들 도 밋츨가 ᄒ노라.

(4:23a)

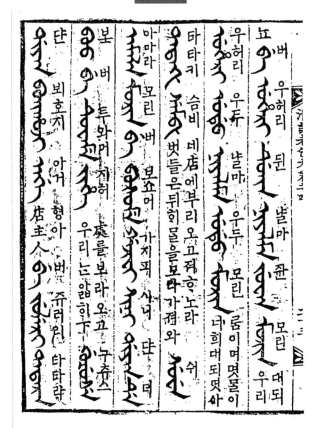

diyan boihoji age,
　店　　主人　형아

be　　juleri　tatara　boo　be　tuwame　jihe,
우리ᄂᆞᆫ　앏히　　下　　處　를　보라　오고

gucuse　amala　morin　be　bošome　gajifi　sini　diyan　de　　tataki　　sembi.
벗들은　뒤히　　ᄆᆞᆯ　을　모라　가져와　네　　店　　에　부리오고져　ᄒᆞ노라.

suwe　uheri　udu　niyalma　udu　morin?
너희　대되　몃　사ᄅᆞᆷ이며　몃　ᄆᆞᆯ이뇨?

be　　uheri　duin　niyalma　juwan　morin.
우리　대되　네　　사ᄅᆞᆷ과　열　　ᄆᆞᆯ이라.

(4:23b)

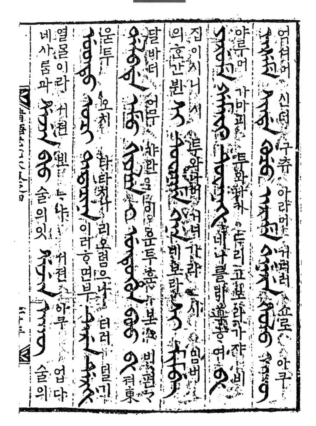

sejen   bio?
술의   잇ᄂ냐?

sejen akū.
술의 업다.

uttu oci   tatacina.
이러 ᄒ면 부리오렴으나.

tere dergi dalbade emu giyalan i untuhun boo bi,   si tuwaname gene.
져   東편 ᄀ의   ᄒ 간   뷘   집 이시니 네 보라   가라.

si mimbe yarume   gamafi tuwanaki.
네 나를 引導ᄒ여 ᄃ리고 보라가쟈.

bi ekšeme sinde gucu arame genere šolo akū.
내 밧바 네게 벗 지어   갈 겨를 업스니

(4:24a)

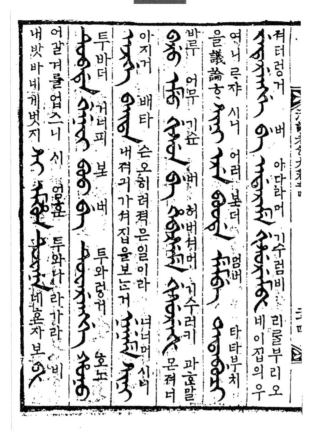

si emhun tuwana.
네 혼자 보라가라.

bi tubade genefi boo be tuwarengge hono ajige baita,
내 져긔 가셔 집 을 보는거슨 오히려 젹은 일이라

neneme sini baru emu gisun be hebešeme gisureki,
몬져 너과 흔 말 을 議論ᄒᆞ여 니ᄅᆞ쟈.

sini ere boode membe tatabuci jeterengge be adarame gisurembi?
네 이 집의 우리를 부리오면 먹을거슬 엇지ᄒᆞ여 니ᄅᆞᆯ짜?

(4:24b)

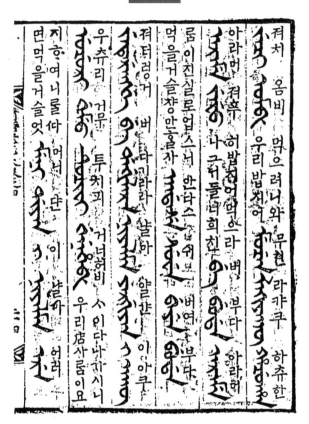

meni diyan i niyalma ere ucuri gemu tucifi genehebi,
우리 店 사름이 요 스이 다 나 가시니

jeterengge be dagilara niyalma yargiyan i akū,
　먹을거슬 쟝만홀 사름이 진실로 업스니,

andase　suwe beye buda arame jefu.
나그너들 너희 친히 밥 지어 먹으라.

be　buda arame jeci ombi,
우리 밥 지어 먹으려니와,

(4:25a)

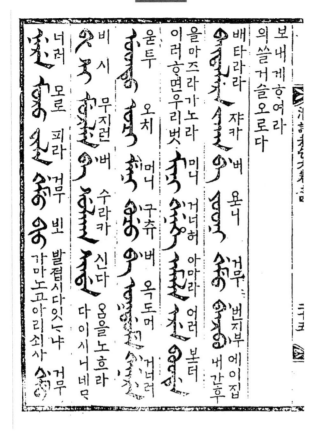

mucen lakiyakū hacuhan nere   moro fila gemu bio?
가마   노고   아리쇠[102] 사발 졉시 다 잇ᄂ냐?

gemu   bi   si mujilen be sulaka sinda.
다 이시니 네 ᄆ움 을 노흐라.

uttu oci meni gucu be okdome genere,
이러 ᄒ면 우리 벗 을 마즈라 가노라.

mini genehe amala ere boode baitalara jaka be yooni gemu   benjibu
내 간 후에 이 집의 쓸 거슬 오로 다 보내게 ᄒ여라.

---

102 아리쇠 : 삼발이.

清語老乞大 제5권

(5:1a)

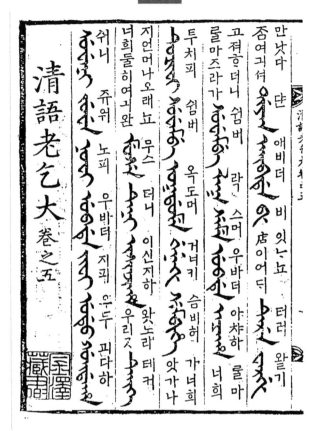

suweni juwe nofi ubade jifi 　　　udu goidaha?
너희　　둘　히　여긔　완지[103]　언머나　오래뇨?

muse teni isinjiha.
우리　ᄀᆞᆺ　왓노라.

teike tucifi suwembe okdome geneki sembihe,
앗가　나가　너희롤　　마즈라　가고져　ᄒᆞ더니

suwembe lak seme ubade acaha.
너희롤　　마줌　여긔셔　만낫다.

diyan aibide bi?
店이　어듸　잇ᄂᆞ뇨?

---

103 완지 : 왔는지. 오-+-아-+-ㄴ#지. '-아'는 동사 '오-[來]' 뒤에 쓰인 확인법 선어말어미이다.

(5:1b)

tere wargi ergi de bi,
　져 　西 　녁 희 이시니

aciha be gemu ebubufi gaju,
　짐 을 다 　부리워 가져오고

morin be olon be sulabufi enggemu be taka ume sure.
　물 을 오랑 을 느초고 기르마 를 아직 벗기지 말라.

si boihoji de hendufi derhi orhoi sektefun be gaju se,
　네 主人 의게 닐러 삿과 집 자리 를 가져오라 ᄒᆞ고

erku be gajifi na be eri,
　뷔 를 가져다가 ᄯᅡ흘 쓸라.

aciha be taka ume dosimbure,
　짐 을 아직 드리지 말고

(5:2a)

derhi sektere be aliyafi jai guribume dosimbu.
삿   질기 롤 기드려 다시 옴겨   드리라.

anda   si ere morin be uncaki sembio?
나그네 네 이 몰 을 풀고져 ᄒᆞᄂᆞ냐?

je   bi uncaki sembi.
오냐 내 풀고져 ᄒᆞ노라.

si uncaki seci hūdai bade ume gamara,
네 풀고져 ᄒᆞ거든   져제[104] 가져가지말고

taka ere diyan de bibu,
아직 이 店 에 두라

---

104 져제 : '시장'을 말한다.

(5:2b)

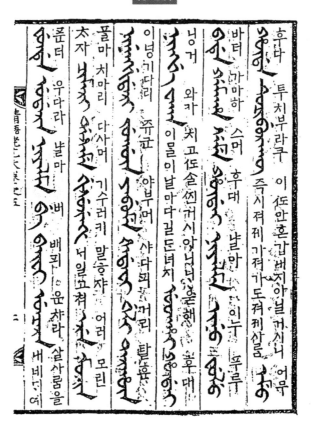

bi sini funde udara niyalma be baifi uncara.
내 네 딕에 살 사름 을 츳자 폴마.

cimari dasame gisureki.
닉일 고쳐 말ᄒᆞ쟈.

ere morin inenggidari jugūn yabume šadafi geli tarhūn ningge waka,
이 물이 날마다 길 둔녀 지치고 坐 슬쎤 거시 아니니

uthai hūdai bade gamaha seme hūdai niyalma inu fulu hūda tuciburakū,
즉시 져제 가져가 도 져제 사름이 坐 만혼 갑 내지아닐거시니

(5:3a)

emu udu inenggi saikan ulebufi cira majige aitume jai uncaci inu   goidarakū.
흔 두어 날 잘 먹여 몰골이 젹이 回蘇ᄒ거든 폴아도 늦지 아니ᄒ리라.

sini gisun umesi inu, bi inu uttu   gūnihabi.
네 말이 ᄀ장 올타. 나 도 이리 싱각ᄒ엿노라.

geli gajiha orhoda mušuri jodon bi,
坐 가져온 人蔘 모시 뵈 이시니

cimari hūda be tuwame genefi,
ᄂᆡ일 갑 슬 보라 가셔

hūda sain oci uncaki,
갑시 죠ᄒ 면 폴고

(5:3b)

sain akū oci taka udu inenggi aliyaki.
죠치 아니 ᄒᆞ면 아직 두어 날 기드리쟈.

si aibide tuwame genembi?
네 어듸 보라 갈다?

giking diyan de mini takara niyalma bi,
吉慶 店 에 내 아는 사름 이시니

tede fonjime geneki.
져긔 므르라 가쟈.

uttu oci muse cimari sasari genki.
이러 ᄒᆞ면 우리 ᄂᆡ일 홈ᄭᅴ 가쟈.

suweni juwe nofi ulha be tuwaša.
너희 둘 히 즘싱 을 보슯히라.

(5:4a)

muse juwe nofi hoton dorgi de genefi   goidarakū   uthai jimbi.
우리 둘 히 城 안 히 가셔 오래지 아니ᄒᆞ여 즉시 오마.

amba age de canjurambi,
큰 형 의게 揖ᄒᆞ노라.

ere diyan de mušuri jodon uncara coohiyan i niyalma lii halangga bio?
이 店 에 모시 뵈 ᄑᆞᄂᆞᆫ 朝鮮 사름 李 哥 잇ᄂᆞ냐?

si tere be baifi ainambi?
네 져 를 ᄎᆞ자 무엇ᄒᆞ다?

(5:4b)

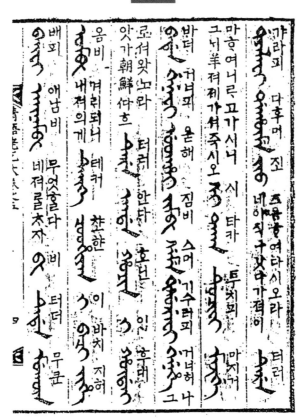

bi tede mukūn ombi,
내 져의게 겨릐 되니

teike coohiyan i baci jihe.
앗가 朝鮮 싸호로셔 왓노라.

tere anda honin i hūdai bade genefi uthai jimbi seme gisurefi genehe,
그 나그늬 羊 져제 가셔 즉시 오마 ᄒᆞ여 니르고 가시니

si taka tucifi majige giyalafi dahūme jio.
네 아직 나갓다가 젹이 즈음ᄒᆞ여 다시 오라.

(5:5a)

tere anda honin i hūdai bade geneci ubaci goro akū,
그 나그니 羊 져제 가시면 여긔셔 머지 아니ᄒᆞ니

bi ubade aliyaki.
내 여긔셔 기ᄃᆞ리쟈.

sini cihai aliya.
네 任意로 기ᄃᆞ리라.

tere ya boode tatahabi?
졔 어ᄂᆞ 집의 부리윗ᄂᆞᆫ뇨?

tere wargi julergi hošo i wase dukai julergi ajige undehen duka uthai inu.
져 西 南 모롱이[105] 지새 문 남편 적은 널 門이 곳 이라.

(5:5b)

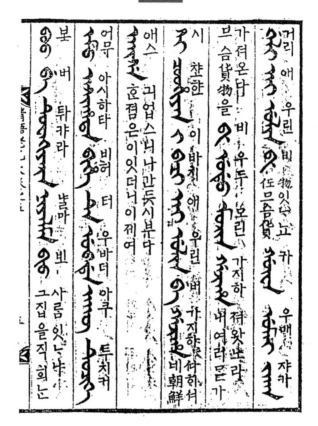

tere boo be tuwakiyara niyalma bio?
그 집 을 직희는 사름 잇느냐?

emu asihata bihe te ubade akū tucike aise.
혼 졈은이 잇더니 이제 여긔 업스니 나간듯시부다.

si coohiyan i baci ai ulin be gajiha?
네 朝鮮 싸히셔 므슴 貨物 을 가져온다?

bi udu morin gajiha.
내 여러 물 가져왓노라.

geli ai ulin bi?
또 므슴 貨物 잇느뇨?

gūwa umai jaka akū,
다른 아모란 것 업고

(5:6a)

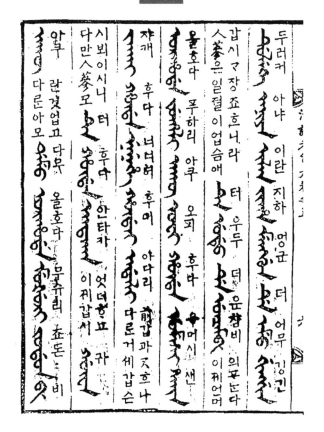

damu orhoda mušuri jodon bi, te hūda antaka?
다만 人蔘 모시 뵈 이시니 이제 갑시 엇더ᄒ뇨?

gūwa jakai hūda nenehe hūdai adali,
다른 거세[106] 갑슨 前 갑과 ᄀᆺᄒ나

orhoda fuhali akū ofi hūda umesi sain.
人蔘은 일졀이 업슴애 갑시 ᄀ장 죠흐니라.

te udu de uncambi?
이제 언머 의 ᄑᄂ다?

duleke aniya ilan jiha menggun de emu ginggin bahambihe,
前 年은 서 돈 銀 에 흔 斤 엇더니

---

106 거세 : 것의. 것+-에. 여기서 처격의 '-에'는 속격의 기능으로 사용되었다.

(5:6b)

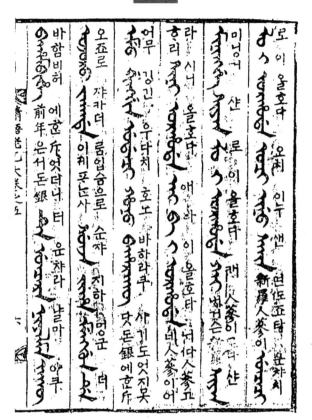

te   uncara niyalma akū ojoro jakade,
이제 파는   사름   업슴 으로

sunja jiha menggun de emu ginggin udaci hono baharakū.
닷 돈   銀 에 흔   斤 사기 도 엇지 못하리라.

sini orhoda ai ba i orhoda?
네 人蔘이 어니 짜   人蔘고?

miningge siyan lo i orhoda kai.
내 거슨 新 羅 人蔘이로다.

siyan lo i orhoda oci inu sain,
新 羅   人蔘 이면 또 죠타.

(5:7a)

uncaci tuciburakū jalin aiseme jobombi?
폴면 내지 못홀가 므슴ᄒᆞ라 근심ᄒᆞ리오?

tere jiderengge lii halangga age wakao?
져 오ᄂᆞᆫ거시 李 哥 형이 아니냐?

atanggi isinjiha?   bi sikse isinjiha.
언제 왓ᄂᆞᆫ다?   내 어제 왓노라.

booi gubci gemu saiyūn?   gemu sain.
왼 집이 다 平安하냐?   다 平安ᄒᆞ여라[107].

mini tataha boode dosifi teki. mini booi jasigan bio?
내 下 處의 드러가 안쟈. 내 집 편지 잇ᄂᆞ냐?

jasigan bi.
편지 잇다.

---

107 平安ᄒᆞ여라 : 平安ᄒᆞ-+-어라. '-어라'는 감탄형 종결어미이다.

(5:7b)

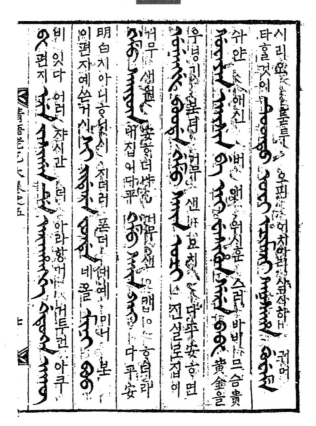

ere jasigan de arahangge getuken akū,
이 편지 예 쓴거시 明白지 아니ᄒ니

si jidere fonde, mini boo gemu saiyūn?
네 올 째에 내 집이 다 平安ᄒ더냐?

gemu sain kai.
다 平安ᄒ더라.

unenggi boode gemu sain oci,
진실로 집이 다 平安ᄒ면

suwayan aisin be ai wesihun sere babi,
黃 金 을 므슴[108] 貴타 홀 것이시리오

---

108 므슴 : 어찌.

(5:8a)

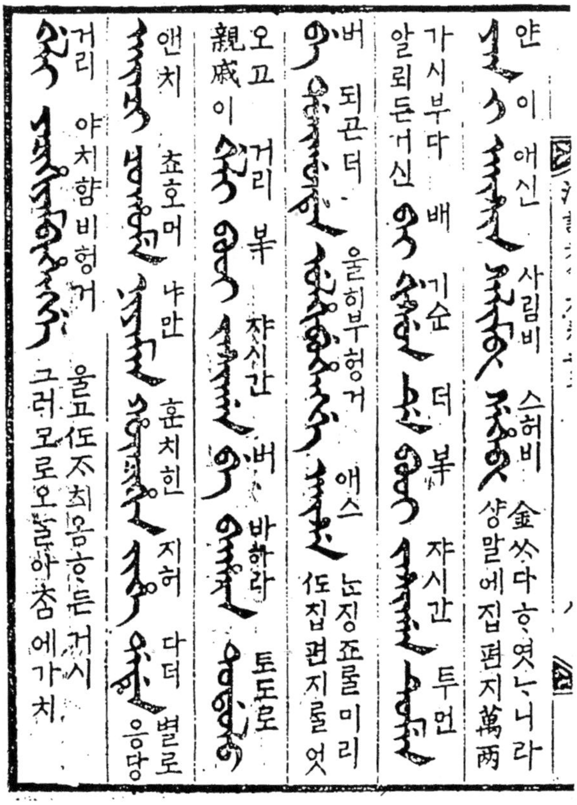

tuttu ofi ecimari saksaha guweme geli yacihiyambihengge,
그러모로 오늘아츰에 가치 울고 쏘 즈츽옴ᄒᆞ든거시[109]

ainci cohome niyaman hūncihin jihe dade,
응당 별로 親 戚이 오고

geli booi jasigan be bahara todolo be doigonde ulhibuhengge aise.
쏘 집 편지 룰 엇눈 징죠 룰 미리 알뢰든[110]거신가 시부다.

bai gisun de booi jasigan tumen yan i aisin salimbi sehebi
샹 말 에 집 편지 萬 兩 金 쏜다[111] ᄒᆞ엿ᄂᆞ니라.

---

109 즈츽옴ᄒᆞ든거시 : 재채기하던 것이. 즈츽옴ᄒᆞ-+-드-(←-더-)+-ㄴ#것+-이.
110 알뢰든 : 알외던. 알뢰+-드-(←-더-)+-ㄴ. '알뢰'는 '알외'의 중철표기이다.
111 쏜다 : (얼마만큼의) 값이 나가다.

(5:8b)

mini sargan   juse   gemu saiyūn?
내   妻과[112] 즈식들히   다 平安ᄒ더냐?

mini jidere julesiken sini ajige sargan jui be mama eršefi,
내 오기   前에 네 적은   쏼이   역질 ᄒ여

mini jidere nergin de gemu dulefi   sain oho.
내 올 즈음 에ᄂ 다 ᄒ려셔[113] 平安ᄒ엿ᄂ니라.

sini gajihangge si   ulin?
네 가져온거시 므슴 貨物고?

---

112 妻과: 처(妻)와. 처+-과. '-과'는 '-와'의 과도교정이다.
113 ᄒ려셔: 병이 나아서[癒]. ᄒ리+-어셔. 'ᄒ리다'는 '병이 낫다'의 의미이다.

(5:9a)

bi udu morin orhoda mušuri jodon bi,
내 여러 물과 人蔘 모시 뵈 이시니

ere ucuri hūda antaka?
요 수이 갑시 엇더ᄒ뇨?

morin i hūda jodon i hūda kemuni nenehe adali,
물 갑 뵈 갑슨 오히려 前 ᄀᆺ호나

orhoda i hūda umesi mangga.
人蔘 갑슨 ᄀᆞ장 貴ᄒ니라.

sini gisun inu,
네 말이 올타.

tere diyan i niyalma inu uttu gisurembi.
져 店 사름 도 이리 니ᄅ더라.

(5:9b)

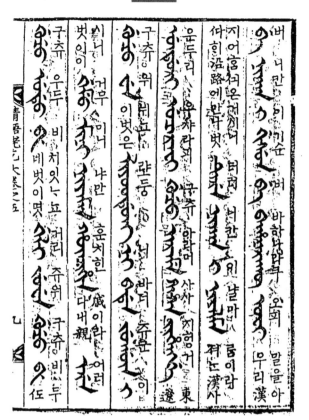

sini gucu udu bi?
네 벗이 몃치 잇ᄂ뇨?

geli juwe gucu bi, gemu mini niyaman huncihin.
또 두 벗이 이시니, 다 내 親 戚이라.

ere gucu we?
이 벗은 뉘뇨?

liyoodung ni bade jugūn i unduri ucarafi gucu arame sasa jihengge,
遼東 짜히 沿 路에 만나 벗 지어 흠ᄭᅴ 온거시니

tere nikan i niyalma,
져ᄂ 漢 사름이라

be nikan i gisun be bahanarakū ofi,
우리 漢 말 을 아지 못홈애

(5:10a)

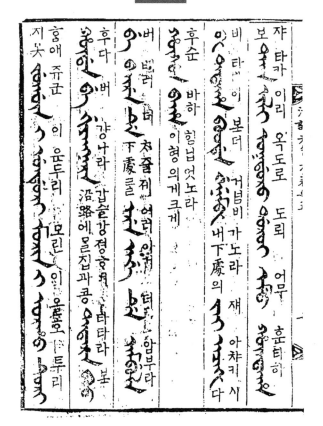

jugūn i unduri morin orho turi hūda be giyangnara,
　沿　　路에　　몰　집과　콩　갑슬　강정ᄒ여[114]

tatara boo be baire de,
　下　　處룰　ᄎ줄 제

ere age　de　ambula hūsun　　baha.
　이　兄 의게　크게　　힘　　닙엇노라.

bi tataha boode genembi, jai　acaki.
　내　下　處의　가노라　다시　보쟈.

taka　　ili　okdoro doroi emu hūntaha nure omibuki.
　아직 머믈라　맛ᄂᆞᆫ　禮로　ᄒᆞᆫ　　잔　　술　먹이쟈.

114　강정ᄒ여 : 강정(講定)하여. 논의해서 정하여. 강정ᄒ-+-여(←-어). '-여'는 원문에서 잘 보이지 않지만 파리 동양어학
　　교본에 따라 판독하였다.

(5:10b)

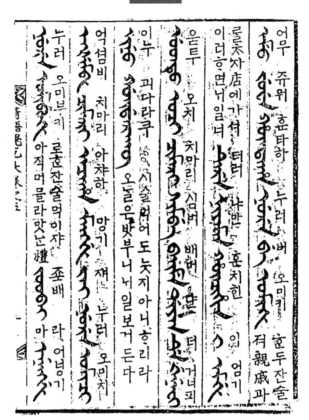

joobai,
마라

enenggi ekšembi cimari acaha manggi jai nure omici inu goidarakū.
오늘은 밧부니 닉일 보거 든 다시 술 먹어 도 늣지 아니ᄒ리라.

uttu oci cimari simbe baime diyan de genefi,
이러 ᄒ면 닉일 너를 츳자 店 에 가셔

tere niyaman huncihin i emgi emu juwe hūntaha nure be omiki.
져 親 戚 과 흔 두 잔 술 을 먹쟈.

(5:11a)

아다리 ᄅ 웃함비 라 므슴 허물ᄒ리오

우리 흔 집 사ᄅᆞᆷ ᄀᆞᆺ혼지

우머 웃하라 말라 ᄂᆡ 말을 조차 버보

네 허믈 무스 어무 부 날매

다하피 비 푸더라쿠 오호 버지 아니ᄒᆞ니 시

우머 푸터터 니네보내려 말라 시니 기슨 버

이방에 사ᄅᆞᆷ 업스

ᄂᆡ너로보내라 더 날마 아쿠 씨

門 밧긔 가먀 어러 나한 두개

을먹 비 심버 푸터먼 투려 거너러

쟈 비 심버 푸터머 거너러

---

bi simbe fudeme dukai tule genere.
내 너를 보내라[115] 門 밧긔 가먀.

ere nahan de niyalma akū si ume fudere.
이 방 에 사ᄅᆞᆷ 업스니 네 보내려 말라.

sini gisun be dahafi bi fuderakū oho,
네 말 을 조차 내 보내지아니 ᄒᆞ니

si ume ushara.
네 허믈 말라.

muse emu booi niyalmai adali ai ushambi?
우리 흔 집 사ᄅᆞᆷ ᄀᆞᆺ혼지라 므슴 허물ᄒ리오?

---

115 보내라 : 보내러. 보내+-라. '-라'는 의도 기능의 연결어미이다.

(5:11b)

goidaha   akū   diyan de genefi tuwaci,
오래지 아니ᄒᆞ여 店 에 가셔 보니

diyan boihoji ilan anda i emgi ilifi morin be tuwara nashūn bi isinara jakade,
店 主人이 세 나그ᄂᆡ 와 셔셔 ᄆᆞᆯ 을 볼 적의 내 니ᄅᆞ니

diyan boijoji alame.
店 主人이 알외되

ere juwe niyalma morin udara niyalma,
이 두 사름은 ᄆᆞᆯ 살 사름이오

emu niyalma hūda toktosi
ᄒᆞᆫ 사름은 즈름이라

(5:12a)

ere morin be tese gemu udafi šan dung de uncame geneki sembi.
이 물 을 져들히 다 사셔 山 東에 풀라 가고져 ᄒ니

udu hūdai bade gamafi uncara ubade uncarengge emu adali kai,
비록 져제 가져가 프라도 여긔셔 프는것과 ᄒᆞᆫ 가지라.

minggan farsi emu dalgan de isirakū   sehebi,
  千   조각이 ᄒᆞᆫ 덩이 만 갓지못ᄒᆞ다 ᄒᆞ여시니

(5:12b)

si gemu tede uncaci inu i gese.
네 다 져의게 폴면 올홀 듯ᄒ다.

muse uhei tecefi hūda be gisureki.
우리 대되 안자 갑슬 의논ᄒ쟈.

ere fulan morin se udu?
이 총이 몰이 나히 언머뇨?

si weihe be tukiyeme tuwa.
네 니를 들어 보라

bi tuwaci fejergi ninggun weihe gemu manafi umesi sakdakabi.
내 보니 아릐 웃 니 다 달하 ᄀ장 늙엇다.

(5:13a)

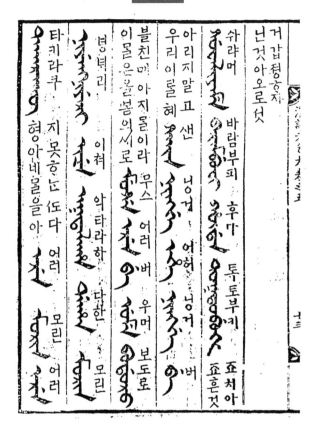

age si morin be takarakū,
형아 네 몰 을 아지못ᄒᆞᄂᆞᆫ쏘다.

ere morin ere niyengniyeri ice aktalaha dahan morin.
이 몰은 올 봄의 새로 블친[116] 매아지 몰이라.

muse ere be ume bodoro,
우리 이 룰 혜아리지 말고

sain ningge ehe ningge be suwaliyame barambufi hūda toktobuki.
죠흔 것 죠치아닌 것 아오로 섯거 갑 정ᄒᆞ쟈.

---

116 블친 : 블친[騸]. 불 깐. 거세한. 블치-+-ㄴ. '블치-'는 '불타'의 구개음화형이다.

(5:13b)

ere dahan morin, akta morin, jerde morin, konggoro morin,
이 매야지 물 블친 물 졀다 물 공골 물

keire morin, kuren morin, hailun morin, suru morin, kara morin,
오류 물 굴형 물 가리온 물 셔라 물 가라 물

sarala morin, kula morin, kalja morin, kara kalja seberi morin,
챠마 물 고라 물 간쟈 물 가라 간쟈 四足白이 물

cohoro morin,
도화쟘블 물

(5:14a)

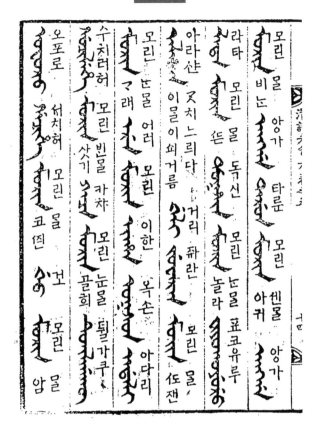

oforo secihe   morin, geo morin,
코   션[117]   물 암 물

sucilehe morin, kaca morin, tuilgakū morin,
삿기빈   물 골회눈 물   ᄀ래ᄂ 물

ere morin ihan okson adali alašan,
이   물이   쇠   거름   ᄀ치 느릐다.

geli juwaran morin, lata morin, doksin morin, fiyokoyuru morin,
쏘   잰   물   쓴   물   놀라ᄂ   물   비ᄂ   물

---

117 션 : 쩬. 찢어진. 씨-[裂]+-ㄴ.

(5:14b)

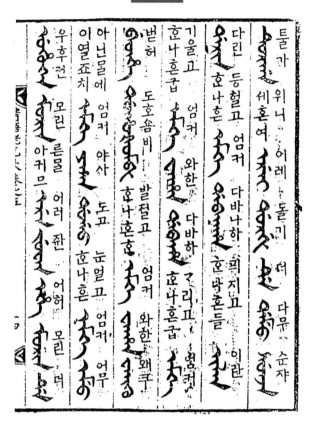

angga tarun morin, angga uhuken morin,
아귀 셴 물 아귀 므른 물

ere juwan ehe morin de,
이 열 죠치아닌 물 에

emke yasa dogo, emke emu bethe dohošombi,
ᄒᆞ나혼 눈 멀고 ᄒᆞ나혼 ᄒᆞᆫ 발 절고

emke wahan waiku, emke wahan dabaha,
ᄒᆞ나혼 굽 기울고 ᄒᆞ나혼 굽 ᄀᆞ리고[118]

emke darin, emke dabanaha, ilan turga,
ᄒᆞ나혼 등헐고 ᄒᆞ나혼 들픠지고[119] 세혼 여위니

118 ᄀᆞ리고 : 갈리고. 닳고. ᄀᆞ리-(←ᄀᆞᆯ이-)[磨]+-고.
119 들픠지고 : (발이) 짚어지고. 구부려지고. 절뚝거리고. 들픠지-[熟癖]+-고.

(5:15a)

erei dorgi de damu sunja morin nikedeme tuwaci ombi.
이 中 에 다만 다섯 물은 의지ᄒᆞ여 볼만ᄒᆞ다.

sini ere morin i sain ehe amba ajige ningge be emu bade barambufi,
네 이 물 의 죠ᄒᆞ니 죠치아닌이 큰이 젹은 이 를 ᄒᆞᆫ 듸 섯거

udu hūda gaiki sere babe emte tome hūda be ala.
언머 갑 밧고져 ᄒᆞᄂᆞᆫ 거슬 각각 ᄒᆞ나식 갑슬 알외라.

(5:15b)

bi uheri emu tanggū dehi yan menggun be gaimbi.
내 대되 一 百 마혼 兩 銀 을 밧으리라.

si inu sini jaka i salire be bodome,
너 도 네 物件 의 쏜거슬 혜아려

jingkini uncara hūda be ala,
바론 풀 갑슬 알외라.

angga ici balai gaici ombio?
입 결의 간대로 밧으려홈이 可ᄒ랴?

bi balai gairengge waka.
내 간대로 밧으려ᄒ난거시 아니라.

(5:16a)

sini gisun ijishūn oci,
네 말이 順 ᄒᆞ면

juwe ilan gisun de uthai wajimbi,
두 세 말 에 즉시 뭇츠러니와,

aika kemuni da songkoi teng seme aššaburakū oci,
만일 오히려 처음 대로 벅벅이 움즈기지아니ᄒᆞ면

atanggi teni hūda toktombi.
언제 비로소 갑 졍ᄒᆞ리오

andase taka ume balai hūda temšere,
나그늬들 아직 간대로 갑 두토지 말고

(5:16b)

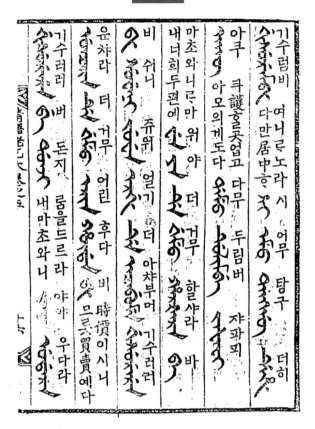

mini acabume gisurere be donji.
내 마초와 니름 을 드르라.

yaya udara uncara de gemu erin hūda bi,
므릇 買 賣 에 다 時 價 이시니

bi suweni juwe ergi de acabume gisurere,
내 너희 두 편 에 마초와 니르마

we ya de gemu haršara ba akū,
아모 의게도 다 斗護흘 곳 업고

damu dulimbe jafafi gisurembi,
다만 居中ᄒᆞ여 니르노라

(5:17a)

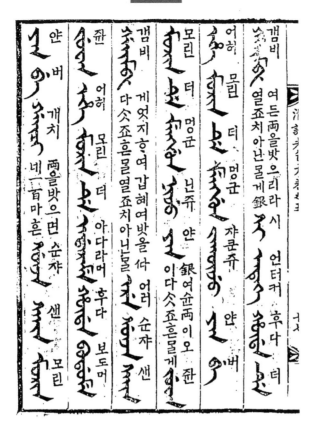

si emu tanggū dehi yan be gaici,
네 一 百 마흔 兩 을 밧으면

sunja sain morin juwan ehe morin de adarame hūda bodome gaimbi?
다솟 죠흔 물 열 죠치아닌 물 게 엇지ᄒᆞ여 갑 혜여 밧을짜?

ere sunja sain morin de menggun ninju yan,
이 다솟 죠흔 물 게 銀 여슌 兩이오

juwan ehe morin de menggun jakūnju yan be gaimbi.
열 죠치아닌 물 게 銀 여든 兩 을 밧으리라.

si enteke hūda de uncaci ojorakū.
네 이런 갑 세는 ᄑᆞ지 못ᄒᆞ리라.

(5:17b)

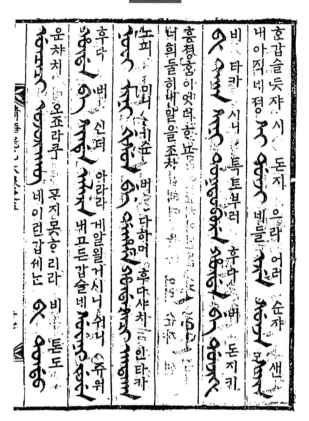

bi tondo hūda be sinde alara,
내 고든 갑 슬 네게 알윌거시니

suweni juwe nofi mini gisun be dahame hūdašaci antaka.
너희 둘 히 내 말 을 조차 흥졍흠이 엇더ᄒᆞ뇨

bi taka sini toktobure hūda be donjiki.
내 아직[120] 네 졍흔 갑 슬 듯쟈.

si donji,
네 들으라.

ere sunja sain morin de,
이 다ᄉᆞᆺ 죠흔 몰 게

---

120 아직 : 여기서의 '아직'은 '이제'의 의미로 쓰였다.

(5:18a)

morin tome jakūta yan oci, dehi yan tuhenembi,
　물　마다　여덟　兩식　ᄒ면　마흔　兩　되고

juwan ehe morin de, morin tome ningguta yan oci,
　열　죠치아닌　물　게　물　마다　엿　兩식　ᄒ면

ninju yan tuhenembi,
　여순　兩　되니

uheri acabufi bodoci tob seme emu tanggū yan ombi.
　대되　모도와　ᄒ면　졍히　一　百　兩　된다.

(5:18b)

sini enteke toktobuha hūda gese oci,
네 이런 정혼 갑 ㄳ호면

meni coohiyan i bade inu udame baharakū.
우리 朝鮮 짜히셔 도 시러곰 사지못ㅎ리라.

sini arbun be tuwame ohode unenggi udaki serengge waka.
네 거동 을 볼쟉시면 진실로 사고져 ㅎ는거시 아니로다.

ere anda si ai gisun serengge,
이 나그늬 네 므슴 말 이뇨

(5:19a)

aika udarakū oci aibi naci šadame ubade jifi ainambi.
만일 사지아니 ᄒ면 어ᄂᆡ 짜ᄒ로셔 ᄌᆞ비 여긔 와 므엇ᄒ리오

teike hūda toktosi toktobuha hūda minde aisi fuhali akū,
앗가 ᄌ름의[121] 졍혼 갑시 내게 利息이 일졀이 업스니,

bi udaci ojorakū.
내 사지 못ᄒ리로다.

si ere gese hūda de uncarakū,
네 이 ᄌᆞ혼 갑세 ᄑ지아니ᄒ고

---

121 ᄌ름의 : 중개인이. 거간꾼이. ᄌ름+-의(속격). '-의'는 주어적 속격으로 쓰였다.

(5:19b)

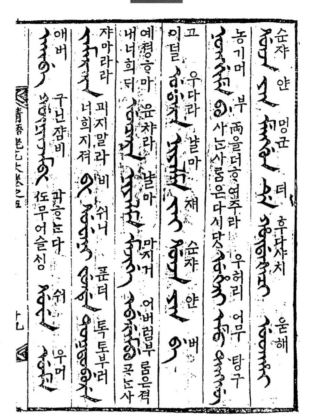

geli aibe gūninjambi?
쏘 무어슬 싱각ᄒᆞᆫ다?

suwe ume jamarara.
너희   지져괴지 말라

bi suweni funde toktobure.
내 너희 디에 졍ᄒᆞ마.

uncara niyalma majige eberembu,
ᄑᆞᄂᆞᆫ 사름은 젹이   덜고

udara niyalma jai sunja yan be nonggime bu,
사ᄂᆞᆫ 사름은 다시 닷 兩 을 더ᄒᆞ여 주라.

uheri emu tanggū sunja yan menggun de hūdašaci uthai tob sere hūda ombi.
대되 一   百   닷 兩   銀 에 홍졍ᄒᆞ면 곳   正ᄒᆞᆫ 갑시 되리라.

(5:20a)

suwe mini gisun be dahame hūdašaci,
너희 내 말 을 조차 흥졍ᄒ면

yaya gemu ufaraburakū ombi.
아뫼나 다 일치아니ᄒ리다.

agese donji.
형들아 드르라.

be dalbaki niyalma,
우리는 겻히 사룸이라

mende umai dalji akū,
우리게 아조 干涉지 아니ᄒ나

ere niyalmai henduhe hūda be donjici,
이 사룸의 니르는 갑슬 드르니,

(5:20b)

umesi tondo giyan i gaici acambi,
ᄀ장 곳으니 맛당히　　바담즉ᄒ다.

jai　fulu nemšehe seme inu tusa akū.
다시 만히　　　ᄃ토와　도 無益ᄒ리라.

damu emu baita bi,
다만　흔　일 이시니

ehe　　　menggun be minde ume bure.
죠치 아닌　銀　을 내게　주지말라.

ehe　　　menggun minde inu akū,
죠치아닌　銀은　내게　　업고

(5:21a)

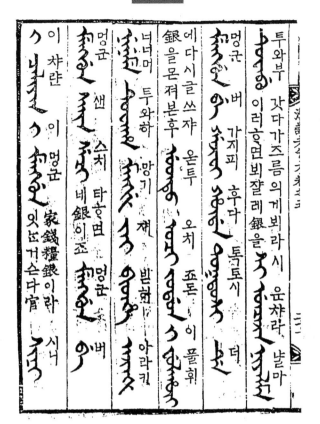

bisirengge gemu alban i caliyan i menggun.
잇ᄂᆞᆫ거슨　다　官家　錢糧　銀이라.

sini menggun sain seci,
네　銀이　죠타 ᄒᆞ면

menggun be neneme tuwaha manggi jai bithe araki.
銀　을　몬져　본　후에　다시　글　쓰쟈.

uttu oci jodon i fulhūi menggun be gajifi hūda toktosi de tuwabu.
이러 ᄒᆞ면　뵈　쟐레[122]　銀　을　갓다가　즈름　의게　뵈라.

si uncara niyalma beye kimcime tuwa,
너　ᄑᆞᄂᆞᆫ　사ᄅᆞᆷ　친히　슯혀　보라.

---

122 뵈 쟐레 : 베자루. 베로 만든 포대. '쟐레'는 '자루[袋]'로 근대국어에서 '쟐릐, 쟐너'의 형태로도 나타난다. 이는 중세
국어의 'ᄌᆞᄅᆞ'에서 온 것이다.

(5:21b)

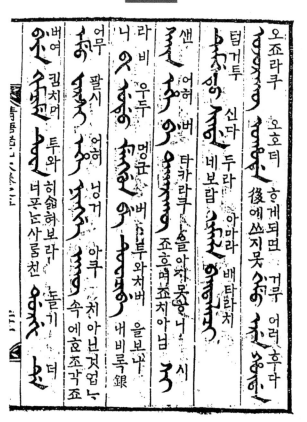

dorgi de emu farsi   ehe   ningge akū.
속 에 흔 조각 죠치아닌 것   업ᄂ니라.

bi udu menggun be tuwacibe,
내 비록   銀   을 보나

sain   ehe   be takarakū,
죠흐며 죠치아님 을 아지못ᄒ니

si temgetu sinda,
네   보람[123] 두라.

amala baitalaci ojorakū ohode,
後에   쓰지 못ᄒ게 되면

---

123 보람 : 조금 드러나 보이는 표적. '보람두다'는 '표시를 하다, 표해두다, 표적을 삼다, 서명하다'의 의미이다.

(5:22a)

gemu ere hūda toktosi be baimbi.
다 이 즈름 을 츠즈리라.

bi temgetu sindara yaya erin ocibe gemu mimbe baisu.
내 보람 둘거시니 아모 쩨 라도 다 나를 츠즈라.

wen su bithe be wede arabumbi?
文書 롤 뉘게 쓰이리?

hūda toktosi si ara.
즈름 네 쓰라.

bithe be araci emu bade arambio? dendeme arambio?
글 을 쓰면 흔 듸 쓰랴? 논화 쓰랴?

(5:22b)

si dendeme ara,
네 ᄂᆞᆫ화 쓰라

emu bade araci adarame gūwa niyalma de uncame bumbi,
ᄒᆞᆫ 디 쓰면 엇지ᄒᆞ여 다른 사람 의게 ᄑᆞ라 주리오

si meimeni ara.
네 各各 쓰라.

sini morin emu ejen i ninggeo? meimeni ninggeo?
네 ᄆᆞᆯ이 ᄒᆞᆫ 님자 의 거시냐? 各各 거시냐?

duin niyalmai ningge meimeni ton   bi,
네 사람의 거시니 各各 數 잇ᄂᆞ니라

(5:23a)

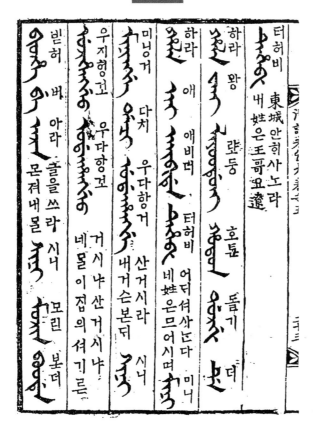

neneme mini morin i bithe be ara.
몬져 내 몰 글 을 쓰라.

sini morin boode ujihenggeo? udahanggeo?
네 몰이 집의셔 기른거시냐? 산거시냐?

miningge daci udahangge.
내거슨 본듸 산거시라.

sini hala ai aibide tehebi?
네 姓은 므어시며 어듸셔 사는다?

mini hala wang liyoodung hoton dorgi de tehebi
내 姓은 王哥요 遼東 城 안히 사노라.

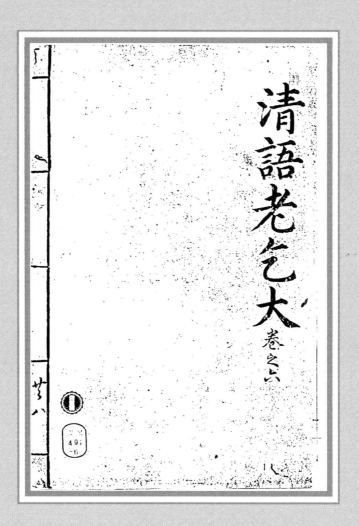

清語老乞大 제6권

(6:1a)

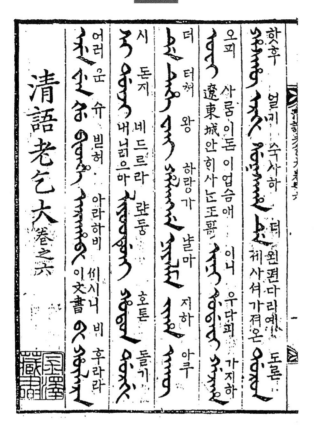

ere wen su bithe arahabi,
이 文書   써시니[124],

bi hulara si donji,
내 닑으마 네 드르라.

liyoodung hoton dorgi de tehe wang halangga niyalma jiha akū ofi,
　遼東　 城　안 히 사는　王　 哥　사름이 돈이 업슴에

ini udafi gajiha hashū ergi suksaha de,
제[125] 사셔 가져온 왼　편　다리　예

---

124 써시니 : 원문에는 '씨시니'로 보이나 '써시니'의 탈각으로 파악하였다. 썼으니. 쓰+-어시-+-니. '-어시'는 완료상 내지
　　과거시제의 기능으로 쓰였다.
125 제 : 저의. 저+-l (속격조사). 이때 '-l'는 주어적 속격의 기능으로 쓰였다.

(6:1b)

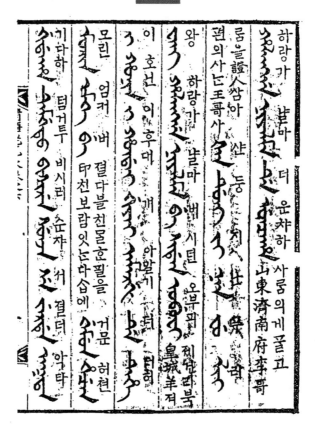

doron gidaha temgetu bisire sunja se jerde akta morin emke be,
印　친[126]　　보람 잇는　다습에　졀다 블친 물 흔필을

gemun hecen i honin i hūdai giyai amargi de tehe
皇　城　羊　져제 거리　북편　의 사는

wang halangga niyalma be siden obufi,
王　哥　사름　을　證人 삼아

šan dung ji　nan fu lii halangga niyalma　de uncaha,
山　東 濟 南 府 李 哥　사름　의게 플고

---

126 印 친 : 낙인이 찍힌.

(6:2a)

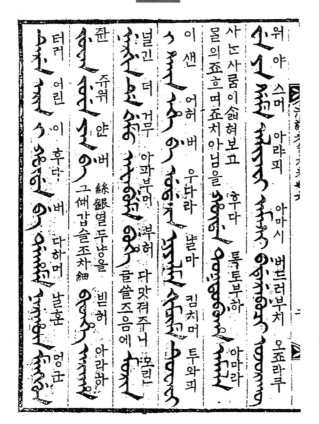

tere erin i hūda be dahame narhūn menggun juwan juwe yan be,
그 째 갑슬 조차 細絲 銀 열 두 냥을

bithe araha nergin de gemu afabume buhe,
글 쓸 즈음 에 다 맛져[127] 주니

morin i sain ehe be udara niyalma kimcime tuwafi,
물 의 죠흐며 죠치아님 을 사는 사람이 숨혀 보고

hūda toktobuha amala we ya seme aliyafi amasi bederebuci ojorakū,
갑 정흔 후에 아뫼라도 뉘웃처 도로 므르지 못흐리라.

(6:2b)

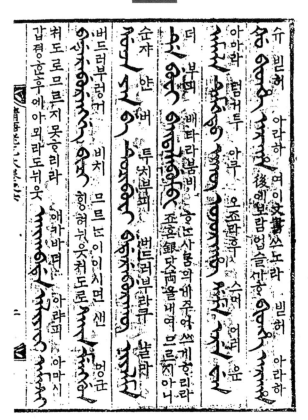

aikabade aliyafi amasi bedereburengge bici,
　힝혀　뉘웃처 도로　　므르는이　　이시면

sain menggun sunja yan be tucibufi bedeburakū　niyalma de　bufi baitalabumbi,
죠흔　銀　닷 兩을 내여 므르지아니ᄒᆞᄂᆞᆫ　사름 의게 주어 쓰게ᄒᆞ리라.

amala temgetu akū ojorahū seme ere wen su bithe araha,
後에　보람　업슬까　ᄒᆞ여 이 文 書　　쓰노라.

(6:3a)

bithe araha niyalma hala wang, hūda toktosi hala jang,
글 쓴 사롬 王哥와 즈름 張哥ㅣ

meimeni gebu fejergi de gemu temgetu hergen araha.
各各 名 下 에 다 일홈 두엇다.

hūda toktosi de bure hūda,
즈름 의게 주눈 갑과

bithe araha basa be bure de,
글 쓴 슈공을 주눈 디

nenehe kooli de udara niyalma bithe arira basa be bumbi,
前 規矩에 사눈 사롬이 글 쓴 슈공을 주고

(6:3b)

uncara niyalma hūda toktosi basa be bumbi.
　푸ᄂ 　사ᄅᆷ이 　　즈름 　　슈공 을 주ᄂᆞ니

si meimeni bodo.
　네 各各 혜라

emu tanggū sunja yan de juwe niyalmai basa　udu?
　一　百　닷 兩 에 두 사ᄅᆷ의 　슈공이 언머뇨?

sini cihai bodo.
　네 任意로 혜라.

emu yan de ilata fun be bodofi sinde bure,
　ᄒᆞᆫ 兩 에 서 푼식 을 혜여 네게 주마

(6:4a)

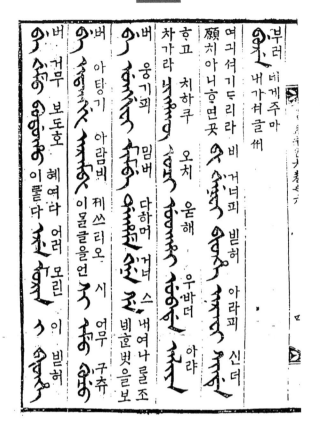

ere be gemu bodoho.
이 룰 다 혜여다.

ere morin i bithe be atanggi arambi?
이 물 글 을 언제 쓰리오?

si emu gucu be unggifi mimbe dahame gene se,
네 혼 벗 을 보내여 나룰 조차 가라 ᄒ고

cihakū oci uthai ubade aliya,
願치아니 ᄒ면 곳 여긔셔 기ᄃ리라.

bi genefi bithe arafi sinde bure.
내 가셔 글 써 네게 주마.

(6:4b)

bi onggolo asuru   kimcihakū,
내 일즉   ᄀ장 ᄉᆞᆷ히지못ᄒᆞ엿더니

te   tuwaci ere morin oforo mangginahabi,
이제 보니 이 ᄆᆞᆯ이 코에 신코[128]지니

bi adarame udafi gamambi,
내 엇지ᄒᆞ여 사셔 가져가리오

udafi gamaha de gūwa morin gemu suwaliyame mangginaha de ainambi?
사셔 가져가면 다른 ᄆᆞᆯ 다 아오로   신코질거시니 엇지ᄒᆞ리오?

uttu oci si bederebuki sembio?
이러 ᄒᆞ면 네 ᄆᆞ르고져 ᄒᆞᄂᆞ냐?

---

128 신코 : 말의 코에서 콧물이 흐르는 가축병의 하나.

(6:5a)

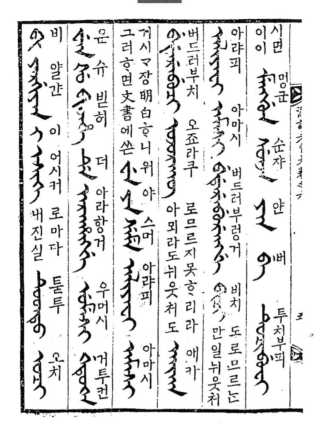

bi yargiyan i esike.
내 진실 로 마다.

tuttu oci wen su bithe de arahangge umesi getuken,
그러 ᄒᆞ면 文書 에 쓴거시 ᄀᆞ장 明白ᄒᆞ니

we ya seme aliyafi amasi bederebuci ojorakū,
아뫼라도 뉘웃처도 도로 므르지 못ᄒᆞ리라.

aika aliyafi amasi bedereburengge bici,
만일 뉘웃처 도로 므르ᄂᆞᆫ이 이시면

menggun sunja yan be tucibufi
銀 닷 兩을 내여

(6:5b)

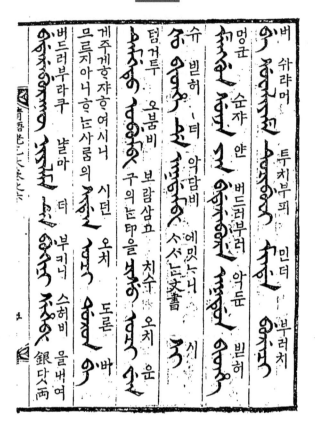

bedereburakū niyalma de bukini sehebi,
므르지아니ᄒᆞᆫ   사름   의게 주게ᄒᆞ쟈 ᄒᆞ여시니

siden oci doron be temgetu obumbi,
구의 ᄂᆞᆫ 印 을 보람   삼고

cisu oci wen su bithe de akdambi,
ᄉᆞᄉᆞ ᄂᆞᆫ 文 書   에 밋ᄂᆞ니

si menggun sunja yan bederebure akdun bithe be
네   銀   닷 兩과 므르ᄂᆞᆫ   明 文

suwaliyame tucibufi minde bureci tulgiyen,
  아오로   내여셔   내게 준 밧긔

(6:6a)

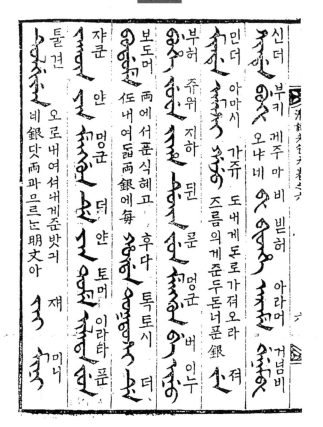

jai mini jakūn yan menggun de yan tome ilata fun bodome,
쏘 내 여듧 兩 銀 에 每兩에 서푼식 혜고

hūda toktosi de buhe juwe jiha duin fun menggun be inu minde amasi gaju.
즈름 의게 준 두 돈 너 푼 銀 도 내게 도로 가져오라.

je sinde buki.
오냐 네게 주마.

bi bithe arame genembi,
내 글 쓰라 가니

(6:6b)

suwe gemu ubade aliya.
너희   다   여긔셔 기두리라.

ai   turgunde simbe aliyambi.
므슴 연고로   너를 기두리리오

be morin be tataha boode orho turi ulebume genembi,
우리 몰 을 下 處의 집과 콩 먹이라   가니

si bithe araha manggi mini tataha boode benju
네 글   쓰거든   내 下 處의 보내라.

(6:7a)

si orhoda jodon be kemuni uncame wajime undeo?
네 人蔘과 뵈 룰 오히려 풀기 믓지 못ᄒ엿ᄂ냐?

aika wajire unde oci taka bibufi elheken i unca,
만일 믓지 못ᄒ엿거든 아직 두고 쳔쳔이 폴라.

sini jodon uncara sidende,
네 뵈 폴 ᄉ이예

bi honin be udafi dzo jeo bade uncame genefi,
내 羊을 사셔 涿 州 짜히 폴라 가셔

jai gūwa ulin be udafi gajiki.
다시 다른 貨物을 사셔 가져오마.

(6·7b)

어러 호닌 버 윤챠키 슴빈 쩔 고져 흥 ㄴ냐 형아 네 이 羊 을

버 보쇼면 지혀벼 羊을 모라 오거놀 아거 시

오.눈곳이로다 투바치 어무 꾀뎐 이 호닌 버

이눈곳 羊을세 호닌 버 이러부력 바 깨

쟈 어러 운해 호닌 버

셔개

우다머 거너치 비 인우 사사 유ㅣ 가몁 나롤

우다피 가지겨 사쳐가켜 오만.을 시 후닌 벼

다시 다른 貨物을

si honin be udame geneci bi inu sasa yoki.
네 羊 을 사라 가면 나 도 흠씌 가쟈.

ere uthai honin be ilibure ba kai,
이눈 곳 羊 을 세오눈 곳이로다.

tubaci   emu feniyen i honin be bošome jihebi.
져긔로셔 흔 무리   羊 을 모라 오거놀

age si ere honin be uncaki sembio?
형아 네 이 羊 을 폴고져 흥ㄴ냐?

(6:8a)

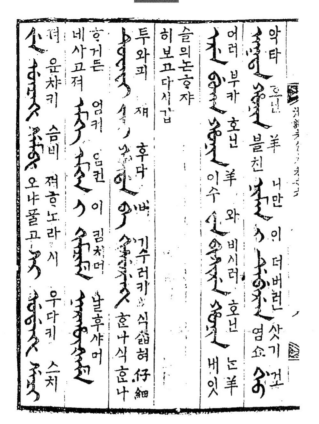

je   uncaki sembi,
오냐 풀고져 ᄒᆞ노라.

si udaki   seci,
네 사고져 ᄒᆞ거든

emke emken i kimcime narhūsame tuwafi jai hūda be gisureki.
ᄒᆞ나식 ᄒᆞ나식   숣혀   仔細히   보고 다시 갑슬 의논ᄒᆞ쟈.

ere buka honin, wa bisire honin, akta honin, niman i deberen,
이 수 羊   내 잇ᄂᆞᆫ 羊 블친 羊 염쇼   삿기

(6:8b)

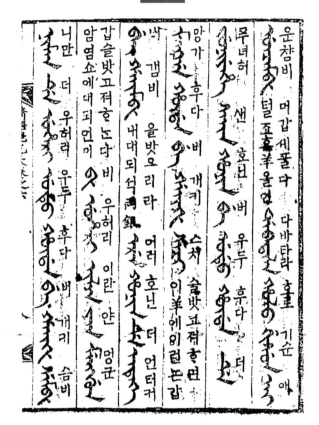

geo niman de uheri udu hūda be gaiki sembi?
암 염쇼 에 대되 언머 갑슬 밧고져 ㅎ 는다?

bi uheri ilan yan menggun be gaimbi.
내 대되 석 兩 銀 을 밧으리라[129].

ere honin de enteke mangga hūda be gaiki seci,
이 羊 에 이런 논[130] 갑슬 밧고져 ㅎ면

funiyehe sain honin be udu hūda de uncambi?
털 죠혼 羊 을 언머 갑세 폴다?

dabatala holo gisun ai baita,
과흔 거즛 말은 므슴 일고

---

129 밧으리라 : 받으리라. 밧+-으리+라. '밧'은 '받'에 대한 7종성 표기이다.
130 논 : 높다. 귀하다. 노-(←놀-)+-ㄴ. '놀'은 '뛰다'의 뜻이나 여기서는 다르게 쓰였다. 이에 대응되는 만주어 'mangga'
   는 '가격이 높은'의 의미이다.

(6:9a)

si tondoi gisure.
네 바로 니르라.

uttu oci bi sunja jiha be eberembure.
이러 ᄒᆞ면 내 닷 돈 을 덜마.

si sunja jiha be eberembure naka,
네 닷 돈 을 더지 말라.

sinde juwe yan menggun be buki,
네게 두 兩 銀 을 주마.

si cihalaci bi udaki, cihakū oci si bošome gama.
네 願ᄒᆞ면 내 사고 願치아니 ᄒᆞ면 네 모라 가져가라.

(6:9b)

damu juwe yan teile oci ume gisurere,
다만 두 兩 샌 이면 니르지 말라.

ilan yan akū oci ainaha seme   ojorakū.
석 兩 아니 면   결단코   되지 못ᄒ리라.

si ere hūda de   ojorakū   seci,
네 이   갑세 되지못ᄒ리라 ᄒ면

bi inu heni nonggire ba   akū.
나 도 죠곰 더할   것 업스니

si uncaki seci unca, uncarakū oci naka.
네 풀고져 ᄒ면 풀고 ᄑ지아니려 ᄒ면 그치라.

(6:10a)

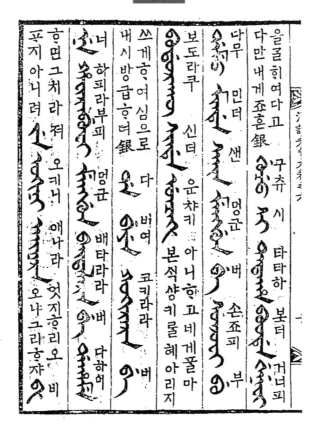

je okini ainara,
오냐 그리ᄒᆞ쟈 엇지ᄒᆞ리오

bi ne hafirabufi menggun baitalara be dahame,
내 시방 급ᄒᆞ여 銀 쓰게ᄒᆞ여심으로

da beye kokirara be bodorakū sinde uncaki,
본 식 샹키 를 헤아리지아니ᄒᆞ고 네게 폴마.

damu minde sain menggun be sonjofi bu.
다만 내게 죠흔 銀 을 굴ᄒᆡ여 다고

gucu si tataha boode genefi saikan tuwakiyame bisu,
벗아 네 下 處의 가셔 잘 직희여 이시라.

(6:10b)

bi honin be bošome dzo jeo bade genefi uncafi uthai jimbi.
내 羊 을 모라 涿 州 짜히 가셔 풀고 즉시 오마.

bi gūnici minde funcehe menggun bi,
내 싱각ᄒᆞ니 내게 남은 銀 이시니

baibi asarafi ainambi,
부졀업시 금초와 므엇ᄒᆞ리오

suje be udafi sasa gamame hūdašame geneki.
비단 을 사셔 흠ᄱᅴ 가져가 훙졍ᄒᆞ라 가쟈.

(6:11a)

suje uncara age sinde fulaburu bocoi sajirtu,
비단 푸는 형아 네게   大靑 빗 胸背와

fulgiyan boco de aisin i   jodoho suje,
    다홍   에 금 으로 쁜 비단과

sain cece ceri gemu bio?
죠흔 紗 羅 다 잇ᄂ냐?

anda   si nan ging ni suje be udambio?
나그ᄂ 네 南 京 비단 을 살다?

su jeo ba i suje be udambio?
蘇 州   비단 을 살다?

(6:11b)

amba age nan ging ni suje boconggo bime narhūn ocibe,
큰 형아 南 京 비단은 빗나[131] 고 ᄀᄂ나

goidame etuci ojorakū,
  오래 닙지 못ᄒ고

hang jeo ba i suje jodoho sirge neigen,
  抗 州 비단은 쏜 실이 고로고

su jeo ba i suje nekeliyen bime ufa ijuhabi silemin akū kai.
  蘇 州 비단은 엷 고 픈ᄌ 먹엿고 질긔지 못ᄒ니라.

---

131 빗나 : 원문에는 '빗니'로 되어 있으나 '빗나'의 탈각으로 보인다.

(6:12a)

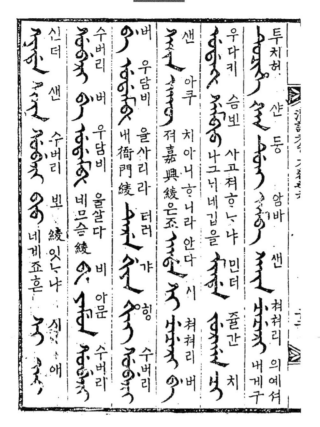

sinde sain suberi bio?
네게 죠흔 綾 잇ᄂ냐?

si ai suberi be udambi?
네 므슴 綾 을 살다?

bi yamun suberi be udambi,
내 衙門 綾 을 사리라.

tere giya hing suberi sain   akū.
져 嘉 興 綾은 죠치 아니ᄒ니라.

anda si ceceri be udaki sembio?
나그니 네 깁 을 사고져 ᄒᄂ냐?

minde jurgan ci tucihe san dung amba sain ceceri
내게 구의 예셔 난 山 東 큰 죠흔 깁과

(6:12b)

udz ceceri, su jeo ba i ceceri, se sirge i ceceri, muwa ceceri
倭 깁과 蘇州 깁과 白絲 깁과 굵은 깁과

i jeo baci tucihe isheliyen ceceri bi.
易州 셔 난 좁은 깁 잇다.

bi damu amba jurgan i ceceri, su jeo ba i ceceri,
내 다만 큰 구의 깁과 蘇州 깁과

se sirge i ceceri be udambi
白絲 깁 을 사리라.

(6:13a)

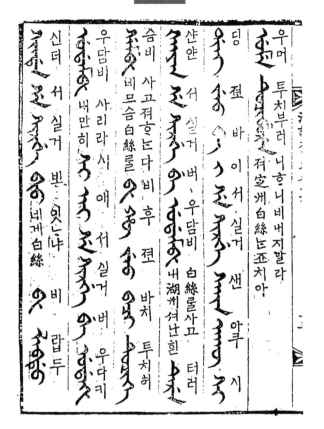

sinde se sirge bio?
네게 白絲 잇ᄂ냐?

bi labdu udambi.
내 만히 사리라.

si ai se sirge be udaki sembi?
네 므슴 白絲ᄅ룰 사고져 ᄒ눈다?

bi hu jeo baci tucike šanyan se sirge be udambi,
내 湖州 셔 난 흰 白絲ᄅ룰 사고

tere ding jeo ba i se sirge sain akū si ume tucibure
져 定州 白絲ᄂᄂ 죠치 아니ᄒ니 네 내지 말라.

(6:13b)

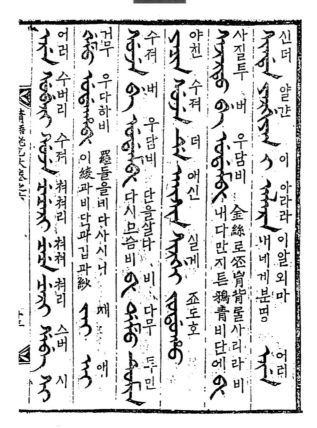

ere suberi suje ceceri cece ceri sebe si gemu udahabi,
이   綾과 비단과 깁과 紗 羅 들을 네 다   사시니

jai   ai   suje be udambi?
다시 므슴 비단 을   살다?

bi damu tumin yacin suje de aisin sirgei jodoho sajirtu be udambi,
내 다만 지튼 鴉靑 비단에 金 絲로 쏜   胸背 룰 사리라.

bi sinde yargiyan i alara.
내 네게 분명이 알외마.

(6:14a)

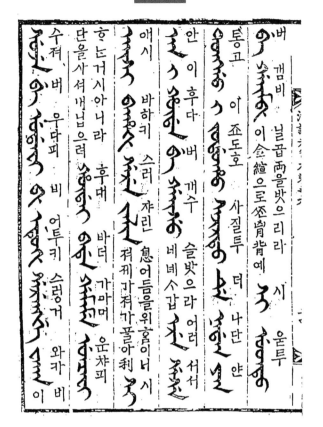

ere suje be udafi bi etuki serengge waka,
이 비단 을 사셔 내 닙으려 ᄒᆞᄂᆞᆫ거시 아니라.

hūdai bade gamame uncafi aisi bahaki sere jalin
저제 가져가 풀아 利息 어듬을 위흠이니

si an i hūda be gaisu.
네 녜ᄉ 갑슬 밧으라.

ere sese tonggo i jodoho sajirtu de nadan yan be gaimbi.
이 金縇 으로 쫀 胸背 예 닐곱 兩 을 밧으리라.

(6:14b)

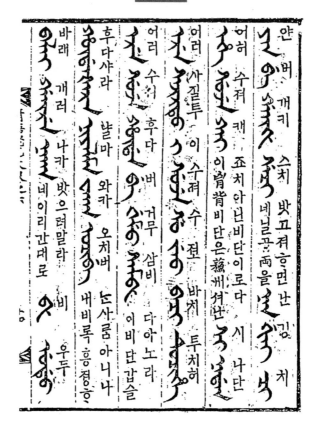

si uttu balai gaire naka,
네 이리 간대로 밧으려 말라.

bi udu hūdašara niyalma waka ocibe,
내 비록 흥졍ᄒᆞᄂᆞᆫ 사름   아니나

ere suje hūda be gemu sambi,
이 비단 갑 슬 다 아노라

ere sajirtu i suje su jeo baci tucihe ehe   suje kai,
이 胸背 비단은 蘇州 셔 난 죠치아닌 비단이로다.

si nadan yan be gaiki seci,
네 닐곱 兩 을 밧고져 ᄒᆞ면

(6:15a)

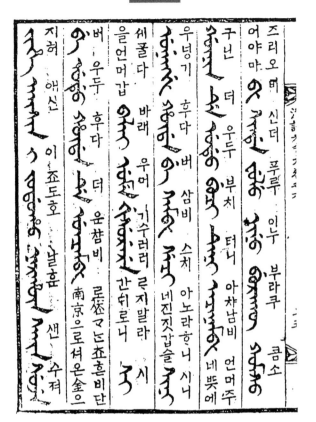

nan ging ci jihe aisin i   jodoho narhūn sain suje be udu hūda de uncambi?
南 京 으로셔 온 金 으로 쭌 ㄱ는 죠흔 비단 을 언머 갑세 풀다?

balai ume gisurere,
간듸로 니르지 말라.

si unenggi hūda be sambi seci,
네 진짓 갑슬 아노라 ㅎ니

sini gūnin de udu buci teni acanambi?
네 뜻 에 언머 주어야 마즈리오?

bi sinde fulu inu   burakū   komso inu   burakū,
내 네게 만히 도 주지아니ㅎ고 젹게 도 주지아닐거시니

(6:15b)

sunja yan oci uthai tob seme teherere hūda.
닷　兩 이면 곳　　正히　　샹젹흔 갑시라.

si cihalarakū oci   bi gūwa bade hebešeme genembi.
네　願치아니 ㅎ면 내 다른　 듸　 議論ㅎ라　 가리라.

si 　　　　　 hūda be saci tetendere,
네 긔이[132]　 갑슬　　　　 아니

onggolo jime uthai menggun dengnekulefi buci wajirakū biheo?
일즉　 오며 즉시　　 銀　　　 드라　 주드면 뭇지아니 ㅎ여시랴?

---

132 긔이 : 기이(旣已). 이미. 벌써. 앞서.

(6:16a)

ainu cohome cendeme gisurembi,
엇지　별로　시험ᄒᆞ여　말ᄒᆞᄂᆞᆫ다?

menggun gaju.　bi tuwaki.
銀　가져오라. 내　보쟈.

sain oci sinde uncara.
죠ᄒᆞ면　네게　폴마.

muse miyaliki,
우리　쟈히쟈

ere niowanggiyan suje udu jušuru,
이　　프른　　비단이　몃　쟈히뇨

(6:16b)

ainaha emu etuku arara de isimbi?
엇지 흔 옷 짓기 예 ᄌ라리오?

ere suje nadan da funceme bi,
이 비단이 닐곱 발 남으니

alban i jusuru oci orin jakūn jusuru bi,
官家   자히 면 스믈 여듧 자히요

etuku arara jusuru oci orin sunja jusuru bi,
옷 짓는 자히 면 스믈 대 자히 니

sini beye de eture etuku weileci funcen daban isimbi
네 몸 에 닙을 옷 지으면   넉넉이   ᄌ라리라.

(6:17a)

si nerki bi dalame tuwaki,
네 펴라 내 발마[133] 보쟈

aibi nadan da isimbi?
어듸 닐곱 발 즈라ᄂᆞ냐?

sini beye amba gala golmin sere anggala,
네 몸이 크고 폴이 길   쑨 아니라

suje be inu tuttu dalara kooli akū.
비단 을 쏘 져리   밟ᄂᆞᆫ[134] 規矩 업스니라.

je   okini, ere suje aibaningge?
오냐 그리ᄒᆞ쟈 이 비단이 어듸것고?

---

133 발마 : 팔로 길이를 재어. 밟-+-아. '밟다'는 '팔로 길이를 재다'의 뜻으로 재는 팔의 어깨로부터 손끝에 이르기까지의
 길이를 단위로 한다.
134 밟ᄂᆞᆫ : '밟ᄂᆞᆫ'으로 보이나 문맥으로 볼 때, '밟ᄂᆞᆫ'로 보아야 한다.

(6:17b)

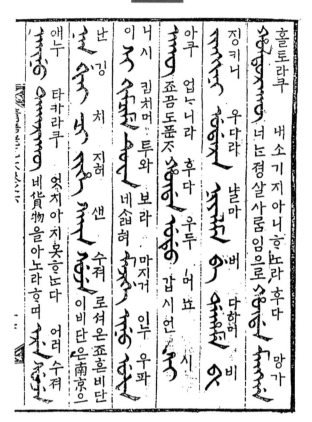

si ulin be sambi sembime ainu takarakū?
네 貨物 을 아노라 ᄒ며 엇지 아지못ᄒᄂ다?

ere suje nan ging ci jihe sain suje
이 비단은 南 京 으로셔 온 죠흔 비단이니

si kimcime tuwa.
네 슯혀 보라.

majige inu ufa akū.
죠곰 도 픈즈 업ᄂ니라.

hūda udu?
갑시 언머뇨?

si jingkini udara niyalma be dahame bi holtorakū.
너는 졍 살 사름임 으로 내 소기지아니ᄒ노라.

(6:18a)

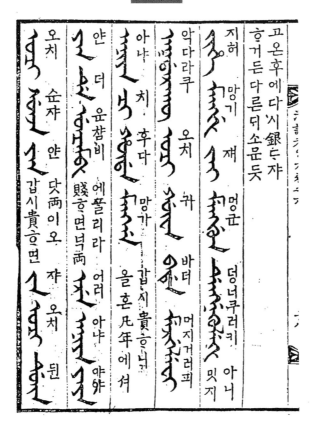

hūda mangga oci sunja yan
갑시 貴 ᄒ면 닷 兩이오

ja oci duin yan de uncambi.
賤 ᄒ면 닉 兩 에 풀리라.

ere aniya yaya aniya ci hūda mangga
올혼 凡 年 에셔 갑시 貴ᄒ니

akdarakū oci gūwa bade mejigelefi jihe manggi jai menggun dengnekuleki.
밋지아니 ᄒ거든 다른 듸 소문듯고 온 후에 다시 銀 ᄃ쟈.

(6:18b)

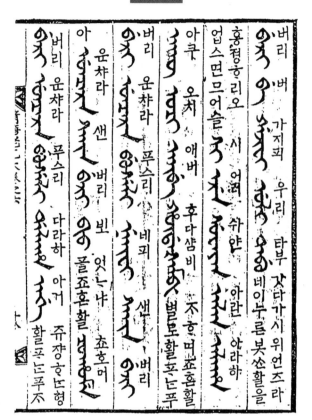

beri uncara puseli dalaha   age,
활   프는 푸즈 쥬쟝ᄒᆞᄂᆞᆫ¹³⁵ 형아

uncara sain beri   bio?
폴   죠혼 활 잇ᄂᆞ냐?

cohome beri uncara puseli neifi sain beri akū oci aibe   hūdašambi?
별로 활 프는 푸즈 ᄒᆞ며 죠혼 활 업스 면 므어슬 홍졍ᄒᆞ리오?

si ere suwayan alan alaha beri be gajifi uli   tabu
네 이   누른   봇 쌴   활 을 갓다가 시위 언즈라.

---

135 쥬쟝ᄒᆞᄂᆞᆫ : 주관하는. 主長된. 主司가 되는.

(6:19a)

bi tatame tuwaki, mangga oci udambi.
내 드리여 보쟈.　　세　　면 사리라.

age teni tabuha beri elhei tata.
형아 굿 지은 활이니 완완이[136] 드리라[137].

sain beri oci ainu tatara de galembi?
죠흔 활이 면 엇지 드리기 에 두려오리오?

ara, ere beri jafakū dahambi,
어져 이 활 좀[138]이 므르니[139]

tatara de umesi icakū.
드리기　　　굿장 맛지못ᄒ다.

---

136 완완이 : 느릿느릿하게[緩].
137 드리라 : 당겨라. 드리[引]+-라. '-라'는 명령형 종결어미이다.
138 좀 : 줌. 줌통[弝]. 활의 한가운데 손으로 쥐는 부분.
139 므르니 : 무르니[軟]. 물렁물렁해지니. 므르+-니.

(6:19b)

ere beri be   ehe   seci,
이 활 을 죠치아니타 ᄒ면,

tenteke beri be gali ai hendure?
 져런 활 을 쏘 어이 니ᄅ리오?

ere beri be ainu alan buriha   akū?
이 활 을 엇지 봇 닙히지 아니ᄒ엿는다?

ere umesi uju jergi sain beri,
이 ᄀ장   읏듬 죠혼 활이니

alan burici udara niyalma akdarakū ofi,
봇 닙히면 살 사롬이 밋지아닐거심애

(6:20a)

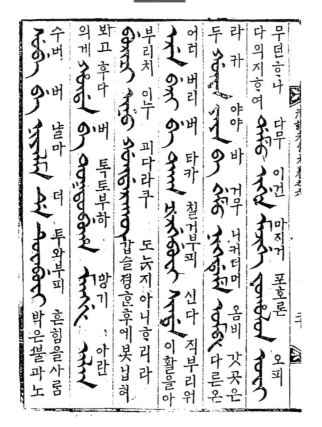

hadaha weihe maktaha sube be niyalma de tuwabufi
박은 쌸과 노혼 힘 을 사름 의게 뵈고

hūda be toktobuha manggi alan burici inu goidarakū.
갑슬 정흔 후에 봇 닙혀 도 늣지아니ᄒ리라.

ere beri be taka cirgebufi sinda,
이 활 을 아직 부리워[140] 두라.

gūwa yaya ba gemu nikedeme ombi,
다른 온갓 곳은 다 의지ᄒ여 무던ᄒ나,

damu igen majige foholon ofi
다만 고재[141] 젹이 져름 애[142]

---

140 부리워 : 내려놓애[下].
141 고재 : 고자. 활고자. 활의 두 머리 곧 시위를 메게 된 부분.
142 져름애 : 짧음에. 져르-[短]+-음 +-애. '져르-'는 '뎌르-'의 구개음화형이다.

(6:20b)

baibi mini gūnin de eleburakū.
그저 내 쯧 에 흡족지못ᄒᆞ다.

uncara uli bici gaju.
폴 시위 잇거든 가져오라.

beri uli be suwaliyame udaki.
활 시위 아오로 사쟈.

uli be sini cihai sonjome uda.
시위 룰 네 任意로 골희여 사라.

ere hon narhūn,
이는 너모 ᄀᆞ늘고

ere geli jaci muwa
이는 ᄯᅩ 과히 굵고

(6·21a)

ere emke lak seme sain bi udaki.
이 흔나흔 마즘 죠흐니 내 사쟈

geli sirdan cu niru yoro be udaki,
쏘 살과 셔 부즈[143]와 고도리[144] 를 사쟈

ere cikten cuse moo ningge,
이 살쩨는 대로 흔 거시오,

ere cikten fiya moo ningge,
이 살쩨는 봇 나모로 흔거시니,

ede acabume emu yohi sain dashūwan jebele be udafi gamaki.
예 맛초와 흔 볼 죠흔 활동개[145] 살동개[146] 를 사셔 가져가쟈.

---

143 셔 부즈 : 화살촉. '셔보즈'로도 표기된 것이 보인다.
144 고도리 : 고두리살. 끝이 뭉툭해서 연습용으로 사용하거나 새 따위의 동물을 산 채로 잡을 때 쓰는 화살.
145 활동개 : 동개. 활과 화살을 꽂아 넣어 등에 지도록 만든 물건.
146 살동개 : 화살집. 화살을 넣는 통.

(6:21b)

enenggi jetere jaka dagilafi niyaman huncihin be solime gajifi   sula   teceki,
오늘   먹을 것 쟝만ᄒ고 親   戚   을 請ᄒ여 드려와 한가히 안잣쟈[147].

amji amu, eshen oke, ahūn deo, aša uhen, eyun non,
伯父 伯母 叔父 叔母 兄   弟 兄嫂 弟嫂 姉   妹

eyun non de   banjiha ina jui
姉   妹 의게   난   족하

---

147 안잣쟈 : 앉아 있자. 앉+-앗+-쟈. 이때의 '-앗'은 완료상의 의미로 쓰인 것이며, '-쟈'는 청유형 종결어미이다.

(6:22a)

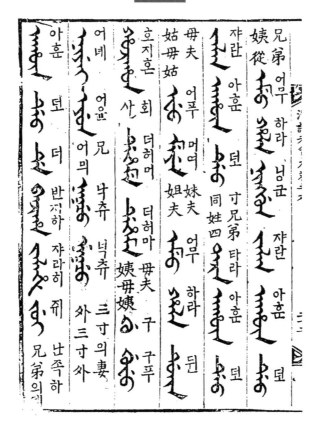

ahūn deo de banjiha jalahi jui,
兄 弟 의게 난 족하

eniyei eyun, nakcu   nekcu, hojihon, deheme dehema,
어믜 兄 外三寸 外三寸의妻 사회 姨母 姨母夫

gu gufu, efu meye, emu hala duin jalan ahūn deo,
姑母 姑母夫, 姐夫 妹夫, 同 姓 四 寸 兄 弟

tara ahūn deo, emu hala ninggun jalan ahūn deo
姨從 兄 弟 同 姓 六 寸 兄 弟

(6:22b)

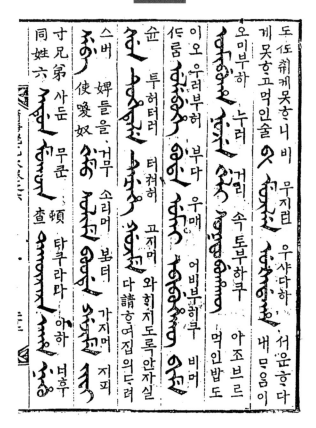

sadun mukūn, takūrara aha nehu sebe,
查頓　　　　　使喚　奴婢　들을

gemu solime boode gajime jifi šun tuhetele tecehe gojime,
다　請ᄒᆞ여 집의　ᄃᆞ려 와 히　지도록 안자실 ᄯᆞ름이오

ulebuhe buda umai ebibuheku bime omibuha nure geli soktobuhaku
먹인　밥도 아조　브르게못ᄒᆞ고　　먹인　술도 ᄯᅩ 취케못ᄒᆞ니

bi mujilen ušadaha
내 ᄆᆞ음이 서운ᄒᆞ다.

(6:23a)

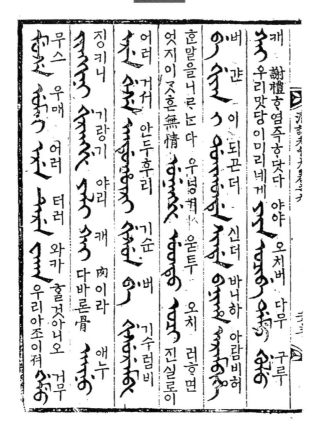

muse umai ere tere   waka,
우리 아조 이 져 흘것 아니오

gemu jingkini giranggi yali kai,
다   바론   骨   肉이라

ainu ere gese anduhūri gisun be gisurembi?
엇지 이 ᄀᆞᆺ혼 無情혼 말 을 니ᄅᆞᄂᆞᆫ다?

unenggi uttu   oci,
진실로 이러 ᄒᆞ면

be   giyan i doigonde sinde baniha arambihe kai.
우리 맛당이 미리   네게 謝禮 ᄒᆞ염즉ᄒᆞ닷다.

(6:23b)

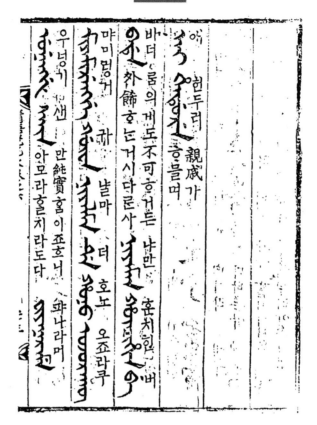

yaya   ocibe damu gulu unenggi sain,
아모라 홀지라도 다만   純   實홈이 죠흐니

fiyanarame miyamirengge gūwa niyalma de hono ojorakū bade,
    外   飾ᄒᆞᄂᆞᆫ거시   다른   사롬   의게 도   不可ᄒᆞ거든

niyaman hūncihin be ai hendure?
  ᄒᆞ믈며 親戚가?

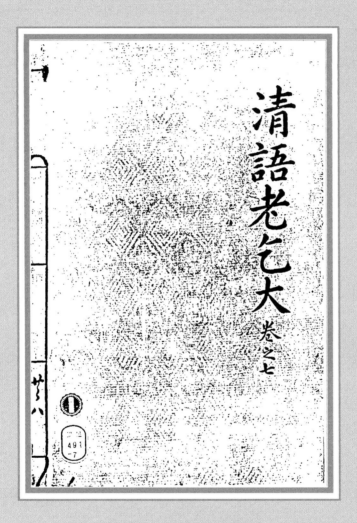

清語老乞大 제7권

(7:1a)

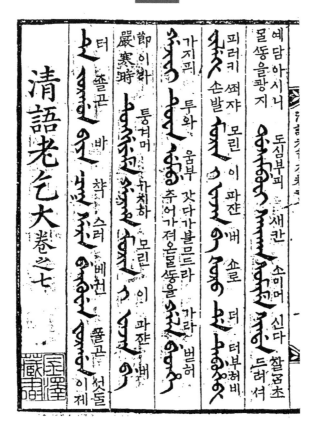

te　jorgon biya cak sere beiguwen　forgon,
이제 셧 돌 嚴 寒 時節이라

tunggiyeme gajiha morin i fajan be gajifi tuwa umbu,
　주어　가져온 몰 쏭 을 갓다가 블 므드라

gala bethe fileki,
손 발 쐬쟈.

morin i fajan be šoro de tebuhebi,
몰 쏭 을 쾅지 에 담아시니

dosimbufi saikan somime sinda.
드려셔 잘 곰초와 두라.

(7:1b)

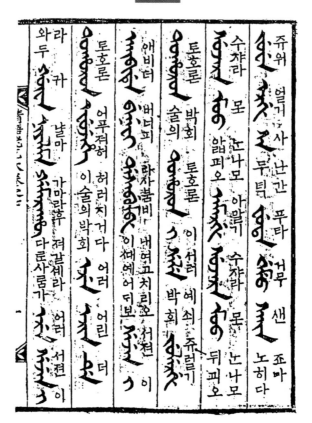

gūwa niyalma gamarahū.
다른 사름 가져갈셰라[148].

ere sejen i tohoron efujehe,
이 술의 박회 허러지거다[149].

ere erin de aibide benefi dasabumbi.
이 째 예 어듸 보내여 고치리오

sejen i tohoron, tohoron i sele, julergi sujara moo, amargi sujara moo,
술의 박회 박회예쇠 앏 괴오는 나모 뒤 괴오는 나모

juwe ergi sa, futa gemu sain,
두 녁 난간 노히 다 죠타.

---

148 가져갈셰라 : 가져갈까 두렵다. 가져가+-ㄹ셰라. '-ㄹ셰라'는 의구형 종결어미이다.
149 허러지거다 : 헐었다. 헐어졌다. 허러지+-거+-다.

(7 : 2a)

taka nikedeme takūraki.
아직 의지ᄒ여 부리쟈.

jai butu sejen, buyarame jaka tebure sejen,
또 집지은 술의 잡 것 싯는 술의

eihen lorin de tohoro amba sejen be,
나귀 노새 게 메오는 큰 술의 룰

gemu saikan boode dosimbume sinda,
다 잘 집의 드려 두라

aga nimanggi de usihiburahū.
雨 雪 에 저즐셰라.

ambula beiguwen,
크게 치오니

(7:2b)

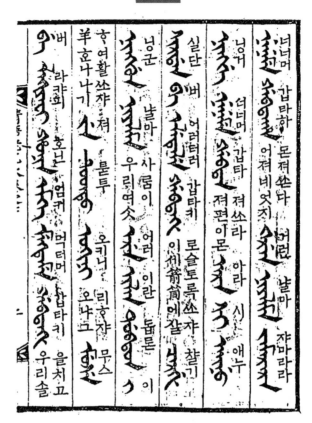

muse aigan i wadan be lakiyafi honin emke mekteme gabtaki.
우리   솔   을 치고 羊 흐나 나기ᄒ여 활쏘쟈.

je   tuttu okini.
오냐 그리 ᄒ쟈.

muse ninggun niyalma,
우리   여슷   사름이

ere ilan dobton i sirdan be eletele gabtaki.
이 세 箭簡 에 살 로 슬토록 쏘쟈.

cargi ningge neneme gabta.
져편 이   몬져 쏘라.

ara si ainu neneme gabtaha?
어져 네 엇지 몬져   쏜다?

(7:3a)

geren niyalma jamarara jilgan de tašarame donjifi gabtaha.
여러 사룸 지져괴ᄂ 소ᄅᆡ 예 그릇 듯고 쏘왓노라.

age si julergi mayan be majige tukiyefi,
형아 네 앏 죰 을 젹이 들고

amargi nujan be majige gidafi deken gabtaci,
뒷 주머귀[150] 룰 젹이 누루고 놉히 쏘면

ini cisui aigan de isinambi,
절로 관혁 에 밋ᄂ니라.

aika julergi mayan be tukiyerakū
만일 앏 죰 을 드지아니ᄒ고

---

150 주머귀 : 주먹. 줌+-어귀.

(7:3b)

amargi nujan be gidarakū,
　뒷　　주머귀 　를 누루지아니ᄒ고

geli fergelehengge cira oci,
　ᄯ　　각지낀거시　 든든 ᄒ면

sirdan generengge fangkala bime lasihidambi.
　살　 가ᄂ거시　　 ᄂ즛　　고 혼더기ᄂ니라[151].

we etehe? we gaibuha?
뉘　이긔며 뉘　지뇨?

takasu. wajire unde.
날회라.　ᄆ즞 못ᄒ엿다.

muse geli emu da nememe gabtaha manggi teni sambi.
우리　ᄯ　ᄒ나　더　　　ᄡᅩ아야　　알니라.

---

151 혼더기ᄂ니라 : 혼들린다. 혼덕[搖]+-이-+-ᄂ-+-니+-라. '-이'는 반복의 의미를 지니는 접미사이다.

(7:4a)

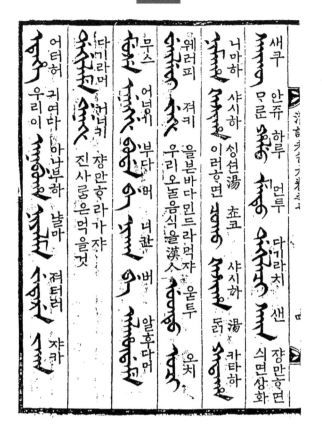

muse etehe.
우리 이긔여다.

anabuha niyalma jetere jaka dagilame geneki.
　진　　사룸은　먹을 것　쟝만ᄒ라　가쟈.

muse enenggi buda be nikan be alhūdame weilefi jeki.
우리　오늘 음식 을 漢人 을 본바다[152] 믄드라 먹쟈.

uttu oci nimaha šasiha, coko šasiha, kataha saikū,
이러 ᄒ면 싱션 湯　　둙 湯　　ᄆ른 안쥬

halu mentu dagilaci sain
싀면 상화　　쟝만ᄒ면 죠ᄒ리라.

152 본바다 : 원문에는 '본바다'로 되어 있으나 파리 동양어학교본에 따라 '본바다'로 판독하였다.

(7:4b)

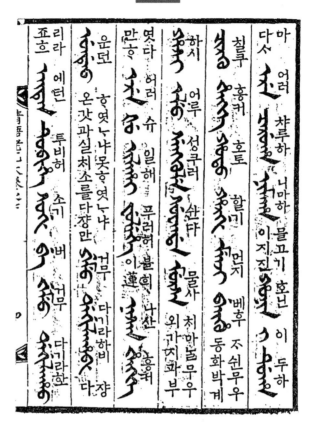

eiten tubihe sogi be gemu dagilahao?   undeo?
온갓 과실 치소 를 다 쟝만ᄒᆞ엿ᄂᆞ냐? 못ᄒᆞ엿ᄂᆞ냐?

gemu dagilahabi,
 다 쟝만ᄒᆞ엿다.

ere šu ilhai fulehe nasan hengke hasi elu sengkule suwanda mursa,
이 蓮 블희 외 가지 파 부치 마ᄂᆞᆯ 무우

cirku hengke hoto hargi menji beihu,
동화 박 계즈 쉰무우 다스마.

ere caruha nimaha, honin i duha
이 지진 믈고기 羊 의 챵즈

(7 : 5a)

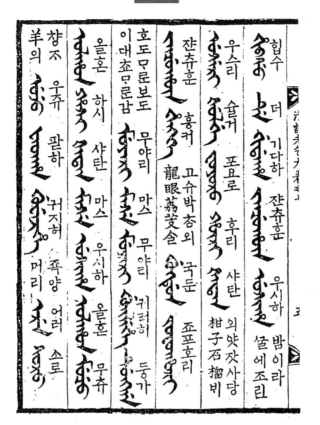

uju　fatha guwejihe.
머리　쪽　　양

ere soro olhon hasi šatan mase usiha olhon mucu,
이 대쵸 무른 감 호도 무른 보도

muyari mase muyari guilehe dungga jancuhūn hengke,
龍眼 荔芰 슬고 슈박 춤외

gukdun jofohori useri šulge foyoro hūri šatan,
柑子 石榴 비 외얏 잣 사당

hibsu de gidaha jancuhūn usiha
슐 에 조린 밤이라.

(7:5b)

ere bujuha yali inu gemu urehe,
이 슘는 고기 도 다 닉어다.

meifen i giranggi ebci   yali halba suksaha gemu bime,
  목쟝쎄   업지운 엽팔지 다리 다 이시되,

ainu emu suksaha teile akū?
엇지 흔 다리 쏀 업느뇨?

si sabuhakū nio?
네 보지못ᄒ엿느냐?

mentu i do de baitalaha.
 샹화 소 에 썻느니라.

eiten jeterengge gemu dagilame jabduha
온갓 먹을것 다 밋처쟝만ᄒ엿다.

(7:6a)

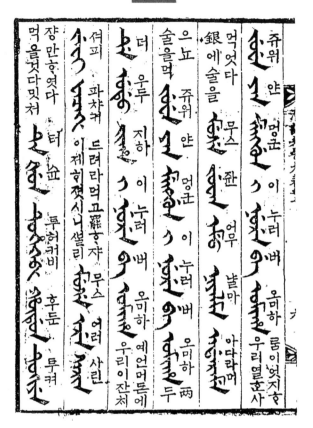

te šun tuhekebi hudun tukiye jefi facaki.
이제 히 졋시니 셜리 드려라 먹고 罷ᄒ쟈.

muse ere sarin de udu jiha i   nure be omiha?
우리 이 잔치 예 언머 돈 에[153] 술 을 먹으뇨?

juwe yan menggun i nure be omiha.
두 兩 銀 에 술 을 먹엇다.

muse juwan emu niyalma adarame juwe yan menggun i nure be omiha?
우리 열 혼 사룸이 엇지ᄒ여 두 兩 銀 에 술 을 먹으뇨?

153 돈에 : 돈에. 만주어 원문의 'i'인 것을 볼 때, 속격조사의 기능을 하는 것으로 보인다.

(7:6b)

juwan udu niyalma bicibe,
　여라믄　　사룸　이나

fejergi urse inu komso　akū,
　아리　類들　도　젹지　아니ᄒ니

juwe yan i nure omihangge giyanakū udu　labdu.
　두　兩에　술　먹은거시　　그　언머 만흐리오

bi majige uju　fintame liyeliyembi.
　내　젹이 마리　앏하　어즐ᄒ니

oktosi be solime gajifi　sudala jafabume tuwaki.
　醫員 을　請ᄒ여 드려와　脉　　잡혀　　보쟈.

(7:7a)

siyan seng si tuwa,
先　生　네　보라.

ai　nimeku?
므슴　病고?

sini ninggun sudala be tuwaci,
네　六　脉　을　보니

dekdere irurengge fuhali neigen　akū,
　浮　　沉이　일절이 고로지 아니ᄒᆞ니

si šahurun de goifi bahabi.
네　츤　듸 쏘여 어덧다.

bi sikse šahūrun nure be labdu omifi singgebume muterakū
내 어제　츤　술을 만히 먹고 삭이지 못ᄒᆞ여

(7:7b)

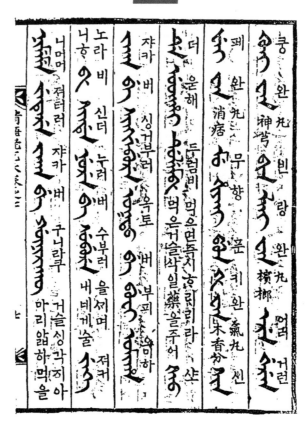

uju nimeme jetere jaka be   gūnirakū.
마리 앏하 먹을 거슬 싱각지 아니ᄒ노라.

bi sinde nure be subure,
내 네게 술 을 ᄢᅵ며

jeke jaka be singgebure okto be bufi omiha de uthai dulembi.
먹은 거슬 삭일 藥을 주어 먹으면 즉시 ᄒ리리라.

šao fei wan, mu hiyang pun ki wan,
消 痞 丸 木 香 分 氣 丸

sin kung wan, bin lang wan,
神 芎 丸 檳 榔 丸

(7:8a)

ere geren okto hacin de damu bin lang wan be budalaha amala   omi,
이 여러 藥 類 에 다만 檳 榔 丸 을 食 後에 먹으되

emu fu de gūsin wandz be furgisu muke de omi,
 흔 服에 三十 丸 을 生薑 믈 에 먹으라.

omime uthai dolo aššambi,
먹으며 즉시 속이 動홀쩌시니

udunggeri aššame dolo untuhun ofi jaka   jeki seme gūnici
 여러번 動ᄒᆞ여 속이 뷔여   아무것 먹고져 ᄒᆞ여 싱각ᄒᆞ거든

(7:8b)

neneme uyan buda be jefu,
　몬져　　　　粥　　을 먹고

umesi yebe oho manggi,
　　채　　　　낫거든

jai　an i buda be　jefu.
다시 례ㅅ 밥　을 먹으라.

enenggi　jifi sini sudala be jafame tuwaci,
　　오늘　와셔　네　脉　을 잡아　보니

da an i　neigen ofi dolo umesi getuken oho,
平常ㅎ여　고로매　속이 ㄱ장　　　묽앗다.

sini beye be si endembio?
네　　몸 을 네 모로랴?

(7:9a)

sikse ci antaka?
어제 예셔 엇더ᄒ뇨?

inu, enenggi sikse ci labdu yebe oho.
올타 오늘은 어제 예셔 만히 나에라.

uttu oci okto omire be joo.
이러 ᄒ면 藥 먹기 를 마라.

je bi saha,
오냐 내 아노라.

jai emu udu inenggi ofi nimeku duleke manggi,
다시 ᄒᆫ 두어 날 되여 病이 ᄒ리거든

siyan šeng de baili jafame baniha bume geneki.
先 生 의게 恩惠 갑하 謝禮 ᄒ라 가마.

(7 : 9b)

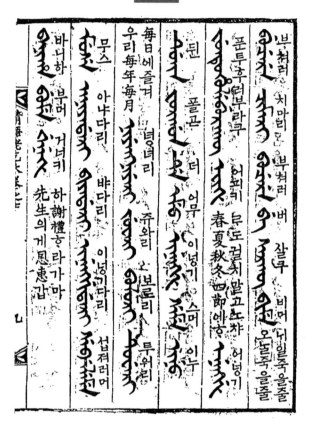

muse aniyadari biyadari inenggidari sebjeleme,
우리　每年　每月　每日에　즐겨

niyengniyeri juwari bolori tuweri duin forgon de
　春　夏　秋　冬　四　節에

emu inenggi seme inu funtuhuleburakū efiki,
　흐ᄅ　도　궐치말고　노쟈

enenggi bucere cimari bucere be sarkū bime
오늘　죽을줄 ᄂᆡ일　죽을줄　모로ᄂᆞ듸

(7:10a)

gehun abka sain šun i inenggi,
　青　　天　佳　日과

genggiyen biya bolho edun i dobori be
　明　　月　清　風　夜　를

baibi　　mekele dulembufi sebjelerakū　oci,
속절업시　흔갓　지내고　즐기지아니 ᄒ면,

ere yargiyan i mentuhun niyalma kai.
이　진짓　어린　사름이라.

si tuwa jalan i niyalma weihun fonde,
네 보라 世上　사름이　사라실　째예

(7:10b)

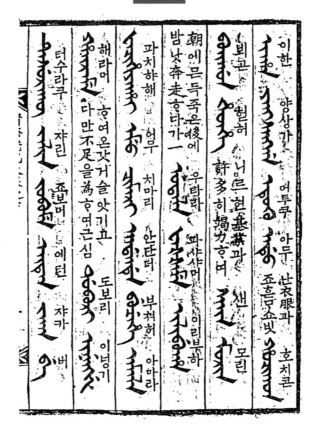

damu tesurakū jalin   jobome eiten jaka be hairame
다만 不足을 爲ᄒᆞ여 근심ᄒᆞ여 온갓   거슬   앗기고

dobori inenggi facihiyahai emu cimari andande bucehe amala,
 밤   낮   奔走ᄒᆞ다가 一 朝에 믄득   죽은   後에

utala   faššame ilibuha boigon hethe,
許多히 竭力ᄒᆞ여 니르현   基   業과

sain morin ihan yangsangga etuku adu,
죠흔 ᄆᆞ 쇼   빗난   衣 服과

(7:11a)

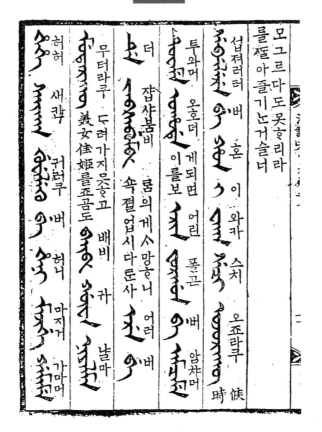

hocikon hehe saikan guweleku be heni majige gamame muterakū,
美 女 佳 姬 를 죠곰도 드려가지 못ᄒᆞ고

baibi gūwa niyalma de jabšabumbi,
쇽졀업시 다ᄅᆞᆫ 사ᄅᆞᆷ 의게 스망ᄒᆞ니

ere be tuwame ohode,
이 를 보게 되면

erin forgon be amcame sebjelere be hon i waka seci ojorakū.
時 候 를 쏠아 즐기ᄂᆞᆫ거슬 너모 그르다 도 못ᄒᆞ리라.

(7:11b)

niyalmai jui ajigen ci sain be tacifi hafan be dahalame,
사룸의 子息이 어려셔 브터 어질 믈 빅화 官員 을 조차둔녀

afaha alban de kiceme yabufi hergen baharengge udu labdu bicibe,
맛든 구실 에 부즈런이 둔녀 벼슬 엇느니 비록 만호나

baharakūngge inu bi,
엇지못ᄒᆞ느니 도 잇느니라.

aika an i ucuri ilibuha mujilen unenggi
만일 常 時예 執 心이 진실ᄒᆞ고

(7:12a)

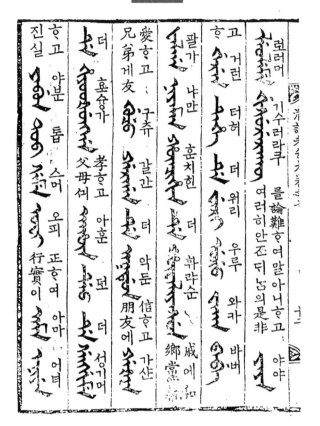

yabun   tob seme ofi,
行實이   正ᄒᆞ여

ama eniye de hiyoosungga, ahūn deo de senggime,
父 母 씌 孝ᄒᆞ고   兄 弟 게 友愛ᄒᆞ고

gucu gargan de akdun,
朋   友 에 信ᄒᆞ고,

gašan falga niyaman hūncihin de hūwaliyasun,
鄕   黨 親   戚 에   和ᄒᆞ고

geren tehe de weri uru waka babe leoleme gisurerakū,
여러히 안즌 디 놈의 是 非 를 論難ᄒᆞ여 말아니ᄒᆞ고

(7:12b)

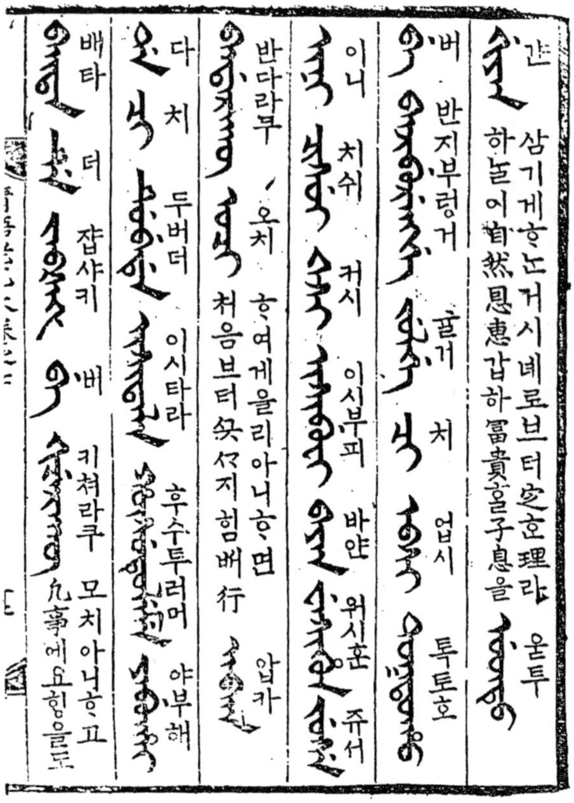

yaya baita de jabšaki be kicerakū,
凡 事 에 요힝 을 도모치아니ᄒᆞ고

da ci dubede isitala hūsutuleme yabuhai bandarakū oci,
처음 브터 ᄭᅳᆺ ᄭᆞ지 힘ᄡᅥ 行ᄒᆞ여 게을리아니 ᄒᆞ면

abka ini cisui kesi isibufi bayan wesihun juse be banjiburengge
하ᄂᆞᆯ이 自然 恩惠 갑하 富 貴ᄒᆞᆫ 子息 을 삼기게ᄒᆞᄂᆞᆫ거시

julge ci ebsi toktoho giyan,
녜로 브터 定ᄒᆞᆫ 理라.

(7:13a)

uttu　akū oci　beye daksa de tuhenefi
이러치 아니 ᄒᆞ면 몸이 罪過 에 쌔지고

juse omosi　de　sui　goirakū　oci　uthai jabšaha kai,
子 孫　의게 罪 쏘이지아니 ᄒᆞ면 곳　多幸ᄒᆞ지라,

geli aibi bayan wesihun juse　banjire be　balai ereci ombi?
ᄯᅩ 어듸 富　貴홀 子息들 나키 룰 간듸로 可히 ᄇᆞ라랴?

(7:13b)

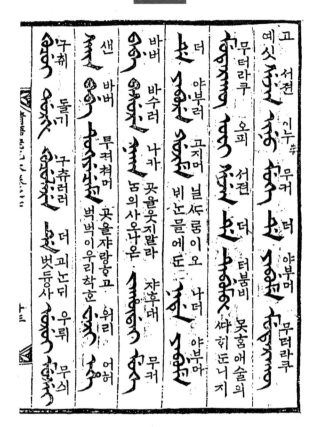

gucui dorgi guculere de,
　벗　둥　사괴는　듸

urui　musei sain babe tukiyeceme,
벅벅이 우리 착훈 곳을　쟈랑ᄒ고

weri　ehe　babe basure naka,
놈의 사오나온 곳을 웃지 말라.

jahūdai muke de yabure gojime,
　빈는 믈 에 든닐 ᄯᄅᆞᆷ이오

nade yabume muterakū sejen de tebumbi,
ᄯᅡ히 든니지 못흠애 술의 예 싯고

sejen inu muke de yabume muterakū ofi jahūdai de tebumbi,
술의 도 믈 에 든니지　못흠애　빈 예 싯ᄂᆞ니라.

(7:14a)

emu falanggū tūci guwenderakū,
　혼　손바당으로 치면 소리나지아니ᄒ고

emu bethe feliyeci oksome muterakū,
　혼　발로　둔니면　것지　못ᄒᄂ니

jalan de niyalma　seme banjinjifi,
世上에 사름이라　ᄒ여　나와셔

ishunde gosime　aisilame,
　서로　ᄉ랑ᄒ여　돕고

ishunde tuwašame sain yabun be tukiyeme　ehe　baita be daldaci　acambi.
　서로　보ᄉ펴　착혼 行實 을 일큿고 사오나온　일 을 곱촘이 맛당ᄒ니라.

(7:14b)

bai gisun henduhengge　 ehe　baita be gidafi,
샹 말에　　　 니르되　 사오나온 일 을 긔이고[154]

sain baita be iletulebuci acambi sehengge, umesi　sain,
죠흔 일 을 낫하넴이 맛당ᄒ다 ᄒ거시　ᄀ장 죠흐니라.

aika gūwa niyalmai erdemu be gidafi,
만일 다른 사름의 才德 을 긔이고

ehe　　 be algimbure de amuran oci
사오나옴 을 소문내기 예 죠하 ᄒ면

---

154 긔이고 : 숨기고. 긔이-+-고.

(7:15a)

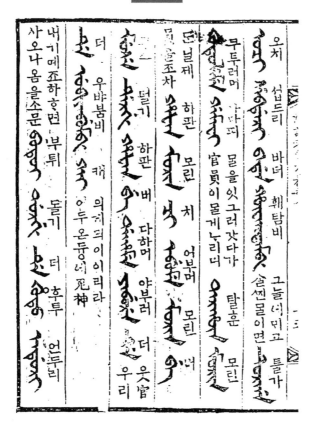

butui dorgi de hutu enduri de ubiyabumbi kai.
어두온 등 에 鬼 神 의게 믜이이리라.

muse dergi hafan be dahame yabure de,
우리 웃 官員을 조차 둔닐 제

hafan morin ci ebume morin be kutuleme gamafi,
官員이 물게 ㄴ리며 물을 잇그러 갓다가

tarhūn morin oci sebderi bade hūwaitambi,
슬씬 물이면 그늘 에 믜고

(7:15b)

turga morin oci enggemu be sufi sideri siderefi,
여윈   물   이면 기르마 를 벗기고 지달   쓰셔

orho sain bade sindambi,
  플 죠혼 곳에 노코

maikan cafi sektefun sektembi,
  쟝막 치고 방셕   씰고

hafan dosifi tehe manggi,
官員이 드러 안 거든

enggemu hadala be dedure bade sindafi gidacan i   dasimbi,
기르마 구레 를 자는 곳에 노코 안롱 으로 덥고

(7 : 16a)

sirame uthai jetere jaka be dagilame tuwame urehengge be tukiyembi,
니어 즉시 먹을 거슬 쟝만ᄒ여 보와 닉은 거슬 드리고

jeme wajiha manggi tetun be bargiyambi,
먹기 못 거든 그릇 슬 서럿고

amhara de emu niyalma i eršembi,
잘 제 ᄒᆞᆫ 사ᄅᆞᆷ 으로 모시라.

ere gese gingguleme olhošoro oci,
이 ᄀᆞ치 공경ᄒ고 조심ᄒᆞᆫ 면

ere yargiyan i fejergi urse ambasa be weilere doro seci ombi.
이 진실 로 아ᄅᆡ 類들이 大人들 을 셤기ᄂᆞᆫ 도리라 ᄒ리라.

(7:16b)

muse guculeme yabure de,
우리   벗ᄒᆞ여 ᄃᆞ닐 제

si   ehe   bi sain   seme ume bardanggilara,
네 사오납고 내 착ᄒᆞ롸[155] ᄒᆞ여   쟈랑 말고

ishunde gosime banjiha ahūn deo i adali oso,
서로   ᄉᆞ랑ᄒᆞ여 親 兄 弟 ᄀᆞᆺ치 ᄒᆞ라.

gucuse i dorgi de yadame mohofi,
벗들   中 에 貧 窮ᄒᆞ여

---

155 착ᄒᆞ롸 : 착하다. 착ᄒᆞ-+-롸. '-롸'는 1인칭 주어와 호응하는 평서형 종결어미이다.

(7:17a)

akū sitahūn ningge   bici,
업서 쇼죠ᄒ   니[156] 잇거든

beyei ulin be hairandarakū tede jalgiyame bufi baitalabure,
이녁 貨物 을 앗기지아니ᄒ고 져의게 더러 주어 쓰게ᄒ고

gucuse aika habšara duilere baita bihede,
벗들이 만일 訟 詞ᄒᄂᆞᆫ 일 잇거든

gūnin be akūmbume tafulafi nakabu,
 뜻 을 극진이ᄒ여 말려 그치게ᄒ고

─────────────

156 쇼죠ᄒ니 : 가난한 사람. 쇼죠(蕭條)+-ᄒ-+-ㄴ#이(의존명사)

(7:17b)

ume šusihiyeme huwekiyebufi adaki niyalma de cifeleme toobure,
하쇼쩌려[157] 붓도도와 傍 人 의게 춤밧하 쉬죵ᄒ게말라.

nimeku bihede oktosi be baime gajifi okto omibume dasa,
病이 잇거든 醫員을 ᄎ자 ᄃ려와 藥 먹여 고치고

yamji cimari fonjime cihalaha jaka be ulebu,
朝 夕에 뭇고 뜻에마ᄌᆫ 거슬 먹이라.

uttu oci we simbe kunduleme ginggulerakū?
이러 ᄒ면 뉘 너를 ᄃᆡ졉ᄒ고 공경치아니ᄒ리오?

---

157 하쇼쩌려 : 참소(讒訴)하여. 하쇼쩌리+-어.

(7:18a)

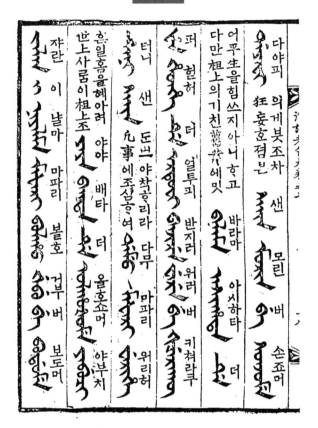

jalan i niyalma mafari bolho gebu be bodome,
世上　사룸이　祖上 조흔 일홈 을 혜아려

yaya baita de olhošome yabuci teni sain,
凡　事 에 조심ᄒ여　든녀[158] 야 착ᄒ리라.

damu mafari werihe fe hethe de ertufi banjire were be　kicerakū,
다만 祖上의 기친 舊業 에 밋어　　　　平生 을 힘쓰지아니ᄒ고

balama asihata de dayafi,
狂妄흔　졈믄 의게 븟조차[159]

sain morin be sonjome yalume,
죠흔 물 을 글히여 투고

---

158 든녀 : 원문에는 '든' 뒤의 글자가 분명하지 않다. 파리 동양어학교본에 따라 '든녀'로 판독하였다.
159 븟조차 : 븥좇애[附]. 븟좇-+-아. '븟조차'의 '븟'은 '븥'이 원순모음화 되어 '붇'이 되고, 이를 7종성법으로 표기한 것이다.

(7:18b)

icangga　nilukan　be halame etume,
빗나고 브드러온거 슬 글아　넙고

aha nehu be dahabufi dobi indahūn i gese urse de　gūlime acafi,
奴　婢　를 ᄯ로이고 여ᄋ　개　ᄌᆺ혼　類 의게　친압ᄒᆞ여

nurei hūntaha be gala ci　hokoburakū,
　술　　잔　을 손 에 ᄯᅧ나지아니케ᄒᆞ고

uculere jilgan be šan de lashalarakū
노래　소릭 를 귀 에 슷지아니ᄒᆞ고,

(7:19a)

gise hehe i boo jiha efire falan be derengge obume ofi,
妓 女 의 집과 돈 노롬ᄒᄂᆫ 집 을 영화를 삼음애

ede niyaman hūncihin sengge sakdasa dalbaki ci tuwame tebcirakū,
이예 親 戚과 老人들이 겻틔셔 춤아 보지못ᄒ여

sain gisun i tafulara be oron donjirakū sere anggala
죠혼 말 로 말님[160] 을 바히 듯지아닐 샨 아녀

---

160 말님 : 말림. 말니-(←말리-)+-ㅁ. '말님'은 순행적 유음화에 따른 'ㄹ-ㄴ'의 역표기이다.

(7:19b)

elemangga ceni sebjelere be yebelerakū seme ushambi kai.
도로혀 저희 즐기는거 슬 계염흔다 허믈ㅎ느니라.

etuku oci duin be dahame,
옷 슨 四時 를 조차

forgon i halhūn šahūrun de acabume halame etumbi,
節候 溫 凉 에 마초와 굴아 닙으니

niyengniyeri yacin sijigiyan šanyan ceri dorgi etuku,
봄에 鴉靑 긴옷 흰 羅 속 옷시오

(7:20a)

juwari narhūn mušuri jodon gahari,
녀름에 ㄱ는 모시 뵈 적삼이오

bolori ceri etuku,
ㄱ을에 羅 옷이오

tuweri niowanggiyan miyanceo kubun i etuku be etumbi,
겨올에 프른 면츄 핫 옷슬 닙ᄂ니라.

umiyesun inu duin erin be dahame,
씌 도 四 時 를 조차

niyengniyeri aisin muheren i umiyesun,
봄에 金 골희 씌오

juwari gu gohon i doko umiyesun
녀름에 옥 갈고리 속 씌오

(7:20b)

bolori aisin kiyamnaha umiyesun,
ᄀ을에　　　鑲金혼　　　쯰오

tuweri aisin gu umiyesun umiyelembi.
겨울에　金　玉　쯰　　쯰ᄂ니라.

uju de etuhengge sain sekei mahala,
마리 에　쓴거슨　죠혼　돈피 이엄이오

sain sirgei araha boro, genggiyen bocoi suje boro
죠혼 실로　쯘 갓과　묽은　　빗치 비단 갓과

yūn nan baci tucihe jafu boro
雲 南 에셔 난　담 갓세[161]

---

161 담갓세 : 모포로 만든 갓의. 담갓+-에. 여기서 '-에'는 속격의 기능을 하고 있다.

(7:21a)

ninggude gemu aisin dingse hadafi etumbi,
　우희　다　金　덩ᄌ　박이　쓰ᄂ니라.

gūlha inu niyengniyeri sahaliyan buhi gūlha,
　훠　도　봄에　　거믄　鹿皮　훼오

juwari nimaci gūlha
녀름에 염쇼가족 훼오

tuweri girdasikū fomoci harga hafirha šanyan buhi gūlha etufi,
　겨올에　金縇　청휘[162]　녀혼　흰　鹿皮　훠　신고

oksome yabure de,
　거러　든닐 제

---

162 청휘 : 이 단어에 대응하는 만주어 'fomoci'와 'harga'는 각각 버선목과 신창 윗부분을 나타낸다.

(7:21b)

baibi   ambalinggū yangsangga arbun be tuyembumbi.
부졀업시 거오ㅎ고163 치례ㅎᄂᆞᆫ   거동 을 드러내ᄂᆞ니라.

cimari erde ilifi, uju ijime dere obofi,
아ᄎᆞᆷ에 일 닐어 마리 빗고 ᄂᆞᆾ 씻고

icangga booha amtangga saikū be hacirame belhebufi,
뜻에마즌 반찬과   맛잇ᄂᆞᆫ 안쥬 를 가지가지 쥰비ㅎ여

dere baktarakū faidafi,
床   빗게   버리고

---

163 거오ㅎ고 : (남의 눈에) 거슬리고. 거오ㅎ-+-고.

(7:22a)

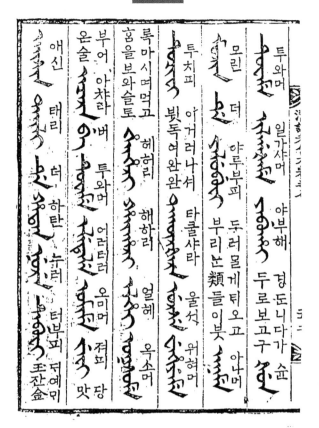

gu hūntaha aisin taili de hatan nure tebufi,
玉 잔 金 듸 예 미온 술 부어

acara be tuwame eletele omime jefi,
맛당훔 을 보와 슬토록 마시며 먹고

heiheri haihari elhei oksome tucifi,
볏독여[164] 완완이 거러 나셔

takūršara urse wehiyeme morin de yalubufi,
부리는 類들이 붓드러 몰 게 티오고

aname tuwame ilgašame yabuhai,
두로 보고 구경 든니다가,

164 볏독여 : 비뚝거려[踚]. 볏독+-이-+-어.

(7:22b)

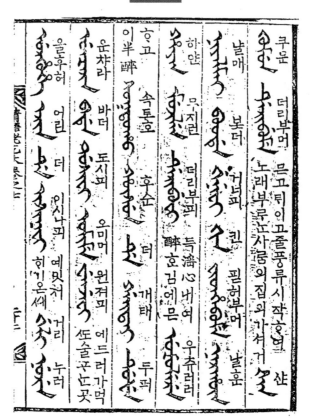

šun urhuhe erin de isinafi,
히 기온 째 에 밋쳐

geli nure uncara bade dosifi omime   wenjefi,
쏘 술 프ᄂ 곳에 드러가 먹어[165] 半醉ᄒ고

soktoho hūsun de gaitai dufe hayan mujilen deribufi,
醉ᄒᆫ 김 에 믄득 淫 心 내여

uculere   niyalmai boode genefi
노래부르ᄂ 사름의 집의 가셔

kin   fithebume narhūn kumun deribume
거믄고 틱이고 줄 풍류 시작ᄒ여

---

165 먹어 : 원문에는 '먹이'로 되어 있으나 파리 동양어학교본에 따라 '먹어'로 판독하였다.

(7:23a)

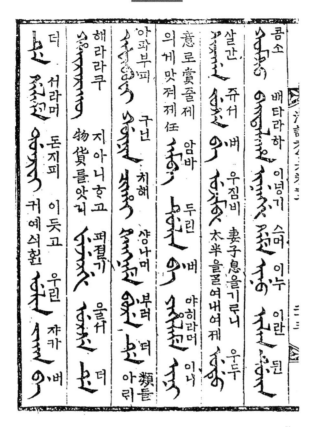

šan de selame donjifi,
귀 예 싁휜이 듯고

ulin jaka be   hairarakū,
物   貨 를 앗기지아니ᄒ고

fejergi urse de   afabufi gūnin cihai šangname bure de,
아릭 類들 의게 맛져   제 任意로   賞   줄제

amba dulin be yahilame ini sargan juse be ujimbi,
太   牛 을 굴여내여 제 妻 子息 을 기르니

udu   komso baitalaha inenggi seme inu ilan duin yan menggun be baitalame ofi,
비록 적게 쓴   날이라   도 서 너 兩 銀 을 쓰매

(7:23b)

booi banjire doro　cun cun i wasime eberefi,
　집　사ᄂᆞᆫ　道理　졈졈　　쇠패ᄒᆞ여

niyalma morin ihan ulin nadan aisin menggun i tetun,
　사ᄅᆞᆷ　ᄆᆞ　쇼　財物　　金　　銀　　器皿과

boo　usin be　fayafi　　eture jeterengge gemu gajilabufi,
집과　밧츨　虛費ᄒᆞ여　衣　食이　　다　窘迫ᄒᆞ고

beye tomoro babe baharakū,
몸　담을 곳을 엇지못ᄒᆞ여

(7:24a)

mohoho ten de isinafi,
　窮　極호 디 밋츰애

onggolo sihešeme haldabašame acabuha urse sabucibe,
　曾前　　　　　아첨ᄒ든　　　　類들이 볼지라도

her seme yohindarakū de　isitala,
죠곰　도　긔수치아니키 예[166] 니ᄅ도록

kemuni nenehe ehe waka be aliyame sarkūngge,
오히려　젼　그름　을 뉘웃츨 줄 모로ᄂ 거시,

yala mentuhun hūlhi dabanahabi kai
과연 어리고 흐림이　과흠　이라.

---

166 긔수치아니키예 : 상죵하지 아니하기에. 긔수ᄒ-+-디#아니ᄒ-+-기+-예(←-에). 만주어 'yohindarakū'는 '업신여기지 않다, 깔보지 않다, 무시하지 않다'의 의미이다.

(7:24b)

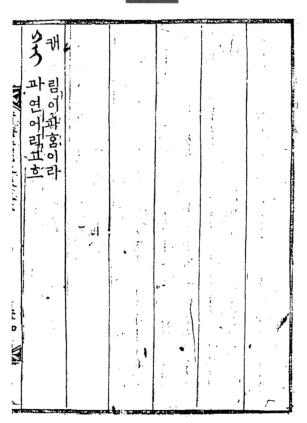

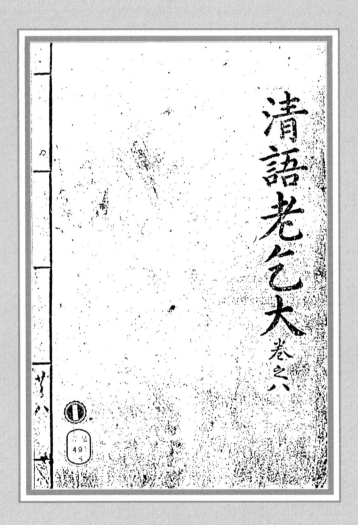

清語老乞大 제8권

(8:1a)

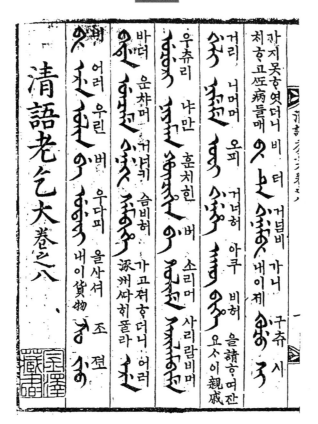

bi ere ulin be udafi,
내 이 貨物 을 사셔

dzo jeo bade uncame geneki sembihe,
涿 州 싸히 폴라 가고져 ᄒ더니

ere ucuri niyaman hūncihin be solime sarilambime
요 ᄉ이 親 戚 을 請ᄒ여 잔치ᄒ고

geli nimeme ofi genehe akū bihe,
ᄯᅩ 病들매 가지 못ᄒ엿더니

bi te genembi,
내 이제 가니

(8:1b)

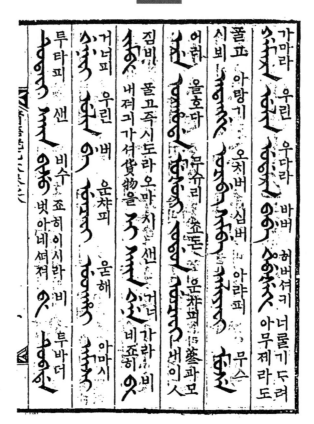

gucu si tutafi sain bisu,
벗아 네 써져 죠히 이시라.

bi tubade genefi ulin be uncafi uthai amasi jimbi.
내 져긔 가셔 貨物을 풀고 즉시 도라 오마.

si sain gene,
네 죠히 가라.

bi ere orhoda mušuri jodon uncafi,
내 이 人蔘과 모시 뵈 풀고

atanggi ocibe simbe aliyafi muse gamara ulin udara babe hebešeki
아무제 라도 너를 기드려 우리 가져갈 貨物 사기 를 議論ᄒ쟈

(8:2a)

si urunakū hudun jio.
네 반드시 셜리 오라.

diyan boihoji age si geren hūdai niyalma be gajime jio,
店 主人 형아 네 여러 져제 사름 을 드려 오라.

orhoda i hūda be bodoki.
人蔘　갑슬 헤아리쟈.

ere orhoda sain nio?
이 人蔘이 죠흐냐?

durun i orhoda gaju bi tuwaki,
見樣 人蔘 가져오라. 내 보쟈.

(8:2b)

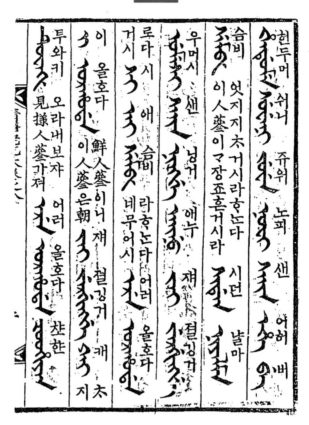

ere orhoda coohiyan i orhoda,
이 人蔘은 朝鮮 人蔘이니

jai jergingge kai.
지츳[167] 거시로다.

si ai sembi?
네 무어시라 ᄒᆞᄂᆞᆫ다?

ere orhoda umesi sain ningge ainu jai jergingge sembi?
이 人蔘이 ᄀᆞ장 죠흔 거시라 엇지 지츳 거시라 ᄒᆞᄂᆞᆫ다?

siden niyalma hendume suweni juwe nofi sain ehe be ume temšere,
證 人이 니로되 너희 둘 히 죠ᄒᆞ며 죠치아님 을 ᄃᆞ토지 말라.

---

167 지츳 : 다음. 버금.

(8:3a)

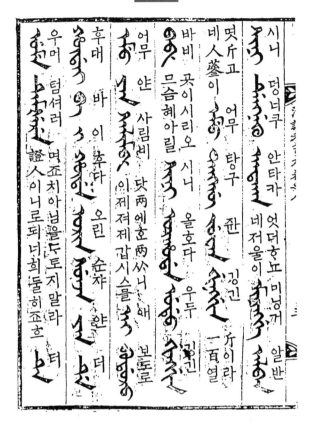

te   hūdai ba i hūda orin sunja yan de emu yan salimbi,
이제 져제 갑시 스믈 닷 兩에 흔 兩 쓰니

ai   bodoro   babi?
므슴 혜아릴 곳 이시리오?

sini orhoda udu ginggin?
네 人蔘이 몃 斤고?

emu tanggū juwan ginggin.
一 百 열 斤이라.

sini dengneku antaka?
네 저울이 엇더ᄒᆞ뇨?

(8:3b)

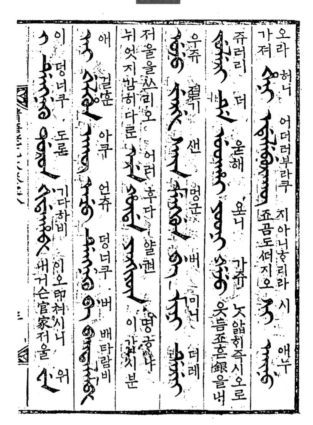

miningge alban i dengneku doron gidahabi,
내거슨　官家　　저울이오　印　쳐시니

we ai　gelhun akū encu dengneku be baitalambi?
뉘 엇지　감히　다른　저울　을　쓰리오?

ere hūda yargiyūn?
이　갑시 분명ᄒᆞ냐?

uju jergi sain menggun be mini derei juleri de uthai yooni　gaju,
웃듬 죠혼　銀　을 내 ㄴㅅ 앒 히 즉시 오로 가져오라.

heni　　　edeleburakū.
죠곰도　쩌지오지[168] 아니ᄒᆞ리라.

---

168 쩌지오지 : 떨어뜨리지. 남기지. 쩌지+-오+-지. '쩌지오'는 '뻐디우-'의 '뻐'를 시계 합용병서로 표기한 것이다.

(8:4a)

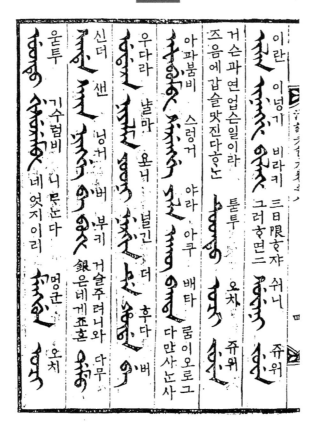

si ainu uttu gisurembi,
네 엇지 이리 니르는다.

menggun oci sinde sain ningge be buki,
　銀　은 네게 죠흔　거슬 주려니와

damu udara niyalma yooni nergin de hūda be afabumbi serengge yala akū baita.
다만 사는 사름이 오로 그즈음 에　갑슬　맛진다 ㅎ는거슨 과연 업슨 일이라.

tuttu oci juwe ilan inenggi bilaki.
그러 ㅎ면 二　三　日 限ㅎ쟈.

(8:4b)

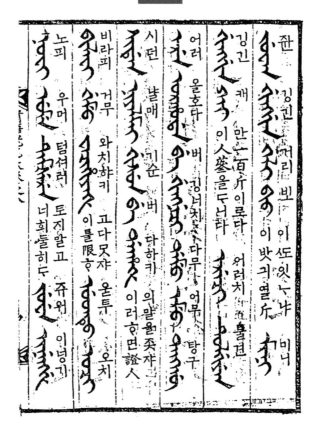

suweni juwe nofi ume temšere,
너희　둘　히　드토지 말고

juwe inenggi bilafi gemu wacihiyaki.
　이틀　限호고 다　뭇쟈.

uttu oci siden niyalmai gisun be dahaki.
이러 호면 證　人의　말 을 좃쟈.

ere orhoda be gingneci damu emu tanggū ginggin kai,
이　人蔘 을　드니 다만　一　百　斤이로다.

ereci tulgiyen juwan ginggin geli bio?
이　밧긔　열　斤이 쏘 잇느냐?

(8:5a)

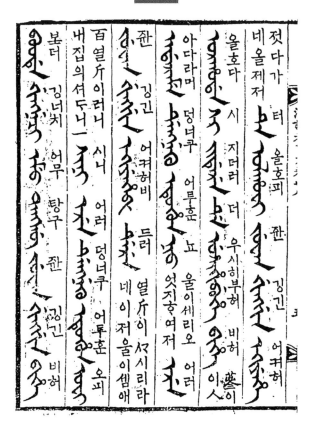

mini boode gingneci emu tanggū juwan ginggin bihe,
내 집의셔 드니 一 百 열 斤 이러니,

sini ere dengneku etuhun ofi juwan ginggin ekiyehebi dere.
네 이 저울이 셈애 열 斤이 싄시리라

adarame dengneku etuhun nio?
엇지ᄒᆞ여 저울이 세리오?

ere orhoda si jidere de usihibuhe bihe,
이 人蔘이 네 올 제 저젓다가

te olhofi juwan ginggin ekiyehe.
이제 몰라 열 斤이 싯다.

(8:5b)

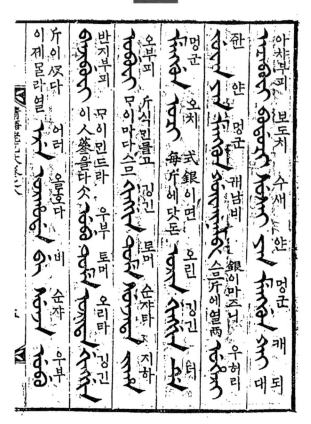

ere orhoda be sunja ubu banjibufi,
이 人蔘 을 다숫 무이[169] 민드라

ubu tome orita ginggin obufi,
무이 마다 스므 斤식 민들고

ginggin tome sunjata jiha menggun oci,
每斤에 닷 돈式 銀 이면

erin ginggin de juwan yan menggun gūwainambi,
스므 斤 에 열 兩 銀이 마즈니

uheri acabufi bodoci susai yan menggun kai
대되 모도와 혜면 쉰 兩 銀이로다.

---

169 무이 : 묶음[束].

(8:6a)

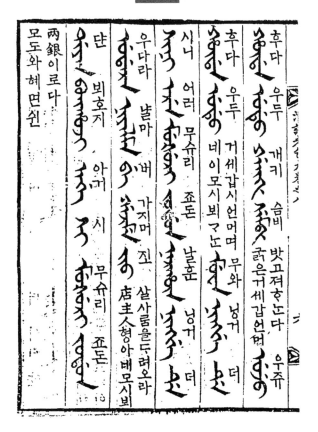

diyan boihoji age si mušuri jodon udara niyalma be gajime jio.
店　主人 형아 네 모시 뵈 살 사롬 을 드려 오라.

sini ere mušuri jodon narhūn ningge de hūda udu?
네 이 모시 뵈 ㄱ는 거세 갑시 언머며

muwa ningge de hūda udu gaiki sembi?
굵은 거세 갑 언머 밧고져 ㅎ는다?

(8:6b)

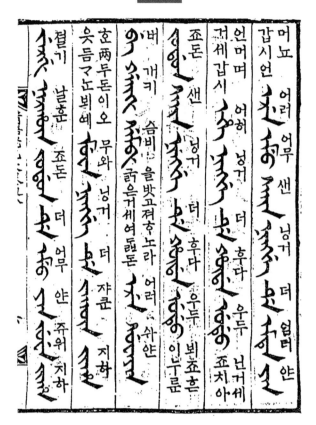

uju jergi narhūn jodon de emu yan juwe jihe,
웃듬 ᄀᄂ 뵈 예 흔 兩 두 돈이오,

muwa ningge de jakūn jiha be gaiki sembi.
굵은 거세 여듧 돈 을 밧고져 ᄒ노라.

ere suwayan jodon sain ningge de hūda udu?
이 누룬 뵈 죠흔 거세 갑시 언머며

ehe ningge de hūda udu?
죠치아닌 거세 갑시 언머뇨?

ere emu sain ningge de emte yan
이 흔 죠흔 거세 흔 兩식이오

(8:7a)

majige eberingge de nadan jiha.
　적이　　　ᄂ즌거세　닐곱 돈이라.

si hūda be balai ume gaire,
　네　갑슬 간대로 밧으려 말라.

ere jodon yargiyan i toktoho hūda　bi,
　이　뵈　진짓　　정훈　갑시 이시니

bi udame gamafi hūdašaki　sembi,
　내　사　가져가 흥졍ᄒ고져　ᄒ니

nergin i hūda be dahame sinde bure.
　시방　　갑슬　조차　네게　주마.

(8:7b)

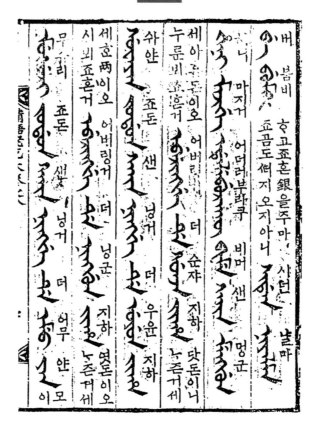

ere mušuri jodon sain ningge de emu yan,
이 모시 뵈 죠혼 거세 흔 兩이오

eberingge de ninggun jiha,
　ㄴ즌거 세 엿 돈이오,

suwayan jodon sain ningge de uyun jiha,
　누룬 뵈 죠혼 거세 아홉 돈이오

eberingge de sunja jiha,
　ㄴ즌거세 닷 돈이니

heni majige edeleburakū bime sain menggun be bumbi.
　죠곰도 쩌지오지아니 ㅎ고 죠혼 銀 을 주마.

(8:8a)

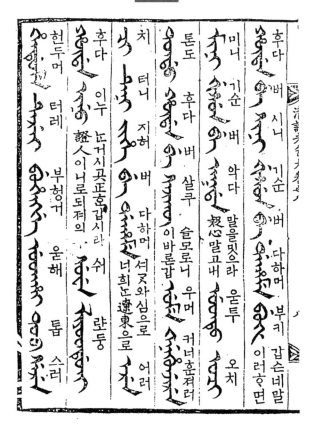

siden niyalma hendume terei buhengge uthai tob sere hūda inu,
證 人이 니로되 져의 주는 거시 곳 正亨 갑시라.

suwe liyoodung ci teni jihe be dahame,
너희는 遼東 으로셔 곳 와심으로

ere tondo hūda be sarkū,
이 바론 갑슬 모로니

ume kenehunjere mini gisun be akda.
疑心 말고 내 말 을 밋으라.

uttu oci hūda be sini gisun be dahame buki,
이러 흐면 갑슨 네 말 을 조차 주려니와

(8:8b)

menggun oci mini gisun be gaijarakū ohode bi   uncarakū.
　銀　은 내　말　을 좃지아니 ᄒ면 내 ᄑ지아니ᄒ리라.

ere ehe   menggun gemu esike,
이 죠치아닌　銀은　다　마다

mini menggun de adalingge be gaju.
내　　銀　과　갓혼 거슬 가져오라.

si ere gese alban i menggun be gaici minde akū.
네 이 갓혼 官家　　銀　을 밧으면 내게 업다.

(8:9a)

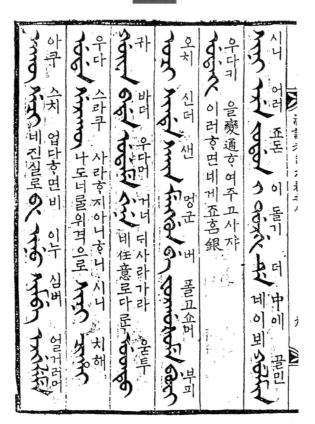

si unenggi akū seci,
네 진실로 업다 ᄒ면

bi inu simbe ergeleme uda serakū,
나 도 너를 위격으로 사라 ᄒ지아니ᄒ니

sini cihai gūwa bade udame gene.
네 任意로 다른 ᄃᆡ 사라 가라.

uttu oci sinde sain menggun be forgošome bufi udaki.
이러 ᄒ면 네게 죠혼 銀 을 變通ᄒ여 주고 사쟈.

sini ere jodon i dorgi de,
네 이 뵈 中 에

(8:9b)

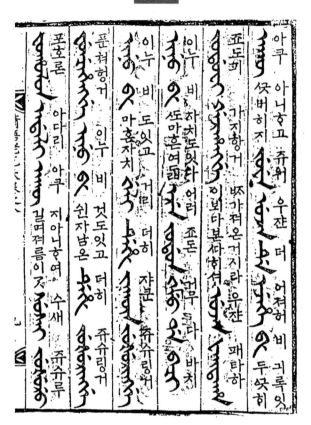

golmin foholon adali   akū,
길며   져름이 ㄱㅈ지 아니ᄒ여

susai jušuru funcehengge inu bi,   dehi jušuringge inu bi,
쉰 자   남은 것   도 잇고 마흔   자치   도 잇고

geli dehi jakū jušuringge inu bi,
쏘 마흔 여듧 자치   도 잇다.

ere jodon gemu da   baci jodofi gajihangge,
이 뵈   다 본 ᄯᅡ희셔 ᄧ 가져온 거시라

ujan faitaha   akū,
싯 버히지 아니ᄒ고

juwe ujan de ejehe   bi
두   싯히 긔록 잇ᄂᆞ니라.

(8:10a)

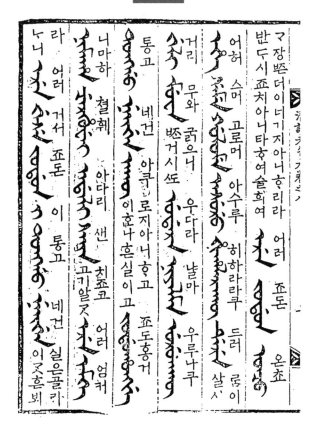

ere gese jodon i tonggo neigen
이 ㄹ혼 뵈 실은 골라

nimaha cerhuwei adali sain,
고기 알 ㄹ치 죠코

ere emke tonggo neigen akū,
이 흔나혼 실이 고로지 아니ᄒ고

jodohongge geli muwa,
ᄠᆫ 거시 ᄯᅩ 굵으니,

udara niyalma urunakū ehe seme golome asuru hihalarakū dere.
살 사름이 반ᄃᆞ시 죠치아니타 ᄒᆞ여 슬희여 ㄹ장 ᄠᅳᆫ더이[170] 너기지 아니ᄒ리라.

___

170 ᄠᅳᆫ더이 : 찐덥게[嫌]. ᄠᅳᆫ덤-+-이. 'ᄠᅳᆫ더이'는 'ᄧᅳᆫ더이'에서 'ᄧᅳᆫ'이 ㅂ계 합용병서로 표기된 것이다.

(8:10b)

ere jodon onco bime sain,
이 뵈ᄂᆞᆫ 너르고 죠코

ere jodon hon isheliyen.
이 뵈ᄂᆞᆫ 너모 좁다.

age si donji, udu isheliyen bicibe bi sasa uncambi.
형아 네 드르라, 비록 좁으나 내 홈ᄋᆡ 폴리라.

si ainu uttu gisurembi,
네 엇지 이리 니르ᄂᆞᆫ다.

onco oci etuku arara de funcembi,
넙으면 옷 짓기 예 남고

isheliyen oci etuku arara de isirakū
좁으면 옷 짓기 예 모ᄌᆞ라리니

(8:11a)

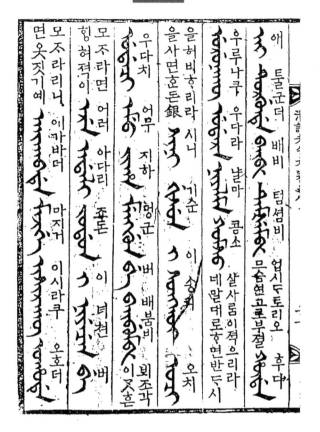

aikabade majige isirakū ohode,
　힝혀　　적이　모즈라　면

ere adali jodon i niyecen be udaci emu jiha menggun be baibumbi,
　이 ζ혼 뵈　　조각　을 사면 흔 돈　　銀　을 허비ᄒ리라.

sini gisun i songkoi oci urunakū udara niyalma komso.
　네　말　　대로 ᄒ면 반ᄃ시 살　사름이 젹으리라.

si turgunde baibi temšembi,
　므슴 연고로 부졀업시 ᄃ토리오

(8:11b)

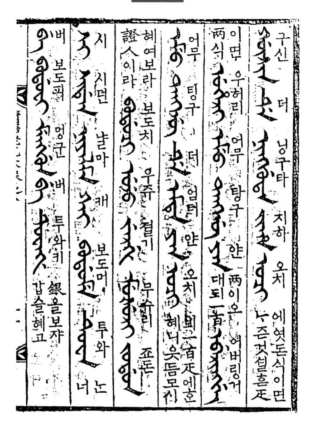

hūda be bodofi menggun be tuwaki.
갑슬 혜고 銀 을 보쟈.

si siden niyalma kai bodome tuwa.
너는 證 人 이라 혜여 보라.

bodoci uju jergi mušuri jodon emu tanggū de emte yan oci,
혜니 웃듬 모시 뵈 一 百疋에 흔 兩식 이면

uheri emu tanggū yan,
대되 一 百 兩이오

eberingge gūsin de ningguta jiha oci
느즌 것 셜혼疋에 엿 돈식 이면,

(8:12a)

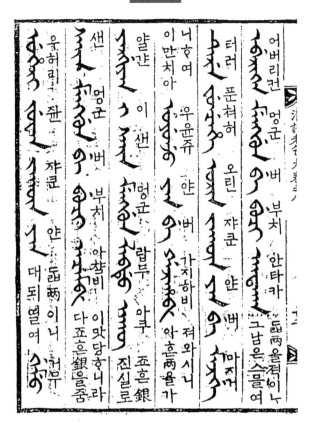

uheri juwan jakūn yan,
대되   열   여듧 兩이니

gemu sain menggun be buci   acambi.
다   죠흔   銀   을 줌이 맛당ᄒ니라.

yargiyan i sain menggun labdu   akū,
진실로   죠흔   銀이   만치 아니ᄒ여

uyunju yan be gajihabi,
아혼   兩 을 가져와시니

tere funcehe orin jakūn yan be majige eberiken menggun be buci antaka?
그   남은   스믈 여듧 兩 을 젹이   ᄂ즌   銀   을 줌이 엇더ᄒ뇨?

(8:12b)

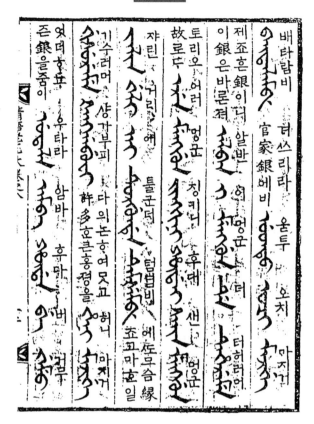

utala amba hūda be gemu gisureme šanggabufi,
許多흔 큰 흥졍 을 다 의논ᄒᆞ여   맞고

heni   ajige jalin geli ai turgunde temšembi?
죠고마흔   일에 쏘 므슴 緣故로 드토리오?

ere menggun jingkini hūdai sain menggun,
이   銀은   바론[171] 져제 죠흔 銀이니

alban i menggun de tehereme baitalambi.
官家   銀 에 비겨[172] 쓰리라.

---

171 바론 : 바른[直]. 바로-+-ㄴ.
172 비겨 : 빙쟈하여. 비기-+-어.

(8:13a)

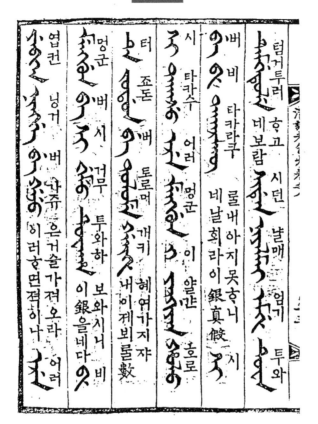

uttu oci majige yebken ningge be gaju.
이러 ᄒᆞ면 적이 나은 거슬 가져오라.

ere menggun be si gemu tuwaha,
이 銀 을 네 다 보와시니,

bi te jodon be tolome gaiki.
내 이제 뵈 를 數 혜여 가지쟈.

si takasu ere menggun i yargiyan holo be bi takarakū,
네 날회라. 이 銀 眞 假 를 내 아지못ᄒᆞ니,

si temgetule, siden niyalmai emgi tuwa,
네 보람ᄒᆞ고 證 人과 ᄒᆞᆫ가지로 보라.

(8:13b)

amala baitalaci ojorakū ohode,
後에 쓰지 못ㅎ게 되면

bi siden niyalma be baifi hūlašame jimbi.
내 證 人 을 츳자 밧고라 오리라.

age si hūdašara doro be sarkū,
형아 네 흥졍ㅎᄂ 道理 를 모론다.

derei juleri kimcime tuwafi alime gaici,
ᄎ 앏히 술혀 보고 밧으면

duka tucime bederebuci ojorakū sehebi
문 나며 므르지 못ㅎ다 ㅎ엿ᄂ니라.

(8:14a)

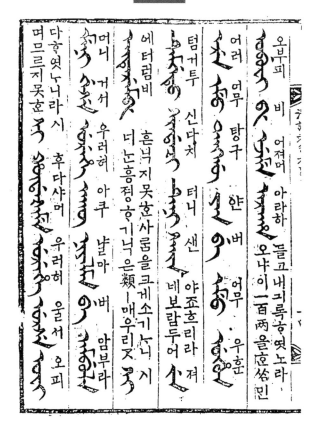

si hūdašame urehe urse ofi meni gese urehe akū niyalma be ambula eiterembi,
너는 홍졍ᄒ기 닉은 類ㅣ 매 우리 ᄀᆞᆺ혼 닉지 못혼 사름 을 크게 소기ᄂᆞ니

si temgetu sindaci teni sain.
네 보람 두어 야 죠흐리라.

je, ere emu tenggū yan be emu uhun obufi bi ejeme araha
오냐, 이 一 百 兩 을 혼 ᄡᅳᆷ 민들고 내 긔록ᄒᆞ엿노라.

(8:14b)

te mini baita wajiha bi genembi.
이제 내 일 못차시니 내 가노라.

ara muse gajiha hūdai jaka gemu wajiha be dahame,
어져 우리 가져온 홍졍 믈건이 다 못차심으로

orhoda hūda be bargiyafi,
人蔘 갑슬 거두어

muse amasi gamara hūdai jaka be inu erdeken i baime udaki
우리 도로 가져갈 홍졍 믈건 도 일즉 츳자 사쟈.

(8:15a)

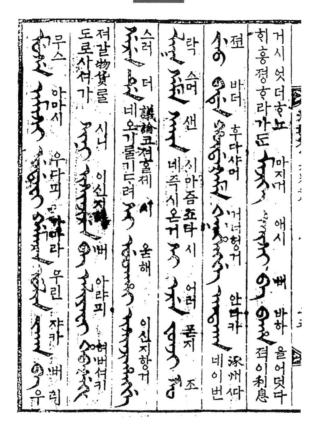

muse amasi udafi gamara ulin jaka be,
우리 　도로 　사셔 　가져갈 　物 　貨 　룰

sini isinjire be aliyafi hebešeki sere de,
네 　오기 　룰 　기드려 　議論코져 　홀 　제

si uthai isinjihangge lak seme sain.
네 　즉시 　온 　거시 　마즘 　죠타.

si ere fonji[173] dzo jeo bade hūdašame genehengge antaka?
네 이 　번 　涿 州 　싸히 　흥졍ᄒᆞ라 　가든거시 　엇더ᄒᆞ뇨?

majige aisi be baha
적이 　利息 　을 　어덧다.

---

173 fonji : 만주어 'fonji'는 'fonde'의 誤記로 판단된다.

(8:15b)

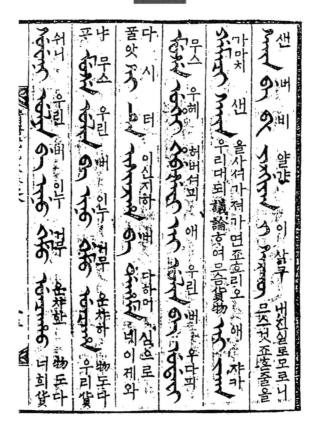

suweni ulin be inu gemu uncahao?
너희 貨物　도　다　푸냐?

muse ulin be inu gemu uncaha,
우리 貨物　도　다　풀앗다.

si　te　isinjiha be dahame,
네 이제　와심　으로

muse uhei hebešefi ai　ulin be udafi gamaci　sain?
우리 대되 議論ᄒᆞ여 므슴 貨物 을　사셔　가져가면 죠흐리오?

ai　jaka sain　be bi yargiyan i sarkū
므스 것 죠흔줄 을 내　진실로 모로니,

(8:16a)

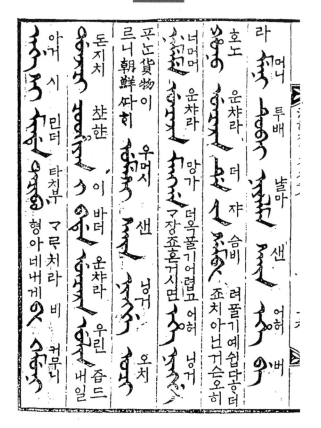

age si minde tacibu.
형아 네 내게 フ르치라.

bi kemuni donjici coohiyan i bade uncara ulin
내 일즘 드르니 朝鮮 짜히 포는 貨物이

umesi sain ningge oci nememe uncara mangga,
フ장 죠혼 거시 면 더옥 풀기 어렵고

ehe ningge hono uncara de ja sembi.
죠치아닌 거슨 오히려 풀기 예 쉽다 ᄒᆞ더라.

meni tubai niyalma sain ehe be ilgame muterakū,
우리 져긔 사름은 죠ᄒᆞ며 죠치아님을 分揀치 못ᄒᆞ고

(8:16b)

damu elgiyen jaka be sonjome udambi,
다만 혼혼 거슬 굴히여 사니

uttu ofi ehe ningge uncara de ja,
이러모로 죠치아닌 거슨 폴기 예 쉽고

sain ningge uncara de mangga kai.
죠흔 거슨 폴기 예 어려오니라.

bi simbe gaifi buya ulin be udambi
내 너를 드리고 젼 貨物 을 사리라.

(8:17a)

fulgiyan sika emu tanggū ginggin,
　象　毛　一　百　斤

aiha jelgiyen hūbe jelgiyen gu wehe jelgiyen šui jin wehe jelgiyen,
구슬　갓찐　호박　갓찐　玉　　갓찐　水晶　　갓찐

šuru jelgiyen meimeni emu tanggū ulcin,
珊瑚　갓찐　各各　一　百　쎄음[174]

amba ulme buya ulme meimeni emu tanggū fempi,
큰　바늘　즌　바늘　各各　一　百　封

tatakū emu tanggū,
족집게　一　百

---
174 쎄음 : 꿰미. 노끈 같은 것으로 꿰어 놓은 분량. 쎄-[串]+-음.

(8:17b)

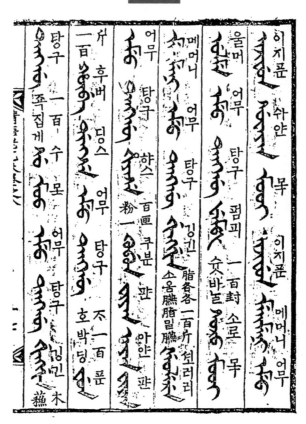

su moo emu tanggū ginggin, hube dingse emu tanggū,
蘇　木　一　百　　斤　호박　딩즈　一　百

fun emu tanggū hiyase,
粉　一　百　匣

kubun fiyan ayan fiyan meimeni emu tanggū ginggin,
소옴　臙脂　밀　臙脂　各各　一　百　斤

šeolere ulme emu tanggū fempi,
슛　부늘　一　百　封

soro mooi ijifun suwayan mooi ijifun meimeni emu tanggū,
대쵸　나모　얼에빗　黃楊　木　얼에빗　各各　一　百

(8:18a)

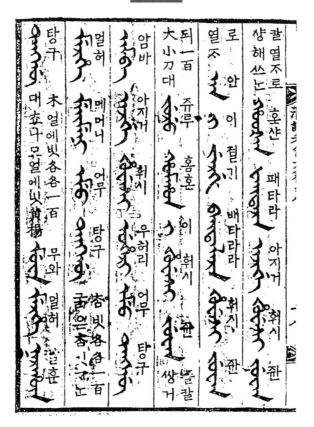

muwa merhe narhūn merhe meimeni emu tanggū,
굵은 춤빗 ᄀ는 참빗 各各 一 百

amba ajige huwesi uheri emu tanggū,
大 小 刀 대되 一 百

juru homhon i huwesi juwan,
쌍 거플 칼 열즈로

an i jergi baitalara huwesi juwan,
상해 쓰는 칼 열즈로

hoošan faitara ajige huwesi juwan
죠히 버히는 적은 칼 열즈로

(8:18b)

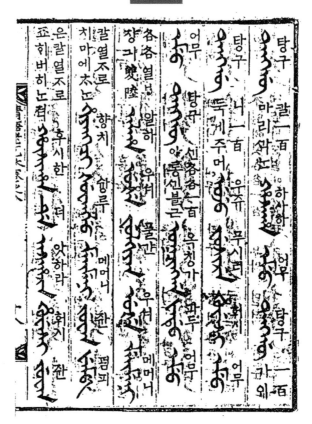

hūsihan de ashara huwesi juwan,
　치마　에　츠는　　칼　열ᄌ로

hiyangci šuwanglu meimeni juwan fempi,
　쟝긔　雙陸　各各　열　부

alha uše fulgiyan use meimeni emu tanggū,
　아롱 씬　불근 씬　各各　一　百

okcingga fadu emu tanggū,
　둑게[175]　주머니　一　百

uju fusire huwesi emu tanggū, hasaha emu tanggū
　마리 싹는　칼　一　百　가위　一　百

---

175 둑게 : 덥개. '둪- + -게'의 변화형이다. 일부 방언에서 '둪- + -에'를 거쳐 '두베〉두베〉두웨〉두에'로 발달하기도 하였다.

(8:19a)

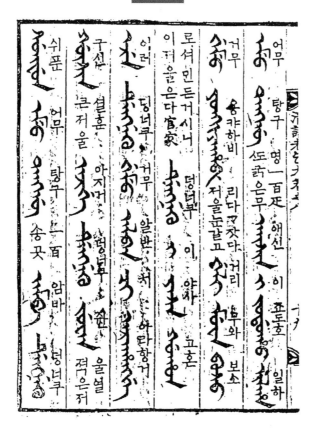

suifun emu tanggū,
　송곳　一　百

amba dengneku gūsin, ajige dengneku juwan,
　큰　저울　셜흔　젹은　저울　열

ere dengneku gemu alban　ci　arahangge,
　이　저울은　　다　官家 로셔 민든 거시니

dengneku i yasa gohon gemu yongkiyababi,
　저울　눈　갈고리　다　ᄀ잣다.

geli muwa boso emu tanggū,
　쏘　굵은　무명　一　百疋

(8:19b)

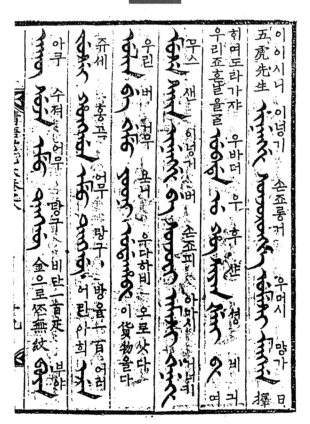

aisin i jodoho ilha akū suje emu tanggū,
金 으로 쫀 無紋 비단 一 百疋

buya jusei honggon emu tanggū,
어린 아희 방올 一 百

ere ulin be gemu yooni udahabi.
이 貨物 을 다 오로 샷다.

muse sain inenggi be sonjofi amasi geneki.
우리 죠혼 날 을 굴희여 도라 가쟈.

ubade u hū siyan seng bi,
여긔 五 虎 先 生이 이시니,

inenggi sonjorongge umesi mangga
擇日ᄒ기 ᄀ장 잘ᄒ니

(8:20a)

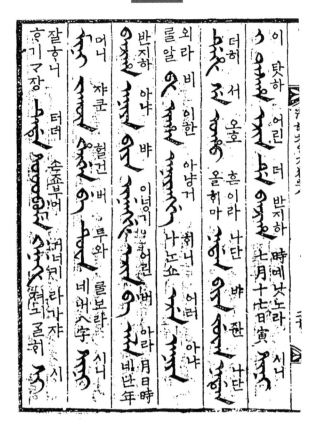

tede sonjobume geneki.
져긔 굴히라 가쟈.

si mini jakūn hergen be tuwa.
네 내 八 字 룰 보라.

sini banjiha aniya biya inenggi erin be ala.
네 난 年 月 日 時 룰 알외라.

bi ihan aniyangge, ere aniya dehi se oho.
나ᄂᆫ 쇼 ᄒᆡ니 올 ᄒᆡ 마혼이라.

nadan biya juwan nadan i tasha erin de banjiha.
七 月 十 七 日 寅 時 에 낫노라.

(8:20b)

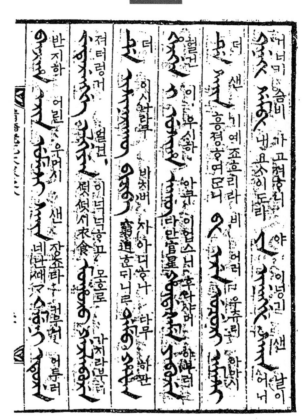

sini banjiha erin umesi sain,
네 난 쎄 ᄀ장 죠타.

kemuni eture jeterengge elgiyen,
쩟쩟시 衣 食이 넉넉ᄒ고

mohoro gajilabure de isinarakū bicibe,
窮 迫혼 듸 니르지아니ᄒ나

damu hafan hergen i usiha akū, hūdašame yabure de sain.
다만 官 星이 업스니 흥졍ᄒ여 ᄃ니기 예 죠흐리라.

bi ere ucuri amasi geneki sembi,
내 요 스이 도라 가고져 ᄒ니

ya inenggi sain?
어늬 날이 죠흐뇨?

(8:21a)

si takasu. bi sonjome tuwaki.
네 날회라. 내 굴히여 보쟈.

ere biya orin sunja i tasha erin de,
 이 둘 스므 닷신날 寅 時 에

dergi   baru jurafi geneci amba aisi bahambi.
東으로 向ᄒᆞ여 ᄯᅥ나 가면 큰 利息 어드리라.

sonjoho basa sunja fun be sinda. meimeni facaki,
 굴힌 슈공 오 푼 을 노하라. 各各 罷ᄒᆞ쟈.

orin sunja de jurambi.
스므 닷신날 ᄯᅥ날거시니

(8:21b)

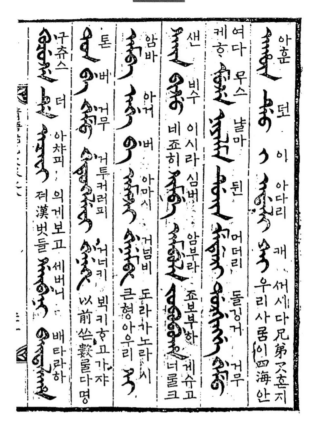

tere nikan i gucuse de   acafi,
　저　　漢　　벗들　의게　보고,

seibeni baitalaha ton be gemu getukelefi   geneki.
　以前　　쓴　　數　를　다　명빅키[176]　ᄒᆞ고　가쟈.

amba age   be amasi geneki, si sain bisu.
　큰　　형아 우리 도라　가노라. 네 죠히 이시라.

simbe ambula   jobobuha.
너를　　크게　슈고케ᄒᆞ여다.

muse niyalma duin mederi dorgingge gemu ahūn deo i adali kai
우리　사름이　四　海　안쎠시　다　兄　弟　ᄀᆞᆺ혼지라.

───────────────
176 명빅키 : 명백히. 명백하게. 명빅+-히. '명빅히'가 '명빅키'로 된 것은 근대국어의 중철 표기에 의해서이다.

(8:22a)

juwe biya gucelefi ishunde dere fularjahakū bihe,
두 둘 벗ㅎ여 서로 ㄴㅊ 블키지아니 ㅎ엿더니

te fakcafi genembi sere de,
이제 써나 간다 홈 애

baibi narašame fakcame tebcirakū.
쇽졀업시[177] 戀戀ㅎ여 섭섭ㅎ여라.

waliyame gūnirakū oci, amaga inenggi dasame jihe manggi,
브려 싱각지아니ㅎ면 後 日에 고쳐 오거든

kemuni mini boode eldembume jio.
쩟쩟이 내 집의 빗나게 오라

---

177 쇽졀업시 : 원문에는 '쇽설업시'로 보이나 '쇽졀업시'의 탈각으로 파악하였다.

(8:22b)

geli acara be ainambahafi sara
쏘 만나기 룰   엇지 시러곰 알리오

諸譯銜名-1a

檢察官
資憲大夫行龍驤衛副護軍 金振夏

校正官
通訓大夫前行司譯院判官 邊翰基
朝散大夫前行司譯院直長 玄啓百

書寫官
通訓大夫前行司譯院判官 李光赫
朝散大夫前行司譯院奉事 李寅旭
通訓大夫前行司譯院判官 尹甲宗

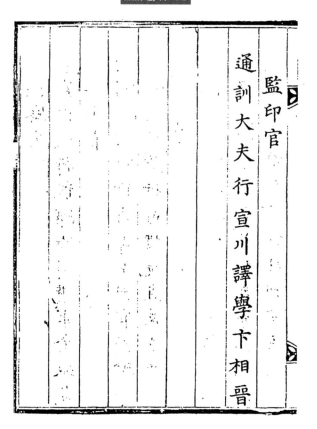

監印官
通訓大夫行宣川譯學 卞相晉

清語老乞大新釋

만주어 색인

〔A〕

abka 하늘

    abka (1:2a) (1:14a) (2:13b) (2:19b) (2:19b) (3:3b) (3:4a) (3:15a) (3:16a) (3:19b)
        (4:2a) (4:9b) (4:17a) (7:10a) (7:12b)

abkai fejergi 天下

    abkai fejergi be (1:6b)

absi 어듸로

    absi (1:1a) (1:9b)

absi 7장, 엇지

    absi (3:21b) (4:1b)

aca- 만나다

    acafi (1:22a) (1:24b) (1:24b) (3:4a) (4:10b) (8:21b)
    acaha (5:1a) (5:10b)
    acahakū (1:24b)
    acaki (5:10a)
    acara be (8:22b)

aca- 맛당ᄒᆞ다, ᄒᆞ염즉ᄒᆞ다

    aca- (2:24b) (5:20b) (7:14b) (7:14b) (8:12a)
    acambihe (4:3b)
    acara (3:19a)
    acara be (3:9b) (4:3a) (7:22a)

acabu- 모도다, 타다, 마초다

    acabufi (2:8a) (2:9a) (5:18a) (8:5b)
    acabufi (4:14a)
    acabume (5:16a) (5:16b) (6:21a) (7:19b)

acabu- 아쳠ᄒᆞ다

    acabuha (7:24a)

acana- 맞다

    acanambi (6:15a)

aci- 싯다

acifi (2:16b)
aciha (1:10b) (4:10b)
aciki (3:14a)
acime (3:4a) (4:15a)
acire (3:14a)

aciha 짐 (3:5b) (4:13a) (4:15a)
aciha (3:5b) (4:13a) (4:15a)
aciha be (3:4a) (3:9a) (3:14a) (3:15b) (4:7a) (4:10a) (4:10a) (4:10b) (5:1b) (5:1b)

acinggiya- 혼들다
acinggiyame (1:5a)

ada- 겻히
adame (2:4a)

adaki 이웃
adaki (2:16a) (7:17b)
adaki boo 이웃집 (3:19a)
adaki boo i (1:22b)

adali 又혼
adali (1:6b) (1:12b) (1:16a) (1:26a) (2:2b) (3:1a) (3:2a) (3:8b) (4:4b) (5:6a) (5:9a)
(5:11a) (5:12a) (5:14a) (7:16b) (8:9b) (8:10a) (8:11a) (8:21b)
adalingge be (8:8b)

adarame 엇지
adarame (1:2a) (1:4b) (2:1a) (2:2a) (2:11b) (2:13b) (2:14b) (2:26a) (3:2a) (3:17b)
(3:19a) (3:20b) (3:22a) (4:1a) (4:12b) (4:18a) (4:18b) (4:19b) (4:19b)
(4:20b) (4:24a) (5:17a) (5:22b) (6:4b) (7:6a) (8:5a)

afa- 맏다
afaha (7:11b)

afabu- 맛지다
afabufi (3:14a) (7:23a)
afabumbi (8:4a)
afabume (6:2a)

aga 雨
aga (7:2a)

age 형
age (1:1a) (1:9b) (1:10a) (1:11a) (1:24a) (1:24a) (1:25b) (2:6b) (3:4a) (3:6a)
(3:8b) (3:11b) (3:12a) (3:12b) (3:12b) (3:13a) (3:15a) (3:16b) (3:17b) (3:19b)
(4:1a) (4:6a) (4:10b) (4:17a) (4:17b) (4:18b) (4:19b) (4:23a) (5:7a) (5:12b)
(6:7b) (6:11a) (6:11b) (6:18b) (6:19a) (7:3a) (8:2a) (8:6a) (8:10b) (8:13b)
(8:16a) (8:21b)
age de (3:16a) (5:4a) (5:10a)
age i (1:22a) (3:8a) (4:2b) (4:7a)

agese 형들
agese (5:20a)

agūra hajun 器械

 agūra hajun be (2:18b)

aha nehu 奴婢

 aha nehu[1] be (7:18b)

ahūn 兄

 ahūn (1:22b) (1:22b) (4:17a)

 ahūn deo 兄弟 (1:22b) (1:22b) (1:23a) (6:21b) (6:22a) (6:22a) (6:22a)

 ahūn deo de (6:22a) (7:12a)

 ahūn deo i (8:21b)

ai 므엇, 므슴

 ai (1:2b) (1:3a) (1:4a) (1:7b) (1:10a) (1:10b) (1:17a) (1:22a) (1:25b) (1:26a) (1:26b) (2:3b) (2:5a) (2:19b) (2:19b) (2:22a) (3:6b) (3:8a) (3:8b) (3:10a) (3:11a) (3:12b) (3:15a) (3:17a) (3:23a) (4:11a) (4:13b) (4:16a) (4:17b) (4:17b) (4:20a) (4:20a) (5:5b) (5:5b) (5:6b) (5:7b) (5:8b) (5:11a) (5:18b) (5:23a) (6:6b) (6:8b) (6:12a) (6:13a) (6:13b) (6:19b) (6:23b) (7:7a) (8:2b) (8:3a) (8:3b) (8:11a) (8:12b) (8:15b) (8:15b)

 aibe (1:3a) (1:4a) (4:12b) (4:19b) (5:19b) (6:18b)

 aide (2:23a)

 ai geli 이럴 리 이시랴 (4:17b)

aiba 어듸

 aibaningge (6:17a)

aibi 어듸

 aibi (5:19a) (6:17a) (7:13a)

 aibici (1:1a) (1:24b)

 aibide (1:10a) (1:13a) (1:14b) (2:20a) (3:2b) (3:12b) (3:19b) (4:2b) (4:6b) (5:1a) (5:3b) (5:23a) (7:1b)

aifini 임의, 불셔

 aifini (2:12b) (2:19a)

aigan 관혁, 솔

 aigan de (7:3a)

 aigan i (7:2a)

aiha 구슬

 aiha (8:17a)

aika 만일, 아모

 aika (1:4b) (1:7a) (1:25a) (2:10b) (2:11b) (3:7a) (3:11b) (3:13a) (3:14b) (3:15b) (4:1a) (4:4b) (5:16a) (5:19a) (6:5a) (6:7a) (7:3a) (7:11b) (7:14b) (7:17a)

 aikabade 힝혀 (1:5b) (1:6a) (1:13b) (2:10a) (3:13a) (3:22a) (6:2b) (8:11a)

aina- 므엇ᄒ리오, 엇지ᄒ리오

 ainambi (1:6a) (2:14a) (2:20b) (4:7a) (5:4b) (5:19a) (6:4b) (6:10b)

ainaha 엇던

---

1 nehu : 'nehū'의 형태로도 쓰인다.

ainaha 엇던 (2:23b) (6:16a)
ainaha seme 결단코 (4:18a) (6:9b)

ainambaha─ 엇지 ᄒ리오
ainambahafi (8:22b)

ainara 엇지 ᄒ리오
ainara (1:8a) (3:16a) (3:16b) (3:19a) (3:20b) (4:6a) (6:10a)

ainci 응당
ainci (1:22b) (2:15a) (2:17a) (5:8a)

ainu 엇지
ainu (1:1b) (1:9a) (3:14b) (3:19b) (4:11b) (6:16a) (6:17b) (6:19a) (6:19b) (6:23a)
　　(7:2b) (7:5b) (8:2b) (8:3b) (8:10b)

aise 시부다
aise (5:5b) (5:8a)

aiseme 므슴ᄒ라
aiseme (3:4a) (5:7a)

aisi 利息
aisi (1:17b) (5:19a) (6:14a) (8:21a)
aisi be (1:18a) (1:20b) (8:15a)

aisila─ 돕다
aisilame (7:14a)

aisin 金
aisin (5:8a) (7:20a) (7:21a) (7:22a)
aisin i (6:11a) (6:15a) (8:19a)
aisin gu 金玉 (7:20b)
aisin kiyamnaha 鍍金ᄒ다 (7:20b)
aisin menggun 金銀 (7:23b)
　aisin menggun i (7:23b)
aisin sirge 金絲 (6:13b)

aitu─ 되씌여나다
aituha (2:17b)
aitume (5:3a)

ajige 젹은, 小
ajige (1:18b) (4:24a) (5:5a) (5:8b) (5:15a) (8:18a) (8:18a) (8:19a)
ajige niyalma 小人 (3:8a) (3:17b) (3:18a) (4:17b) (4:18a)
　ajige niyalma be (3:13a)
　ajige niyalma se 小人들 (3:12a)

ajigen 어린, 작은
ajigen ci (7:11b)

ajigan 小
ajigan tacin i bithe 小學 (1:3a) (1:4a)
　ajigan tacin i bithe be (1:3a) (1:4a)

akda— 밋다
  akda (8:8a)
  akdaci (3:20a) (4:16a)
  akdambi (6:5b)
  akdarakū (1:26a) (3:17b) (6:18a) (6:19b)

akdun 실혼
  akdun (3:5a) (7:12a)

akdun bithe 明文
  akdun bithe be (6:5b)

akta 블친
  akta (5:13b) (6:1b) (6:8a)

aktala— 블치다
  aktalaha (5:13a)

akū 아니, 없다
  akū (1:6a) (1:9a) (1:10a) (1:13b) (1:16a) (1:22b) (2:1a) (2:11b) (2:13b) (2:14a)
    (2:14a) (2:16a) (2:17a) (2:19a) (2:19a) (2:22a) (2:22a) (2:22a) (2:22b)
    (2:23a) (3:1a) (3:5b) (3:6b) (3:7b) (3:7b) (3:11a) (3:16a) (3:16b) (3:19a)
    (3:22a) (4:1b) (4:4a) (4:5a) (4:6a) (4:10b) (4:12b) (4:15b) (4:16a) (4:17a)
    (4:18b) (4:21a) (4:23b) (4:23b) (4:24b) (5:3b) (5:5a) (5:5b) (5:6a) (5:6a)
    (5:6b) (5:7b) (5:11a) (5:11b) (5:16b) (5:19a) (5:20a) (5:20b) (5:20b) (5:21b)
    (6:1a) (6:2b) (6:9b) (6:9b) (6:11b) (6:12a) (6:13a) (6:17a) (6:17b) (6:18b)
    (6:19b) (7:5b) (7:6b) (7:7a) (7:13a) (7:17a) (8:1a) (8:4a) (8:8b) (8:9a) (8:9b)
    (8:9b) (8:10a) (8:12a) (8:14a) (8:19b) (8:20b)
  akūn (1:2a) (1:24b) (2:12b) (2:20a) (3:1a) (3:10a)

akūmbu— 극진이ᄒ다
  akūmbume (7:17a)

akūna— 극진ᄒ다
  akūnahakū (1:6b)

ala— 알외다
  ala (3:12b) (4:13b) (5:15a) (5:15b) (8:20a)
  alafi (1:9a)
  alame (5:11b)
  alara (2:17b) (5:17b) (6:13b)
  alarangg (1:12a)

ala— 쏘다
  alaha (6:18b)

alan 봇
  alan (6:18b) (6:19b) (6:19b) (6:20a)

alašan 느린
  alašan (5:14a)

alban 官家, 구실

alban ci (8:19a)
alban de (7:11b)
alban i (2:19a) (5:20b) (6:16b) (8:3a) (8:8b) (8:12b)
alban diyan 官店(1:14b)
alban diyan i (1:14b)
alban diyan de (4:22a)

aldangga 먼
aldangga (1:22b) (3:3b)

algimbu- 소문나게 하다
algimbure de (7:14b)

alha 아롱
alha (8:18b)

alhūda- 본받다
alhūdame (7:4a)

ali- 밧다, 닙다
alifi (3:8a)
alimbi (1:6a)
alime (4:17b) (4:18a) (4:21a) (8:13b)

alimbaharakū 이긔지못ᄒᆞ여
alimbaharakū (3:11b)

alin 뫼
alin de (3:2b)

alin i holo 묏골
alin i holo de (2:18b)

aliya- 기ᄃᆞ리다
aliya (5:5a) (6:4a) (6:6b)
aliyafi (2:9b) (2:19b) (2:22b) (5:2a) (8:1b) (8:15a)
aliyaki (5:3b) (5:5a)
aliyambi (6:6b)

aliya- 뉘우치다
aliyafi (6:2a) (6:2b) (6:5a) (6:5a)
aliyame (7:24a)

aliyakiya- 기ᄃᆞ리다
aliyakiyame (1:1b)

ama 父, 父親
ama eniye 父母 (1:7b) (1:7b)
ama eniye de (7:12a)

amaga 뒤, 後
amaga inenggi 後日 (8:22a)

amala 후에, 뒤히
amala (2:2b) (2:20a) (2:25a) (4:6b) (4:8b) (4:21b) (4:22a) (4:23a) (4:25a) (5:21b)

(6:2a) (6:2b) (7:8a) (7:10b) (8:13b)

amargi 뒤, 北

amargi (1:24a) (2:2b) (2:20a) (2:25a) (3:2b) (3:15a) (3:18a) (3:18b) (4:5a) (4:6b)
(4:8b) (4:21b) (4:22a) (4:23a) (4:25a) (5:21b) (6:2a) (6:2b) (7:1b) (7:3a)
(7:3b) (7:8a) (7:10b) (8:13b)

amargi ci (2:17a)

amargi de (6:1b)

amargi nahan 뒷방 (3:22b)

amasi 도로, 뒤흐로

amasi (1:13b) (1:17a) (2:18b) (3:2b) (3:4b) (3:14b) (4:7b) (4:19a) (6:2a) (6:2b)
(6:5a) (6:5a) (6:6a) (8:1b) (8:14b) (8:15a) (8:19b) (8:20b) (8:21b)

amasi julesi 往來 (1:21a)

amba 큰, 大

amba (1:1a) (1:9b) (1:24a) (2:15a) (4:1a) (4:17b) (4:17a) (4:19b) (5:4a) (5:15a)
(6:11b) (6:12a) (6:12b) (6:17a) (7:2a) (8:12b) (8:17a) (8:18a) (8:19a)
(8:21a) (8:21b)

amba dulin 太牛 (7:23a)

amba dulin be (7:23a)

amba muru 대강 (1:14a)

ambalinggū 거오흔 (7:21a)

ambasa 신하들, 大人들 (7:16a)

ambasa be (7:16a)

ambula 크게

ambula (1:20b) (1:23a) (3:11a) (3:12a) (4:5b) (4:10b) (4:21a) (5:10a) (7:2a)
(8:14a) (8:21b)

amca– 밋다, 밋치다, 쓰릇다

amcame (1:1b) (2:16b) (2:17b) (4:12a) (7:11a)

amcarakū (1:13b) (2:4b)

amha– 자다

amhaha (2:15a)

amhaki (4:8a)

amhakini (4:7b)

amhambi (4:1a)

amhame (2:10b) (4:8b)

amhara de (7:16a)

amhabu– 재오다

amhabuki (4:8b)

amji 伯父

amji (6:21b)

amtala– 맛보다

amtalaci (2:6b)

amtalame (2:6a) (4:16a)

amtan 맛
 amtan （4:14a）（4:16a）
 amtangga 맛잇는 （7:21b）
amu 줌
 amu （4:8b）
amu 伯母
 amu （6:21b）
amu šabura- 조올리다
 amu šaburame （1:23b）
 amu šaburara de （4:7b）
amuran 죠하흔
 amuran （3:9a）（7:14b）
an 례스
 an i （6:14a）（7:8b）（8:18a）
 an i ucuri 常時 （7:11b）
ana- 미뤼다
 anaci （2:10b）
anabu- （승부에）지다
 anabuha （7:4a）
anahūnja- 스양하다
 anahūnjara （4:19a）
aname 두로
 aname （7:22a）
anda 나그녀
 anda （1:25b）（2:14b）（2:16b）（2:17a）（2:17b）（3:16a）（4:4a）（4:4b）（4:13b）（4:16b）
  （5:2a）（5:4b）（5:5a）（5:18b）（6:11a）（6:12a）
 anda i （5:11b）
 andase 나그녀들 （1:15a）（2:3a）（2:12a）（2:19b）（3:6b）（3:8a）（3:19b）（4:4a）（4:5b）
  （4:24b）（5:16a）
 andase be （3:7a）
 andase de （3:7b）（3:7b）
andande 믄득
 andande （7:10b）
anduhūri 無情흔
 anduhūri （6:23a）
angga 아귀, 어귀
 angga （3:11a）（5:14a）（5:14a）（5:15b）
 angga be （3:21b）
 angga tatarambi 입히름흐다
 angga tataraci （4:21a）
aniya 희, 年

arbun muru 形容 (3:20b)

arkan 계요
> arkan (3:15a)
> arkan seme 마지 못ᄒᆞ여 (2:1b)

arsarakū[2] 녜ᄉᆞ롭지않은
> arsarakū (3:21a)

asara- 금초다
> asarafi (6:10b)

asha- (허리에) ᄎᆞ다
> ashafi (2:16b)
> ashara (8:18b)

asihata 졈은이
> asihata (2:24a) (5:5b)
> asihata de (7:18a)

asuru ᄀᆞ장
> asuru (1:25a) (2:2b) (3:22b) (4:5a) (6:4b) (8:10a)

aša 兄嫂
> aša (6:21b)

ašša- 動ᄒᆞ다
> aššambi (7:8a)
> aššame (7:8a)

aššabu- 움직이게 하다
> aššaburakū (5:16a)

atanggi 언제
> atanggi (1:1a) (5:7a) (5:16a) (6:4a) (8:1b)

ayan 밀(蜜)
> ayan 밀(蜜) (8:17b)

ayoo 시부다
> ayoo 시부다 (3:7a)

[B]

ba 곳, 쟈, 디
> ba (1:6b) (1:16a) (1:16b) (3:16a) (3:18b) (3:19a) (4:18b) (4:21a) (5:16b) (6:7b) (6:9b) (6:20a)
> babe (2:11a) (3:15b) (3:16a) (3:16b) (3:19b) (3:23a) (3:23a) (4:5b) (7:13b) (7:13b) (7:23b)
> babi (1:26b) (2:5a) (2:16a) (2:19b) (3:6b) (3:10a) (3:11a) (3:23b) (4:11a) (8:3a)

---

2 arsarakū : 'arsari(평범한)'와 'akū'가 결합한 형태이다.

baci (2:16a) (4:3a) (5:4b) (5:5b) (6:12b) (6:13a) (6:14b) (7:20b) (8:9b)

bade (1:7a) (1:7a) (1:8a) (1:10a) (1:11a) (1:15a) (1:17a) (1:18a) (2:1b) (2:8a) (2:15a) (2:17a) (3:1a) (3:1b) (3:13a) (3:16a) (3:18a) (3:20a) (3:23a) (4:6a) (4:9a) (4:10b) (4:20a) (4:20b) (5:9b) (5:15a) (5:18b) (5:22a) (5:22b) (6:7a) (6:10b) (6:15b) (6:18a) (7:15a) (7:15b) (7:15b) (7:22b) (8:1a) (8:9a) (8:15a) (8:16a)

ba i (3:17a) (5:6b) (6:11a) (6:11b) (6:11b) (6:12b) (6:12b) (6:13a)

ba na 地方 (1:16a)

ba 바, 것

babe (4:13b) (4:18b) (5:15a) (7:12a) (8:1b)

babi (5:7b)

bade (4:2b) (6:23b)

ba 里

ba (1:14a) (4:11b) (4:11b) (4:11b)

babi (1:14a) (3:15a) (4:11b) (4:12a) (4:21b)

bade (3:12a) (3:12a)

ba i (1:13a) (1:13b) (2:12b) (2:18a)

baha- 엇다

baha (1:18a) (1:20b) (1:23a) (4:11b) (5:10a) (8:15a)

bahabi (7:7a)

bahaci (3:23a) (4:20a)

bahafi (1:2a) (1:22a) (1:26a) (2:14b) (2:26b)

bahaki (3:12a) (6:14a)

bahambi (4:6b) (8:21a)

bahambihe (5:6b)

bahara (3:11a) (4:22b) (5:8a)

bahara ci (3:11a)

baharakū (1:13b) (2:21b) (5:6b) (5:18b) (7:24a)

baharakūngge (7:11b)

baharengge (7:11b)

bahana- 알다

bahanambi (1:2b) (1:8a)

bahanambio (1:8a) (2:3a)

bahanarakū (2:2b) (2:3a) (2:5a) (2:21a) (3:5a) (5:9b)

bahanarakūn (1:8a) (2:3a)

bai- 춫다, 빌다

baifi (2:1b) (2:20b) (5:2b) (5:4b) (8:13b)

baiki (3:15b)

baimbi (5:22a)

baime (1:23b) (2:1b) (3:6b) (3:11b) (3:13a) (3:13b) (3:16a) (3:16b) (4:21b) (4:22a) (5:10b) (7:17b) (8:14b)

baire (4:1b) (4:4a)

baire de (2:1b) (5:10a)

baisu (3:19b) (5:22a)

bai 그저

bai (2:3a) (2:9b)

bai gisun 샹말

bai gisun de (2:23b) (5:8a) (7:14b)

baibi 쇽졀업시, 부졀업시, 그저

baibi (2:16a) (4:6b) (4:15b) (6:10b) (6:20b) (7:10a) (7:11a) (7:21a) (8:11a) (8:22a)

baibu- 허비ᄒᆞ다

baibumbi (1:15b) (8:11a)

baica- 査察ᄒᆞ다

baicame (3:21a)

baili 恩惠

baili (7:9a)

baime 向ᄒᆞ여

baime (2:15b)

baita 일

baita (1:10b) (2:16b) (2:19a) (3:13a) (4:24a) (5:20b) (6:9a) (7:17a) (8:4a) (8:14b)

baita be (2:20a) (7:14a) (7:14b) (7:14b)

baita de (7:12b) (7:18a)

baitala- 쓰다

baitala (2:2a)

baitalaci (4:19b) (4:20b) (5:21b) (8:13b)

baitalaha (3:5a) (7:5b) (7:23a) (8:21b)

baitalambi (1:7a) (1:16a) (1:16a) (1:16b) (4:19b) (8:3b) (8:12b)

baitalame (7:23b)

baitalara (1:6b) (4:25a) (8:18a)

baitalara be (6:10a)

baitalabu- 쓰게ᄒᆞ다

baitalabumbi (6:2b)

baitalabure (7:17a)

bakta- 빗다

baktarakū (7:21b)

balai 간대로, 함부로

balai (1:23a) (1:26a) (3:19b) (5:15b) (5:15b) (5:16a) (6:14b) (6:15a) (7:13a) (8:7a)

balama 狂忘혼

balama (7:18a)

banda- 게으르다

bandarakū (7:12b)

baniha 감사, 謝禮

baniha (4:6a) (7:9b)

baniha arambi 謝禮ᄒᆞ다

baniha araha （4:10b）
baniha arambihe （6:23a）

banji－ 낳다
banjiha （8:20a） （8:20a） （8:20b）
banjiha ahūn deo 親兄弟
banjiha ahūn deo i （7:16b）
banjiha ina jui 난 족하 （6:21b）
banjiha jalahi jui 난 족하（6:22a）
banjiha tara 난 四寸 （1:22a） （1:22b）
banjire （7:23b）
banjire be （7:13a）
banjire were 平生
banjire were be （7:18a）

banjibu－ 믿들다,삼기게하다
banjibufi （8:5b）
banjiburengge （7:12b）

banjinji－ 태어나다
banjinjifi （7:14a）

barambu－ 섰다
barambufi （5:13a） （1:15b） （5:15a）

bardanggila－ 쟈랑하다
bardanggilara （7:16b）

bargiya－ 서럿다, 거두다
bargiya （3:10a）
bargiyafi （1:21a） （3:10b） （4:9a） （8:14b）
bargiyaha （4:4b）
bargiyahakū （2:13b） （4:2a） （4:3b） （4:5a）
bargiyahangge （1:16a）
bargiyambi （7:16a）
bargiyame （1:17b） （1:18a） （4:15a）

baru 向ᄒ여
baru （1:1a） （1:9b） （1:9b） （1:14b） （2:18a） （3:22b） （4:20b） （4:24a） （8:21a）

basa 슈공
basa （6:3b） （8:21a）
basa be （6:3a） （6:3a） （6:3b）

basu－ 웃다
basumbi （4:21b）
basure （7:13b）

bayan 富
bayan （2:21b） （7:12b） （7:13a）

be 우리
be （1:23a） （1:23a） （1:24b） （2:11a） （2:12a） （2:13a） （2:14a） （3:4a） （3:6a） （3:9b）

          (3:10a) (3:10a) (3:11b) (3:16a) (3:16b) (3:17b) (4:1a) (4:2a) (4:2b) (4:3a)
          (4:10b) (4:14a) (4:17a) (4:23a) (4:23a) (4:24b) (5:9b) (5:20a) (6:6b) (6:23a)
          (8:21b)

bederebu- 므르다
    bederebuci (6:2a) (6:5a) (8:13b)
    bederebuki (6:4b)
    bedereburakū (6:2b) (6:5b)
    bederebure (6:5b)
    bedereburengge (6:2b) (6:5a)

beging 북경(北京)
    beging ci (2:12b)
    beging de (2:9a) (4:12a)
    beging ni (3:22b)

beide- 져조다
    beideme (2:16a)

beiguwen 寒
    beiguwen (7:1a) (7:2a)

beihu[3] 다ᄉ마
    beihu (7:4b)

bele 뿔
    bele (1:12a) (3:6a) (3:6b) (3:6b) (3:11a) (3:13b) (4:1b) (4:2b) (4:3b) (4:3b) (3:5b)
    bele be (4:3a)

beleni 쟝만흔, 시방잇는
    beleni (3:13b)
    beleningge be (4:6b)

belhebu- 쥰비케ᄒ다
    belhebufi (7:21b)
    belhebuki (4:13b)

bene- 보내다
    benefi (7:1b)
    benere (2:22a)

benji- 보내다
    benjifi (4:5b)
    benjihe (2:16a)
    benjimbi (2:11b)
    benjire (4:16b)
    benju (4:13b) (6:6b)

benjibu- 보내게 ᄒ다
    benjibu (4:25a)
    benjibuhebi (3:14a)

---

3 beihu : 만주어 사전에서는 'beihe'의 형태로 쓰이고 있다.

beri 활

    beri (6:18b) (6:18b) (6:18b) (6:18b) (6:19a) (6:19a) (6:19a) (6:19b) (6:20b)

    beri be (6:19b) (6:18b) (6:19b) (6:19b) (6:20a)

    beri sirdan 弓矢 (2:16b) (2:18b)

bethe 발

    bethe 발 (5:14b) (7:1a) (7:14a)

beye 몸

    beye (1:2a) (1:14b) (1:24a) (3:8b) (6:17a) (7:13a) (7:23b)

    beye be (7:8b)

    beye de (6:16b)

beye 친히, 이녁

    beye (2:26b) (4:2a) (4:14a) (4:24b) (5:21b) (7:17a)

bi 나, 내

    bi (1:1a) (1:1a) (1:1a) (1:1b) (1:2a) (1:2b) (1:3a) (1:3a) (1:9b) (1:10a) (1:17b)
        (1:21a) (2:1b) (2:1b) (2:2a) (2:3a) (2:3a) (2:3b) (2:5a) (2:6b) (2:6b) (2:9a)
        (2:12a) (2:12b) (2:12b) (2:13a) (2:19b) (2:21a) (2:22a) (2:25a) (2:25a)
        (2:25b) (2:26a) (2:26a) (3:2b) (3:3a) (3:13a) (3:13b) (3:14b) (3:17a) (3:20a)
        (3:20b) (4:3b) (4:5a) (4:5b) (4:7a) (4:8b) (4:8b) (4:11a) (4:11b) (4:12b)
        (4:13b) (4:13b) (4:16b) (4:17a) (4:17b) (4:18b) (4:18b) (4:21a) (4:21a)
        (4:21b) (4:23b) (4:24a) (5:2a) (5:2a) (5:3a) (5:4b) (5:5a) (5:5b) (5:7a)
        (5:8b) (5:10a) (5:11a) (5:11a) (5:11b) (5:12b) (5:15a) (5:15b) (5:16b)
        (5:17b) (5:17b) (5:19a) (5:19b) (5:21b) (5:22a) (6:1a) (6:4a) (6:4b) (6:4b)
        (6:5a) (6:6a) (6:7a) (6:7b) (6:9b) (6:8b) (6:9a) (6:9a) (6:10a) (6:10b)
        (6:10b) (6:12a) (6:12b) (6:13a) (6:13a) (6:13b) (6:13b) (6:14a) (6:14b)
        (6:15a) (6:15b) (6:16a) (6:17a) (6:17b) (6:19a) (6:21a) (6:22b) (7:6b) (7:7a)
        (7:7b) (7:9a) (7:16b) (8:1a) (8:1a) (8:1b) (8:1b) (8:2a) (8:9a) (8:7a) (8:8b)
        (8:10b) (8:13a) (8:13a) (8:13b) (8:14a) (8:14b) (8:15b) (8:16a) (8:16b)
        (8:20a) (8:20b) (8:21a)

bi 잇다

    bi (1:13a) (1:25a) (2:12b) (2:20a) (2:20b) (2:20b) (2:11a) (2:20a) (3:1a) (3:7b)
        (3:9b) (4:2b) (4:6a) (4:6b) (4:11b) (4:15b) (4:16b) (4:17b) (4:23b) (4:25a)
        (5:1a) (5:1b) (5:3a) (5:3b) (5:5b) (5:6a) (5:7b) (5:9a) (5:9b) (5:9b) (5:16b)
        (5:20b) (5:22b) (6:10b) (6:12b) (7:11b) (8:7a) (8:9b) (8:9b) (8:9b) (8:9b)
        (8:19b)

    bici (2:11b) (3:7b) (3:7b) (3:9b) (4:14a) (4:16b) (4:4b) (6:2b) (6:5a) (6:16b)
        (6:16b) (6:16b) (6:20b) (7:17a)

    bio (1:9a) (1:17b) (1:24b) (2:12b) (2:20a) (3:1a) (3:9a) (4:23b) (4:25a) (5:4b)
        (5:5b) (5:7a) (6:11a) (6:12a) (6:13a) (6:18b) (8:4b)

    bicibe (1:6b) (2:19a) (2:26b) (3:7a) (3:19a) (3:22b) (4:6a) (4:18a) (7:6b) (7:11b)
        (8:10b) (8:20b)

    bifi (1:10b) (3:13a)

    bihe (1:12b) (1:15a) (1:22a) (1:24a) (1:24b) (2:1b) (2:12b) (2:13b) (2:15a) (2:26b)
        (3:13b) (3:16a) (3:20b) (3:21a) (4:4a) (4:11b) (5:5b) (8:1a) (8:5a) (8:5a)

(8:22a)
bihede (7:17a) (7:17b)
biheo (6:16a)
bikai (1:24a)
bikini (2:8b) (2:8b) (4:16b)
bime (1:1b) (2:9b) (3:5a) (4:11a) (4:12a) (6:11b) (6:11b) (6:22b) (7:3b) (7:5b)
(7:9b) (8:7b) (8:10a)
bio (3:13b)
bisire (2:4a) (2:14a) (3:3a) (6:1b) (6:8a)
bisire de (2:16a)
bisirengge (5:20b)
bisu (3:15b) (6:10b) (8:1b) (8:21b)

bibu- 두다
bibu (5:2a)
bibufi (2:24a) (4:21b) (6:7a)
bibuhe be (4:1b)

bila- 限ᄒ다
bilafi (8:4b)
bilaki (8:4a)

bin lang wan 檳榔丸
bin lang wan (7:7b)
bin lang wan be (7:8a)

birebu- 잠기다
birebufi (4:2a)

bireme 두로
bireme (3:20a)

bisan 쟝마
bisan de (4:2a)

bithe 글
bithe (1:2b) (1:3a) (1:3a) (1:3b) (1:3b) (1:4a) (1:4a) (1:4b) (1:8a) (3:17a) (5:21a)
(6:2a) (6:2b) (6:3a) (6:3a) (6:4a) (6:6a) (6:6b)
bithe be (1:3a) (1:3b) (1:4a) (1:6a) (1:7b) (5:22a) (5:23a) (6:4a)

biya 둘, 月
biya (1:1a) (1:1b) (1:1b) (1:2a) (1:21a) (7:10a) (8:20a) (8:20a) (8:21a) (8:22a)
biya de (1:21a) (1:21b) (2:14b)
biya i (2:11a)
biyadari 每月 (7:9b)

boco 빗
bocoi (6:11a) (7:20b)
boconggo 빗나고(6:11b)

bodo- 혜다
bodo (2:6b) (6:3b) (6:3b)

bodoci (1:2a) (1:16a) (1:20b) (2:7a) (2:7a) (2:7b) (2:8a) (2:8a) (2:8a) (2:24a)
    (4:3b) (5:18a) (8:5b) (8:11b)
bodofi (2:9a) (6:3b) (8:11b)
bodoho (6:4a)
bodoki (8:2a)
bodome (1:19b) (1:20a) (1:20a) (1:20a) (4:14b) (5:15b) (5:17a) (6:6a) (7:18a)
    (8:11b)
bodorakū (6:10a)
bodoro (5:13a) (8:3a)

bodori 밤
bodori (1:13a)

boigon hethe 基業
boigon hethe (7:10b)

boihoji 主人
boihoji (1:24a) (2:1a) (2:4a) (2:4b) (2:6b) (2:11a) (2:12a) (2:19b) (2:22a) (3:4a)
    (3:6a) (3:12a) (3:16a) (3:17b) (3:21b) (4:6a) (4:10b) (4:14b) (4:23a) (5:11b)
    (5:11b) (8:2a) (8:6a)
boihoji be (3:10b)
boihoji de (3:4a) (4:1b) (4:10b) (5:1b)

boihon 흙
boihon (2:11b)

bolho 조혼
bolho (1:23b) (7:10a) (7:18a)

bolokon i 조츨이
bolokon i (2:5a)

bolori ᄀᆞ을, 秋
bolori (4:2a) (7:9b) (7:20a) (7:20b)

boo 집
boo (1:10a) (1:24a) (3:12b) (3:16a) (3:17a) (3:18b) (3:19a) (4:23b) (5:7b) (7:19a)
    (7:23b)
boo be (3:11b) (3:13a) (3:21a) (4:23a) (4:24a) (5:5b) (5:10a)
boode (1:3b) (1:24a) (1:24a) (2:4a) (2:6b) (2:8b) (2:11b) (3:11b) (3:13a) (3:15a)
    (3:15a) (3:16a) (3:16b) (3:9b) (3:20b) (3:23a) (4:5a) (4:5b) (4:7a) (4:10a)
    (4:24a) (4:25a) (5:5a) (5:10a) (5:23a) (6:6b) (6:6b) (6:10a) (6:22b) (7:2a)
    (7:22b) (8:5a) (8:22a)
booi (1:26a) (2:1b) (2:20a) (3:15b) (4:5a) (4:6b) (5:7a) (5:7a) (5:8a) (5:8a)
    (5:11a) (7:23b)
booi turigen 집세 (2:7a) (2:7b)

booha 반찬
booha (2:4a) (2:3b) (7:21b)

borho- 에워싸다
borhome 둘러 (2:18b)

boro 갓
     boro (7:20b) (7:20b)(7:20b)
boso 무명
     boso 무명 (8:19a)
bošo- 몰다
     bošome (1:10b) (1:10b) (2:14a) (2:17a) (3:14a) (3:22b) (4:6b) (4:9a) (4:10a)
          (4:21b) (4:22b) (4:23a) (6:7b) (6:9a) (6:10b)
bu- 주다
     bu (2:1a) (4:3a) (4:19b) (5:19b) (6:10a)
     buci (2:10a) (4:2a) (4:5b) (4:6a) (6:15a) (6:15b) (8:12a) (8:12a)
     bucina (4:3a) (4:19a) (4:19b) (4:20a)
     bufi (2:9b) (3:3b) (3:11b) (4:4b) (4:14b) (4:20b) (6:2b) (7:7b) (7:17a) (8:9a)
     buhe (2:1b) (6:2a) (6:6a)
     buhengge (8:8a)
     buki (2:9a) (3:9b) (6:6a) (6:9a) (8:4a) (8:8a)
     bukini (6:5b)
     bumbi (1:4b) (1:5b) (1:12b) (5:22b) (6:3b) (6:3b) (8:7b)
     bume (7:9b)
     burakū (4:21a) (6:15a) (6:15b)
     bure (1:19a) (1:20a) (2:9a) (4:2b) (4:4a) (5:20b) (6:3a) (6:3b) (6:4a) (7:23a)
          (8:7a)
      bure de (6:3a)
     burengge (1:4b)
     bureci (6:5b)
     bureo (3:9b)
buce- 죽다
     bucehe (2:15b) (7:10b)
     bucehebi (2:17a)
     bucere (7:9b)
      bucere be (7:9b)
buda 밥
     buda (1:3b) (2:6b) (2:7a) (3:5b) (3:6b) (3:6b) (3:7a) (3:7a) (3:7a) (3:8a) (3:8b)
          (3:9b) (3:10b) (3:10b) (3:11a) (3:11b) (3:14a) (4:2b) (4:6b) (4:8a) (4:11a)
          (4:14b) (4:20b) (4:24b) (4:24b) (6:22b)
     buda ci (3:9b)
     buda be (2:3b) (2:3b) (3:11b) (3:13b) (7:4a) (7:8b)
     budai (4:1b)
budala- 먹다
     budalaha (7:8a)
buhi 鹿皮
     buhi (7:21a) (7:21a)
bujan 수풀

bujan 수풀 (4:12a)

buju– 숨다
bujuha (7:5b)
bujume (2:2b)

buka honin 수羊
buka honin (6:8a)

buri– 닙히다
burici (6:19b) (6:20a)
buriha (6:19b)

butu 어두온
butui (7:15a)
butu sejen (7:2a)

buya 어린, 준
buya 어린, 준 (8:16b) (8:17a) (8:19b)
buyarame 잡 (7:2a)

[C]

ca– 치다
cafi (7:15b)

cak sere 嚴
cak sere (7:1a)

caliyan 전량(錢糧)
caliyan i (5:21a)

canjura– 揖ᄒ다
canjurambi (5:4a)

cargi 져편
cargi (1:13b) (7:2b)

caru– 지지다
caruha (7:4b)

ce 저희
ce 저희 (3:21b) (3:22a) (4:7b)
cembe (4:7b)
ceni (7:19a)

cece ceri 沙羅
cece ceri (6:11a)
cece ceri sebe (6:13b)

ceceri 깁
ceceri (1:17b) (1:18a) (1:18b) (1:19a) (1:19b) (6:12a) (6:12b) (6:12b) (6:12b)

(6:12b) (6:12b) (6:12b) (6:12b) (6:13b)
        ceceri be (1:21a) (1:18a) (1:20b) (6:12a) (6:12b)

cende- 시험(試驗)ᄒᆞ다
        cendeme (1:26a) (1:26b) (2:25b) (6:16a)
        cendere (2:26b)

cerhuwe (고기) 알
        cerhuwei (8:10a)

ceri 羅
        ceri (7:19b) (7:20a)

cifele- 춤밧다
        cifeleme (7:17b)

cihai 任意로
        cihai (1:7b) (4:3a) (5:5a) (6:3b) (6:20b) (7:23a) (8:9a)

cihakū 顧치아니ᄒᆞ
        cihakū (6:4a) (6:9a)

cihala- 顧ᄒᆞ다
        cihalaci (6:9a)
        cihalaha (7:17b)
        cihalarakū (6:15b)

cikten 살재
        cikten (6:21a) (6:21a)

cimari 닉일
        cimari (1:14a) (2:6b) (2:12a) (2:13a) (3:3a) (4:1b) (4:7b) (5:2b) (5:3a) (5:3b)
                (5:10b) (5:10b) (7:9b)

cimari 아츰
        cimari (7:10b) (7:17b) (7:21b)
        cimari buda 아츰밥 (3:6a)

cira 몰골
        cira (5:3a)

cira 嚴혼, 든든혼
        cira (3:22a) (7:3b)

cirala- 嚴ᄒᆞ다
        ciralame (3:20a)

cirgebu- 부리우다
        cirgebufi (6:20a)

cirku hengke 동화
        cirku hengke (7:4b)

cisu 슈슈
        cisu (6:5b)

cohome 별로
        cohome (3:6b) (5:8a) (6:16a) (6:18b)

cohoro morin 도화잠불 물
    cohoro morin (5:13b)

coko 둙
    coko (2:11a) (3:3b) (7:4a)

cola— 복다
    colaha (4:13a)
    colame (2:4b) (2:5a) (2:5b)

colabu— 복기게 ᄒ다
    colabukini (2:5a)

cooha 군사(軍士)
    cooha be (2:17b) (2:18a)

coohiyan 조선(朝鮮)
    coohiyan (1:1a) (1:9a)
    coohiyan ci (3:22b)
    coohiyan i (1:2b) (1:7a) (1:7a) (1:8b) (1:9b) (1:10a) (1:17a) (3:21b) (4:12b) (5:4a)
        (5:4b) (5:5b) (5:18b) (8:16a) (8:2b)

cu niru 셔부즈
    cu niru (6:21a)

cun cun i 졈졈
    cun cun I (7:23b)

cuse moo 대, 竹
    cuse mooi (1:4b)

〔D〕

da 발(길이의 단위)
    da (3:1a) (6:16b) (6:17a) (7:3b)
    da de (3:1b)

da 본
    da (1:18a) (5:16a) (8:9b)
    da ci 처음브터 (7:12b)
    daci 본딕 (1:2b) (1:8b) (1:11a) (1:20b) (3:14b) (3:17b) (4:3b) (5:23a)
    da an i 平常하여 (7:8b)
    da beye 본쉭 (6:10a)

daba— 과ᄒ다
    dabatala (6:8b)

daba— 굴리다
    dabaha[4] (5:14b)

---

4 dabaha : dabaha가 '말 발굽이 갈리고'라는 의미의 'ᄀ리고'로 번역되어 있는데, 'daba-'는 '넘다, 지나치다' 등의 의

dabana— 과호다
    dabanaha[5] (5:14b)
    dabanahabi (7:24a)

dabsun 소곰
    dabsun (2:5b) (4:14a)
    dabsun be (2:6b)

dabu— 혜다
    dabuci (1:16b)
    daburakū ci (1:20b)

dabu— 켜다
    dabufi (2:11a) (2:11a)

dacilame fonjimbi 주셔히 뭇다
    dacilame fonjiki (2:20b)

dacun 드는
    dacun (2:1a) (2:1b) (2:2a)

dade 그리고
    dade (5:8a)

dagila— 쟝만호다
    dagilaci (7:4a)
    dagilafi (6:21b)
    dagilahabi (7:4b)
    dagilahao (7:4b)
    dagilame (7:4a) (7:5b) (7:16a)
    dagilara (4:24b)

daha— 프르다
    dahambi (6:19a)

daha— 좃다
    dahafi (5:11a)
    dahaki (4:7a) (8:4b)
    dahame (1:2b) (1:11a) (1:16a) (1:18a) (2:4b) (2:18a) (2:24a) (3:10a) (3:10b)
        (3:12b) (4:1b) (4:19a) (4:22a) (5:17b) (5:20a) (6:2a) (6:4a) (6:10a) (6:17b)
        (7:15a) (7:19b) (7:20a) (8:7a) (8:8a) (8:8a) (8:14b) (8:15b)

dahabu— 쯔로이다
    dahabufi (7:18b)

dahala— 조차든니다
    dahalame (7:11b)

dahan morin 매야지물
    dahan morin (5:13a) (5:13b)

미로 쓰이고 있다.
5 dabanaha : 'dabanaha'가 '굶주리고 야위다'라는 의미의 '들픠지고'로 번역되어 있는데, 'dabana-'는 '넘어가다, 초과
    하다' 등의 의미로 쓰인다.

dahūme 다시
    dahūme (5:4b)

dahūn dahūn i 屢屢히
    dahūn dahūn i (2:1b)

daksa 罪過
    daksa de (7:13a)

dala– 쥬쟝ᄒ다
    dalaha (1:9a) (6:18b)

dala– 밟다
    dalame (6:17a)
    dalara (6:17a)

dalba 녑ᄒ, ㄱ
    dalba (2:14b) (2:25b)
    dalbade (2:20b) (2:20b) (3:3a) (3:6a) (4:23b)

dalbaki 겻히
    dalbaki (5:20a)
    dalbaki ci (7:19a)

dalda– 금초다
    daldaci (7:14b)

dalgan 덩이
    dalgan de (5:12a)
    dalgan i (2:15a) (2:21a)

dalji 干涉
    dalji (5:20a)

damu 다만
    damu (1:7a) (1:16b) (2:2b) (2:10a) (2:14a) (2:15b) (3:7a) (3:7b) (3:11a) (3:17a)
        (3:23a) (4:2b) (4:3b) (5:6a) (5:14b) (5:16b) (5:20b) (6:9a) (6:10a) (6:12b)
        (6:13b) (6:20a) (6:23a) (7:8a) (7:10a) (7:18a) (8:4a) (8:4b) (8:16b) (8:20b)

dara 허리
    dara de (2:14b) (2:15a)

darin 등 헐다
    darin (5:14b)

daruhai 건네
    daruhai (3:14b)

dasa– 고치다
    dasa (7:17b)
    dasaha (2:12b) (2:12b)
    dasame (2:17b) (4:11b) (5:2b) (8:22a)

dasabu– 고쳐지다
    dasabumbi 고치리오 (7:1b)

dasata– 슈습ᄒ다

dasata (4:10a)

dashūwan 활동개
dashūwan (6:21a)

dasi- 덮다, 닫다
dasici (2:23b)
dasifi (2:2b) (2:6a)
dasimbi (7:15b)

daya- 붓좇다
dayafi (7:18a)

deberen 삿기
deberen (6:8a)

dedu- 자다
dedu (2:19b)
deduci (3:19a) (3:23a) (3:23a)
deduhe (2:6b) (2:7a)
dedumbi (2:11b) (2:12a)
dedume (1:13a) (1:13b) (1:13b) (3:3b) (4:9a)
dedure (2:11a) (3:15b) (3:16a) (3:16b) (3:19b) (3:23a) (4:5b) (7:15b)

dedubu- 재오다, 누이다
dedubu (3:19b)
dedubuci (3:16b)
dedubufi (1:4b)
dedubuhe (3:20b)
dedubumbi (3:20b)
deduburakū (3:15b) (3:16b) (3:17a)
deduburakūngge (3:17a)

dehema 姨母夫
dehema (6:22a)
deheme 姨母 (6:22a)

dehi 마흔
dehi (2:7b) (5:15b) (5:16b) (5:18a) (8:9b) (8:9b) (8:20a)

dekde- 쓰다
dekdefi (4:8b)
dekdere (7:7a)
dekdeni 俗談 (2:21b)
deken 놉히 (7:3a)
den 놉흔 (2:13a) (3:5b) (4:8b) (4:9b)

dende- 논호다
dendeme (5:22a) (5:22b)
dengjan 燈盞 (2:11a) (2:11a)
dengneku 저울 (8:3a) (8:3b) (8:5a) (8:5a) (8:19a) (8:19a) (8:19a)
dengneku be (8:3b)

dengneku i (8:19a)

dengnekule− 돌다
    dengnekulefi (6:15b) (6:18a)
    deo 아릐 (4:18a)
    dere 欠 (3:17a) (3:20a) (4:13b) (4:13b) (7:21b) (8:22a)
    derei (8:3b) (8:13b)
    dere acame 만나(3:8a)

dere 床 (7:21b)
    dere be (3:7a)

dere −리라
    dere (1:2a) (1:10a) (1:14b) (1:22b) (2:17a) (3:4a) (4:6b) (4:17b) (4:22b) (8:5a)
        (8:10a)

derengge 영화
    derengge (7:19a)

dergi 東, 웃
    dergi (3:18a) (4:23b) (7:15a) (8:21a)

derhi 삿
    derhi (2:11b) (5:1b) (5:2a)

deribu− 시작ᄒ다
    deribufi (2:15a) (7:22b)
    deribume (7:22b)

ding jeo 定州
    ding jeo (6:13a)

dingse 딩즈
    dingse (7:21a), (8:17b)

diyan 店
    diyan (1:13a) (1:23b) (1:24a) (3:5b) (3:6b) (4:22b) (4:23a) (5:1a) (5:11b) (5:11b)
        (8:2a) (8:6a)
    diyan be (1:13b) (1:23b) (4:21b)
    diyan de (1:24b) (1:26a) (3:4b) (4:12b) (4:13a) (4:23a) (5:2a) (5:3b) (5:4a) (5:10b)
        (5:11b)
    diyan i (2:12b) (2:23b) (4:24b) (5:9a)
    diyan boo 店房 (4:15b)

do 소
    do de (7:5b)

dobi 여ᄋ
    dobi (7:18b)

dobori 밤
    dobori (1:13a) (1:15b) (2:6b) (2:11b) (2:21b) (3:16b) (3:19b) (4:1a) (4:5a) (4:9b)
        (7:10b)
    dobori be (7:10a)

dobori dari (1:15b)
dobori dulin 밤듕 (4:7b) (4:8b)
dobori dulin de (4:8a)

dobton 통
dobton (1:5a)
dobton de (1:5a)
dobton i (7:2b)

dogo (눈) 면
dogo (5:14b)

dogon 여흘
dogon (3:21b)

dohošo- 절다
dohošombi (5:14b)

doigonde 미리
doigonde (2:10a) (4:13b) (5:8a) (6:23a)

doko 속, 안
doko (1:18b) (7:20a)

doksin 놀라ᄂᆞᆫ
doksin (5:14a)

dolo 속
dolo (7:8a) (7:8a) (7:8b)

donji- 듣다
donji (5:16b) (5:17b) (5:20a) (6:1a) (8:10b)
donjici (2:13a) (3:19a) (4:5a) (5:20a) (8:16a)
donjifi (7:3a) (7:23a)
donjiha de (4:21b)
donjiki (5:17b)
donjirakū (7:19a)

doo- 건너다
doofi (1:21b)

doogan 드리
doogan (2:12b) (3:4b)
doogan be (3:5a)

doola- 붓다, 긷다
doolacina (2:25b)
doolafi (2:5b)
doolaha (2:25a)

dorgi 듕, 안, 속
dorgi (3:18a) (3:18a) (7:13b)
dorgi ci (1:5a)
dorgi de (1:8b) (1:9a) (1:9b) (1:10b) (2:5a) (3:13a) (3:17b) (3:21a) (4:17a) (5:4a)

duka 문(門)
    duka (5:5a) (8:13b)
    duka be (2:12a) (2:23b)
    dukai (3:16b) (3:17a) (5:5a) (5:11a)

duleke aniya 전년(前年)
    duleke aniya (1:12b) (1:15a) (1:18a) (2:14b) (2:16b) (4:4b) (5:6a)
    duleke aniya ci (1:21a) (2:13b)
    duleke aniya i (1:12a)

dule- 지나다
    duleme (1:7a) (1:13b) (2:15a) (2:24b) (3:4b) (3:6b) (4:13a)

dule- 흐리다
    dulefi (5:8b)
    duleke (7:9a)
    dulembi (7:7b)

dulembu- 지내다
    dulembufi (7:10a)

dulimbi 계엿다
    dulike (4:21b)

dulin 반, 중(中)
    dulin (2:5b) (4:14a) (4:14a)
    dulimbe (5:16b)

dung cang 東昌
    dung cang (1:17b)

dungga 슈박
    dungga (7:5a)

durgiya usiha 샛별
    durgiya usiha (4:9b)

durun 見樣
    durun i (8:2a)

dzo jeo 涿州
    dzo jeo (6:7a) (6:10b) (8:1a) (8:15a)

〔E〕

ebci yali 업지운
    ebci yali (7:5b)

eberembu- 덜다
    eberembu (5:19b)
    eberembuci (2:8b)

eberembure (6:9a) (6:9a)

eberi 느즌
- eberingge (8:11b)
- eberingge de (8:7a) (8:7b) (8:7b)
- eberiken 느즌 (8:12a)

ebi- 브르다
- ebihe (3:10a)
- ebihe de (3:11a)
- ebiheo (3:10a)
- ebimbi (2:10a) (4:6b)
- ebitele (3:3b) (3:7a) (3:10a) (4:4a)

ebibu- 브르게 ᄒᆞ다
- ebibuhekū (6:22b)

ebsi 브터
- ebsi (1:21a) (2:13b) (7:12b)

ebu- 느리다
- ebume (7:15a)

ebubu- 부리우다
- ebubufi (3:5b) (4:13a) (5:1b)

ecimari 오늘 아츰
- ecimari (4:15a) (4:20b) (5:7b)

ede 이예
- ede (6:21a) (7:19a)

edelebu- 쩌지오다
- edeleburakū (8:3b) (8:7b)

edun 브람
- edun be (2:3a)
- edun i (7:10a)

efen 썩
- efen (4:13a) (4:14a)
- efen be (4:14a)
- efen de (4:14b)

efi- 놀다, 희롱ᄒᆞ다, 노름ᄒᆞ다
- efihe (1:23b)
- efiki (7:9b)
- efire (7:19a)

efu 姐夫
- efu (6:22a)

efuje- 허러지다, 문허지다
- efujehe (2:12b) (7:1b)
- efujeme (3:5a)

efule- 헐다
    efulefi (3:5a)

ehe 惡, 죠치아닌
    ehe (1:17a) (2:13a) (2:13b) (2:15a) (2:19a) (3:4b) (3:17b) (3:19b) (4:19b) (4:20b)
        (5:13a) (5:14b) (5:15a) (5:17a) (5:17a) (5:18a) (5:20b) (5:20b) (5:21b)
        (6:14b) (6:19b) (7:14a) (7:16b) (7:24a) (8:6b) (8:8b) (8:10a) (8:16a) (8:16b)
    ehe be (4:16a) (5:21b) (6:2a) (8:2b) (8:16a)

ehe 사오나온
    ehe (1:9a) (1:9a) (1:9a) (1:9b) (2:13b) (3:14b) (3:21b) (4:5b) (7:13b) (7:14b)
    ehe be (7:14b)

eici 혹
    eici (1:7b) (1:21b) (1:22a)

eihen 나귀
    eihen (7:2a)
    eihen be (2:17a)
    eihen de (2:16b)

eime- 슬희여ᄒᆞ다
    eimeme (3:15b)
    eimere (3:23b)

eimende- 슬희여ᄒᆞ다
    eimenderakū (3:23a)

eiten 온갓
    eiten (4:18b) (7:4b) (7:5b) (7:10b)

eitere- 소기다
    eiterembi (8:14a)

eje- 기록하다
    ejefi (4:11b)
    ejehe (8:9b)
    ejeme (2:9a) (8:14a)

ejen 님자
    ejen i (5:22b)

ekiye- 싯다
    ekiyehe (8:5a)
    ekiyehebi (8:5a)

ekše- 밧부다
    ekšembi (5:10b)
    ekšeme (4:23b)
    ekšere (2:19a)

elbe- (草로) 이다
    elbehe (4:15b)

elben 초(草)

elben i (4:15b)
elben i boo 草堂
 elben i booi (3:7a)

eldembu- 빗나게 하다
eldembume (8:22a)

elden 빗치
elden (2:11a)

ele 더옥, 各
ele (1:11a) (3:20a)

elebu- 흡쪽ᄒ다
eleburakū (6:20b)

elemangga 도로혀
elemangga (3:8b) (7:19a)

eletele 슬토록
eletele (7:2b) (7:22a)

elgiyen 넉넉이, 혼혼
elgiyen (1:16a) (1:16b) (4:4b) (8:16b) (8:20b)
elgiyūn (1:12a)

elhe 平安ᄒ
elhe (1:2a) (1:14b) (4:5a)

elhei 완완이
elhei (6:19a)

elheken i 천천이
elheken (2:19b) (3:10a) (4:21b) (4:22b) (6:7a)

elheše- 천천이 ᄒ다
elhešeme (1:1b) (2:9b)

eli 厘
eli (4:19a)

elu 파
elu (2:6a) (3:7b) (7:4b)

emgeri 혼번
emgeri (2:2b) (2:6a) (2:15b) (2:26a) (3:10a) (4:1b)

emgi 혼가지로
emgi (1:8a) (1:10a) (5:10b) (5:11b) (8:13a)

emhun 혼자
emhun (4:24a)

emke 혼, ᄒ나
emke (1:19a) (1:19a) (1:20a) (1:22a) (1:22b) (1:22b) (2:22b) (3:9b) (3:10b)
    (5:14b) (5:14b) (5:14b) (5:14b) (5:14b) (5:14b) (6:21a) (7:2b) (8:10a)
emke be (1:4b) (1:5a) (1:5b) (2:1b) (2:23a) (2:24a) (6:1b)
emke de (1:18b)(1:18b) (1:19a) (1:19a) (1:19b) (1:19b)

emke emken i 한나식 (3:22a) (6:8a)

emte 혼

　　emte (1:4b) (1:15b) (5:15a) (8:6b) (8:11b)

emu 혼, 혼나

　　emu (1:1b) (1:5a) (1:7a) (1:8a) (1:11a) (1:11b) (1:11b) (1:12a) (1:12b) (1:12b)
　　　　(1:12b) (1:12b) (1:13a) (1:15b) (1:18a) (1:19a) (1:19b) (1:25a) (1:25b)
　　　　(1:25b) (1:25b) (1:26a) (2:1a) (2:1a) (2:4a) (2:4a) (2:4b) (2:5a) (2:6b)
　　　　(2:7b) (2:8a) (2:8a) (2:8a) (2:9b) (2:10b) (2:11b) (2:12b) (2:14b) (2:14b)
　　　　(2:15a) (2:15a) (2:16b) (2:16b) (2:16b) (2:18a) (2:18a) (2:20a) (2:21a)
　　　　(2:23b) (2:25b) (3:3a) (3:6a) (3:9a) (3:9b) (3:11a) (3:11a) (3:11a) (3:16b)
　　　　(3:18b) (3:19b) (3:20b) (3:21a) (3:23a) (4:1a) (4:1b) (4:1b) (4:2b) (4:3a)
　　　　(4:3b) (4:3b) (4:4a) (4:6a) (4:6b) (4:8b) (4:9a) (4:13b) (4:15b) (4:16b)
　　　　(4:17a) (4:21b) (4:23b) (4:24a) (5:5b) (5:6a) (5:6b) (5:10a) (5:10b) (5:11a)
　　　　(5:11b) (5:12a) (5:12a) (5:14b) (5:15a) (5:15b) (5:16b) (5:18a) (5:19b)
　　　　(5:20b) (5:21b) (5:22a) (5:22b) (5:22b) (6:3b) (6:3b) (6:4a) (6:7b) (6:16a)
　　　　(6:21a) (7:3b) (7:5b) (7:6a) (7:8a) (7:9b) (7:10b) (7:14a) (7:14a) (7:16a)
　　　　(8:3a) (8:3a) (8:4b) (8:5a) (8:6b) (8:6b) (8:7b) (8:11a) (8:11b) (8:11b)
　　　　(8:14a) (8:14a) (8:17a) (8:17a) (8:17a) (8:17a) (8:17b) (8:17b) (8:17b)
　　　　(8:17b) (8:17b) (8:17b) (8:18a) (8:18a) (8:18b) (8:18b) (8:18b) (8:18b)
　　　　(8:19a) (8:19a) (8:19b) (8:19b)

　　emu adali 혼가지 (1:12a)
　　emu dulin 절반 (1:9a)
　　emu hala 同姓 (6:22a) (6:22a)
　　emu udu 혼 두어 (5:2b) (7:9a)

encu 다른

　　encu (1:16a) (3:10b) (4:20a)(8:3b)

encule- 쓰로 ᄒᆞ다

　　enculeme (3:10a) (3:14a)

ende- 소기다

　　endembio (3:21b) (7:9a)
　　enderakū (3:18a)

enenggi 오늘

　　enenggi (1:13a) (2:4a) (2:10b) (2:26b) (3:14b) (3:16a) (4:11b) (4:11b) (4:17a)
　　　　(4:18b) (5:10b) (6:21a) (7:4a) (7:8b) (7:9a) (7:9b)

enggemu 기르마

　　enggemu (3:4a) (7:15b)
　　enggemu be (5:1b) (7:15b)

eniye 어믜

　　eniyei (6:22a)

enteke 이런

　　enteke (2:13b) (3:2b) (5:17a) (5:18b) (6:8b)

erde 일

erde (1:13a) (2:12a) (2:13a) (2:19b) (7:21b)

erdeken 일즉

erdeken i (1:14a) (2:6b) (2:13a) (8:14b)

erdekesaka 일즉이 (1:14a)

erdemu 재덕(才德)

erdemu be (7:14b)

ere 이

ere (1:1a) (1:1b) (1:2a) (1:2a) (1:7a) (1:7b) (1:10b) (1:10b) (1:11b) (1:11b)
(1:15b) (1:16b) (1:16b) (1:17a) (1:21b) (1:21b) (1:22a) (1:22a) (1:22b)
(1:22b) (1:22b) (1:23b) (1:24a) (1:24b) (1:25a) (1:25b) (1:25b) (2:1a) (2:1b)
(2:2a) (2:2a) (2:2b) (2:4a) (2:5a) (2:6a) (2:11b) (2:11b) (2:12b) (2:16b)
(2:20a) (2:20a) (2:22a) (2:22b) (2:23a) (2:23b) (2:24b) (2:25a) (2:25a)
(2:25b) (2:25b) (2:25b) (3:2b) (3:3a) (3:4b) (3:5b) (3:6a) (3:6a) (3:7a)
(3:8b) (3:9b) (3:12b) (3:14a) (3:14b) (3:15a) (3:16b) (3:19b) (3:21b) (3:23a)
(4:1a) (4:3a) (4:3b) (4:5a) (4:5b) (4:6a) (4:8a) (4:9b) (4:14a) (4:14b) (4:15a)
(4:16a) (4:17a) (4:18a) (4:18b) (4:19a) (4:19b) (4:19b) (4:20b) (4:20b)
(4:21a) (4:21a) (4:24a) (4:25a) (5:2a) (5:2a) (5:2b) (5:4a) (5:7b) (5:9b)
(5:10a) (5:11a) (5:11b) (5:12a) (5:12b) (5:13a) (5:13a) (5:13b) (5:14a)
(5:14b) (5:15a) (5:17a) (5:17b) (5:18b) (5:19a) (5:20a) (5:21b) (6:1a) (6:2b)
(6:4a) (6:4b) (6:7b) (6:7b) (6:8a) (6:8b) (6:9b) (6:13b) (6:13b) (6:14a)
(6:14b) (6:14b) (6:16a) (6:16b) (6:17a) (6:17b) (6:18b) (6:19a) (6:19a)
(6:19b) (6:19b) (6:20a) (6:20b) (6:20b) (6:21a) (6:21a) (6:21a) (6:23a)
(6:23a) (7:1b) (7:1b) (7:2b) (7:4b) (7:4b) (7:5a) (7:5b) (7:6a) (7:7b) (7:10a)
(7:16a) (7:16a) (8:1a) (8:1b) (8:2a) (8:2b) (8:2b) (8:3b) (8:4b) (8:5a) (8:5a)
(8:5b) (8:6a) (8:6b) (8:6b) (8:7a) (8:7a) (8:8a) (8:8b) (8:8b) (8:9a) (8:9b)
(8:10a) (8:10a) (8:10a) (8:10b) (8:11a) (8:12b) (8:13a) (8:13a) (8:14a)
(8:15a) (8:19a) (8:19b) (8:21a)

ere be (2:21a) (2:24a) (5:13a) (6:3b) (7:11a)

ereci (1:17a) (3:14b) (7:13a) (8:4b)

erei (1:9a) (4:17a) (5:14b)

ere aniya 올히 (4:2a) (4:3b) (4:4a) (4:5a) (4:17b) (4:18a) (6:18a) (8:20a)

ere ucuri 요ᄉ이 (1:11b) (1:24a) (3:20b) (4:24b) (5:9a) (8:1a) (8:20b)

ergele- 위격으로 ᄒ다

ergeleme (8:9a)

ergen 목숨

ergen (2:19a)

ergen be (4:2a)

ergi 녁

ergi (1:24a) (2:12b) (2:18b) (3:15a) (6:1a) (7:1b)

ergi de (3:18a) (5:1b) (5:16b)

eri- 쓸다

eri (5:1b)

erin 쩨, 시(時)
>   erin (2:9b) (5:22a) (8:20b)
>   erin be (8:20a)
>   erin de (2:6b) (2:11a) (2:12a) (3:4b) (3:11a) (3:19b) (7:1b) (7:22b)
>   erin i (3:11a) (4:1b) (4:4a) (6:2a)
>   erin forgon 時候
>   erin forgon be (7:11a)
>   erin hūda 時價 (5:16b)
>   erin hūdai (4:20a)
>   erindari 쩨마다(2:23b)

erku 뷔
>   erku be (5:1b)

erše- 시죵ᄒ다, 모시다
>   eršehe be (3:4b)
>   eršembi (7:16a)

ertele 엿해
>   ertele (3:6a) (3:10b)

ertu- 밋다
>   ertufi (7:18a)

erule- 刑罰ᄒ다
>   eruleme (2:16a)

ese 이들
>   ese (3:22a) (4:22b)

eshen oke 叔母
>   eshen oke (6:21b)

eshun ᄂᆞ선
>   eshun (3:17a) (3:20a)

esi- 말다
>   esike (6:5a) (8:8b)

ete- 이긔다
>   etehe (7:3b) (7:4a)

etu- 닙다, 쓰다
>   etuci (6:11b)
>   etufi (7:21a)
>   etuhengge (7:20b)
>   etuki (6:14a)
>   etumbi (7:19b) (7:20a) (7:21a)
>   etume (7:18b)
>   eture (6:16b) (7:23b) (8:20b)

etuhun 센
>   etuhun (8:5a) (8:5a)

etuku 옷
  etuku (6:16a) (6:16b) (6:16b) (7:19b) (7:20a) (8:10b) (8:10b)
  etuku adu 衣服 (7:10b)

eyun 형
  eyun (6:22a)
  eyun non 姉妹 (6:21b)
  eyun non de (6:21b)

〔F〕

faca- 罷ㅎ다
  facaki (7:6a) (8:21a)
  facame (1:3b)

facihiya- 奔走ㅎ다
  facihiyahai (7:10b)

facuhūn 잡, 혼란
  facuhūn (3:22a) (3:22b)
  facuhūn be (3:21b)

fadu 주머니
  fadu (8:18b)

fafula- 禁ㅎ다
  fafulame (3:17a) (3:20a)
  fafularengge (3:22a)

faha- 던지다
  fahaha de (2:26a)

faida- 버리다
  faidafi (7:21b)

faita- 버히다
  faitaha (8:9b)
  faitara (8:18a)

fajan 똥
  fajan be (7:1a) (7:1a)

fajiran 바람벽
  fajiran de (2:11a) (3:17a)

fakca- 쩌나다
  fakcafi (8:22a)
  fakcame (8:22a)

falan 집
  falan be (7:19a)

falanggū 손바당
    falanggū (7:14a)

fali 낫, 닙
    fali (1:25b) (1:25b) (2:4a) (2:7a) (2:7a) (2:7b) (2:7b) (2:7b) (2:7b) (2:8a) (2:8a)
        (2:8a) (2:8a) (2:8b) (2:11b) (2:11b) (4:3a) (4:3b) (4:21a)

fangkabu- 치다
    fangkabume (1:6a)

fangkala 늣은
    fangkala (7:3b)

farhūn 어두온
    farhūn (3:2b) (4:5a)
    farhūn de (4:9b)

farsi 무겁, 조각
    farsi (4:6b) (5:12a) (5:21b)

fašša- 竭力ᄒ다
    faššame (7:10b)

fatha 쪽
    fatha (7:5a)

faya- 허비ᄒ다
    fayafi (7:23b)
    fayaha be (4:19a)
    fayame (4:7a)

fe 녯, 舊
    fe (3:5a) (7:18a)
    fe hethe 舊業
     fe hethe de (7:18a)

fehi 골치
    fehi (2:15b)

feise 벽
    feise i (3:1a)

fejergi 아릭
    fejergi (5:12b) (7:6b) (7:16a) (7:23a)
    fejergi de (6:3a)

fejile 아릭
    fejile (2:14b) (3:7a)

feksi- 달리다
    feksime (2:18a)

feliye- 돈니다
    feliyeci (7:14a)
    feliyembio (3:11b)
    feliyeme (1:10a) (1:25b) (4:12a)

fempi 封, 부
>> fempi (8:17a) (8:17b) (8:18b)

fengse 동희
>> fengse be (3:1b)

feniyen 무리
>> feniyen i (6:7b)

fergele- 갂지끼다
>> fergelehengge (7:3b)

fide- 시기다
>> fidefi (2:18b)

fila 졉시
>> fila (3:15a) (4:25a)
>> fila be (3:10a) (3:14a)

file- 불 쬐다
>> fileki (7:1a)

finta- 앓흐다
>> fintame (7:6b)

fisa 등
>> fisai (2:17a)

fita 둔둔이
>> fitai (2:23b)

fithebu- 튀이다
>> fithebume (7:22b)

fiya moo 붓나모
>> fiya moo (6:21a)

fiyakū- 불에 쬐다
>> fiyakūfi (4:14b)

fiyan 臙脂
>> fiyan (8:17b) (8:17b)

fiyanara- 外飾ᄒᆞ다
>> fiyanarame (6:23b)

fiyeleku 화로
>> fiyeleku de (4:14b)

fiyokoyuru[6] 비ᄂᆞᆫ
>> fiyokoyuru (5:14a)

foholon 져름
>> foholon (6:20a) (8:9b)

fomoci 양말
>> fomoci (7:21a)

_____

6 fiyokoyuru : 'fiyokoyuru'는 만주어 사전에서 확인되지 않는다.

fon 재
>fonde (5:7b) (7:10a)

fonji[7] 번
>fonji (8:15a)

fonji- 뭇다
>fonjici (1:12a) (1:26a)
>fonjifi (3:22a)
>fonjiha be (3:12b)
>fonjihakū (1:22a) (3:12b)
>fonjiki (1:22a)
>fonjime (1:7a) (3:6a) (3:16a) (5:3b) (7:17b)
>fonjire (2:12b)

fonjina- 무르라가다
>fonjinara (1:26b)

forgon 時節, 節候
>forgon (7:1a)
>forgon de (4:2a) (7:9b)
>forgon i (7:19b)

forgošo- 變通ᄒᆞ다
>forgošome (8:9a)

foyoro 외얏
>foyoro (7:5a)

fu 服
>fu de (7:8a)

fude- 보내다
>fudeme (5:11a)
>fuderakū (5:11a)
>fudere (5:11a)

fuhali 일졀이
>fuhali (1:23a) (2:13a) (2:25b) (4:2a) (4:11a) (5:6a) (5:19a) (7:7a)

fuheše- 구으르다
>fuhešeme (2:17a)

fulaburu 大靑
>fulaburu (6:11a)

fulahūn 粉紅
>fulahūn (1:19a) (1:20a)
>fulahūn boco 小紅 (1:18b) (1:18b)

fulan 총이
>fulan (5:12b)

---

7 fonji : 'fonde'의 誤記로 판단된다.

fularja- 낫 블키다
    fularjahakū (8:22a)
fulehe 불희
    fulehe (7:4b)
fulgiyan 블근
    fulgiyan (8:18b)
    fulgiyan boco 다홍
    fulgiyan boco de (6:11a)
    fulgiyan sika 象毛 (8:17a)
fulhū 잘레
    fulhūi (5:21a)
fulmiyen 뭇
    fulmiyen (1:15b) (1:25b) (1:25b) (2:1a) (2:8a)
    fulmiyen de (2:8a)
fulu 만혼, 나은
    fulu (1:17a) (4:2b) (4:17b) (4:18a) (5:2b) (5:20b) (6:15a)
fulu gisun 잡말
    fulu gisun be (2:3b)
fun 푼
    fun (1:12a) (1:12b) (1:12b) (4:19a) (4:20a) (6:6a) (6:6a)
    fun be (6:3b) (8:21a)
fun 분(粉)
    fun (8:17b)
funce- 남다
    funcehe (1:8a) (4:3b) (4:20b) (6:10b) (8:12a)
    funcehengge (8:9b)
    funcembi (1:14a) (8:10b)
    funceme (4:4b) (4:11b) (6:16b)
funcen daban 녁녁이
    funcen daban (6:16b)
funde 딕예
    funde (2:4a) (4:5b) (5:2b) (5:19b)
funiyehe 털
    funiyehe (6:8b)
funtuhulebu- 궐ᄒ다
    funtuhuleburakū (7:9b)
furgisu 生薑
    furgisu (2:5b) (7:8a)
furu- 싸흘다
    furufi (2:4b)
    furuhe (2:7b)

fuseri 川椒
  fuseri (2:5b)

fusi- 싹다
  fusire (8:18b)

fusihūn 아릭
  fusihūn (2:26a)

futa 노, 줄
  futa (3:2a) (3:3b) (7:1b)
  futa be (2:20b) (2:26a)
  futai (2:20a)

fuye- 슳다
  fuyehe (2:2b)

fuyebu- 슬히다
  fuyebufi (2:2b)

【G】

g'ao tang de 高唐
  g'ao tang de (1:17b) (1:18a) (1:21a)

gabta- 쏘다
  gabta (7:2b)
  gabtaci (7:3a)
  gabtaha (7:2b) (7:3a) (7:3b)
  gabtaki (7:2b) (7:2b)
  gabtame (2:18a)
  gabtara (2:17a) (2:17b)

gacilabu- 窮迫ᄒ다
  gacilabufi (7:23b)

gadahūn 멀거니
  gadahūn i (1:7a)

gahari 격삼
  gahari (7:20a)
  gahari de (2:22a)

gai- 밧다, 가지다
  gaici (5:15b) (5:17a) (5:20b) (8:8b) (8:13b)
  gaifi (2:9a) (2:15a) (2:17b) (2:18b) (3:15a) (3:22b) (4:17b) (4:18a) (4:21b) (8:16b)
  gaiha (4:21a)
  gaiki (5:15a) (6:8b) (6:8b) (6:14b) (8:6a) (8:6b) (8:13a)
  gaimbi (1:19b) (1:20a) (1:20a) (1:20a) (5:15b) (5:17a) (5:17a) (6:8b) (6:14a)
  gaimbiheo (4:21a)

gairakū (4:3b) (4:16b)
gaire (2:7a) (6:14b) (8:7a)
gairengge (5:15b)
gaisu (4:15a) (6:14a)

gaibu- 지다
gaibuha (7:3b)

gaija- 든다
gaijarakū (8:8b)

gaitai 문득
gaitai (2:15a) (7:22b)

gaji- 가져오다
gajifi (1:5a) (2:9a) (2:22b) (3:2b) (3:3b) (3:7b) (4:9a) (4:23a) (5:1b) (5:21a)
(6:18b) (6:21b) (7:1a) (7:6b) (7:17b)
gajiha (1:21b) (2:11a) (3:18a) (4:3a) (5:3a) (5:5b) (5:5b) (6:1a) (7:1a) (8:14b)
gajihabi (4:8a) (8:12a)
gajihangge (5:8b) (8:9b)
gajiki (6:7b)
gajime (6:22b) (8:2a) (8:6a)
gaju (2:1b) (2:4b) (2:11a) (2:11b) (2:20b) (2:25a) (2:25b) (3:7b) (3:8a) (3:10b)
(3:14a) (4:14a) (4:14a) (4:14b) (4:16a) (4:16b) (5:1b) (5:1b) (6:6a) (6:16a)
(6:20b) (8:2a) (8:3b) (8:8b) (8:13a)

gajilabu-[8] 窮迫ᄒ다
gajilabufi (7:23b)
gajilabure de (8:20b)

gala 손, 팔
gala (6:17a) (7:1a)
gala ci (7:18b)
galai mayan 팔, 팔뚝 (2:18b)

gama- 가져가다
gama (2:22a) (3:10a) (6:9a)
gamaci (8:15b)
gamafi (1:10b) (1:17a) (3:2b) (3:3a) (3:9b) (4:6b) (4:10a) (4:14b) (4:20a) (4:23b)
(5:12a) (7:15a) (8:7a)
gamaha (2:17a) (5:2b)
gamaha de (6:4b)
gamaki (2:24b) (3:9b) (6:21b)
gamakini (3:14a)
gamambi (2:22a) (6:4b)
gamame (1:17a) (1:18a) (1:21a) (6:10b) (6:14a) (7:11a)
gamara (1:10b) (4:10b) (5:2a) (8:1b) (8:14b) (8:15a)
gamarahū (7:1b)

gasa- 怨ᄒᆞ다
gasambi (3:4a)
gasara (3:4a)
gasarakū (3:4b)

gasihiyabu- 해롭게ᄒᆞ다
gasihiyabuha (3:4a)

gašan 村
gašan be (1:13b)
gašan de (2:18a) (3:5b) (3:6a) (3:13b)
gašan falga 鄕黨 (7:12a)
gašan tokso 鄕村 (3:20a)

ge ga seme 다투는 소리를 나타내는 의성어
ge ga seme (4:21a)

gebu 일홈, 姓名
gebu (2:16a) (6:3a)
gebu be (1:5a) (1:13a) (1:22a) (3:12a) (7:18a)

gehun 靑
gehun (7:10a)

gejurebu- 씹히다
gejurebufi (2:10a)

gele- 두렵다
gelembi (2:23a) (6:19a)
geleme (3:21a)
gelere be (1:9a)

gelhun akū 敢히
gelhun akū (1:22a) (1:26a) (3:8a) (3:21a) (4:17b) (8:3b)

geli 또
geli (1:2b) (1:5b) (1:20b) (1:21b) (2:14a) (2:16b) (2:19b) (2:20b) (3:2b) (3:5b)
(3:7a) (3:9a) (3:13b) (3:15a) (3:17b) (3:21b) (3:22a) (3:23a) (4:2a) (4:2b)
(4:5b) (4:6a) (4:11a) (4:17b) (5:2b) (5:3a) (5:5b) (5:8a) (5:8a) (5:9b)
(5:14a) (5:19a) (6:19b) (6:20b) (6:21a) (6:22b) (7:3b) (7:3b) (7:13a) (7:22b)
(8:1a) (8:4b) (8:9b) (8:10a) (8:12b) (8:19a) (8:22b)

gemu 다
gemu (1:6b) (1:8a) (1:11a) (1:15a) (1:17a) (1:21a) (1:21b) (1:24a) (1:24b) (1:25a)
(2:8b) (2:9a) (2:9a) (2:9b) (2:10a) (2:20b) (2:20b) (2:23a) (3:1a) (3:1b)
(3:2a) (3:2b) (3:5a) (3:5b) (3:6a) (3:9b) (3:21a) (3:21b) (4:4b) (4:8a)
(4:10b) (4:17a) (4:21a) (4:24b) (4:25a) (4:25a) (4:25a) (5:1b) (5:7a) (5:7a)
(5:7b) (5:7b) (5:7b) (5:8b) (5:8b) (5:9b) (5:12a) (5:12a) (5:12b) (5:16b)
(5:16b) (5:20a) (5:20b) (5:21b) (5:22a) (6:2a) (6:3a) (6:4a) (6:4b) (6:6b)
(6:11a) (6:13b) (6:14b) (6:20a) (6:22b) (6:23a) (7:1b) (7:2a) (7:4b) (7:4b)
(7:5b) (7:5b) (7:5b) (7:21a) (7:23b) (8:4b) (8:8b) (8:9b) (8:12a) (8:12b)
(8:13a) (8:14b) (8:15b) (8:15b) (8:19a) (8:19a) (8:19b) (8:21b) (8:21b)

gemun hecen 皇城

    gemun hecen i (1:1a) (1:9b) (1:9b) (1:11a) (1:12a) (6:1b)

    gemun hecen de (1:2a) (1:10b) (1:12b) (1:14a) (1:14a) (1:17a) (1:20b) (1:21a)
        (1:24b) (4:11a)

gene- 가다

    gene (2:25a) (3:3a) (3:6b) (3:15a) (3:16b) (4:8a) (4:9a) (4:9a) (4:22b) (4:23b)
        (6:4a) (8:1b) (8:9a)

    geneci (1:9b) (1:10a) (1:13b) (2:23a) (2:23a) (2:24b) (2:24b) (3:11b) (3:15a)
        (3:15b) (5:5a) (6:7b) (8:21a)

    genefi (1:3b) (1:3b) (1:14b) (1:17b) (1:17b) (1:18a) (1:18b) (1:19b) (1:21a)
        (1:21a) (1:23b) (1:26a) (2:3b) (2:17a) (2:18a) (3:2b) (3:5b) (3:10b) (3:11b)
        (3:13b) (3:15b) (3:19b) (4:7b) (4:8b) (4:21b) (4:24a) (5:3a) (5:4a) (5:4b)
        (5:10b) (5:11b) (6:4a) (6:7a) (6:10a) (6:10b) (7:22b) (8:1b)

    genehe (2:9a) (2:15b) (3:13a) (3:13b) (4:9a) (4:11a) (4:25a) (5:4b) (8:1a)

    genehe de (1:20b) (2:19b)

    genehebi (4:24b)

    genehengge (8:15a)

    geneki (1:14b) (1:24a) (2:19b) (2:20a) (2:21b) (2:22b) (3:3b) (3:4a) (3:5b) (3:6a)
        (3:16a) (4:5a) (4:12a) (4:13a) (4:13b) (4:14b) (4:15a) (4:15b) (4:19a)
        (4:22a) (4:22b) (5:1a) (5:3b) (5:3b) (5:12a) (6:10b) (7:4a) (7:9b) (8:1a)
        (8:19b) (8:20a) (8:20b) (8:21b)

    genembi (1:1a) (1:1a) (1:9b) (1:9b) (1:10b) (1:10b) (1:13a) (1:17b) (1:24b) (2:6b)
        (2:12a) (2:13a) (2:19b) (2:25a) (3:2b) (3:4a) (3:22b) (4:7a) (4:22a) (5:3b)
        (5:10a) (6:6a) (6:6b) (6:15b) (8:1a) (8:14b) (8:21b) (8:22a)

    geneme (1:20b) (3:13a)

    generakū (3:13a)

    genere (1:15a) (2:1b) (2:3b) (2:12a) (2:13a) (2:25a) (3:4b) (4:8b) (4:22b) (4:23b)
        (4:25a) (5:11a)

    genere be (1:11a) (2:16b)

    genere de (2:14a) (2:15a)

    generengge (1:11a) (7:3b)

    genereo (3:13a)

genggiyen 맑은

    genggiyen (7:10a) (7:20b)

geo morin 암물

    geo morin (5:14a)

geo niman 암염쇼

    geo niman de (6:8a)

gere- 붉다

    gereke (2:19b) (3:4a)

    gerembi (4:10a)

    gereme (3:3b) (4:10a)

    gerere be (2:19b)

geren 여러
> geren (1:8b) (1:15b) (1:24b) (3:14b) (3:15b) (3:20b) (3:20b) (3:21b) (4:5b) (4:18a) (7:2b) (7:7b) (7:12a) (8:2a)

gersi fersi 새배
> gersi fersi de (1:3a) (4:2b)

gese 굿혼
> gese (1:9b) (1:17a) (2:11b) (3:8b) (4:20b) (5:12b) (5:18b) (5:19a) (6:23a) (7:16a) (7:18b) (8:8b) (8:10a) (8:14a)

gete- 씨다
> getefi (4:8b)

getukele- 명빅키ᄒᆞ다, 明白ᄒᆞ다
> getukelefi (8:21b)
> getukelehe (2:16b)
> getukeleme (3:22a)

getuken 몱앗다, 明白ᄒᆞ다
> getuken (3:22a) (5:7b) (6:5a) (7:8b)

gidacan 안롱
> gidacan i (7:15b)

gida- 누루다
> gidafi (7:3a) (7:14b) (7:14b)
> gidaha (3:18a) (6:1b)
> gidahabi (8:3b)
> gidarakū (7:3b)

gida- 저리다
> gidaha (3:7b) (4:16b) (7:5a)

giking 吉慶
> giking (5:3b)

gin 金(哥)
> gin (1:22a)

gindana 獄
> gindana de (2:19a)

ging 更
> ging de (2:9b)
> ging ni (2:6b) (2:11a) (2:12a)

ginggin 斤
> ginggin (1:12b) (1:12b) (2:3b) (2:4a) (2:4a) (2:4b) (2:7a) (2:7a) (2:7b) (5:6a) (5:6b) (8:3a) (8:3a) (8:4b) (8:4b) (8:5a) (8:5a) (8:5a) (8:5b) (8:5b) (8:17a) (8:17b) (8:17b)
> ginggin de (1:19a) (8:5b)

ginggule- 공경ᄒᆞ다
> gingguleme (7:16a)

ginggulerakū (7:17b)

gingne- 돌다

gingneci (8:4b) (8:5a)

gingnehe (2:7a)

giranggi yali 골육

giranggi yali (6:23a)

girdasikū[9] 金縕

girdasikū (7:21a)

gise hehe 妓女

gise hehe i (7:19a)

gisun 말

gisun (1:7a) (1:7a) (1:7a) (1:25b) (2:12b) (2:20b) (3:8b) (4:6a) (5:3a) (5:9a) (5:15b) (5:18b)

gisun be (1:2b) (1:2b) (1:6b) (2:24a) (3:19a) (3:22b) (4:2b) (4:7a) (4:24a) (5:9b) (5:11a) (5:17b) (5:20a) (6:23a) (8:4b) (8:8a) (8:8a) (8:8b)

gisun de (4:16a) (5:16a)

gisun i (7:19a) (8:11a)

gisun hese 言語

gisun hese be (3:20b)

gisure- 니르다

gisure (6:9a)

gisurefi (5:4b)

gisureki (4:24a) (5:2b) (5:12b) (6:8a)

gisurembi (4:24a) (5:9a) (5:16b) (6:16a) (6:23a) (8:4a) (8:10b)

gisureme (3:22b) (8:12b)

gisurerakū (7:12a)

gisurere (5:16b) (6:9b) (6:15a)

gisurere be (5:16b)

giya 거리

giyai (3:18a) (3:18b) (4:20a) (6:1b)

giya hing 嘉興

giya hing (6:12a)

giyala- 즈음ᄒ다

giyalafi (5:4b)

giyalabu- 즈음ᄒ다

giyalabuhabi (3:18b)

giyalan 간(間)

giyalan i (4:23b)

giyan 理

giyan (7:12b)

---

9   girdasikū : 'girdasikū'는 만주어 사전에서는 확인이 되지 않는 어휘이다.

giyan be (4:3b)
giyan i 맛당이 (2:24b) (5:20b) (6:23a)
giyan giyan i 낫낫치 (2:17b)
giyanakū 얼머치리 (4:21a) (7:6b)

giyangna－ 講ᄒᆞ다, 강졍ᄒᆞ다
giyangnambi (1:3b) (1:4a) (1:4a)
giyangname (1:4a)
giyangnara (5:10a)

gocishūn 謙讓
gocishūn i (1:23a)

gohon 갈고리
gohon (8:19a)
gohon i (7:20a)

goi－ (화살에) 맞다
goifi (2:17b) (2:18b) (7:7a)
goiha (2:18b)
goirakū (7:13a)

goida－ 더듸다, 오래다
goidafi (4:12b)
goidaha (1:1b) (5:1a) (5:11b)
goidame (1:24b) (6:11b)
goidarakū (5:3a) (5:4a) (5:10b) (6:20a)

gojime 쓰롬
gojime (3:12a) (6:22b) (7:13b)

golmin 긴
golmin (6:17a) (8:9a)

golo－ 슬희다
golome (8:10a)

goro 멀리
goro (3:18a) (4:3a) (4:15b) (5:5a)

gosi－ 어엿비너기다, ᄉᆞ랑ᄒᆞ다
gosicina (3:19b)
gosifi (1:2a) (1:14b) (4:1b)
gosime (3:11b) (7:14a) (7:16b)

gu 姑母
gu (6:22a)
gu de (1:22a)

gu 玉
gu (7:20a) (7:21b)
gu wehe 玉 (8:17a)

gubci 왼, 젼혀

gubci (1:7a) (5:7a)

gucihire-[10] 싀긔ᄒᆞ다
 gucihirehekū (4:18b)

gucu 벗
 gucu (1:1b) (1:1b) (1:2a) (1:10a) (1:11a) (1:22b) (1:24b) (1:24b) (2:2a)(3:9a)
  (3:9a) (3:10b) (3:14a) (3:17b) (3:19a) (3:21b) (4:23b) (5:9b) (5:9b) (5:9b)
  (5:9b) (6:10a) (8:1a)
 gucu be (1:18a) (3:6a) (4:9a) (4:10a) (4:21b) (4:25a) (6:4a)
 gucu de (3:9b) (3:10b)
 gucui (2:5a) (3:20b) (7:13b)
 gucuse 벗들 (2:8b) (2:9a) (3:3b) (4:23a) (7:17a)
 gucuse de (8:21b)
 gucuse i (4:18b) (7:16b)

gucu gargan 朋友
 gucu gargan de (7:12a)

gucule- 벗ᄒᆞ다
 guculefi (8:22a)
 guculeme (7:16b)
 guculere de (7:13b)

gufu 姑母夫
 gufu (6:22a)

guilehe 슬고
 guilehe (7:5a)

gukdun jofohori 柑子
 gukdun jofohori (7:5a)

gulu unenggi 純實
 gulu unenggi (6:23a)

guribu- 옴기다
 guribume (5:2a)

guwe- 올다
 guweme (5:7b)

guwebu- 免ᄒᆞ다
 guwebu (1:5b)
 guwebumbi (1:6a)

guwebure bithe 免帖
 guwebure bithe (1:4b) (1:4b) (1:5a) (1:5b) (1:6a)
 guwebure bithe de (1:5b)

guwejihe 양(胖)
 guwejihe (7:5a)

---

10 gucihire- : 만주어 사전에서는 'gucihiyere-'의 형태로 쓰인다.

guweleku 첩
    guweleku be (7:11a)

guwendembi 소릐나다
    guwendembi (7:14a)
    guwenderakū (7:14a)

gūlha 휘
    gūlha (7:21a)(7:21a) (7:21a) (7:21a)

gūlime acambi 친압ᄒᆞ다
    gūlime acafi (7:18b)

gūni- 싱각ᄒᆞ다
    gūnici (1:26a) (4:17b) (4:22b) (6:10b) (7:8a)
    gūnifi (2:15a)
    gūnihabi (1:15a) (5:3a)
    gūnimbi (1:6b)
    gūnirakū (7:7b) (8:22a)

gūnin 뜻
    gūnin (4:18b)(7:23a)
    gūnin be (7:17a)
    gūnin de (1:6b) (2:17a) (6:15a) (6:20b)

gūninja- 싱각ᄒᆞ다
    gūninjambi (5:19b)

gūsin 셜혼, 30
    gūsin (1:8b) (2:7a) (4:11b) (4:11b) (4:17b) (4:18a) (7:8a) (8:19a)
    gūsin de (8:11b)
    gūsin[11] 서 (4:13b) (4:15a)

gūwa 다른
    gūwa (1:7b) (1:15a) (1:17a) (1:26a) (2:1b) (2:16a) (2:23a) (3:3a) (3:7b) (3:16b)
        (4:20a) (4:21a) (5:5b) (5:6a) (5:22b) (6:4b) (6:7a) (6:15b) (6:18a) (6:20a)
        (6:23b) (7:1b) (7:11a) (7:14b) (8:9a)
    gūwa be (3:2b)
    gūwa de (4:20a)

gūwaina- 맛ᄂᆞᆫ다
    gūwainambi (2:8b) (8:5b)

[H]

habša- 訟詞ᄒᆞ다
    habšara (7:17a)

---

11   gūsin : 만주어 'gūsin'에 한국어 '서(3)'와 대응되어 쓰이고 있는데 'gūsin'은 '30(서른)'이기 때문에 일치하지 않는다.

hacihiya- 지촉한다
> hacihiyame (2:3b) (3:14a) (4:9a) (4:9a) (4:19a)

hacin 가지, 類
> hacin (2:6a)
>
> hacin de (7:8a)
>
> hacin i (2:6a)

hacirame[12] 가지가지
> hacirame (7:21b)

hada- 박다
> hadafi (7:21a)
>
> hadaha (6:19b)

hadala 구레
> hadala be (7:15b)

hafan 官員
> hafan (2:17b) (2:17b) (2:18a) (7:15a) (7:15b)
>
> hafan be (7:11b) (7:15a)
>
> hafan hergen i usiha 官星 (8:20b)

hafira- 휘넣다
> hafiraha (7:21a)

hafirabu- 급한다
> hafirabufi (6:10a)

hafirahūn 좁은
> hafirahūn (2:24b) (3:16a) (3:19a) (3:23a)

haha 스나희
> haha be (2:18a)

hailun morin 가리온물
> hailun morin (5:13b)

haira- 앗기다
> hairambi (3:9a)
>
> hairame (7:10b)
>
> hairarakū (7:23a)

hairanda- 앗기다
> hairandarakū (7:17a)

haji 貴흔
> haji (1:16a) (4:4b)
>
> hajio (1:12a)

haji 凶荒
> haji (1:16a) (2:13b)
>
> haji be (2:23b)

---

12   hacirame : 만주어 사전에서는 'hacilame'의 형태로 쓰이고 있다.

hala 姓
> hala (1:5a) (1:10a) (1:10a) (1:22a) (1:22a) (1:22a) (1:22b) (1:22b) (1:24a) (3:12b)
>> (3:12b) (3:12b) (5:23a) (5:23a) (6:3a) (6:3a)
> hala be (3:12b) (3:12b) (3:12b)
> halangga 哥 (3:18b) (5:4a) (5:7a) (6:1a) (6:1b) (6:1b)

hala— 긇다
> halame (4:7b) (4:8b) (4:8b) (7:18b) (7:19b)

halba 엽팔지
> halba (7:5b)

halbu— 부치다
> halburakū (3:21a)

halbubu— 부치다
> halbubure (3:20a)

haldabaša— 아첨ᄒ다
> haldabašame (7:24a)

halhūn 더운
> halhūn (2:5a) (4:13b) (4:14a) (4:14a) (4:15a) (4:16b) (4:17a) (7:19b)

halu 국슈, 싁면
> halu (4:13a) (7:4a)

hami— 밋치다, 견듸다
> hamika (1:1b) (3:3b) (4:10a) (4:12b)
> hamime (1:21b)
> hamirakū (2:1b)

hamina— 밋치다
> haminambi (4:22b)

hamta— 쫑누다
> hamtaci (3:2b)
> hamtame (3:2b)
> hamtara (3:3a)
> hamtarakū (3:3a)

han beise 朝廷
> han beise (1:6b)

hanci 갓가이
> hanci (1:12a) (1:14b)

handu orho 이집ᄒ
> handu orho (1:25a)

hang jeo 抗州
> hang jeo (6:11b)

harga 수혜자(水鞋子)
> harga (7:21a)

hargi 계즈

hargi （7:4b）

haršа－ 斗護ᄒ다
haršara （5:16b）

hasa 빗비
hasa （4:22b）

hasaha 가익
hasaha （8:18b）

hashū 왼녁
hashū （2:18b） （6:1a）

hasi 가지
hasi （3:7b） （7:4b）
hasi šatan 감 （7:5a）

haša－ 소질ᄒ다
hašafi （2:5a）

hatan 미온
hatan （7:22a）

hatuhūn 쓰다
hatuhūn （2:6a）

hebešе－ 議論ᄒ다
hebešefi （8:15b）
hebešeki （8:1b） （8:15a）
hebešeme （4:22a） （4:24a） （6:15b）

hefeli 빅
hefeli （2:10a） （3:5b） （3:10a） （4:1a） （4:6b）

hehesi 계집들ᄒ
hehesi （3:1b）

heiheri haihari 빗독여 완완이 가는 모양을 나타낸 의태어
heiheri haihari （7:22a）

hendu－ 니르다
hendufi （5:1b）
henduhe （3:4b） （4:11b） （5:20a）
henduhengge （2:21b） （2:23b） （7:14b）
hendumbi （1:26a）
hendume （8:2b） （8:8a）
hendure （2:14a） （3:8b） （6:19b） （6:23b）
hendurengge （1:6a） （1:11b） （1:15a） （4:4b）
hendure balama[13] 상담(常談)에 니르되 （3:12a）

heni 죠곰
heni （1:16b） （6:9b） （7:11a） （8:3b） （8:12b）
heni majige 죠곰 （8:7b）

13　balama : 만주어 사전에서 'balama'는 '미친, 버릇없는'의 의미로 쓰이고 있어서 본문의 문장에 대응이 되지 않는다.

her seme 죠곰도
  her seme (7:24a)
here- 건지다
  hereme (2:9a)
hergen 일홈
  hergen (1:5b) (6:3a) (7:11b)
hetu ulin 橫財
  hetu ulin be (2:21b)
hetumbu- 지내다
  hetumbume (4:2b)
hibsu 쑬
  hibsu de (7:5a)
hihala- 쁜더이너기다 귀하게 여기다
  hihalarakū (8:10a)
hiya ᄀ믈다
  hiya (2:13b) (4:2a)
hiya diyan 夏店
  hiya diyan (3:15a) (4:12a) (4:11a)
  hiya diyan de (4:11a)
hiyangci 쟝긔
  hiyangci (8:18b)
hiyase 말, 斗
  hiyase (1:12a) (1:12b) (1:25a) (1:25b) (2:1a) (2:7b) (3:11a) (4:3b)
  hiyase de (2:7b)
hiyase 匣
  hiyase (8:17b)
hiyoošungga 孝ᄒ다
  hiyoošungga (7:12a)
hocikon hehe 義女
  hocikon hehe (7:10b)
hojihon 사회
  hojihon (6:22a)
hokobu- 쎠나다
  hokoburakū (7:18b)
holbobu- 얼키다, 結連ᄒ다
  holboburahū (3:3b)
  holbobure de (3:21a)
holo 골
  holo (2:24b)
holo 假

holo be (8:13a)
holo gisun 거즛말 (6:8b)

holto- 소기다
holtorakū (6:17b)
holtoro (1:26a) (1:25b)

hon 너모
hon (2:2a) (6:20b) (8:10b)
hon i (1:16b) (7:11a)

honggon 방올
honggon (8:19b)

honin 羊
honin (6:8a) (6:8a) (7:2b)
honin be (6:7a) (6:7b) (6:7b) (6:7b) (6:7b) (6:8b) (6:10b)
honin de (6:8b)
honin i (5:4b) (5:5a) (6:1b) (7:4b)
honin yali 羊肉 (1:12b) (4:13b)
 honin yali de (4:15a)

hono 오히려
hono (4:24a) (8:16a)

hono 도
hono (4:2b) (4:6a) (5:6b) (6:23b)

hontohon 半
hontohon (1:1b) (1:8a) (2:5b)

hoošan 죠히
hoošan (2:15b) (8:18a)
hoošan be (2:14b)

hori- 가도이다
horiha be (2:19a)

hošo 모롱이
hošo i (5:5a)

hoto 박
hoto (7:4b)
hoto de (3:2a)

hoton 城
hoton (5:4a) (5:23a) (6:1a)
hoton ci (4:21b)

hu jeo 湖州
hu jeo (6:13a)

huju 구유
huju (2:20b) (3:3a)
huju de (2:25a)

hukše‐ 이다
> hukšefi (3:1b) (3:11b)

hukše‐ 感激ᄒ다
> hukšeme (3:11b)

hutu enduri 鬼神
> hutu enduri de (7:15a)

huwekiyebu‐ 붓도도다
> huwekiyebufi (7:17b)

huwesi 칼
> huwesi (8:18a) (8:18a) (8:18a) (8:18a) (8:18b) (8:18b)

hūbe 호박
> hūbe (8:17a) (8:17b)

hūcin 우믈
> hūcin (2:20a) (2:20a) (2:20a) (3:1a) (3:1a) (3:1b)
> hūcin i (2:20b) (3:1a)

hūda 값
> hūda (1:11a) (1:11b) (1:11b) (1:12a) (1:12a) (1:12b) (1:16a) (1:19a) (2:6b) (2:7a)
>   (2:7b) (3:18b) (5:2b) (5:3a) (5:6a) (5:6a) (5:6a) (5:9a) (5:9a) (5:9a) (5:9a)
>   (5:13a) (5:15a) (5:16a) (5:16a) (5:17a) (5:18b) (5:19a) (5:20a) (6:2a) (6:3a)
>   (6:15b) (6:17b) (6:17b) (6:18a) (8:3a) (8:3b) (8:6a) (8:6a) (8:6b) (8:6b)
>   (8:7a) (8:8a)
> hūda be (2:6b) (4:14b) (4:16b) (5:3a) (5:10a) (5:12b) (5:15a) (5:15b) (5:17b)
>   (5:17b) (5:20a) (6:2a) (6:8a) (6:8b) (6:8b) (6:14a) (6:14b) (6:15a) (6:15b)
>   (6:20a) (8:2a) (8:4a) (8:7a) (8:7a) (8:8a) (8:8a) (8:11a) (8:12b) (8:14b)
> hūda de (1:18b) (1:18b) (5:17a) (5:19a) (6:8b) (6:9b) (6:15a)
> hūdai (5:2b) (5:6a) (6:1b) (8:2a) (8:12b) (8:14b) (8:14b)
> hūdai ba 져제 (1:14b) (3:18b)
> hūdai ba i (8:3a)
> hūdai bade (5:2a) (5:2b) (5:4b) (5:5a) (5:12a) (6:14a)
> hūda toktosi 즈름 (5:11b) (5:19a) (5:22a) (6:3a) (6:3b)
> hūda toktosi be (5:21b)
> hūda toktosi de (1:20a) (5:21a) (6:3a) (6:6a)

hūdaša‐ 흥졍ᄒ다
> hūdašaci (1:17b) (5:19b) (5:17b) (5:20a)
> hūdašaki (8:7a)
> hūdašambi (6:18b)
> hūdašame (1:11a) (1:20b) (3:22b) (6:10b) (8:14a) (8:15a) (8:20b)
> hūdašara (6:14b) (8:13b)

hūdukan 쉽사리
> hūdukan i (4:19a) (4:22a)

hūdun 쌜리
> hūdun (3:4a) (3:15a) (4:10a) (7:6a) (8:2a)

hūla- 넘다, 울다
> hūlara (6:1a)
> hūlafi (3:3b)
> hūlaha (2:11a)

hūlaša- 밧고다
> hūlašambi (4:3b)
> hūlašame (3:5b) (3:6b) (3:13b) (4:2a) (4:2a) (4:2b) (4:3a) (4:20a) (8:13b)
> hūlašara (3:6b) (4:20a)

hūlha 盜賊
> hūlha (2:15a) (2:15b) (2:16b) (2:17b) (2:17b) (2:18a) (2:18a) (2:19a)
> hūlha be (2:16a) (2:18b) (2:23b)
> hūlhai (2:17a)
> hūlhatu 盜賊놈 (2:14a) (2:14a)

hūlhi 흐림
> hūlhi (7:24a)

hūntaha 잔
> hūntaha (4:15b) (4:17a) (5:10a) (5:10b) (7:21b)
> hūntaha i (2:5b)

hūri 잣
> hūri (7:5a)

hūsihan 치마
> hūsihan de (8:18b)

hūsun 힘
> hūsun (5:10a)
> hūsun de (7:22b)

hūsutule- 힘쓰다
> hūsutuleme (7:12b)

hūwa 터ㅎ
> hūwa (3:3b)

hūwaita- 미다
> hūwaita (2:21a) (3:3b)
> hūwaitafi (3:2a) (4:13a)
> hūwaitaki (3:3a)
> hūwaitambi (7:15a)
> hūwaitame (4:10a)

hūwaliyasun 和ㅎ다
> hūwaliyasun (7:12a)

hūwanggiya- 관계ㅎ다
> hūwanggiyarakū (2:14a) (3:7a)

〔I〕

i 제
    i (1:12a) (3:22a) (3:22b)

i jeo 易州
    i jeo (6:12b)

i jeo 義州
    i jeo be (1:7a)

icakū 맛지못ᄒ다
    icakū (6:19a)

icangga 뜻에 마즌
    icangga (7:21b)

icangga 빗난
    icangga (7:18b)

ice 새, 초싱
    ice (2:4a) (5:13a)
    ice de (1:1a) (1:1b)

ice- 믈들이다
    icefi (1:18b)
    icembi (1:19a)
    icere de (1:19a) (1:19a)

icemle- 새로이 ᄒ다
    icemleme (3:5a)

ici 으로
    ici (2:25b) (3:1a) (5:15b)

icihiya- 출ᄒ다
    icihiya (4:5b)
    icihiyafi (3:4a)
    icihiyaki (2:11a)
    icihiyatala (4:10a)
    icihiyahangge (2:22a)

idura- (번) 돌리다
    idurame (2:10b) (2:21a)

igen 고재
    igen (6:20a)

ihan 쇼
    ihan (5:14a) (7:10b) (7:23b) (8:20a)

iji- 빗다
    ijime (7:21b)

ijifun 얼에빗

ijifun （8:17b）（8:17b）

ijishūn 順혼
ijishūn （5:16a）

iju- （푼즈）먹이다
ijuhabi （6:11b）

ilan 세, 3
ilan （1:16a）（1:18b）（1:19a）（1:19b）（1:20a）（1:20a）（1:21b）（2:3b）（2:7a）（2:8a）
（2:8b）（2:11b）（2:13a）（2:24a）（2:24a）（4:4a）（4:4b）（4:18a）（5:6a）（5:11b）
（5:14b）（5:16a）（6:8b）（6:9b）（7:2b）（7:23a）（8:4a）
ilan moo 세 대 （1:4b）（1:5b）（1:6a）
ilanggeri 세 번 （3:3b）

ilata 셋씩
ilata （6:6a）（6:3b）

iletulebu- 낫하내다
iletulebuci （7:14b）

ilga- 分揀ᄒ다, 굴히다
ilgame （8:16b）
ilgarakū （3:17b）

ilgaša- 구경하다
ilgašame （7:22a）

ilha 紋
ilha （8:19a）

ili- 머물다, 닐다
ili （5:10a）
ilicina （3:3b）
ilifi （1:3b）（2:10b）（2:11a）（2:21a）（4:10a）（5:11b）（7:21b）

ilibu- 닐게 ᄒ다, 니르혀다, 세오다
ilibu （4:10a）
ilibuha （7:10b）（7:11b）
ilibure （6:7b）

ilmahū usiha 參星
ilmahū usiha （4:8b）

indahūn 개
indahūn （4:5b）
indahūn i （7:18b）

indebu- 머물다
indebume （3:20b）

inemene 아무려나
inemene （2:22b）（4:1b）

inenggi 날, 낫
inenggi （1:14b）（2:10b）（4:2b）（5:3a）（5:3b）（7:9a）（7:9b）（7:10b）（7:23a）（8:4a）

(8:4b) (8:20a) (8:20b) (8:22a)

inenggi be (8:19b)

inenggi dulin 낫 (4:15a) (4:21b)

inenggi sonjo- 擇日ᄒᆞ다

 inenggi sonjorongge (8:19b)

inenggidari 날마다 (1:3a) (1:3a) (1:8a) (1:9a) (5:2b) (7:9b)

ini 저의, 제

ini (3:13b) (6:1a) (7:23a)

ini cisui 절로 (2:3a) (2:26a) (7:3a) (7:12b)

inu 도, 쏘

inu (1:9a) (1:9b) (1:11a) (1:14b) (1:15a) (1:15a) (1:16a) (1:16b) (1:17b) (1:25b) (1:26a) (2:1b) (2:21a) (2:22b) (2:23b) (3:5a) (3:5b) (3:7a) (3:8a) (3:8b) (3:8b) (3:11b) (3:12b) (3:12b) (3:14a) (3:20b) (3:20b) (4:1b) (4:2a) (4:5a) (4:14b) (4:16b) (4:21a) (4:22b) (5:2b) (5:3a) (5:3a) (5:6b) (5:9a) (5:10b) (5:15b) (5:18b) (5:20b) (5:20b) (6:6a) (6:7b) (6:9b) (6:15a) (6:15a) (6:17a) (6:17b) (6:20a) (7:5b) (7:6b) (7:9b) (7:11b) (7:13b) (7:20a) (7:21a) (7:23a) (8:9a) (8:9b) (8:9b) (8:9b) (8:14b) (8:15b) (8:15b)

inu 올타, −이라(긍정을 나타냄)

inu (1:2a) (1:6a) (1:11a) (1:15a) (3:6b) (3:8b) (3:18b) (3:18b) (4:5a) (5:3a) (5:5a) (5:9a) (7:9a) (8:8a)

inu i (5:12b)

iru− 줍기다

irurakū (2:20b)

irurengge (7:7a)

irubu− 줍그다

irubume (2:21a)

isheliyen 좁은

isheliyen (6:12b) (8:10b) (8:10b) (8:10b)

ishunde 서로

ishunde (1:22a) (1:24b) (7:14a) (7:14a) (7:16b) (8:22a)

isi− ᄌᆞ라다, 니르다

isimbi (6:16b) (6:16b) (6:17a)

isirakū (5:12a) (8:10b) (8:11a)

isitala (3:20a) (7:12b)

isitala (7:24a)

isibu− 값다

isibufi (7:12b)

isina− 니르다

isinaci (1:14a)

isinafi (1:21b) (2:18a) (4:22b) (7:22b) (7:24a)

isinaha (4:8a) (4:15b)

isinambi (1:2a) (1:14b) (2:10b) (7:3a)

isinambio (1:2a)

isiname (2:9b) (3:15a) (4:12b)

isinara (5:11b)

isinarakū (3:1b) (4:7b) (8:20b)

isinarakūn (1:2a)

isinarangge (1:14a) (1:14a) (4:12a)

isinji– 오다

isinjiha (1:1b) (5:1a) (5:7a) (5:7a)

isinjiha be (8:15b)

isinjihabi (3:21a)

isinjihangge (8:15a)

isinjimbi (3:22a)

isinjimbio (1:2a)

isinjire be (8:15a)

[J]

ja 쉽다, 賤

ja (1:16a) (4:9b) (6:18a) (8:16a) (8:16b)

jabdu– 쟝만ᄒ다, 겨룰ᄒ다

jabduha (7:5b)

jabdurakū (1:22a)

jabša– 多幸ᄒ다

jabšaha (7:13a)

jabšabu– ᄉ망ᄒ다, 이익 얻게 ᄒ다

jabšabumbi (7:11a)

jabšaki 요힝

jabšaki be (7:12b)

jabu– 딕답ᄒ다

jabume (1:7a)

jaci 과히

jaci (6:20b)

jafa– 잡다

jafafi (5:16b)

jafafi (2:16a) (3:3a)

jafaha (2:18b) (3:15a)

jafahakū (2:16a)

jafame (7:8b) (7:9a)

jafara (2:17b) (2:17b) (2:18a)

jafara de (2:18a) (3:14b)

jafabu- 잡히다
>jafabume (7:6b)

jafakū (활의) 좀
>jafakū (6:19a)

jafu 담
>jafu (7:20b)

jahūdai 빗
>jahūdai (1:21b) (7:13b)
>jahūdai de (7:14a)

jai 다시, 쏘
>jai (1:4a) (1:14b) (1:17a) (1:20b) (1:25b) (2:2b) (2:5b) (2:6b) (2:6b) (2:9a) (2:10a)
>(2:19b) (2:25b) (3:7b) (3:10a) (4:10b) (4:15b) (4:19a) (4:22a) (5:2a) (5:3a)
>(5:10a) (5:10b) (5:19b) (5:20b) (5:21a) (6:6a) (6:7a) (6:8a) (6:13b) (6:18a)
>(7:2a) (7:8b) (7:9a)

jai 지추
>jai (8:2b) (8:2b)

jaila- 避ᄒᆞ다
>jailame (2:15b)

jaka 것, 믈건(物件)
>jaka (1:12a) (4:13a) (5:5b) (6:21b) (7:2a) (7:4a) (7:8a) (8:14b) (8:15b)
>jaka be (1:20b) (2:6a) (2:15a) (4:25a) (7:7b) (7:7b) (7:10b) (7:16a) (7:17b) (8:14b)
>(8:16b)
>jaka de (2:22a)
>jaka i (5:6a) (5:15b)

jakade 故로
>jakade (1:1b) (1:16b) (1:23b) (2:13b) (2:15b) (2:17a) (2:17b) (2:26b) (4:2a) (4:4a)
>(4:15b) (5:6b) (5:11b)

jakan 近間
>jakan (1:11b)

jakūn 여ᄃᆞᆲ, 8
>jakūn (1:12a) (3:1b) (4:12a) (6:6a) (6:16b) (8:6b) (8:9b) (8:12a) (8:12a)
>jakūn hergen 八字
>jakūn hergen be (8:20a)

jakūnju 여든
>jakūnju (5:17a)

jakūta 여ᄃᆞᆲ식 (5:18a)
>jakūta (5:18a)

jalan 世上
>jalan de (1:6b) (7:14a)
>jalan i (7:10a) (7:18a)

jalgiya- 덜다

jalgiyame (4:3a) (7:17a)

jalin 위호여

jalin (2:14a) (4:21a) (5:7a) (6:14a) (7:10b) (8:12b)

jamara- 지져괴다

jamarambi (3:20a) (4:20b)

jamarara (5:19b) (7:2b)

jancuhūn hengke 춤외

jancuhūn hengke (7:5a)

jancuhūn usiha 밤

jancuhūn usiha 밤 (7:5a)

jang 張(哥)

jang (3:12b) (3:12b) (6:3a)

jasigan 편지

jasigan (5:7a) (5:7a) (5:8a)

jasigan be (5:8a)

jasigan de (5:7b)

je 오냐

je (2:12a) (3:15a) (4:5b) (4:18b) (4:18b) (5:2a) (6:6a) (6:8a) (6:10a) (6:17a)
     (7:2b) (7:9a) (8:14a)

je- 먹다

jeci (4:12b) (4:13a) (4:24b)

jefi (2:10a) (3:5b) (3:6b) (3:14a) (4:2b) (4:11a) (4:13a) (7:6a) (7:22a)

jefu (3:9b) (3:10a) (4:4a) (4:8a) (4:24b) (7:8b) (7:8b)

jeke (3:9b) (3:10a) (3:10b) (4:6b) (4:14b) (4:14b) (7:7b)

jeke be (3:10a)

jekekū (3:10b)

jeki (2:3b) (3:6b) (4:3a) (4:14a) (4:14b) (7:4a) (7:8a)

jekini (3:3b) (3:6a)

jembi (2:2a) (3:11b)

jeme (1:3b) (3:14a) (4:13a) (4:2a) (4:8a) (7:16a)

jeterakū (1:25a) (2:21b)

jetere (1:12a) (1:15b) (2:9b) (3:6a) (4:1a) (4:13a) (4:13b) (4:15a) (4:20b) (6:21b)
     (7:4a) (7:7b) (7:15b)

jetere be (2:22b)

jeterengge (3:11a) (3:11a) (4:4b) (4:6a) (4:6a) (7:5b) (7:23b) (8:20b)

jeterengge be (4:24a) (4:24b)

jetereo (3:7b) (3:8a)

je 조

je bele 조뿔 (1:12b)

jebele 살동개

jebele be (6:21a)

jeku 곡식

jeku (4:4b)
jeku 조 (1:25a) (1:25a)
jeku be (4:2a) (4:3b)

jelgiyen 갓낀
jelgiyen (8:17a) (8:17a) (8:17a) (8:17a) (8:17a)

jenduken ᄀ만이
jenduken i (2:15b)

jerde 절다
jerde (6:1b)
jerde morin 절다물 (5:13b)

jergi 등
jergi (1:3a) (1:11b) (1:11b) (2:3b)
jergingge (8:2b) (8:2b)

jergi 상해
jergi (8:18a)

ji- 오다
jici (1:7a)
jidere (1:12a) (3:4b) (4:22a) (5:7b) (5:8b) (5:8b)
jidere de (2:12b) (3:21b) (3:22a) (8:5a)
jiderengge (5:7a)
jifi (1:3b) (1:11b) (2:8b) (2:18b) (3:4b) (3:6b) (4:7b) (4:10b) (5:1a) (5:19a)
(6:22b) (7:8b)
jihe (1:1a) (1:1a) (1:2a) (1:24b) (3:16a) (4:3b) (4:23a) (5:4b) (5:8a) (6:15a)
(6:17b) (6:18a) (8:22a)
jihe be (8:8a)
jihebi (4:19a) (6:7b)
jihei (3:2a)
jihengge (5:9b)
jihenggeo (1:22a)
jiheo (1:24b) (4:9a)
jikini (4:21b)
jimbi (5:4a) (5:4b) (6:10b) (8:1b) (8:13b)
jime (1:1b) (1:1b) (4:18a) (6:15b)
jio (2:12a) (4:8b) (4:9a) (4:14b) (4:16a) (4:22a) (5:4b) (8:2a) (8:2a) (8:6a) (8:22b)

ji nan fu 濟南府
ji nan fu (1:17b) (6:1b)

jiha 돈
jiha (1:12b) (1:15b) (1:16a) (1:16a) (1:16b) (1:18b) (1:19a) (1:19a) (1:19a) (1:19a)
(1:19b) (1:20a) (1:20a) (2:7a) (2:7a) (2:7b) (2:7b) (2:7b) (2:7b) (2:8a)
(2:8a) (2:8a) (2:8b) (2:8b) (4:7a) (4:14b) (4:15a) (4:16a) (4:19a) (4:20a)
(4:21a) (5:6a) (5:6b) (6:1a) (6:6a) (7:19a) (8:5b) (8:6b) (8:7a) (8:7b) (8:7b)
(8:7b) (8:11a) (8:11b)

jiha be (4:3b) (4:15a) (6:9a) (6:9a) (8:6b)

jiha de (1:25b) (1:25b) (2:4a) (2:4a) (4:3a) (4:3b)

jiha i (4:13b) (4:14a) (4:16b) (7:6a)

jik gu 直沽

jik gu deri (1:21a)

jilgan 소릭

jilgan be (7:18b)

jilgan de (7:3a)

jingkini 바론

jingkini (5:15b) (6:17b) (6:23a) (8:12b)

jingkini tara 바론 四寸 (1:23a)

jo- 싸흘다

joha (2:2b)

jombi (2:1a)

jore (2:2a)

jobo- 근심ᄒ다, 슈고ᄒ다

joboho (4:11a)

jobombi (2:24a) (5:7a)

jobome (7:10b)

joboro (3:8b)

jobobu- 슈고ᄒ게 ᄒ다

jobobuha (3:11a) (3:11a) (3:12a) (4:10b) (8:21b)

joboho suilambi 辛苦ᄒ다

joboho suilaha (4:18b)

jobošo- 근심ᄒ다

jobošoro (2:14a)

jobu- 싸흘게ᄒ다

jobu (2:2a)

jodo- ᄧ다

jodofi (8:9b)

jodoho (6:11a) (6:11b) (6:13b) (6:14a) (6:15a) (8:19a)

jodohongge (8:10a)

jodon 뵈

jodon (1:11a) (1:11b) (1:11b) (1:19b) (1:19b) (1:20a) (1:20a) (5:3a) (5:4a) (5:6a) (5:9a) (6:7a) (7:20a) (8:1b) (8:6a) (8:6a) (8:6b) (8:7a) (8:7b) (8:7b) (8:9b) (8:10a) (8:10b) (8:11b)

jodon be (1:17a) (1:21a) (1:21b) (6:7a) (8:13a)

jodon de (8:6b)

jodon i (2:22a) (5:9a) (5:21a) (8:10a) (8:11a) (8:9a)

jojin 마함

jojin be (3:6a)

jokū 쟉도
> jokū (2:1a) (2:1b) (2:1b)

joo 마라, 무던ᄒᆞ다
> joo (2:4b) (3:4b) (3:23a) (7:9a)

joo 趙(哥)
> joo (1:22b)

joobai 마라
> joobai (2:22b) (4:21a) (5:10b)

jorgon biya 섯ᄃᆞᆯ
> jorgon biya (7:1a)

jortai 짐즛
> jortai (1:23b)

jugūn 길
> jugūn (1:23a) (2:13a) (2:19a) (3:6a) (3:15a) (3:16a) (3:16b) (5:2b)
> jugūn i (1:23a) (1:24a) (1:24b) (2:14b) (3:3a) (3:6a) (4:18a) (5:9b) (5:10a)
> jugūn be (4:9b)

jui 아희, 子息
> jui (7:11b)
> jui de (3:14a)

juken 평평ᄒᆞᆫ
> juken (2:25b) (4:19b)

julergi 남편, 앒
> julergi (3:18b) (5:5a) (7:1b) (7:3a) (7:3a)
> julergi de (4:15b)

juleri 앒
> juleri (1:3b) (1:4a) (1:23b) (2:13a) (3:5b) (3:6b) (3:16b) (4:12a) (4:23a) (8:13b)
> juleri de (8:3b)

julesi 앒흐로
> julesi (1:13a) (1:13b) (2:17a) (2:17b)
> julesiken 前에(5:8b)

julge 녜
> julge ci (7:12b)
> julgeci (3:2a)

jumanggi 纏俗
> jumanggi be (2:15b)
> jumanggi de (2:14b)

jura- 떠나다
> jurafi (1:1b) (2:6b) (8:21a)
> juraka (1:1a) (1:1a)
> juraki (4:10b)
> jurambi (8:21a)

jurgan 구의
  jurgan (3:21b)
  jurgan ci (3:17a) (3:20a) (3:21a) (6:12a)
  jurgan i (6:12b)

juru homhon 쌍거플
  juru homhon i (8:18a)

juse 아희들, 子息들
  juse (1:9b) (3:7b) (3:10b) (5:8b) (7:13a)
  juse be (7:12b) (7:23a)
  jusei (1:9b) (8:19b)

juse omosi 子孫
  juse omosi de (7:13a)

jušun 초
  jušun (2:5b)

jušuru 자(길이의 단위)
  jušuru (2:13a) (2:13a) (3:1b) (6:16a) (6:16b) (6:16b) (6:16b) (6:16b) (8:9b)
  jušuringge[14] (8:9b) (8:9b)

juwan 열, 10
  juwan (1:11b) (1:12b) (1:13a) (1:21b) (1:25b) (2:1a) (2:1a) (2:7a) (2:7b) (2:8a)
    (2:8a) (2:8a) (3:5a) (3:15a) (4:4b) (4:11b) (4:23a) (5:14b) (5:17a) (5:17a)
    (5:18a) (6:2a) (7:6a) (7:6b) (8:3a) (8:4b) (8:5a) (8:5a) (8:5a) (8:5b) (8:12a)
    (8:18a) (8:18a) (8:18a) (8:18b) (8:18b) (8:19a) (8:20a)

juwaran 잰
  juwaran (5:14a)

juwaranda- 건다
  juwarandame (1:16b)

juwari 녀름
  juwari (4:2a) (7:9b) (7:19b) (7:20a) (7:21a)

juwe 둘, 2
  juwe (1:12b) (1:16a) (1:16b) (1:18b) (1:19a) (1:19a) (1:19b) (1:19b) (2:10b)
    (2:13a) (2:16b) (2:24b) (2:25a) (2:25a) (3:1a) (3:1b) (3:15b) (3:15b) (3:18b)
    (4:1b) (4:4b) (4:6b) (4:7a) (4:7a) (4:7b) (4:8a) (4:8a) (4:8b) (4:9a) (4:10a)
    (4:10a) (4:18a) (4:22b) (4:22b) (5:1a) (5:3b) (5:4a) (5:9b) (5:10b) (5:11b)
    (5:16a) (5:16b) (5:17b) (6:2a) (6:3b) (6:6a) (6:9a) (6:9b) (7:1b) (7:6a)
    (7:6a) (7:6b) (8:2b) (8:4a) (8:4a) (8:4b) (8:6b) (8:9b) (8:22a)
  juwe be (4:21b)

juwe- 긷다
  juweme (3:1b)

juwen bumbi 빌리다
  juwen burakū bihe (2:1b)

---

14 jušuringge : 'jušuru'와 '-ngge'의 통합 형태로 誤記이다.

juwete 둘식
    juwete (3:3a)

[K]

ka- 쓰다, 막다
    kafi (2:18b)
    kaki (3:14b)
kaca morin 골회눈몰
    kaca morin (5:14a)
kadala- 거느리다, 檢擧ᄒ다
    kadalahabi (1:6b)
    kadalara (1:4b) (1:5a) (2:16a) (3:21b)
kai -이라
    kai (1:2b) (1:7b) (1:10a) (1:23a) (1:23b) (2:3a) (2:6a) (2:13a) (2:14b) (3:2a)
        (3:4b) (3:8b) (3:9a) (3:12b) (3:14b) (3:19a) (3:21a) (3:23a) (4:9a) (4:12a)
        (4:13a) (4:18a) (4:20b) (4:21b) (5:6b) (5:7b) (5:12a) (6:7b) (6:11b) (6:14b)
        (6:23a) (6:23a) (7:10a) (7:13a) (7:15a) (7:19b) (7:24a) (8:2b) (8:4b) (8:5b)
        (8:11b) (8:16b) (8:21b)
kalja morin 간쟈몰
    kalja morin (5:13b)
kangka- 목ᄆᆞᄅ다
    kangkaha (4:17a)
    kangkambi (4:15b)
    kangkara (3:11b)
    kangkara be (4:15b)
kara kalja seberi morin 가라간쟈 四足白이 몰
    kara kalja seberi morin (5:13b)
kara morin 가라몰
    kara morin (5:13b)
kata- ᄆᆞᄅ다
    kataha (7:4a)
kedere- 巡檢ᄒ다
    kederere de (2:17b)
keire morin 오류몰
    keire morin (5:13b)
kejine 이슥이, 여러
    kejine (2:17b) (4:12b)
kemuni 오히려

kemuni (1:6b) (1:9b) (2:19a) (3:15a) (4:1a) (4:12a) (4:17b) (5:9a) (5:16a) (6:7a)
　　　(7:24a)

kemuni 쩌쩌시

kemuni (3:4b) (3:14b) (8:20b) (8:22a)

kemuni 일쯤

kemuni (8:16a)

kenehunje- 疑心ᄒ다

kenehunjeci (3:19a)

kenehunjeme (2:16a)

kenehunjere (8:8a)

kenehunjecuke 疑心저은 (3:17a)

kesi 덕, 恩惠

kesi (7:12b)

kesi be (3:8a)

kesi de (4:18b)

kice- 부즈런하다, 힘쓰다

kicembi (1:3a) (1:4a)

kiceme (2:10b) (2:21a) (7:11b)

kicerakū (7:12b) (7:18a)

kimci- 슯히다

kimcici (3:20b)

kimcihakū (6:4b)

kimcime (3:22a) (4:10b) (5:21b) (6:2a) (6:8a) (6:17b) (8:13b)

kin 거른고

kin (7:22b)

kiyan 권

kiyan (2:14b)

koco wai 隱僻흔

koco wai (3:20a)

kokira- 샹ᄒ다

kokiraha (2:19a)

kokirara be (6:10a)

komso 젹은

komso (2:25b) (3:7a) (3:7a) (4:4a) (6:15a) (7:6b) (7:23a) (8:11a)

konggoro morin 공골몰

konggoro morin (5:13b)

kooli 規矩

kooli (4:1b) (6:17a)

kooli de (6:3a)

koro ba- 傷ᄒ다

koro baha (2:19a)

kubun 소옴
> kubun (1:18a) (1:19a) (1:20a) (1:20b) (1:21a) (8:17b)
> kubun be (1:17b) (1:18a)

kubun i etuku 핫옷슬
> kubun i etuku be (7:20a)

kula morin 고라몰
> kula morin (5:13b)

kundule- 딕졉ᄒ다
> kundulefi (3:12a)
> kunduleme (7:17b)

kunggur seme 들쪄 가며 내는 의성어
> kunggur seme (3:15b)

kuren morin 굴헝몰
> kuren morin (5:13b)

kutule- 잇글다
> kutulehengge (2:24b)
> kutuleme (2:23a) (2:24b) (2:25a) (3:2b) (3:2b) (3:3a) (7:15a)

kuwangse 광조리
> kuwangse (2:22a)

[ㄴ]

la li akū 맛것지 못ᄒ다
> la li akū (2:22a)

labdu 만히
> labdu (1:6b) (1:25a) (2:9b) (2:24b) (3:1a) (3:5a) (3:9b) (6:13a) (3:23a) (7:6b)
>   (7:7a) (7:9a) (7:11b) (8:12a)

lak seme 마즘
> lak seme (2:17b) (5:1a) (6:21a) (8:15a)

lakiya- 걸다, 치다
> lakiya (2:11a)
> lakiyafi (7:2b)
> lakiyakū hacuhan 노고 (4:24b)

lashala- 씃다
> lashalarakū (7:18b)

lasihida- 혼더기다
> lasihidambi (7:3b)

lata 쓴
> lata (5:14a)

lata ci (1:17a)

latubu─ 부치다

    latubuhangge (3:17a)

leole─ 論難ᄒᆞ다

    leoleme (7:12a)

leolen gisuren 論語

    leolen gisuren (1:3a) (1:4a)

leose 樓閣

    leose ci (3:18a) (3:18b)

    leose i (3:18a)

lii 李(哥)

    lii (1:22b) (5:4a) (5:7a) (6:1b)

lio 劉(哥)

    lio (3:18b)

liyeliye─ 어즐ᄒᆞ다

    liyeliyefi (2:17b)

    liyeliyembi (7:6b)

liyoo 콩

    liyoo be (2:7a)

liyoodung 遼東

    liyoodung (3:20a) (5:23a) (6:1a)

    liyoodung ci (1:15a) (8:8a)

    liyoodung ni (5:9b)

    liyoodung hoton 遼東城 (1:10b) (3:12b) (3:17b) (3:18a) (3:18a)

lorin 노새

    lorin de (7:2a)

【M】

mafari 祖上

    mafari (7:18a) (7:18a)

mahala 이엄

    mahala (7:20b)

maikan 쟝막

    maikan (7:15b)

majige 젹이, 죠곰

    majige (1:2b) (1:8a) (1:9b) (1:17a) (1:17b) (1:18a) (2:6b) (2:6b) (2:8b) (2:10a)
        (2:10b) (2:22b) (2:26a) (3:6b) (3:8a) (3:9b) (3:19b) (4:3a) (4:6a) (4:14a)
        (4:15b) (4:16b) (4:21a) (5:3a) (5:4b) (5:19b) (6:17b) (6:20a) (7:3a) (7:3a)

(7:6b) (7:11a) (8:7a) (8:11a) (8:12a) (8:12b) (8:13b) (8:15a)

makta- 놓다
　　maktaha (6:19b)

mama eršembi 역질ᄒᆞ다
　　mama eršefi (5:8b)

mana- 닳다
　　manafi (5:12b)

manashūn 그믐쎅
　　manashūn (1:2a)

mangga 어려온, 잘흔, 貴, 센
　　mangga (1:16a) (2:5a) (3:14b) (4:20b) (5:9a) (6:8b)
　　(6:17b) (6:18a) (6:19a) (8:16a) (8:16b) (8:19b)

manggai 어궁흔
　　manggai (3:1b)

manggaša- 어려워ᄒᆞ다
　　manggašara (3:10a)

manggi 후에, 거든
　　manggi (1:3b) (1:4a) (2:2b) (2:5a) (2:5b) (2:5b) (2:6a) (2:9a) (2:11a) (2:16a)
　　(2:17a) (2:17b) (2:18b) (2:19b) (2:21b) (3:9b) (3:10a) (3:10b) (3:13a) (4:6b)
　　(4:7b) (4:8a) (4:9a) (4:10b) (4:11a) (4:13b) (4:15b) (5:10b) (5:21a) (6:6b)
　　(6:18a) (6:20a) (7:3b) (7:8b) (7:9a) (7:15b) (7:16a) (8:22a)

manggina- 신코지다
　　mangginaha de (6:4b)
　　mangginahabi (6:4b)

manju 淸人
　　manju (3:20b) (3:21a)

mase muyari 茘芰
　　mase muyari (7:5a)

mase usiha 호도
　　mase usiha (7:5a)

maša 구기
　　mašai (2:5b)

mayan 좀
　　mayan be (7:3a) (7:3a)

meifen i giranggi 목쟝쌔
　　meifen i giranggi (7:5b)

meimeni 各各
　　meimeni (1:5a) (2:10b) (3:2a) (4:8a) (5:22b) (5:22b) (5:22b) (6:3a) (6:3b) (8:17a)
　　(8:17a) (8:17b) (8:17b) (8:18a) (8:18b) (8:18b) (8:21a)

mejigele- 소문듯다
　　mejigelefi (6:18a)

mekele 혼갓
>mekele (7:10a)

mekte- 나기ᄒ다
>mekteme (7:2b)

mele- 플먹이다
>mele (2:25a) (3:2b)
>melehekū (2:20a)
>meleme (2:20a) (2:21b) (2:22b) (3:2b)
>melere (2:10a) (2:20b)

melebu- 플먹이게 ᄒ다
>melebu (2:10b)

membe 우리를
>membe (1:7b) (2:14a) (3:16b) (3:16b) (3:19b) (3:19b) (3:19b)(4:1b) (4:24a)

mende 우리게
>mende (2:19a) (3:13b) (4:3a) (4:16a) (5:20a)

mengdz ajigan 孟子
>mengdz ajigan (1:3a) (1:4a)

menggun 銀
>menggun be (1:16a) (1:16a) (1:16b) (1:19b) (1:19b) (1:19b) (1:20a) (1:20a) (4:19a) (4:19a) (4:19b) (4:19b) (4:19b) (4:19b) (4:20a) (4:20b) (4:20b) (5:15b) (5:17a) (5:17a) (5:20b) (5:20b) (5:21a) (5:21a) (5:21a) (5:21a) (5:21b) (6:2a) (6:2b) (6:5a) (6:5b) (6:6a) (6:8b) (6:9a) (6:10a) (6:10a) (6:10b) (6:15b) (6:16a) (6:18a) (7:23b) (8:3b) (8:4a) (8:4a) (8:5b) (8:5b) (8:7b) (8:8b) (8:8b) (8:8b) (8:9a) (8:11a) (8:11b) (8:12a) (8:12a) (8:12a) (8:12b) (8:12b) (8:13a)
>menggun de (1:12a) (1:12b) (1:12b) (1:12b) (5:6a) (5:6b) (5:19b) (6:6a) (8:8b) (8:12b)
>menggun i (7:6a) (7:6a) (8:13a)

meni 우리
>meni (1:7a) (1:7b) (1:8b) (1:10b) (1:15a) (2:1a) (2:1b) (2:3b) (2:5a) (2:8b) (2:14a) (2:14b) (2:20a) (3:1b) (3:1b) (3:6b) (3:13a) (3:16a) (4:2a) (4:6b) (4:13b) (4:14b) (4:24b) (4:25a) (5:18b) (8:14a) (8:16a)

menji 션무우
>menji (7:4b)

mentu 샹화
>mentu (7:4a)
>mentu i (7:5b)

mentuhun 어린
>mentuhun (7:10a) (7:24a)

merhe 춤빗
>merhe (8:18a) (8:18a)

merki- 심각하다
    merkime (4:11b)

meye 妹夫
    meye (6:22a)

micihiyan 엿혼
    micihiyan (2:20a) (3:1a)

mimbe 나룰
    mimbe (1:25b) (1:26a) (4:23b) (5:22a) (6:4a)

minci 내게셔
    minci (4:17b)

minde 내게
    minde (3:12b) (4:13b) (4:18b) (4:19b) (5:19a) (5:20b) (5:20b) (6:5b) (6:6a)
        (6:10a) (6:10b) (6:12a) (8:8b) (8:16a)

minggan 千
    minggan (5:12a)
    mingga[15] 千 (3:12a)

mini 내
    mini (1:6b) (1:8a) (1:10a) (1:11b) (1:12a) (1:15a) (1:18b) (1:22a) (1:22b) (1:22b)
        (1:24a) (1:26a) (2:4a) (2:11b) (2:24a) (3:4b) (3:4b) (3:9b) (3:12b) (3:12b)
        (3:12b) (3:13a) (3:18b) (3:19a) (4:5b) (4:16a) (4:18b) (4:25a) (5:3b) (5:7a)
        (5:7a) (5:7b) (5:8b) (5:8b) (5:8b) (5:9b) (5:16a) (5:17b) (5:20a) (5:22b)
        (5:23a) (6:6a) (6:6b) (6:20b) (8:3b) (8:4b) (8:8a) (8:8b) (8:8b) (8:14b)
        (8:20a) (8:22a)
    miningge (5:6b) (5:23a) (8:3a)

misun muke 쟝믈
    misun muke (2:5b)

miyali- 되다, 자히다
    miyalifi (2:1a)
    miyaliki (6:16a)

miyami- 外飾하다
    miyamirengge (6:23b)

miyanceo 면쥬
    miyanceo 면쥬 (7:20a)

moho- 貧窮하다, 窮極하다, 窮迫하다
    mohofi (7:17a)
    mohoho (7:24a)
    mohoro (8:20b)

moo 나모
    moo (2:22b) (7:1b) (7:1b)
    moo be (2:22b)

---

15   mingga : 'minggan'의 이형태로 판단된다.

mooi (2:14b)

morin 물
    morin (1:10b) (1:11a) (1:11b) (1:11b) (1:11b) (1:14b) (1:15b) (1:17a) (1:21a)
        (1:21b) (2:1a) (2:9b) (2:9b) (2:10a) (2:10b) (2:16b) (2:20b) (2:21a) (2:21b)
        (2:22b) (2:24b) (2:25a) (2:25a) (2:25a) (2:25b) (3:4a) (3:9a) (3:10b) (3:14b)
        (4:7b) (4:8a) (4:13a) (4:23a) (4:23a) (5:2b) (5:5b) (5:9a) (5:11b) (5:12b)
        (5:13a) (5:13b) (5:14a) (5:14a) (5:14a) (5:14a) (5:14a) (5:14a) (5:14a)
        (5:14b) (5:15a) (5:17a) (5:18a) (5:18a) (5:22b) (5:23a) (6:1b) (6:4b) (6:4b)
        (7:10b) (7:15a) (7:15b) (7:23b)
    morin be (1:10b) (1:16b) (2:14a) (2:20a) (2:23a) (2:25a) (3:2b) (3:3a) (3:5b)
        (3:14a) (3:22b) (4:6a) (4:6b) (4:8b) (4:9a) (4:10a) (4:10a) (4:23a) (5:1b)
        (5:2a) (5:11b) (5:12a) (5:12b) (6:6b) (7:15a) (7:18a)
    morin ci (2:18a) (7:15a)
    morin de (1:10b) (2:7a) (2:21b) (5:14b) (5:17a) (5:17a) (5:17a) (5:18a) (5:18a)
        (7:22a)
    morin i (1:16b) (4:1b) (4:6a) (5:9a) (5:10a) (5:15a) (5:22b) (6:2a) (6:4a) (7:1a)
        (7:1a)
    morin ihan 무쇼 (1:15b)
    morin ihan be (1:14a)
    morin se 물들
    morin sebe (4:1a)

moro 사발
    moro (3:9b) (3:9b) (3:10a) (3:14a) (3:15a) (4:8a) (4:13b) (4:25a)
    moro hiyase 되 (1:15b)
    moro hiyase be (4:4a)

mu hiyang pun ki wan 木香分氣丸
    mu hiyang pun ki wan (7:7b)

mucen 가마
    mucen (2:2b) (4:24b)
    mucen be (2:5a) (2:5a)
    mucen de (2:5b)
    mucen i (2:6a)

mucu 보도
    mucu (7:5a)

mudan 번, 슌
    mudan (2:12b) (2:24b) (4:18a)

mudan 부졀
    mudan (4:10b)

muheren 골희
    muheren i (7:20a)

mujakū ᄀ장
    mujakū (1:2b) (3:13b) (4:4a) (4:15a)

mujilen 무음
>mujilen (2:13a) (2:15a) (6:22b) (7:11b) (7:22b)
>mujilen be (4:25a)
>mujilen de (1:15a)

muke 믈
>muke (2:20a) (2:24b) (2:25a) (2:25a) (2:25a) (2:25b) (2:25b) (2:25b) (2:25b)
> (2:26a) (2:26a) (2:26a) (3:1b) (3:2a) (3:2a) (4:13b)
>muke be (2:20b) (3:2a)
>muke de (2:9b) (2:20b) (7:8a) (7:13b) (7:13b)

mukūn 겨릭
>mukūn (5:4b)
>mukūn i (1:22b) (2:1b)

murikū 고집ㅎ눈이
>murikū (3:21b)

mursa 무
>mursa (3:7b) (7:4b)

muse 우리
>muse (1:10a) (1:11a) (1:13a) (1:13a) (1:13a) (1:13b) (1:14b) (1:14b) (1:23b)
> (1:24a) (1:26a) (2:21a) (2:21b) (2:22b) (2:23a) (2:24a) (2:24a) (2:24b)
> (2:25a) (3:2b) (3:3a) (3:3b) (3:3b) (3:5b) (3:6a) (3:14a) (3:14b) (3:15b)
> (3:15b) (4:7a) (4:7b) (4:8a) (4:8b) (4:11a) (4:11b) (4:12b) (4:12b) (4:13a)
> (4:14b) (4:15a) (4:19a) (4:22a) (4:22b) (4:22b) (5:1a) (5:3b) (5:4a) (5:11a)
> (5:12b) (5:13a) (6:16a) (6:23a) (7:2a) (7:2b) (7:3b) (7:3b) (7:4a) (7:6a)
> (7:6a) (7:9b) (7:15a) (7:16b) (8:1b) (8:14b) (8:14b) (8:15a) (8:15b) (8:15b)
> (8:19b) (8:21b)
>musei (1:14a) (4:9b) (7:13b)

mušuri 모시
>mušuri (1:10b) (1:21b) (5:3a) (5:4a) (5:6a) (5:9a) (7:20a) (8:1b) (8:6a) (8:6a)
> (8:7b) (8:11b)

mute- 능히 하다
>mutehekū (4:11a)
>mutehengge (1:4a)
>mutembi (2:23b)
>muterakū (1:4b) (1:5b) (1:7a) (3:15a) (3:22b) (7:7a) (7:11a) (7:13b) (7:13b)
> (7:14a) (8:16b)

muwa 굵은
>muwa (2:2a) (6:12b) (6:20b) (8:6a) (8:6b) (8:10a) (8:18a) (8:19a)

muwakan 굵즉이
>muwakan (2:4b)

muyari 龍眼
>muyari (7:5a)

[N]

na 싸ㅎ
    na be (5:1b)
    naci (5:19a)
    nade (2:17a) (3:2b) (7:13b)

nadan 닐곱, 7
    nadan (3:1b) (4:12a) (6:14a) (6:14b) (6:16b) (6:17a) (8:7a) (8:20a)
    nadan i (8:20a)

nahan 방, 흙구돌
    nahan be (2:23a) (2:23a) (2:24a) (2:24a)
    nahan de (2:11b) (2:22b) (3:16b) (5:11a)

naka- 그치다
    naka (2:2b) (2:3b) (6:9a) (6:9b) (6:14b) (7:13b)
    nakaki (1:23b)

nakabu- 그치게ㅎ다
    nakabu (7:17a)

nakcu 外三寸
    nakcu (6:22a)
    nakcu de (1:22b)

nan ging 南京
    nan ging ci (6:14b) (6:17b)
    nan ging ni (6:11a) (6:11b)

narašambi 戀戀ㅎ다
    narašame (8:22a)

narhūn ㄇ논
    narhūn (1:19b) (2:2a) (3:2a) (6:2a) (6:11b) (6:15a) (6:20b) (7:20a) (8:6a) (8:6b)
        (8:18a)

narhūn kumun 줄 풍류
    narhūn kumun (7:22b)

narhūša- 仔細ㅎ다
    narhūšame (6:8a)

nasan hengke 외
    nasan hengke (3:7b) (4:16b) (7:4b)

nashūn 적
    nashūn (3:11b) (5:11b)

ne 시방
    ne (2:19a) (6:10a)

nehū se 奴婢들
    nehū sebe (6:22b)

nei- 개설하다, 열다
　　neifi (6:18b)
　　neihe (3:18b)

neigen 고로매
　　neigen (6:11b) (7:7a) (7:8b) (8:10a) (8:10a)

nekcu 外三寸의 妻
　　nekcu (6:22a)

nekeliyen 엷고
　　nekeliyen (6:11b)

nememe 더옥
　　nememe (7:3b) (8:16a)

nemše- 닷토다
　　nemšehe (5:20b)

nenehe 몬져, 前
　　nenehe (1:5b) (2:12b) (5:6a) (5:9a) (6:3a)(7:24a)
　　nenehe ci (2:12b) (3:5a)

neneme 몬져
　　neneme (2:2b) (2:14b) (2:25a) (4:8a) (4:8b) (4:13b) (4:17a) (4:18a)(4:18b) (4:21b)
　　　　(4:22a) (4:22b) (4:24a) (5:21a) (5:22b) (7:2b) (7:2b) (7:8b)

nere 아리쇠
　　nere (4:24b)

nergin 즈음, 시방
　　nergin de (5:8b) (6:2a) (8:4a)
　　nergin i (8:7a)

nerki- 펴다
　　nerki (6:17a)

nikan 漢, 漢人
　　nikan (1:9a) (3:20b)
　　nikan be (7:4a)
　　nikan i (1:2b) (1:2b) (1:2b) (1:3a) (1:6a) (1:6b) (1:7a) (1:7a) (1:7b) (1:8a) (1:8a)
　　　　(1:8b) (1:9b) (1:10a) (1:18a) (3:22b) (5:9b) (5:9b) (8:21a)

nikede- 의지ᄒ다
　　nikedeme (2:11b) (5:15a) (6:20a) (7:2a)

nilukan 브드러온
　　nilukan be (7:18b)

nimaci 염쇼가족
　　nimaci (7:21a)

nimaha 고기, 믈고기, 싱션
　　nimaha (7:4b) (8:10a)

niman 염쇼
　　niman i (6:8a)

nimanggi 雪
 nimanggi de (7:2a)

nime- 앓흐다
 nimeme (7:7b) (8:1a)

nimeku 病
 nimeku (7:7a) (7:9a) (7:17b)

nimenggi 기름
 nimenggi (2:5b)

ningge 것, 이
 ningge (1:9a) (1:9a) (1:19a) (1:19a) (1:20a) (2:1b) (3:1a) (3:1b) (3:8a) (4:15a)
  (4:17a) (4:17a) (4:17b) (5:2b) (5:13a) (5:21b) (5:22b) (6:21a) (6:21a) (7:2b)
  (7:17a) (8:2b) (8:16a) (8:16a) (8:16b) (8:16b)
 ningge be (1:9a) (2:4b) (4:10b) (4:13a) (4:14a) (4:14b) (4:16b) (4:16b) (5:13a)
  (5:15a) (8:4a) (8:13a)
 ningge de (8:6a) (8:6a) (8:6b) (8:6b) (8:6b) (8:6b) (8:7b) (8:7b)
 ninggeo (5:22b) (5:22b)

ninggu 우ㅎ
 ninggude (1:5b) (2:21a) (7:20b)

ninggun 여슷, 6
 ninggun (1:19a) (1:19b) (1:20a) (2:1a) (2:7b) (2:14b) (4:19a) (5:12b) (7:2b) (8:7b)
 ninggun jalan 六寸 (6:22a)
 ninggun sudala 六脈
 ninggun sudala be (7:7a)
 ningguta 엿 (5:18a) (8:11b)

ninju 여슌
 ninju (5:17a) (5:18a)

nio −냐?
 nio (2:6a) (2:6a) (2:19a) (4:16a) (7:5b) (8:2a) (8:2a) (8:5a)

niowanggiyan 프른
 niowanggiyan (6:16a) (7:20a)

nitan 슝거온
 nitan (2:6b) (2:6a) (4:14a)

niyalma 사름
 niyalma (1:2b) (1:4b) (1:7b) (1:7b) (1:8a) (1:8a) (1:8b) (1:8b) (1:10a) (1:11a)
  (1:11b) (1:21b) (1:26b) (2:2a) (2:7b) (2:13b) (2:13b) (2:16a) (2:17a) (2:17a)
  (2:18b) (2:21b) (2:23a) (2:23a) (2:23b) (2:23b) (2:24a) (3:3a) (3:3a) (3:6a)
  (3:13b) (3:15b) (3:15b) (3:15b) (3:16a) (3:16a) (3:16b) (3:17a) (3:17b)
  (3:18b) (3:20a) (3:21a) (3:21b) (3:21b) (3:22a) (3:22b) (4:4b) (4:6a) (4:6a)
  (4:8a) (4:12a) (4:13a) (4:16a) (4:19a) (4:20b) (4:21b) (4:23a) (4:23a)
  (4:24b) (4:24b) (5:2b) (5:3b) (5:4a) (5:5b) (5:6b) (5:9a) (5:9b) (5:11a)
  (5:11b) (5:11b) (5:11b) (5:19b) (5:19b) (5:20a) (5:21a) (6:1a) (6:2a) (6:3a)
  (6:3a) (6:3b) (6:14b) (6:19b) (7:1b) (7:2b) (7:2b) (7:4a) (7:6a) (7:6b)

                (7:10a) (7:10a) (7:14a) (7:18a) (7:23b) (8:4a) (8:10a) (8:11a) (8:16a)
                (8:21b)

niyalma de (1:2b) (1:12a) (2:3b) (2:7a) (2:7b) (2:10b) (4:2b) (4:13b) (4:20a)
        (5:22b) (6:1b) (6:2b) (6:5b) (6:20a) (6:23b) (7:11a) (7:17b)

niyalma be (2:5a) (2:15b) (2:16a) (2:18b) (3:9a) (3:13b) (3:17a) (3:20a) (3:20b)
        (3:21a) (3:21b) (5:2b) (6:1b) (6:17b) (8:2a) (8:6a) (8:14a)

niyalmai (2:3b) (2:15b) (2:15b) (2:26a) (3:11b) (3:15a) (3:20b) (5:11a) (5:20b)
        (5:22b) (6:3b) (7:11b) (7:14b) (7:22b)

niyalma i (7:16a)

niyalma boo 人家 (1:13b)

niyaman hūncihin 親戚

niyaman hūncihin (5:8a) (5:9b) (7:19a)

niyaman hūncihin be (6:21b) (6:23b) (8:1a)

niyaman hūncihin de (7:12a)

niyaman hūncihin i (5:10b)

niyaman hūncihiyūn (1:21b)

niyecen 조각

niyecen be (8:11a)

niyengniyeri 봄

niyengniyeri (5:13a) (7:9b) (7:19b) (7:20a) (7:21a)

nofi 둘ㅎ

nofi (2:9a) (2:24a) (2:25a) (3:16a) (4:6b) (4:7a) (4:7b) (4:8a) (4:8b) (4:9a) (4:10a)
        (4:22b) (4:22b) (5:1a) (5:3b) (5:4a) (5:17b) (8:2b) (8:4a)

nofi be (4:7a) (4:21b)

nomhon 용흔

nomhon (1:8b) (1:9b)

nonggi- 더ᄒ다

nonggime (5:19b)

nonggire (6:9b)

nujan 주머귀

nujan be (7:3a) (7:3b)

nure 술

nure (4:15b) (4:16a) (4:16a) (4:19a) (4:20b) (5:10b) (5:10b) (6:22b) (7:6b) (7:22a)
        (7:22b)

nure be (4:16a) (5:10b) (7:6a) (7:6a) (7:6a) (7:7a) (7:7b)

nure de (3:9a)

nure i (4:16a)

nurei (3:18b)

nurei hūntaha 술잔

nurei hūntaha be (7:18b)

【O】

o- ㅎ다, 되다

    oci (1:2a) (1:4a) (1:4b) (1:5a) (1:5a) (1:6a) (1:7a) (1:7b) (1:14b) (1:16a) (1:16b) (1:19a) (1:19a) (1:19b) (1:19b) (1:20a) (1:20a) (1:20a) (1:25a) (1:25a) (1:25a) (1:25b) (1:25b) (1:26a) (2:20b) (2:21a) (2:21b) (2:21b) (2:22a) (2:24b) (3:1b) (3:4b) (3:4b) (3:7b) (3:8a) (3:8b) (3:9a) (3:13a) (3:13a) (3:14b) (3:17b) (3:22a) (3:23a) (4:16b) (4:19b) (4:20b) (5:3b) (5:3b) (5:6b) (5:7b) (5:16a) (5:16a) (5:18a) (5:18a) (5:18b) (5:19a) (6:4a) (6:5b) (6:5b) (6:7a) (6:9a) (6:9b) (6:9b) (6:9b) (6:15b) (6:15b) (6:16a) (6:16b) (6:16b) (6:18a) (6:18a) (6:18a) (6:18b) (6:19a) (6:19a) (7:3b) (7:10a) (7:12b) (7:13a) (7:13a) (7:14b) (7:15a) (7:15b) (7:16a) (7:19b) (8:4a) (8:4a) (8:8b) (8:10b) (8:10b) (8:11a) (8:11b) (8:11b) (8:16a) (8:22a)

    ocibe (1:13a) (1:13a) (1:23a) (3:19b) (3:19b) (4:16a) (5:22a) (6:11b) (6:14b) (6:23a) (8:1b)

    ofi (1:1b) (1:7a) (1:8b) (1:22a) (2:1b) (2:11b) (2:13b) (3:6b) (4:2a) (4:3b) (4:12b) (4:15a) (4:18b) (5:6a) (5:7b) (5:9b) (6:1a) (6:19b) (6:20a) (7:8a) (7:8b) (7:9a) (7:12a) (7:13b) (7:13b) (7:19a) (7:23b) (8:1a) (8:5a) (8:14a) (8:16b)

    oho (1:4a) (1:8a) (1:8b) (1:8b) (1:11a) (2:10b) (3:4b) (3:5b) (3:15a) (4:7b) (4:8b) (4:15a) (4:17b) (5:8b) (5:11a) (7:8b) (7:8b) (7:9a) (8:20a)

    ohobi (2:25b) (4:9b)

    ohode (1:5b) (1:7a) (1:14b) (2:3a) (2:4b) (2:9b) (2:26a) (3:1b) (3:7a) (3:13a) (4:9b) (5:18b) (5:21b) (7:11a) (8:8b) (8:11a) (8:13b)

    ojorakū (1:16b) (2:21b) (2:24b) (3:19a) (3:20a) (3:23a) (4:16a) (4:18a) (4:19b) (4:20b) (5:17b) (5:19a) (5:21b) (6:2a) (6:2b) (6:5a) (6:9b) (6:9b) (6:11b) (6:23b) (7:11a) (8:13b) (8:13b)

    ojoro (1:16b) (1:23b) (2:13b) (2:15b) (4:2a) (5:6b)

    okini (2:8b) (2:23b) (3:1b) (3:16b) (4:1b) (4:21a) (4:21a) (6:10a) (6:17a)

    ombi (1:13b) (1:26a) (2:23a) (3:6b) (3:7a) (4:7b) (4:17b) (4:18b) (4:24b) (5:4b) (5:15a) (5:15b) (5:18a) (5:20a) (5:20a) (6:20a) (7:13a) (7:16b)

    oso (7:16b)

obo- 씻다

    obofi (2:5a) (7:21b)

    oboha (4:13b)

    oboki (4:13b)

obu- 민들다, 삼다, 되게 ㅎ다

    obufi(2:24b) (6:1b) (8:5b) (8:14a)

    obuha (2:5a)

    obumbi (6:5b)

    obume (7:19a)

odz 倭

    odz (6:12b)

oforo 코
    oforo (5:14a) (6:4b)

oilo 우ㅎ
    oilo (2:2b)

okcingga 둑게
    okcingga (8:18b)

okdo- 맛다, 맛다
    okdome (4:22a) (4:25a) (5:1a)
    okdoro (5:10a)

okso- 걷다
    oksome (7:14a) (7:21a) (7:22a)

okson 거름
    okson (1:16b) (1:16b) (3:18b) (5:14a)

okto 藥
    okto (7:8a) (7:9a) (7:17b)
    okto be (7:7b)

oktosi 醫員
    oktosi be (7:6b) (7:17b)

olho- 무릇다
    olhofi (8:5a)

olhon 무론
    olhon (4:13a) (4:15a) (7:5a) (7:5a)

olhošo- 조심ㅎ다
    olhošome (2:2a) (7:18a)
    olhošoro (7:16a)
    olhošorongge (2:14b)

olon 오랑
    olon be (3:5b) (5:1b)

omi- 마시다, 먹다
    omi (4:17a) (7:8a) (7:8a)
    omici (4:17a) (4:17b) (4:18a) (4:18b) (5:10b)
    omifi (4:15b) (7:7a)
    omiha (7:6a) (7:6a) (7:6a)
    omiha de (7:7b)
    omihangge (7:6b)
    omiki (4:16b) (5:10b)
    omimbio (4:16b) (4:17a)
    omime (7:8a) (7:22a) (7:22b)
    omire be (7:9a)
    omirengge (2:25b) (2:25b)

omibu- 먹이다

omibuha (6:22b)

omibuki (5:10b)

omibume (7:17b)

omiburengge (4:18b)

omica- 먹다

omicafi (4:19a)

omiholabu- 굶기다

omiholabuci (4:1a)

omiholabumbio (3:9a)

onco 너른

onco (2:13a) (3:3b) (8:10a) (8:10b)

onggo- 넛다, 닛다

onggofi (3:14b)

onggoho (2:20a) (4:12b) (4:12b)

onggorakū (3:11b)

onggolo 일즉, 曾前

onggolo (1:15b) (1:15b) (1:16a) (1:16a) (1:16b) (1:22a) (1:24a) (1:24b) (1:24b) (1:25a) (1:25a) (1:25a) (1:25a) (1:25a) (1:25b) (2:1a) (2:2a) (2:7a) (2:8a) (2:8b) (2:13a) (2:22a) (2:22b) (3:3b) (4:1b) (4:6a) (4:6a) (4:7a) (5:10a) (6:15b) (6:4b) (6:6b) (7:15b) (7:24a)

orho 집ㅎ, 여믈

orho be (2:1a) (2:2b) (2:10a) (2:21b) (2:21b) (2:22a) (2:22a) (3:6a)

orhoi (2:11b) (5:1b)

orhoda 人蔘

orhoda (5:3a) (5:6a) (5:6a) (5:6b) (5:6b) (5:6b) (5:6b) (5:9a) (6:7a) (8:1b) (8:2a) (8:2a) (8:2b) (8:2b) (8:2b) (8:3a) (8:5a) (8:14b)

orhoda be (8:4b) (8:5b)

orhoda i (5:9a) (8:2a)

orhoi sektefun 집자리

orhoi sektefun be (2:11b)

orin 스믈, 20

orin (1:13b) (2:4a) (2:7b) (2:10b) (2:12b) (2:18a) (6:16b) (6:16b) (8:3a) (8:5b) (8:12a) (8:21a) (8:21a)

orin 두[16] (4:14a) (4:14b) (4:16a)

orita 스므 (8:5b)

oron 바히

oron 바히 (7:19a)

oyonggo 긴흔

oyonggo (2:19a)

---

16 두 : 만주어 'orin'은 '20'인데, '2'로 오역하고 있다.

[P]

puseli 푸즈
  puseli (3:18b) (6:18b) (6:18b)

[S]

sa 난간
  sa (7:1b)

sa– 알다
  saci (1:26a) (6:15b)
  saha (7:9a)
  sambi (1:2a) (2:14b) (2:21a) (6:14b) (6:15a) (6:17a) (7:3b)
  sara (8:22b)
  sarkū (1:9a) (2:13b) (2:19a) (3:19a) (3:20b) (7:9b) (8:8a) (8:13b) (8:15b)
  sarkūngge (7:24a)

sabu– 뵈다, 보다
  sabucibe (7:24a)
  sabufi (2:15a)
  sabuha de (3:3a)
  sabuhakū (7:5b)
  sabure (4:12a)

sadun mukūn 査頓
  sadun mukūn (6:22b)

sahaliyan 거믄
  sahaliyan (1:25a) (1:25a) (2:7b) (4:12a) (7:21a)

saha– 쓰다
  sahahangge (3:1a) (3:1b)

saifi 술
  saifi be (4:8a)

saikan 잘
  saikan (3:12a) (4:3b) (4:10b) (5:3a) (6:10b) (7:1a) (7:2a) (7:11a)

saikū 안쥬
  saikū (7:4a)
  saikū be (7:21b)

sain 죠흔, 잘, 어진, 착흔
  sain (1:5a) (1:10a) (1:10b) (1:11b) (1:14b) (1:15b) (1:17b) (1:24a) (1:25a) (2:10b)
    (2:13a) (2:14a) (2:14b) (2:19b) (2:25b) (3:4b) (3:8a) (3:11a) (3:13b) (3:18b)
    (3:19b) (3:21b) (4:6b) (4:12b) (4:16a) (4:16a) (4:16a) (4:16b) (4:17a)

     (4:19b) (4:20a) (4:21b) (5:3a) (5:3b) (5:6a) (5:6b) (5:7a) (5:7b) (5:7b)
     (5:8b) (5:13a) (5:15a) (5:17a) (5:17a) (5:17b) (5:21a) (5:21b) (6:2a) (6:2b)
     (6:8b) (6:10a) (6:11a) (6:12a) (6:12a) (6:12a) (6:13a) (6:15a) (6:16a)
     (6:17b) (6:18b) (6:18b) (6:19a) (6:19b) (6:21a) (6:21a) (6:23b) (7:1b) (7:4a)
     (7:10b) (7:13b) (7:14a) (7:14b) (7:14b) (7:15b) (7:16b) (7:18a) (7:18a)
     (7:19a) (7:20b) (7:20b) (8:1b) (8:1b) (8:2a) (8:2b) (8:2b) (8:3b) (8:4a)
     (8:6b) (8:6b) (8:7b) (8:7b) (8:7b) (8:9a) (8:10a) (8:10b) (8:12a) (8:12a)
     (8:12b) (8:14a) (8:15a) (8:15b) (8:16a) (8:16a) (8:16b) (8:19b) (8:20b)
     (8:20b) (8:20b) (8:21b)
   sain be (7:11b) (8:15b)
   sain de (1:16b)
   sain i (1:2b)
   sain ehe 善惡
    sain ehe be (3:17b)
   sain šun i inenggi 佳日 (7:10a)

saiyūn 平安하냐?
   saiyūn (1:24a) (5:7a) (5:7b) (5:8b)

sajirtu 胸背
   sajirtu (6:11a)
   sajirtu be (6:13b)
   sajirtu de (6:14a)
   sajirtu i (6:14b)

sakda asiha 老少
   sakda asiha (3:23a)

sakda− 늙다
   sakdakabi (5:12b)

saksaha 가치
   saksaha (5:7b)

sali− 빳다, 쓰다
   salimbi (1:11b) (1:11b) (5:8a) (8:3a)
   salimbio (1:11b)
   salirakūn (1:11b)
   salire (4:16a)
   salire be (5:15b)

salibu− 치다(값)
   salibumbi (1:19b) (1:19b) (1:20a) (1:20a)

salja 거리
   salja (1:24a)

samsi− 헤여지다
   samsiha de (4:9b)

sarala morin 츄마몰
   sarala morin (5:13b)

sargan 妻
  sargan (5:8b) (7:23a)

sargan jui 쫄
  sargan jui be (5:8b)

sarila－ 잔치ᄒᆞ다
  sarilambime (8:1a)

sarin 잔치
  sarin de (7:6a)

sartabu－ 어긋나게 ᄒᆞ다
  sartabumbi (4:9b)
  sartabure (2:19b)

sasa 흠쯰
  sasa (5:9b) (6:7b) (6:10b) (8:10b)

sasari 흠쯰
  sasari (1:10a) (1:11a) (2:24a) (4:18a) (5:3b)

se 나히, 히
  se (1:8b) (1:8b) (4:17a) (4:17b) (4:17b) (4:17b) (4:18a) (4:18a) (4:18a) (5:12b)
    (6:1b) (8:20a)

se－ ᄒᆞ다
  se (4:9a) (5:1b) (6:4a)
  sembi (1:13a) (2:3b) (2:13a) (2:24a) (3:6b) (3:19b) (4:5a) (4:11b) (4:19b) (4:20b)
    (4:23a) (5:2a) (5:12a) (6:8a) (6:8b) (6:13a) (8:2b) (8:2b) (8:6a) (8:6b) (8:7a)
    (8:16a) (8:20b)
  sembihe (5:1a) (8:1a)
  sembime (6:17a)
  sembio (1:7b) (5:2a) (6:4b) (6:7b) (6:12a)
  seme (1:5b) (1:7b) (2:15a) (2:17a) (3:4a) (3:8a) (3:15a) (3:15b) (3:20a) (3:23a)
    (4:4b) (4:11b) (5:2b) (5:4b) (5:20b) (6:2a) (6:2b) (6:5a) (7:8a) (7:9b)
    (7:14a) (7:16b) (7:19b) (7:23a) (8:10a)
  seci (2:19a) (4:3a) (4:5a) (4:18a) (5:2a) (5:21a) (6:8a) (6:8b) (6:9b) (6:9b)
    (6:14b) (6:15a) (6:19b) (7:11a) (7:16b) (8:9a)
  secibe (1:6a) (3:20a)
  sehe (4:4b) (1:7b)
  sehe be (4:22a)
  sehe seme (3:5a)
  sehebi (2:21b) (2:23b) (3:12a) (5:8a) (5:12a) (6:5b) (8:13b)
  sehengge (7:14b)
  serakū (3:4b) (8:9a)
  sere anggala (4:1a) (4:4b) (6:17a) (7:19a)
  sere de (8:15a) (8:22a)
  sere (1:11b) (1:12a) (1:12b) (4:4a) (4:11a) (5:7b) (5:15a) (6:14a)
  serengge (4:18b) (5:18b) (5:18b) (6:14a) (8:4a)

se jang 社長
    se jang ni (3:12b)

se sirge 白絲
    se sirge (6:13a) (6:13a)
    se sirge be (6:13a) (6:13a)
    se sirge i (6:12b) (6:12b)

sebderi 그늘
    sebderi (2:14b) (7:15a)

sebjele- 즐기다
    sebjeleme (7:9b)
    sebjelerakū (7:10a)
    sebjelere be (7:11a) (7:19a)

seci- 썩다
    secihe (5:14a)

sefu 스승
    sefu (1:3b) (1:4a) (1:4b) (1:5a) (1:8a) (1:8b)
    sefu de (1:3b) (1:9a)

seibeni 以前
    seibeni (2:26a) (4:12a) (8:21b)
    seibeningge de (3:4b)

sejen 술의
    sejen (4:23b) (4:23b) (7:2a) (7:13b) (7:2a)
    sejen be (7:2a)
    sejen de (7:13b)
    sejen i (3:16b) (3:23a) (4:5b) (4:7a) (7:1b) (7:1b)

seke 돈피
    sekei (7:20b)

sekte- 깔다
    sekte (2:11b)
    sektehebi (3:5a)
    sektembi (7:15b)
    sektere be (5:2a)

sektefun 자리, 방석
    sektefun (2:11b) (7:15b)
    sektefun be (5:1b)

sela-쇠흰ᄒ다
    selame (7:23a)

sele 쇠
    sele (2:5b) (7:1b)

selgiye- 頒布ᄒ다
    selgiyehebi (3:20a)

sendejebu- 부러지게 ᄒᆞ다
 sendejebure (2:2a)

sengge sakdasa 老人들
 sengge sakdasa (7:19a)

senggi- 友愛ᄒᆞ다
 senggime (7:12a)

sengkule 부쳐
 sengkule (7:4b)

seremše- 防備ᄒᆞ다
 seremše (2:23b) (2:23b)

serguwen 서늘흔
 serguwen be (4:12a)

sese tonggo 金縋
 sese tonggo i (6:14a)

seshe- 뿌리다
 sesheme (2:2b) (2:6a)

seshete- 허이지다
 sesheteme (2:10a)

si 네
 si (1:1a) (1:1a) (1:1b) (1:2a) (1:2b) (1:3a) (1:3a) (1:3a) (1:6a) (1:7b) (1:9b)
  (1:9b) (1:10b) (1:11a) (1:11a) (1:17a) (1:17b) (1:18a) (1:20b) (1:25b)
  (1:25b) (1:25b) (1:26a) (1:26a) (2:1a) (2:2a) (2:2b) (2:3b) (2:3b) (2:3b)
  (2:4a) (2:6a) (2:8b) (2:9a) (2:12a) (2:13a) (2:13b) (2:14a) (2:21a) (2:21a)
  (2:24a) (2:25a) (3:2b) (3:3a) (3:3a) (3:12b) (3:13a) (3:14a) (3:14a) (3:15a)
  (3:16b) (3:17b) (3:18a) (3:19a) (3:19b) (3:20a) (3:23a) (4:1b) (4:5b) (4:6b)
  (4:8b) (4:9a) (4:9a) (4:11b) (4:12a) (4:13b) (4:14b) (4:14b) (4:15a) (4:16a)
  (4:16b) (4:17a) (4:17a) (4:19a) (4:19b) (4:19b) (4:20a) (4:23b) (4:23b)
  (4:24a) (4:25a) (5:1b) (5:2a) (5:2a) (5:3b) (5:4a) (5:4b) (5:5b) (5:7b)
  (5:11a) (5:11a) (5:12a) (5:12b) (5:12b) (5:15b) (5:16b) (5:17a) (5:17b)
  (5:18b) (5:19a) (5:21a) (5:21b) (5:22a) (5:22b) (5:22b) (6:1a) (6:3b) (6:4a)
  (6:4b) (6:5b) (6:6b) (6:7a) (6:7b) (6:7b) (6:8a) (6:9a) (6:9a) (6:9a) (6:9a)
  (6:9b) (6:9b) (6:10a) (6:11a) (6:12a) (6:12a) (6:13a) (6:13a) (6:13b) (6:14a)
  (6:14a) (6:14b) (6:15a) (6:15b) (6:15b) (6:17a) (6:17a) (6:17b) (6:17b)
  (6:18b) (7:2b) (7:3a) (7:5b) (7:7a) (7:7a) (7:8b) (7:10a) (7:16b) (8:1a)
  (8:1b) (8:2a) (8:2a) (8:2b) (8:3b) (8:5a) (8:6a) (8:7a) (8:8b) (8:8b) (8:10b)
  (8:10b) (8:11b) (8:13a) (8:13a) (8:13a) (8:13b) (8:14a) (8:14a) (8:15a)
  (8:15a) (8:15b) (8:16a) (8:20a) (8:21a) (8:21b)

sibiya 사슬
 sibiya (1:4a) (1:4b)
 sibiyai (1:5a) (1:5a)

siden 구의
 siden (6:5b)

siden 證人
>siden (6:1b)
>siden niyalma 證人 (8:2b) (8:7b) (8:11b)
>siden niyalma be (8:13b)
>siden niyalmai (8:4b) (8:13a)

sidende 스이예
>sidende (1:13b) (3:4a) (3:14a) (3:18b) (4:22b) (6:7a)

sidere— 지달빗다
>siderefi (7:15b)
>siderehekū (3:14b)
>sidereki (3:14b)
>siderembihe (3:14b)

sideri 지달
>sideri (7:15b)

sihеše— 아첨ᄒ다
>sihešeme (7:24a)

sijigiyan 긴옷
>sijigiyan (7:19b)

sikse 어제
>sikse (1:2a) (3:4b) (4:10b) (4:11b) (4:11b) (5:7a) (7:7a)
>sikse ci (7:9a) (7:9a)

silemin 질건
>silemin (6:11b)

simbe 너를
>simbe (2:26a) (5:10b) (5:11a) (6:6b) (7:17b) (8:1b) (8:9a) (8:16b) (8:21b)

sin kung wan 神芎丸
>sin kung wan (7:7b)

sinci 네게셔
>sinci (3:9a) (4:17a) (4:18a)

sinda— 놓다, 두다
>sinda (2:2b) (2:6b) (3:7a) (4:9b) (4:25a) (5:21b) (6:20a) (7:1a) (7:2a) (8:21a)
>sindaci (4:6b) (8:14a)
>sindafi (2:2b) (2:5b) (2:6a) (2:13a) (3:22a) (4:10a) (4:14b) (7:15b)
>sindahabi (3:9a)
>sindambi (7:15b)
>sindame (3:6a) (4:8a)
>sindara (5:22a)

sindabu— 놓다
>sindabume (4:7b)

sinde 네게
>sinde (2:12b) (2:20b) (3:14a) (4:23b) (5:17b) (6:3b) (6:4a) (6:6a) (6:9a) (6:10a)

(6:11a) (6:12a) (6:13a) (6:13b) (6:15a) (6:16a) (6:23a) (7:7b) (8:4a) (8:7a)
(8:9a)

singgebu‒ 삭이다
    singgebume (7:7a)
    singgebure (7:7b)

sini 네
    sini (1:6a) (1:7b) (1:7b) (1:7b) (1:8a) (1:10a) (1:10a) (1:10a) (1:15a)(1:15b)
        (1:21b) (1:22b) (1:24b) (2:6b) (2:7a) (2:8b) (2:24b) (3:7a) (3:8b) (3:12b)
        (3:12b) (3:13a) (3:16a) (3:16b) (3:19a) (4:3a) (4:3a) (4:5a) (4:5a) (4:17b)
        (4:23a) (4:24a) (4:24a) (5:2a) (5:3a) (5:5a) (5:6b) (5:8b) (5:8b) (5:9a) (5:9a)
        (5:11a) (5:15a) (5:15b) (5:15b) (5:17b) (5:18b) (5:18b) (5:21a) (5:22b)
        (5:23a) (5:23a) (6:3b) (6:7a) (6:15a) (6:16b) (6:17a) (6:20b) (7:7a) (7:8b)
        (7:8b) (8:3a) (8:3a) (8:5a) (8:6a) (8:8a) (8:9a) (8:9a) (8:11a) (8:15a) (8:20a)
        (8:20a)
    sininggeo (3:18b)

sira‒ 넛다
    sirame (7:15b)

sirdan 살
    sirdan (6:21a) (7:3b)
    sirdan be (7:2b)
    sirdan de (2:17a) (2:18b) (2:18b)

sirge 실
    sirge (6:11b)
    sirgei (7:20b)

sitahūn 쇼죠흔
    sitahūn (7:17a)

sithū‒ 힘쓰다
    sithūme (1:8b) (1:8b) (1:8b)

siyan lo 新羅
    siyan lo i (5:6b) (5:6b)

siyan šeng 先生
    siyan šeng (7:7a) (8:19b)
    siyan šeng de (7:9a)

soco orho 生草
    soco orho (4:6b)

sogi ㄴ믈, 치소
    sogi (3:7b) (3:7b) (4:16b)
    sogi be (7:4b)

sokto‒ 취ᄒ다
    soktoho (3:9a) (7:22b)

soktobu‒ 취ᄒ게 ᄒ다

sui 罪
>   sui (2:16a) (7:13a)

suifun 송곳
>   suifun (8:19a)

suja- 괴오다
>   sujara (7:1b) (7:1b)

suje 비단
>   suje (6:11a) (6:11a) (6:11b) (6:11b) (6:11b) (6:13b) (6:14b) (6:14b) (6:14b)
>   (6:16a) (6:16b) (6:17a) (6:17b) (6:17b) (7:20b) (8:19b)
>   suje be (6:10b) (6:11a) (6:11a) (6:13b) (6:14a) (6:15a) (6:17a)
>   suje de (6:13b)

sukdun 깁
>   sukdun be (2:3a) (2:6a)

suksaha 다리
>   suksaha (7:5b) (7:5b)
>   suksaha de (6:1a)

sula- 놓다
>   sulaka (4:25a)

sula 한가히
>   sula (6:21b)

sula gisun 잡말
>   sula gisun be (1:23b)

sulabu- 느초다
>   sulabufi (5:1b)
>   sulabume (3:5b)

sunja 다숫, 5
>   sunja (1:8b) (1:12b) (1:14a) (1:14b) (1:20a) (1:21a) (2:3b) (2:3b) (2:8a) (4:17b)
>   (4:19a) (4:20a) (4:21b) (5:6b) (5:14b) (5:17a) (5:17a) (5:17b) (5:19b)
>   (5:19b) (6:1b) (6:2b) (6:3b) (6:5a) (6:5b) (6:9a) (6:9a) (6:15b) (6:16b)
>   (6:18a) (8:3a) (8:5b) (8:7b) (8:21a) (8:21a) (8:21a)

sunjaci 五
>   sunjaci (2:6b) (2:9b) (2:10b) (2:12a)

sunjata 다섯式
>   sunjata (1:15b) (8:5b)

suru morin 셔라몰
>   suru morin (5:13b)

susai 닷
>   susai (4:15a)
>   susai 쉰 (1:25b) (2:7b) (2:8b) (8:5b) (8:9b)

suwaliya- 석다, 아오로다
>   suwaliya (2:9b)

suwaliyame (3:21a) (5:13a) (6:4b) (6:5b) (6:20b)

suwanda 마늘

suwanda (7:4b)

suwayan 누룬

suwayan (6:18b) (8:6b) (8:7b)

suwayan aisin 黃金

suwayan aisin be (5:7b)

suwayan moo 黃楊木

suwayan mooi (8:17b)

suwe 너희

suwe (1:23a) (2:3a) (2:11b) (2:25a) (3:4b) (3:9b) (3:9b) (3:10a) (3:10b) (3:15a)
(3:16a) (3:17a) (4:3a) (4:4a) (4:4a) (4:8a) (4:22a) (4:23a) (4:24b) (5:19b)
(5:20a) (6:6b) (8:8a)

suwembe 너희를 (3:17a) (3:20b) (4:8b) (4:10b) (4:11a) (4:22a) (5:1a) (5:1a)

suwende 너희게 (2:14a) (4:4a) (4:5b)

suweni 너희 (1:8b) (1:24b) (2:8b) (2:12b) (3:1a) (3:8b) (3:15b) (3:20b) (4:4b)
(4:5b) (4:8a) (4:9a) (4:10a) (4:22a) (5:1a) (5:3b) (5:16b) (5:17b) (5:19b)
(8:2b) (8:4a) (8:15b)

suwen dzano lin 酸棗林

suwen dzano lin (2:16b)

[Š]

ša- 보다

šame (1:7a)

šada- ㅈ브다, 지치다

šadaha (4:9a)

šadaha de (2:10a)

šadafi (5:2b)

šadame (4:2b) (5:19a)

šahūrun 춘, 凉

šahūrun (2:9a) (3:23a) (3:23a) (4:14a) (4:14b) (4:16b) (4:17a) (7:7a)

šahūrun de (7:7a) (7:19b)

šan 귀

šan de (7:18b) (7:22b)

šan dung 山東

šan dung (1:17b) (6:1b) (6:12a)

šan dung de (5:12a)

šanggabu- 붓다

šanggabufi (8:12b)

šangna- 賞 주다
      šangname (7:23a)

šangnan 賞
      šangnan be (1:6a)

šanyan 흰
      šanyan 흰 (1:12a) (6:13a) (7:19b) (7:21a)
      šanyan malanggū nimenggi 춘기름 (2:5b)

šao fei wan 消痞丸
      šao fei wan (7:7b)

šasiha 湯, 국
      šasiha (7:4a) (7:4a)
      šasiha be (3:10b)

šasihan 국(=šasiha)
      šasihan i (4:14a)

šatan 사당
      šatan (7:5a)

šejile- 외오다
      šejilehengge (1:5a)
      šejilembi (1:4a)
      šejileme (1:4a) (1:4b) (1:5b)
      šejilere (1:4b)

šejilebu- 외오게 ᄒ다
      šejilebumbi (1:5a)

šeole- 수 놓다
      šeolere (8:17b)

šo- 긁다
      šome (2:5a)

šolo 틈, 겨를
      šolo (3:16b) (4:23b)
      šolo de (1:2b)
      šolo de (2:20a)

šolo- 굽다
      šoloho (4:13a) (4:14a) (4:14a) (4:14b)

šoro 채롱, 쾅지
      šoro (2:16b)
      šoro de (7:1a)

šu ilha 蓮
      šu ilhai (7:4b)

šui jin wehe 水晶
      šui jin wehe (8:17a)

šulge 빅

šulge (7:5a)

šumin 깊흔

    šumin (3:1a) (3:1b) (3:1b)

šun 히

    šun (3:5b) (3:19b) (4:2b) (4:15a) (4:21b) (6:22b) (7:6a) (7:22a)

šun ceng hoton duka 順城門

    šun ceng hoton duka (1:14b) (4:22a)

šurde- 에우다

    šurdeme (2:18b) (3:14b)

šuru 珊瑚

    šuru (8:17a)

šusai 션빅

    šusai (1:4b) (1:5a) (1:8a) (1:8b) (1:9a)

šusihe 쪽

    šusihe (1:4b)

šusihiye- 하쇼 쩌리다

    šusihiyeme (7:17a)

šuwanglu 雙陸

    šuwanglu (8:18b)

[T]

tabu- 없다, 짓다

    tabu (6:18b)

    tabuha (6:19a)

taci- 빅호다

    taci (1:7b) (1:7b)

    tacifi (1:6a) (7:11b)

    taciha (1:2b) (1:3a) (1:3a) (1:3a) (1:3a) (1:8a)

    taciha be (1:2b)

    tacihakū (2:26b) (4:13a)

    tacihangge (1:7b) (1:8a)

    taciki (2:25b)

    tacimbi (1:3b)

    tacimbio (1:7b)

    tacirengge (1:7b)

tacibu- マ르치다

    tacibu (8:16a)

    tacibumbi (1:8b)

    tacibumbio (1:8b)

taciburakūn (1:8b)
tacibure (2:26a) (2:21a)

tacikū 學堂
tacikū ci (1:3b)
tacikū de (1:3a) (1:3b) (1:3b)

tacin 버릇
tacin (1:9b)

tafula- 말리다
tafulafi (7:17a)
tafulara be (7:19a)

taibu 들보
taibu (3:5a)

taili 되
taili de (7:22a)

taka 아직
taka (1:23b) (2:10a) (2:12a) (2:22a) (2:22b) (3:3a) (4:4a) (4:14b) (5:1b) (5:1b)
(5:2a) (5:3b) (5:4b) (5:10a) (5:16a) (5:17b) (6:7a) (6:20a) (7:2a)

taka- 알다
takambi (3:16b)
takambio (3:19a)
takara (1:11b) (1:12a) (3:17b) (5:3b)
takarakū (4:19b) (5:13a) (8:13a) (5:21b) (6:17b)
takasu (3:15b) (7:3b) (8:13a) (8:21a)

takūra- 부리다
takūrafi (3:14a)
takūraki (7:2a)
takūrara 使喚 (6:22b)

takūrša- 부리다
takūršara (7:22a)

tama- 담다
tamafi (3:10a) (3:10b) (4:8a)
tamame (3:9b)

tanggū 百, 100
tanggū (1:14a) (2:8a) (2:8a) (2:8a) (2:8b) (2:18a) (3:18b) (4:3a) (4:3b) (5:15b)
(5:16b) (5:18a) (5:19b) (6:3b) (8:3a) (8:4b) (8:5a) (8:11b) (8:14a) (8:17a)
(8:17a) (8:17a) (8:17a) (8:17b) (8:17b) (8:17b) (8:17b) (8:17b) (8:17b)
(8:18a) (8:18a) (8:18b) (8:18b) (8:18b) (8:18b) (8:19a) (8:19a) (8:19b)
(8:19b)
tanggū de (8:11b)

tanta- 치다
tantacibe (1:9a)
tantafi (2:15b)

tantambi (1:4b)

tantame (2:16a)

tantara be (1:5b)

tantabu- 맛다

tantabure be (1:6a) (1:6a)

tara 四寸

tara (1:22b) (1:22b) (6:22a)

targa- 긔탄ᄒ다

targahakū (1:23a)

tarhū- 슬씨다

tarhūrakū (2:21b)

tarhūn 살찐

tarhūn (2:4b) (5:2b) (7:15a)

tarun 셴

tarun (5:14a)

tasha erin 寅時

tasha erin de (8:20a) (8:21a)

tašan 虛

tašan be (1:26a)

tašara- 그르다

tašarame (4:10b) (4:11b) (7:3a)

tata- 부리오다

tataci (1:14b)

tatacina (4:23b)

tatafi (4:22a)

tataha (1:15a) (1:24a) (4:10a) (5:7a) (5:10a) (6:6b) (6:6b) (6:10a)

tatahabi (5:5a)

tataki (4:23a)

tatambi (1:15a)

tatame (1:14b) (1:23b) (1:24a) (4:22a)

tatara (3:16a) (4:23a) (5:10a)

tatarakū (1:15a)

tatareo (3:4b)

tata- 두릐다, 깃다, 긷다, 쎄히다

tata (6:19a)

tatafi (1:4a) (1:4b) (2:25b)

tatahangge (1:5a)

tatambi (1:5a) (2:20b) (3:2a)

tatame (2:25a) (2:25a) (6:19a)

tatara (3:2a)

tatara be (2:25b) (2:26a)

tatara de (6:19a) (6:19a)

　　　　tatarangge（2:24b）

tata- 피다[17]

　　　　tatame（1:5b）

tatabu- 부리오게 ᄒ다

　　　　tatabuci（4:24a）

　　　　tatabuha（3:21a）

　　　　tatabumbi（3:17b）

tatabu- 쓰이다

　　　　tatabumbi（2:26a）

tatakū 드레

　　　　tatakū（2:20a）（2:20b）（2:20b）（2:21a）（2:25a）（2:25b）（2:25b）（2:26a）

　　　　tatakū be（2:25b）（2:21a）

　　　　tatakū i（2:20a）

tatakū 족집게

　　　　tatakū（8:17a）

te 이제

　　　　te（1:1a）（1:1b）（1:1b）（1:6b）（1:9b）（1:22a）（2:12b）（2:13b）（3:4a）（3:5a）（3:19b）
　　　　　　（3:20a）（4:8a）（4:12b）（4:16b）（5:5b）（5:6a）（5:6a）（5:6b）（6:4b）（7:1a）
　　　　　　（7:6a）（8:1a）（8:3a）（8:5a）（8:13a）（8:14b）（8:15b）（8:22a）

te- 앉다, 살다

　　　　tefi（1:8a）（2:22b）

　　　　tehe（6:1a）（6:1b）（7:12a）（7:15b）

　　　　tehe de（7:12a）

　　　　tehebi（1:10a）（1:10b）（3:12b）（3:13a）（3:17b）（3:18a）（3:18a）（5:23a）（5:23a）

　　　　teki（5:7a）

　　　　teme（1:21b）

tebci- 춤다

　　　　tebcirakū（7:19a）（8:22a）

tebu- 담다, 싯다, 붓다

　　　　tebufi（2:14b）（3:7a）（4:16a）（7:22a）

　　　　tebuhebi（7:1a）

　　　　tebumbi（1:5a）（7:13b）（7:14a）

　　　　tebure（7:2a）（2:22a）

tebubu- 담기다

　　　　tebubumbi（2:26a）

tece- 앉다

　　　　tecefi（5:12b）

　　　　tecehe（6:22b）

　　　　teceki（6:21b）

tede 져의게

17　피다 : '찢다'의 고어이고, 'tatambi'는 '당기다, 뽑다'의 의미로 서로 일치하지 않는다.

tede (2:9a) (3:9b) (5:4b) (5:12b) (7:17a)

tede 져긔

tede (5:3b) (8:20a)

tehere− 상격ㅎ다, 비기다

tehereme (8:12b)

teherere (6:15b)

teifule− 집허오다

teifulehe (2:22b)

teike 앗가

teike (2:25a) (3:13b) (4:8b) (4:14b) (5:1a) (5:4b) (5:19a)

teile 만, 뿐

teile (1:7a) (2:10a) (2:10b) (2:15b) (3:19b) (4:4b) (6:9b) (7:5b)

teisu 마즘

teisu (3:18b)

teisule− 만나다

teisulefi (3:13b)

teisulebu− 마조치다

teisulebufi (2:17b)

temgetu 보람

temgetu (5:21b) (5:22a) (6:1b) (6:2b) (6:5b) (8:14a)

temgetu bithe 標文 (3:22a)

temgetu bithe be (3:18a)

temgetu hergen ara− 일홈 두다

temgetu hergen arambi (1:5b)

temgetu hergen araha (6:3a)

temgetule− 보람ㅎ다

temgetule (8:13a)

temše− 드토다

temšembi (8:11a) (8:12b)

temšere (3:22b) (4:20b) (5:16a) (8:3a) (8:4b)

ten 窮極흔

ten de (7:24a)

teng seme 든든이

teng seme (3:3a) (5:16a)

teni 灵, 비로소

teni (1:1b) (1:2a) (2:4a) (2:10b) (2:16b) (2:26a) (2:26b) (3:8a) (3:22a) (4:11b)
(4:17b) (4:18a) (5:1a) (5:16a) (6:15a) (6:19a) (7:3b) (7:18a) (8:8a) (8:14a)

tenteke 져런

tenteke (6:19b)

tere 그, 져

tere (1:1b) (1:2a) (1:5b) (1:6a) (1:9a) (1:12a) (1:17b) (1:18a) (2:1b) (2:10a)

        (2:14a) (2:15b) (2:15b) (2:15b) (2:16a) (2:17a) (2:17a) (2:17a) (2:17b)
        (2:18a) (2:18b) (2:18b) (2:19a) (2:20a) (2:20b) (3:5b) (3:8a) (3:9b) (3:10b)
        (3:10b) (3:13b) (3:14a) (3:15a) (3:15b) (3:18b) (3:18b) (3:19a) (3:21a)
        (4:7a) (4:9a) (4:10a) (4:12a) (4:20b) (4:23b) (5:1a) (5:4b) (5:4b) (5:5a)
        (5:5a) (5:5a) (5:7a) (5:9a) (5:9b) (5:10b) (6:2a) (6:12a) (6:13a) (6:23a)
        (8:12a) (8:21a)
    tere be (1:4b) (3:9a) (5:4a)
    tereci (1:5b) (1:9a) (2:23a)
    terei (1:5a) (4:20b) (8:8a)

tese 져들
    tese (5:12a)
    tese be (4:8b)

tesu‒ 足ᄒᆞ다
    tesurakū (4:2b) (7:10b)

tetele 엿히
    tetele (4:1a)

tetendere ‒이면
    tetendere (1:9b) (6:15b)

tetun 器皿, 그릇
    tetun (7:23b)
    tetun be (3:10b) (7:16a)

teye‒ 쉬다
    teye (2:12a)
    teyeme (2:15a) (2:22b)
    teyere (2:20a) (4:12a)
    teyere be (2:9b)

teyebu‒ 쉬오다
    teyebufi (1:14a) (4:15b)
    teyebuki (1:23b)

tob sem‒ 正ᄒᆞᆞ다
    tob seme 正히 (1:9a) (4:15a) (5:18a) (6:15b) (7:12a)
    tob sere 正혼 (5:20a) (8:8a)

todolo 징죠
    todolo be (5:8a)

tofohon 열닷
    tofohon (1:11b)

toho‒ 메오다
    tohoro (3:4a) (7:2a)

tohoron 박회
    tohoron (7:1b) (7:1b)
    tohoron i (7:1b)

tokto- 정하다
    toktoho (7:12b) (8:7a)
    toktombi (5:16a)

toktobu- 정하다
    toktobuha (5:19a) (5:18b) (6:20a) (6:2a)
    toktobuhangge (4:22a)
    toktobuki (5:13a)
    toktobure (5:17b) (5:19b)

tolo- 數혜다
    tolofi (4:15a) (4:19a)
    tolome (8:13a)

tome 每, 마다
    tome (1:4b) (1:15b) (2:7a) (2:7b) (2:7b) (2:8a) (3:17a) (5:15a) (5:18a) (5:18a)
        (6:6a) (8:5b) (8:5b)

tomo- 담다
    tomoro (7:23b)

ton 數
    ton (5:22b)
    ton be (2:9a) (8:21b)

tondo 고든, 바론
    tondo (5:17b) (5:20b) (8:8a)
    tondoi (6:9a)

tonggo 실
    tonggo (8:10a) (8:10a)

too- 辱하다
    toome (1:23a)
    toorahū (3:3a)

toobu- 수종하다
    toobure (7:17b)

tookabu- 어긋나다
    tookabure de (2:10b)

tuba 저긔
    tubaci (1:14b) (2:15a) (2:15b) (6:7b)
    tubade (1:13a) (1:13b) (1:15a) (1:15a) (1:17b) (4:6b) (4:9a) (4:12a) (4:15b)
        (4:22a) (4:22b) (4:24a) (8:1b)
    tubai (3:1a) (3:1b) (8:16a)

tubihe 과실
    tubihe (7:4b)

tuci- 나다
    tucifi (2:15b) (3:8b) (3:8b) (4:24b) (5:1a) (5:4b) (7:22a)
    tucihe (6:12b) (6:12a) (6:14b) (7:20b)

tucike (2:13b) (2:13b) (5:5b) (6:13a)

tucime (8:13b)

tucire (3:18b)

tucibu- 내다

tucibu (2:9a)

tucibufi (1:5b) (2:5a) (3:9b) (6:2b) (6:5a) (6:5b)

tuciburakū (2:6a) (5:2b) (5:7a)

tucibure (2:3a) (6:13a)

tucire dosire 出入

tucire dosire de (4:5a)

tuhe 두에

tuhe (2:6a)

tuhe- 지다, 써러지다

tuhefi (3:19b)

tuheke (2:17a)

tuhekebi (7:6a)

tuhetele (4:2b) (6:22b)

tuhebu- 써르치다

tuhebufi (2:18a)

tuhene- 쌔지다, 되다

tuhenefi (7:13a)

tuhenembi (5:18a) (5:18a)

tuilgakū morin マ래는 물

tuilgakū morin (5:14a)

tukiye- 들다, 드리다

tukiye (3:7b) (7:6a)

tukiyefi (2:26a) (7:3a)

tukiyembi (7:16a)

tukiyeme (5:12b)

tukiyerakū (7:3a)

tukiye- 일쿳다

tukiyeme (7:14a)

tukiyece- 쟈랑ᄒ다

tukiyeceme (7:13b)

tuktan 처음

tuktan (2:9b)

tule 밧긔

tule (3:8b) (3:8b) (5:11a)

tulergi 밧

tulergi de (3:8b) (3:11b)

tulgiyen 밧긔

tulgiyen (1:17a) (1:20b) (2:23a) (3:9a) (6:6a) (8:4b)

tumen 萬
tumen (3:12a) (5:8a)

tumin 지튼
tumin (6:13b)

tunggiye－ 긋다
tunggiyeme (2:15a) (7:1a)

tura 기둥
tura (3:5a)

turga 여윈
turga (5:14b) (7:15a)

turgakan 적이 여윈
turgakan (2:4b)

turgunde 緣故로
turgunde (1:8a) (2:16a) (2:19b) (3:21a) (4:20a) (4:20b) (6:6b) (8:11a) (8:12b)

turi 콩
turi (1:15b) (1:15b) (1:16a) (1:16b) (1:24b) (1:24b) (1:25a) (1:25a) (1:25a) (1:25b) (2:2a) (2:2b) (2:7b) (2:8b) (2:22b) (2:22b) (5:10a) (6:6b)
turi be (2:1a) (2:2b) (2:9a) (2:9b) (2:10a) (2:10a) (3:3b) (4:1b) (4:6a) (4:6b) (4:7a)
turi i (1:16a)
turi muke 콩믈
turi muke be (2:9b) (2:22a)

tusa 有益
tusa (5:20b)

tuta－ 써지다
tutafi (1:1b) (4:7a) (8:1b)

tutabu－ 써지우다
tutabufi (2:23a) (2:24a)

tuttu 그러모로, 故로
tuttu (1:1b) (1:23b) (3:5a) (4:12b) (5:7b) (6:17a)
tuttu ni (3:2a)
tuttu oci (1:10b) (1:13b) (2:9a) (3:9a) (6:5a) (8:4a)
tuttu okini (2:12a) (3:5b) (7:2b)

tuwa 불
tuwa (2:2b) (2:2b) (2:3a) (2:3a) (2:5a) (2:12a) (7:1a)
tuwai (2:7b)

tuwa sinda－ 불 찟다
tuwa sindaha (2:6a)
tuwa sindame (2:3a) (2:3a) (2:5a)
tuwa sindara (2:2b)

tuwa- 보다
 tuwa (2:6a) (3:15a) (4:10b) (4:19b) (5:12b) (5:21b) (6:17b) (7:7a) (7:10a) (8:11b)
  (8:13a) (8:20a)
 tuwaci (2:2a) (2:3a) (2:15b) (2:18b) (3:18a) (4:8b) (4:17a) (5:11b) (5:12b) (5:15a)
  (6:4b) (7:7a) (7:8b)
 tuwacibe (5:21b)
 tuwafi (4:16a) (6:2a) (6:8a) (8:13b)
 tuwaha (2:26a) (5:21a) (8:13a)
 tuwaki (6:16a) (6:17a) (6:19a) (7:7a) (8:2b) (8:21a) (8:11b)
 tuwambi (1:7b)
 tuwame (3:9b) (3:10b) (3:15b) (4:3a) (4:11a) (4:23a) (5:3a) (5:3b) (5:18b) (7:11a)
  (7:16a) (7:19a) (7:22a) (7:22a)
 tuwara (5:11b)
 tuwarengge (3:9a) (4:24a)
tuwabu- 뵈다
 tuwabu (4:20a) (5:21a)
 tuwabufi (6:20a)
 tuwabumbi (4:20a)
tuwakiya- 직희다
 tuwakiyafi (3:21b)
 tuwakiyaki (4:7a) (4:8b)
 tuwakiyame (3:9a) (6:10b)
 tuwakiyara (5:5b)
tuwakiyabu- 직희오다
 tuwakiyabu (2:24a)
 tuwakiyabufi (3:6a)
 tuwakiyabumbi (2:24a)
tuwana- 보라가다
 tuwana (4:24a)
 tuwanaki (4:23b)
 tuwaname (4:23b)
 tuwanarakū (3:13b)
tuwaša- 보솔히다
 tuwaša (5:4a)
 tuwašafi (2:12a)
 tuwašame (7:14a)
 tuwašara (2:23a) (3:10b)
 tuwašara de (4:9b)
tuwašabume 보솔히게 ᄒ다
 tuwašabume (2:23a)
 tuweri 겨울 (7:9b) (7:20b) (7:20a) (7:21a)
tuyembu- 드러내다

      tuyembumbi (7:21b)

tū– 치다

      tūci (7:14a)

〔U〕

u hū 五虎

      u hū (8:19b)

uba 여긔

      uba (4:2a) (4:21b)

      ubaci (1:14a) (1:14a) (3:15a) (3:22a) (4:11a) (4:12a) (4:15b) (5:5a)

      ubade (1:1b) (1:24a) (2:14b) (3:12a) (3:15b) (3:22a) (4:5a) (4:7a) (4:13a) (4:16a)
          (5:1a) (5:1a) (5:5a) (5:5b) (5:12a) (5:19a) (6:4a) (6:6b) (8:19b)

      ubai (3:1a) (3:1a) (3:2a)

ubaša– 뉘잇다

      ubašame (2:5b)

ubiyabu– 믜이이다

      ubiyabumbi (7:15a)

ubu 무이

      ubu (8:5b) (8:5b)

ucara– 만나다

      ucarafi (5:9b)

ucu– 범으리다

      ucu (2:22b)

      ucuhe (2:21b)

      ucume (3:3b)

      ucure (2:22b)

ucule– 노래 부르다

      uculere (7:18b) (7:22b)

uda– 사다

      uda (6:20b) (8:9a)

      udaci (1:17a) (1:17b) (1:18a) (1:18b) (1:20b) (2:4b) (4:7a) (4:14a) (4:18b) (5:6b)
          (5:12a) (5:19a) (6:1a) (6:4b) (6:4b) (6:7a) (6:7b) (6:10b) (6:14a) (6:21a)
          (8:1a) (8:11a) (8:15a) (8:15b)

      udaha (1:18b)

      udahabi (6:13b) (8:19b)

      udahangge (2:8b) (5:23a)

      udahanggeo (5:23a)

      udaki (5:18b) (6:8a) (6:9a) (6:12a) (6:13a) (6:20b) (6:21a) (6:21a) (8:9a) (8:14b)

      udambi (6:11a) (6:11a) (6:12a) (6:12a) (6:12b) (6:13a) (6:13a) (6:13b) (6:13b)

    (6:19a) (8:16b) (8:16b)
  udame (1:21b) (2:3b) (4:11a) (4:13a) (5:18b) (6:7b) (8:7a) (8:9a)
  udara (5:2b) (5:11b) (5:19b) (6:2a) (6:3a) (6:17b) (6:19b) (8:1b) (8:4a) (8:6a)
    (8:10a) (8:11a)
  udara be (2:4b)
  udara de (5:16b)
  udarakū (5:19a)

udana− 사라가다
  udana (2:4a) (2:4a)
  udanaci (2:4a)

udu 비록
  udu (1:6a) (3:5a) (3:7a) (3:20a) (4:18a) (5:12a) (5:21b) (6:14b) (7:11b) (7:23a)
    (8:10b)

udu 언머, 몃
  udu (1:7b) (1:8b) (1:8b) (1:8b) (1:14a) (1:15b) (1:18b) (1:18b) (1:21a) (2:4a)
    (2:7a) (2:11b) (3:18a) (4:11b) (4:15b) (4:21a) (4:23a) (4:23a) (5:1a) (5:3b)
    (5:5b) (5:8b) (5:9b) (5:12b) (5:12b) (5:15a) (5:15a) (6:3b) (6:8b) (6:8b)
    (6:15a) (6:15a) (6:16a) (6:17b) (7:6a) (7:6b) (7:6b) (8:3a) (8:6a) (8:6a)
    (8:6b)(8:6b)
  udu de (1:25a) (1:25a) (5:6a)

udunggeri 여러번
  udunggeri (7:8a)

ufa 픈즈
  ufa (6:11b) (6:17b)

ufa ᄀᄅ
  ufa (1:12b) (2:8b)
  ufa de (2:7a)
  ufa i efen 갈레쩍 (2:3b)

ufarabu− 잃다
  ufarabuha (4:21a)
  ufaraburakū (5:20a)

uhei 대되
  uhei (3:14b) (5:12b) (8:15b)

uhen 弟嫂
  uhen (6:21b)

uheri 대되
  uheri (1:15b) (1:16a) (2:1a) (2:7a) (2:7a) (2:7b) (2:8a) (2:8a) (2:8a) (2:9a) (4:15b)
    (4:23a) (4:23a) (5:15b) (5:18a) (5:19b) (6:8b) (6:8b) (8:5b) (8:11b) (8:12a)
    (8:18a)

uherile− 統一ᄒ다
  uherilefi (1:6b)

uhu− 쓰다

uhufi (2:22a)

uhuken 프른

uhuken (5:14b)

uhun 쑴

uhun (8:14a)

ujan 슷

ujan (8:9b)

ujan de (8:9b)

ujen 重흔

ujen (3:9a)

uji- 기르다, 기르다

ujihenggeo (5:23a)

ujimbi (7:23a)

uju 마리

uju (7:5a) (7:6b) (7:7a) (7:21b) (8:18b)

uju be (2:15b)

uju de (3:1b) (7:20b)

uju jergi 웃듬 (6:19b) (8:3b) (8:6a) (8:11b)

uka-[18] 逃亡ᄒ다

ukaha (2:18a)

ukaka (3:21a)

ulcin 쎄음

ulcin (8:17a)

ulebu- 먹이다

ulebu (2:9b) (2:9b) (3:7a) (7:17b)

ulebuci (2:10b)

ulebufi (3:10b) (3:13b) (5:3a)

ulebuhe (2:7a) (2:21b) (6:22b)

ulebuhe de (3:11a)

ulebuki (2:21a) (3:8a) (4:5b)

ulebumbi (3:11b)

ulebumbihe (4:4b)

ulebume (6:6b)

uleburakū (4:6b)

ulebure de (2:9b) (3:8a)

ulgiyan yali 猪肉

ulgiyan yali be (2:4a)

ulha 즘싱

ulha (1:23b) (2:2a)

ulha be (4:15b) (4:21b) (4:22b) (5:3b)

---

18 uka- : 완료형어미로 '-ha'와 '-ka'가 함께 쓰이고 있다.

ulha se 즘싱들 (1:25a)

ulhi- 씨치다
ulhihe (2:26b) (4:2b)

ulhibu- 알외다, 알게ᄒᆞ다
ulhibuhengge (5:8a)
ulhibume (3:20a)

uli 시위
uli (6:18b) (6:20b)
uli be (6:20b) (6:20b)

ulin 貨物
ulin (2:14a) (2:14a) (2:15a) (5:5b) (5:8b) (8:1b) (8:16a)
ulin be (1:17a) (1:20b) (1:21b) (5:5b) (6:7a) (6:17a) (7:17a) (8:1a) (8:1b) (8:15b)
   (8:15b) (8:15b) (8:16b) (8:19b)
ulin i (3:18b) (3:18b)
ulin jaka 貨物
 ulin jaka be (7:23a) (8:15a)
ulin nadan 財物 (7:23b)

ulme 바늘
ulme (8:17a) (8:17a) (8:17b)

umai 아조
umai (1:9a) (2:14a) (2:19a) (3:11a) (3:19a) (3:22b) (4:18b) (4:21a) (5:5b) (5:20a)
   (6:22b) (6:23a)

umbu- 믇다
umbu (2:12a) (7:1a)

ume 말라
ume (1:25b) (2:2a) (2:3a) (2:10a) (2:12a) (2:13a) (2:14a) (2:14a) (2:21a) (3:3a)
   (3:4a) (3:10a) (3:20a) (3:22b) (4:4a) (4:4a) (4:10b) (4:11b) (4:17a) (4:19a)
   (5:1b) (5:2a) (5:2a) (5:11a) (5:11a) (5:13a) (5:16a) (5:19b) (5:20b) (6:9b)
   (6:13a) (6:15a) (7:16b) (7:17a) (8:3a) (8:4b) (8:7a) (8:8a)

umesi ᄀᆞ장
umesi (1:6b) (1:8b) (1:9b) (1:10b) (1:15a) (1:23b) (2:2a) (2:2a) (2:4b) (2:13a)
   (2:20a) (2:22a) (2:24b) (2:24b) (3:1a) (3:1b) (3:3b) (3:4b) (3:5b) (3:10a)
   (4:2b) (4:3a) (4:19b) (5:3a) (5:6a) (5:9a) (5:12b) (5:20b) (6:5a) (6:19a)
   (6:19b) (7:8b) (7:8b) (7:14b) (8:2b) (8:16a) (8:19b) (8:20b)

umiyele- 씩다
umiyelembi (7:20b)

umiyesun 씩
umiyesun (7:20a) (7:20a) (7:20a) (7:20b) (7:20b)

unca- 폴다
unca (6:7a) (6:9b)
uncaci (5:3a) (5:6b) (5:12b) (5:17b)
uncafi (1:17a) (1:20b) (1:21b) (6:10b) (6:14a) (8:1b) (8:1b)

uncaha (6:1b) (8:15b)

uncaha de (1:18a)

uncahao (8:15b)

uncaki (5:2a) (5:2a) (5:2a) (5:3b) (6:7b) (6:8a) (6:9b) (6:10a)

uncambi (1:17a) (1:18b) (5:6a) (6:8b) (6:15a) (6:18a) (8:10b)

uncame (1:10b) (1:17b) (1:21a) (5:12a) (5:22b) (6:7a) (6:7a) (8:1a)

uncara (4:13a) (4:16a) (4:19a) (4:20b) (5:2b) (5:4a) (5:6b) (5:12a) (5:15b) (5:19b)
　　　(5:21a) (6:3b) (6:7a) (6:11a) (6:16a) (6:18b) (6:18b) (6:18b) (6:20b) (7:22b)
　　　(8:16a) (8:16a)

uncara de (1:19b) (5:16b) (8:16a) (8:16b) (8:16b)

uncarakū (5:19a) (6:9b) (8:8b)

uncarengge (1:11a) (5:12a)

unde 못

unde (3:6b) (4:1a) (6:7a) (7:3b)

undeo (6:7a) (7:4b)

undehen 널

undehen (5:5a)

undehen i (3:5a)

unduri 沿路에

unduri (1:23a) (1:24b) (4:18a) (5:9b) (5:10a)

unenggi 진실

unenggi (1:17b) (3:19a) (3:22b) (4:4b) (4:20b) (5:7b) (5:18b) (6:15a) (6:23a)
　　　(7:11b) (8:8b)

unenggio (1:25b)

unggi— 보내다

unggifi (4:7b) (4:8b) (6:4a)

unggimbi (3:22a)

unggirengge (3:12a)

untuhun 뷘, 민

untuhun (2:17a) (3:7a) (3:8b) (3:11a) (4:23b) (7:8a)

untuhun orho 민집

　untuhun orho be (2:10a)

unu— 셕다

unufi (2:14b)

unuhe (2:15a)

ure— 닉다

urehe (1:10a) (1:25b) (2:5b) (2:5b) (2:6a) (3:7b) (4:12a) (7:5b) (8:14a) (8:14a)

urehebi (2:24b) (3:6b)

urehengge (3:8b)

urehengge be (7:16a)

urembi (2:3a) (2:6a)

urebu— 닉키다

urebufi (2:4b)

urhu- 기울다, 기우러지다

urhuhe (7:22b)

urhurakū (2:25b)

urse 類들

urse (7:6b) (7:16a) (7:22a) (7:24a) (8:14a)

urse de (7:18b) (7:23a)

uru waka 是非

uru waka (7:12a)

urui 벅벅이

urui (7:13b)

urunakū 반드시

urunakū (1:6a) (2:10b) (2:11a) (2:24a) (3:13a) (3:15b) (4:10a) (8:2a) (8:10a) (8:11a)

useri 石榴

useri (7:5a)

usha- 허믈ㅎ다

ushambi (3:8b) (5:11a) (7:19b)

ushara (4:4a) (5:11a)

usharakū (3:8a)

usihibu- 젓다

usihibuhe (8:5a)

usihiburahū (7:2a)

usihiye- 마시다

usihiyembio (2:3b)

usin 밧

usin be (7:23b)

usin jeku 밧곡식 (2:13b)

usin jeku be (4:2a) (4:5a)

ušada- 서운ㅎ다

ušadaha (6:22b)

uše 낀

uše (8:18b) (8:18b)

utala 許多히

utala (2:1a) (7:10b) (8:12b)

uthai 곳, 즉시

uthai (1:2a) (1:3b) (1:5a) (1:23b) (2:2b) (2:6a) (2:11a) (2:15a) (2:23b) (3:2a) (3:4b) (3:8a) (3:14b) (3:16b) (3:23a) (4:4b) (4:12a) (4:16b) (4:17b) (4:20a) (4:22a) (5:2b) (5:4a) (5:4b) (5:5a) (5:16a) (5:19b) (6:4a) (6:7b) (6:10b) (6:15b) (6:15b) (7:7b) (7:8a) (7:13a) (7:15b) (8:1b) (8:3b) (8:8a) (8:15a)

uttu 이리

uttu (1:15a) (1:23a) (2:3a) (2:9b) (2:13b) (2:14a) (2:19a) (3:2a) (3:5b) (3:14b)
(3:14b) (3:19b) (4:9b) (4:18b) (5:3a) (5:9a) (6:14a) (7:12b) (8:4a) (8:10b)
(8:16b)

uttu de (3:21a)

uttu oci 이러ᄒᆞ면 (1:10a) (1:12b) (2:1b) (2:4a) (2:8b) (2:13a) (2:20b) (3:6b) (3:22b)
(4:5b) (4:7a) (4:7b) (4:9a) (4:17b) (4:22b) (4:23b) (4:25a) (5:3b) (5:10b)
(5:21a) (6:4b) (6:9b) (6:23a) (7:4a) (7:9a) (7:17b) (8:4b) (8:8a) (8:9a)
(8:13b)

uyan 눅은
uyan (4:13a)
uyan buda 粥 (4:3a) (4:4a) (4:5a) (4:5b) (4:5b) (4:8a)
uyan buda be (7:8b)

uyun 아홉
uyun (8:7b)

uyunju 아흔
uyunju (8:12a)

[W]

wa 내
wa (6:8a)

wa- 죽이다
waha (2:4a) (2:16a)

wacihiya- 뭇다
wacihiyaki (8:4b)

wadan 솔
wadan be (7:2a)

wahan 굽
wahan (5:14b) (5:14b)

waida- 쓰다
waidara (3:2a)

waiku 기운
waiku (5:14b)

waji- 뭇다, ᄆᆞᆾ다, 뭊차다, ᄆᆞᆾ다
wajifi (1:4a) (1:21a)
wajiha (1:3b) (3:2b) (3:4a) (3:13a) (3:22b) (4:8a) (4:20a) (7:16a) (8:14b)
wajiha be (8:14b)
wajimbi (3:14a) (5:16a)
wajime (1:21b)
wajirakū (6:16a)

wajire (6:7a) (6:7a) (7:3b)

waka 아니
>
> waka (1:26b) (3:17a) (3:17b) (3:17b) (3:20b) (3:20b) (3:22b) (5:2b) (5:15b)
>   (5:18b) (6:14a) (6:14b) (6:23a) (7:11a)
>
> waka be (7:24a)
>
> wakao (5:7a)

waliya- 브리다
>
> waliyafi (1:5b)
>
> waliyambi (2:10a)
>
> waliyame (8:22a)
>
> waliyarakū (3:13a)

wandz 丸
>
> wandz be (7:8a)

wang 王(哥)
>
> wang (1:10a) (1:24a) (3:12b) (5:23a) (6:1a) (6:1b) (6:3a)

wang ging 王京
>
> wang ging ci (1:1a) (1:1a)
>
> wang ging de (1:17b) (1:18a) (1:18b) (1:19b) (1:20b) (1:21b)

wargi 西
>
> wargi (2:12b) (2:18a) (5:1a)
>
> wargi julergi 西南 (5:5a)

wase 瓦子, 지새
>
> wase (5:5a)
>
> wase diyan 瓦子店 (1:13a) (1:23b)

wasime ebere- 쇠패ᄒ다
>
> wasime eberefi (7:23b)

we 누
>
> we (1:5a) (2:19a) (5:9b) (7:3b) (7:3b) (7:17b) (8:3b)
>
> webe (2:24a) (3:16b)
>
> wede (1:3a) (5:22a)

we ya 아모
>
> we ya (1:7a) (6:2a) (6:5a)
>
> we ya de (5:16b)

wehe 돌ㅎ
>
> wehe be (2:15a) (2:21a)
>
> wehe i (3:1b)
>
> wehei (2:20b)

wehiye- 븟들다
>
> wehiyeme (7:22a)

weihe 샐
>
> weihe (6:19b)

weihe 니
 weihe (5:12b)
 weihe be (5:12b)

weihukele- 輕히 ᄒᆞ다
 weihukelehe (3:8a)

weihun 산
 weihun (7:10a)

weile 죄
 weile (1:23a) (7:13a)
 weile de (1:6a)

weile- 민들다, 짓다
 weileci (6:16b)
 weilefi (1:5a) (7:4a)
 weilehengge (2:13a)

weile- 일ᄒᆞ다
 weileme (2:4b)

weile- 셤기다
 weilere (7:16b)

weilengge niyalma 罪人
 weilengge niyalma be (2:16a)

wen 문(文)
 wen šu bithe 文書 (6:1a) (6:2b)
 wen šu bithe be (5:22a)
 wen šu bithe de (6:5a) (6:5b)

wenje- 半醉ᄒᆞ다
 wenjefi (7:22b)

wenje- 더이다
 wenjere (4:17a)

were- 치오다
 were (2:9b)

weri- 머믈다, 머물다, 기치다
 werifi (3:6a)
 werihe (7:18a)
 werirakū (2:23b)

weri 눔의
 weri (7:12a) (7:13b)

weringge 눔의 것
 weringge be (2:2a)

wesihun 貴훈
 wesihun (1:24a) (2:26a) (3:11a) (5:7b) (7:12b) (7:13a)

[Y]

ya 어늬
ya (3:18a) (5:5a) (8:20b)

yabu- 둔니다, 녜다
yabuci (3:8b) (7:18a)
yabufi (1:13a) (4:2b) (7:11b)
yabuha (1:11a) (1:21a) (4:12b)
yabuha de (1:23a)
yabuhai (7:12b) (7:22a)
yabuki (2:11a)
yabumbi (4:1b)
yabume (3:8b) (5:2b) (7:13b) (7:13b)
yaburakūn (3:8b)
yabure (1:1b) (3:6a) (3:16a) (3:16b) (4:9b) (7:13b)
yabure de (1:23a) (2:24a) (7:15a) (7:16b) (7:21a) (8:20b)

yabun 行實
yabun (7:12a)
yabun be (7:14a)

yacihiya- 즈칙옴ᄒᆞ다
yacihiyambihengge (5:8a)

yacin 鴉靑
yacin (1:18b) (1:19a) (1:19b) (6:13b) (7:19b)

yada- 貧窮ᄒᆞ다
yadame (7:17a)

yadahūša- 골프다, 비곫ᄒᆞ다
yadahūšaha (3:5b) (4:3a)
yadahūšame (4:1a)
yadahūšara (3:11a)

yahila- 굴여내다
yahilame (7:23a)

yala 과연
yala (7:24a) (8:4a)

yali 고기
yali (2:4a) (2:5a) (2:5a) (2:6a) (4:13a) (7:5b)
yali be (2:4b) (2:4b) (2:5b)
yali de (2:7b)

yalu- 트다
yalufi (2:16b) (4:1b)
yaluha (4:1a)
yalume (7:18b)

yalubu- 티오다
> yalubufi (7:22a)

yamji 저녁
> yamji (1:4a) (1:13a) (7:17b)
> yamji buda 저녁밥 (4:1a)

yamji- 졈을다
> yamjifi (3:16a)
> yamjiha (3:15a) (3:19b)

yamjishūn de 夕陽
> yamjishūn de (4:11a)

yamun 衙門
> yamun (6:12a)
> yamun ci (2:15b)

yan 兩
> yan (1:11b) (1:11b) (1:18b) (1:19b) (1:19b) (1:20a) (5:15b) (5:17a) (5:18a)
> (5:18a) (5:18a) (5:18a) (5:18a) (5:19b) (6:5b) (6:6a) (6:6a) (6:8b) (6:9a)
> (6:9b) (6:9b) (6:15b) (6:18a) (7:6a) (7:6a) (7:23b) (8:3a) (8:5b) (8:5b)
> (8:6b) (8:6b) (8:7b) (8:11b) (8:11b) (8:12a)
> yan be (5:17a) (5:17a) (5:19b) (6:2a) (6:2b) (6:5a) (6:14a) (6:14b) (8:12a) (8:12a)
> (8:14a)
> yan de (1:20a) (6:3b) (6:3b) (6:18a) (8:3a)
> yan i (5:8a) (7:6b)

yangsangga 빗난, 치레ᄒᆞᄂᆞᆫ
> yangsangga (7:10b) (7:21b)

yargiyan 진실
> yargiyan (1:26a) (8:3b) (8:13a)
> yargiyan i (1:23a) (3:11b) (4:24b) (6:5a) (6:13b) (7:10a) (7:16a) (8:7a) (8:12a)
> (8:15b)

yargiyun 분명ᄒᆞ냐
> yargiyun (8:3b)

yaru- 引導ᄒᆞ다
> yarume (4:23b)

yasa 눈
> yasa (1:7a) (5:14b) (8:19a)
> yasai (1:23b) (4:12a)

yaya 온갓, 므릇
> yaya (5:16b) (5:20a) (5:22a) (6:18a) (6:20a) (6:23a) (7:12a) (7:18a)

yayada- 아므라ᄒᆞ다
> yayadame (4:21a)

yebe (병이) 낫거든
> yebe (7:8b) (7:9a)

yebele- 계염ᄒᆞ다
    yebelerakū (7:19b)

yebken 나은
    yebken (8:13a)

yo- 가다
    yoki (1:10a) (1:13b) (1:13b) (1:14a) (6:7b)

yobodo- 戲弄ᄒᆞ다
    yobodome (1:23a)

yohi 볼
    yohi (6:21a)

yohinda- 긔수ᄒᆞ다
    yohindarakū de (7:24a)

yongkiya- 굿다
    yongkiyahabi (8:19a)

yooni 오로
    yooni (1:6b) (1:7a) (3:1b) (4:25a) (8:3b) (8:4a) (8:19b)

yoro 고도리
    yoro be (6:21a)

yuyu- 주리다
    yuyure (3:11b)

yūn nan 雲南
    yūn nan (7:20b)

저 자 약 력

최동권	상지대학교 국어국문학과 교수
김양진	경희대학교 국어국문학과 교수
김유범	고려대학교 국어교육과 교수
황국정	경상대학교 국어교육과 교수
신상현	고려대학교 민족문화연구원 선임연구원

고려대학교 민족문화연구원 만주학 총서 ❶

譯註『淸語老乞大新釋』

초판인쇄 2012년 5월 22일
초판발행 2012년 5월 31일

저 자 최동권 외
발 행 처 박문사
발 행 인 윤석현
등 록 제2009-11호

우편주소 (132-702) 서울시 도봉구 창동 624-1 북한산현대홈시티 102-1206
대표전화 (02)992-3253
전 송 (02)991-1285
전자우편 bakmunsa@hanmail.net
홈페이지 URL://http://www.jncbms.co.kr
책임편집 최인노

ISBN 978-89-94024-64-6 93710   정가 50,000원

* 이 저서는 2007년도 정부(교육과학기술부)의 재원으로
  한국연구재단의 지원을 받아 연구되었음(NRF-2007-361-AL0013)